LK 2/763

HISTOIRE DE DIX ANS

DE LA

FRANCHE-COMTÉ DE BOURGOUGNE.

BESANÇON, IMPRIMERIE D'OUTHENIN-CHALANDRE FILS.

HISTOIRE DE DIX ANS

DE LA

FRANCHE-COMTÉ

DE BOURGOUGNE,

(1652—1642),

PAR GIRARDOT DE NOSEROY,

SEIGNEUR DE BEAUCHEMIN,

CONSEILLER EN LA COUR SOUUERAINE DE PARLEMENT DE DOLE,
INTENDANT DES ARMÉES DE LA PROUINCE.

BESANÇON,

IMPRIMERIE D'OUTHENIN-CHALANDRE FILS,

RUE DES GRANGES, N° 23.

1843.

INTRODUCTION.

GIRARDOT DE NOSEROY pouvait à plus d'un titre écrire l'histoire de l'invasion des Français et des Suédois en Franche-Comté : conseiller en la Cour souveraine de Parlement de Dole, il était initié à la politique de l'époque : co-gouverneur de la province, il connaissait tous les secrets de l'administration ; et les conseils de guerre, où lui donnaient entrée les devoirs de sa charge d'intendant général des armées de la province, plus d'une fois reconnurent la justesse de ses avis.

Aussi son histoire DE DIX ANS DE LA FRANCHE-COMTÉ DE BOURGOUGNE est la description la plus vraie et la plus complète de la lutte héroïque que cette contrée osa soutenir contre les armes d'Otho-Louis, de Louis XIII et de Weymar, contre la peste et la famine, tristes auxiliaires du machiavélisme de Richelieu.

Peut-être pourrait-on reprocher à Girardot de Noseroy son admiration trop passionnée pour la monarchie espagnole, car il se fait illusion sur la puissance de cette nation comme sur la valeur des secours qu'elle envoya à la Franche-Comté : l'or du Nouveau-Monde n'était point ce qu'il fallait à cette province déjà décimée par Louis XI et Henri IV ; il lui fallait des hommes pour la défendre, et l'Espagne n'en avait plus.

Un rapide coup d'œil rétrospectif sur l'histoire d'Espagne va nous montrer les causes de son impuissance à conserver ses provinces, si nombreuses et si divisées, en nous initiant aux diverses phases de l'espèce de marasme où quatre règnes successifs jetèrent cette monarchie qui un instant rêva l'asservissement d'une partie de l'Europe.

En 1496 l'Espagne cherchait un roi, un époux pour Jeanne *la Folle* : l'Autriche rivale de la France lui offrit Philippe *le Beau*, le petit-fils de Charles *le Téméraire* ; et Charles-Quint hérita des états qu'avait unis ce mariage systématique.

Charles-Quint voulut gouverner l'Espagne en maître absolu ; il détruisit les priviléges des villes républicaines, la puissance militaire de la noblesse et des ordres religieux ; il crut à lui seul remplacer ces assemblées provinciales et populaires qui faisaient la vie et la nationalité des Espagnes ; et lorsque seul il voulut administrer une partie du monde, la force lui manqua. Trente ans sur le sol de l'Europe il épuisa ses ressources à gouverner vingt peuples de constitutions opposées, de mœurs et de langage divers ; trente ans il voulut résister à l'esprit réformateur du siècle ; inutiles efforts, il ne put conserver ce que lui avait donné la victoire ; et lorsqu'un jour il vit ses finances épuisées, ses ennemis coalisés, ses provinces, impatientes du joug, prêtes à imiter l'Allemagne qui venait de lui arracher sa liberté ; et enfin, lorsqu'il se vit mis en fuite à Inspruck (1551), brisé par ce revers, il abdiqua et laissa tomber aux mains de Philippe II un sceptre qu'il ne pouvait plus porter.

Le fils de Charles-Quint n'a point reçu d'enseignements du passé ; il veut agrandir encore ses états, imposer ses inquisiteurs à l'Italie, à la Flandre, solder les troubles de France et d'Irlande, envahir le Portugal, placer sa fille sur le trône d'Angleterre ; et partout ses inquisiteurs sont chassés, l'Angleterre détruit son Armada, il épuise ses finances à soutenir la ligue et à vaincre la révolte des Pays-Bas, il perd les provinces unies et continue par ses levées d'hommes à dépeupler l'Espagne déjà trop appauvrie par le règne précédent.

L'indolent Philippe III, qui lui succède, abandonne le pouvoir à son favori le duc de Lerme, et pendant vingt ans cette monarchie sommeille sans chercher à retarder sa décadence. Si parfois Philippe III fait acte de pouvoir, ce n'est que pour imiter les rois ses prédécesseurs dans leur tyrannique et sanguinaire orthodoxie.

Ferdinand *le Catholique*, pour maintenir l'unité religieuse, a banni d'Espagne 800,000 Juifs ; Charles-Quint a proscrit le culte des Maures ; Philippe II a voulu changer leurs mœurs, ils se sont révoltés; vaincus en 1570 une partie a été exportée en Afrique; plus cruel encore, Philippe III, le 10 janvier 1610, les expulse tous de la Péninsule; deux millions d'hommes quittent ces vieilles demeures qui sont la seule gloire monumentale de l'Espagne, ils abandonnent ces plaines que leur habileté et leur travail pouvaient seuls fertiliser, et avec eux disparaissent les capitaux, les arts, l'agriculture et l'industrie nationale déjà ébranlée par l'expulsion des Juifs.

Digne émule de ses rois, l'inquisition a brûlé 32,000 Espagnols, 300,000 ont été condamnés à des peines cruelles ou infamantes, et ses supplices ont mis en fuite plus de 100,000 familles.

Décimée par ses rois, par ses inquisiteurs, par les guerres incessantes que veut l'ambition de la maison d'Autriche, et par la colonisation du Nouveau-Monde, l'Espagne a perdu la partie virile et laborieuse de sa population. En 1492 elle comptait vingt millions d'habitants, au XVIIe siècle il lui en reste à peine six millions.

Sous Philippe IV une longue suite de revers attend l'Espagne. L'inhabile et malheureux Olivarez, qui gouverne au nom de son maître, déclare la guerre à la Hollande, à la France; il perd son armée. La Hollande lui enlève une partie de ses possessions dans le Brabant, dans la Flandre, puis le Limbourg et l'Inde portugaise; la France lui prend l'Artois, l'Alsace, une partie de la Flandre et le Hainaut; l'Angleterre s'empare de la Jamaïque; la Catalogne repousse ses décrets; et le Portugal, conquis à peine depuis cinquante ans, secoue le joug espagnol et place sur le trône le duc de Bragance.

Plus d'armées, plus de marine, plus d'industrie, plus de manufactures, celles de Ségovie et de Séville sont tombées et les étrangers se sont emparés des affaires; plus de finances, car, malgré son or du Nouveau-Monde, l'Espagne plus d'une fois a déjà recouru aux emprunts et aux souscriptions de ses provinces pour se défendre ou subsister.

Pendant que sous les deux derniers règnes la royauté espagnole passe de l'incapacité à l'impuissance, pendant que la nation, épuisée par les guerres, les proscriptions, n'a plus de défenseurs; la France au contraire devient un grand peuple sous la main puissante de quelques-uns de ses rois : finances, armées, généraux et grands ministres, rien ne lui manque plus pour se venger sur les descendants de Charles-Quint de la néfaste journée de Pavie.

Richelieu veut l'abaissement des monarchies autrichiennes et espagnoles, il veut aussi pour la France ces provinces que dès longtemps Louis XI et Henri IV ont convoitées et plus d'une fois ravagées. Déjà la Bresse, le beau duché de Bourgogne lui appartiennent; il vient d'occuper l'Alsace, le comté de Montbéliard; il lui faut encore la Lorraine et la Franche-Comté, car la France doit avoir les monts Jura pour frontière. Il appelle les protestants d'Allemagne; aussitôt accourent Otho-Louis et Weymar qui ont des injures à venger sur la maison d'Autriche; il achète les protestants Suisses, et les Comtois perdent des auxiliaires; il s'empare en quelques jours de la Lorraine et de Brisach, mais il vient échouer contre les murs de Dole, qui cependant ne sont défendus que par un vieil archevêque, un parlement et des bourgeois peu aguerris : mais la province entière a couru aux armes, les Comtois ont trouvé dans leur fidélité et leur courage assez de force pour résister à un ennemi puissant, repousser une armée régulière de 20,000 hommes, et seuls conserver leur liberté, alors que l'Espagne et l'Empire ne peuvent les protéger.

Ihan Girardot de Nosercy, seigneur de Beauchemin, a pris part à la lutte qu'il décrit. Né vers 1580, il est reçu au barreau de Dole en 1604. En 1618 le vice président du Parlement le présente en second ordre pour occuper la place de procureur fiscal et s'exprime ainsi : « *Ihan Girardot, auocat en ce Parlement, disert et d'une doctrine solide selon qu'il la tesmoigné par plusieurs beaux plaids et escrits dez enuiron 14 ans qu'il a esté receu au barreau où non seulement il est des plus advancés, mais aussi entremis par particuliers en grands affaires hors de la prouince d'où il est tousiours sorti à honneur, et le tient pour un fort capable, outre qu'il est de bonne famille et possede de bons et notables moyens.* » (Extrait du livre des délibérations secrètes de la Cour.)

Cette présentation n'eut pas de suite; mais, justes appréciateurs du mérite, la Cour et le gouverneur en 1622 l'envoient à Bruxelles demander des soldats pour secourir la province menacée par les armes de Mansfeld; admis devant l'Infante, elle lui affirme : *Que la Bourgougne est autant chere au Roy que l'Espagne mesme, et que le Roy la conseruera comme son propre œil.* Les secours qu'on lui accorde deviennent inutiles, car Mansfeld et Brunswik passant entre Metz et Verdun se sont retirés près de Hagueneau où leur armée est mise en fuite; les Comtois se distinguent à cette journée où le régiment du baron de Balançon a le principal honneur. *Montcley, Voisey en la compagnie du baron de Scey y ont trés bien fait, surtout le colonel Gaucher.* (Archives de la Cour.)

En 1626 une intrigue presque incroyable appelle Girardot à une mission délicate et d'une haute importance.

Besançon depuis longtemps est jaloux de Dole, Cour souveraine de Parlement, importance politique, militaire et administrative sur la comté; Besançon la ville libre, la ville impériale veut sacrifier sa liberté pour acquérir cette prépondérance et ces honneurs qui font l'orgueil et la richesse de sa rivale. Buzon (C. A.) et Chifflet (J. J.) sont à Bruxelles pour suivre cette négociation; l'Infante hésitait, son conseil n'était pas d'accord, depuis quatre ou cinq ans l'affaire traînait en longueur, lorsqu'enfin l'Infante déclara que c'était au Roy et non pas à elle qu'il appartenait de décider une question de telle importance. Chifflet passe en Espagne, et c'est alors que Dole *prenant alarme* envoie Girardot et Biarne à Madrid. Dans son extrême frayeur, Dole fait une démarche qui n'a d'excuse que dans l'appréhension de perdre *un si beau joyau que son Parlement;* elle s'adresse même à la France et caresse les projets de conquêtes de cette puissance. De Mesmay a connu à Bourges Henri de

Bourbon, il va lui représenter que si Besançon devient espagnole, la France perdra à jamais l'espoir de s'en emparer : de Fargis, ambassadeur de France à Madrid, reçoit de sa cour les instructions les plus pressantes, et, grâce à ses démarches et aux instances de Girardot, Besançon voit échouer sa négociation. Ce sont les mémoires de Jules Chifflet qui nous font ces révélations étranges.

Le 30 mai 1629 Girardot reçoit la plus haute des récompenses ; il est nommé conseiller en cette Cour souveraine de Parlement qui plus d'une fois a mis à l'épreuve sa capacité et son devouement à la monarchie. De 1631 à 1643, intendant des armées qui défendent la Comté, les trois généraux qui tour à tour les commandent, trouvent en lui l'organisateur habile et infatigable, le politique adroit, et tous parlent avec honneur de ses bons et intelligents services. Le marquis de Saint-Martin lui-même, nommé gouverneur de la province, le garde près de lui, *Beauchemin, écrit-il à la Cour, lui ayde à porter le fardeau des affaires.* (24 oct. 1641.)

En 1643 la province n'ayant plus d'armée régulière, Girardot revient à Dole prendre part aux travaux de ses collègues, et jusqu'en 1650 les registres des délibérations secrètes de la Cour nous montrent ce conseiller aussi profond jurisconsulte qu'intelligent administrateur ; les devoirs de sa charge lui demandent ses journées entières, c'est la nuit qu'il consacre à écrire l'histoire de la lutte à laquelle il prit part. Jean Boyvin n'a laissé qu'un épisode, *le Siége de Dole*, Girardot nous donne une histoire complète, pas un fait heureux ou malheureux qu'il ne rapporte, pas un dévouement dont il ne parle avec une impartialité que n'a pas toujours imité l'historien du siége de Dole.

La nuit du 7 au 8 février 1651 Girardot meurt à Salins; la lettre que la Cour adresse à messieurs de Beauchemin ses fils est trop honorable pour ne pas être transcrite en entier; elle est son plus bel éloge, ne pouvant être suspectée de partialité, car plus d'une fois ses collègues furent jaloux de son influence et de ses succès.

« Messieurs de Beauchemin,

» C'est auec beaucoup de déplésir que nous auons apprins le décès
» de nostre vice président, votre père, pour ce que estant un per-
» sonnage très zélé au seruice du Roy et conseruation de la prouince,
» comme il l'a bien tesmoigné par tant de seruices et de trauaux qu'il y
» a contribué si long temps : c'est pourquoi sa perte regrettable nous est
» commune auec vous, et souhaiterons tousiours de la pouuoir soulager
» à voz endrois par le souuenir que nous conseruerons de ses bons ser-
» uices, affin de vous en tesmoigner les effets aux occasions qui se
» pourront présenter, pendant que nous prirons Dieu pour son salut et
» qu'il vous donne auec la consolation qui vous est necessaire,

» Messieurs de Beauchemin,

» Une saincte, heureuse et longue vie. »

Nota. Editeur servile du manuscrit autographe de Girardot de Noseroy, j'ai pensé devoir respecter son orthographe dans toutes ses variations : seulement j'ai rétabli d'après leurs signatures authentiques les noms des hommes qui figurent dans cette histoire; les archives de la Cour souveraine de Parlement de Dole (archiv. de la Préfecture de Besançon) m'ont été précieuses pour cette recherche; c'est en les compulsant que j'ai trouvé toutes les dates marginales, dont j'ai cru devoir accompagner le texte de Girardot.

Besançon, le 1er Septembre 1843.

JULES CRESTIN.

HISTOIRE DE DIX ANS

DE LA

FRANCHE-COMTÉ DE BOURGOUGNE.

LIURE PREMIER.

1. Des anciens Sequanois. 2. Des anciens Bourguignons. 3. Des Comtes de Bourgougne. 4. De l'Estat de la Franche-Comté. 5. Du roy Philippe Second. 6. De la Source des guerres icy descriptes. 7. Du cardinal de Richelieu en France et du Comte Duc en Espagne.

C'est un malheur à nostre Bourgougne qu'estant riche des gestes glorieux de nos deuanciers, elle s'est trouuée desnuée d'escriuains anciens qui nous en ayent conserué la memoire, car nous n'auons personne des nostres qui ayt my la main à la plume pour un ouurage si necessaire qu'Oliuier de la Marche, gentilhomme esleué dans les armes, qui nous a laissé quelques memoires des choses de son temps : et nagueres Louys Gollut homme de lestres est allé puiser de tous costéz dans les liures estrangers ce qu'il a trouué de memorable en l'antiquité consernant nostre Bourgougne, dont il a fait un volume considerable. Pierre Hubelot, jesuite Bourguignon, a aussi depuis luy feuilleté les liures des églises et maisons anciennes de ce pays pour en tirer les choses dignes d'estre escriptes, et en a composé une forme d'histoire ecclesiastique : mais estant mort sans auoir acheué son ouurage, nous n'aurons pas ce qu'il en a notté si le courage des Bourguignons de son ordre ne nous le donne.

Chifflet, medecin de l'Infant dom Ferdinand, a escry de la cité de Besançon, Gilbert Cousin de la ville de Noseroy, Boguet grand juge puis conseiller au parlement de Dole, a escry la vie du glorieux sainct Claude, Bourguignon de la maison de Salins. A tous lesquels nous auons obligation. Ce deffaut d'escriuains est commun à toutes les nations belliqueuses comme est nostre Bourgougne, qui ayment mieux bien faire que bien escrire, et n'y ayant que les personnes de condition qui scachent et puissent se donner le loisir d'escrire, ils tiennent à deshonneur et bassesse les lettres et rien d'honnorable que leurs armes, desquelles le souuenir se consume par la rouille du temps. Je ne puis blasmer ce deffaut aux autres que ie ne le blasme en moy-mesme, ayant esté present à ce qui s'est faict en ce pays, dez le temps que l'ambition du cardinal de Richelieu françois a troublé nostre repos, et m'estant trouué quasi en tous conseils et en la pluspart des choses faictes dans ce pays, ie n'en laisse un sommaire narré à la posterité; car si iamais ont esté faictes choses dignes d'estre escriptes sont celles passées chez nous dez dix ans ença, pour leur importance, variété, euenements, cas aillieurs inouis, ruses et cruautés de noz ennemis, fidélité, valeur et constance des nostres, amour de nostre roy enuers nous, grandeur de ses secours et puissantes diuersions, et surtout les déluges de maux que le ciel a versé sur noz testes, et l'inexplicable assistance que nous auons heu de la main de Dieu contre les fleaux du ciel et de la terre unis ensemble pour nous accabler.

J'escry donc icy sommairement les choses de dix années aduenues en nostre Bourgougne, sans m'estendre à ce que s'est fait en Allemagne d'où vient la source de noz guerres, ny en Espagne où la rebellion de deux principales prouinces a resueillé les peuples endormis, ny la reuolte de l'Angleterre contre son roy et les armes des catholiques Irlandois, ny les combats et sieges memorables de Flandre et d'Italie : car chacun escrira les siens, et il est necessaire que ce qui s'escrit soit de la main de ceux qui ont esté presens en chacun de ces endroits.

Le principal office d'un historien est de rapporter fidellement les resolutions qui ont esté prises dans les conseils de guerre et d'estat, lesquelles sont les ressorts par qui les choses sont menées, et en notter les suittes et euenements afin que la posterité veoye comment les affaires se gouuernent et comment il les faut gouuerner; mais il m'est bien difficile de faire icy tout ce que doibt un historien, car il est dangereux de tout dire, et c'est vice de dissimuler ce qui est important. La verité dans l'histoire est celle seule qui la rend immortelle et donne gloire à l'autheur, mais portant diffamer la memoire de ceux qui ont failly, il est deffendu aux chrestiens; les sainctes escritures disent les choses qui ont esté mal faictes et cachent souuent les noms de ceux qui les ont faictes, la discretion est une vertu que la verité ne desapprouue point, et bien que la verité veuille estre veüe, c'est au visage et aux mains seulement, c'est à dire aux conseils et exécutions, mais elle veut bien qu'auec une belle robbe on couure les autres parties de son corps, laquelle n'empesche pas de veoir sa taille, son port et son marcher. Je ne suis pas en peine de cacher icy aucune partie honteuse, car en noz peuples ny en nostre noblesse ny en noz villes, noz ecclesiastiques, nostre parlement et noz gouuerneurs, il n'y a rien que de glorieux : une fidélité constante, un courage incomparable, une prudence tousiours esgale et une patience qui seruira de mirotier à la posterité : et s'il y a à cacher quelque chose, c'est ce que l'interest particulier a dicté durant ces dix années à quelques esprits vains pour monter aux charges, penser à leur repos et reparer les ruines de leurs familles. Rien ne manquera que ce que manque à l'escriuain qui entreprend audessus de ses forces et de son loisir, desrobant à son sommeil dans les longues nuicts d'hiuer ce qu'il escry, car les iours ne sont pas siens, mais à la justice du roy et au publique.

Il faut pour bien expliquer les choses entendre premierement les formes anciennes de nostre Bourgougne, les loix fondamentales et pieces essentielles de ce petit estat qui est esloigné de son roy et est un abrégé de sa grande monarchie, petit estat mais ouurage de plusieurs siecles et de dix grands princes qui tous ont adiousté sans innouer ny changer, et auquel la derniere main at esté mise par Philippe II, grand roy et le plus sage des roys. Car il est vray que nostre Bourgougne ayant esté anciennement en république, puis soub le commandement de diuers princes, elle a tousiours retenu ses premieres et anciennes formes et a conioint par un merueilleux accord l'obeissance à ses souuerains auec sa liberté, sur laquelle constance et uniformité Philippe II a pry ses mesures pour mettre la derniere main à l'ouurage de ce petit estat.

Et pour ce auant que d'entrer dans les dix années dernieres qui sont le suiet de ce liure, il est necessaire de reprendre les choses plus haut et parcourir sommairement l'antiquité de laquelle ie rapporteray icy quelques points : ie ne veux pas rechercher la Bourgougne au temps d'Hercule gaulois qui porta ses armes iusqu'au détroit de Gibraltar, et donna aux deux montagnes qui y sont le titre qu'elles ont conserué de colonnes d'Hercule : ny les temps de la guerre de Troye la grande, ausquels la Sequanie estoit unie et comprise soub le nom general des Gaules. Le premier esclat des armes sequanoises (car nostre Bourgougne s'appelloit anciennement Sequanie) fut le passage des Sequanois et Senonois en Italie et leur victoire sur les Romains. Lors tout le pays qui est auiourd'huy haute Bourgougne, iusques à la source de la Seine et le long d'icelle iusques aux confins de Paris, portoit les noms de Sequanie et Senonie (comme Gollut le va demonstrant), prenant son nom de celuy de la riuiere de Seine, laquelle les Romains appelloient Sequana, lors qu'ils commencerent, plusieurs siecles apres Brennus, à passer les Alpes et le Rosne et entrer dans les fins des Senonois : et au temps de Jules Cesar ce pays fut le premier qu'il rencontra et y pry son quartier d'hiuer, appellant noz deuanciers en langue latine Sequani c'est à dire Senonois en langue gauloise, et demeura aux autres Senonois plus esloignez leur nom ancien de Senonois. L'histoire romaine, quoy qu'elle dise de la victoire de Camillus sur Brennus chef des Sequanois et Senonois, nous apprend qu'ils passerent victorieux iusques en Grece, où ils se logerent proche du mont Olimpe et y furent appellez Gallogrecs, et du temps de l'apostre sainct Paul estoient appellez Galates. Ce fut un essein de jeune noblesse qui sortit de son pays pour aller veoir l'Italie et la Grece (pays lors renommez), et y establir leur demeure.

Cependant leurs peres et leurs pays viuoient en république telle que Jules Cesar (qui fut comme dit est plusieurs siecles apres) la descrit curieusement en son sixiéme liure de la guerre des Gaules, et dit que les Heduois et Sequanois competoient ensemble de son temps la domination des Gaules, et que les Sequanois auoient mis soub eux les Heduois par l'assistance des Germains leurs voisins ausquels ils s'estoient confederéz. Jules Cesar se seruit peu apres pour la conqueste de l'estat romain de la caualerie gauloise sans distinction des Sequanois. Et pour suiure l'histoire des Sequanois, autant que l'on peut dans l'obscurité de dix sept siecles selon les lumieres qui se prennent aux liures estrangers, Tacite au III liure de ses annales dit que les Sequanois estoient ioints aux Heduois du temps de l'empereur Tibère, lorsque Sacrouir prit les armes contre les Romains : il dit aussi au premier liure de son histoire, lorsque Julius Vindex esmut les Gaules contre l'empereur Neron, que les Sequanois estoient alliez des Romains, et dans la reuolte generale leur demeurerent fidelles. Il dit peu apres au temps de Vespasien que Julius Sabinus arma soudainement contre luy et que sa premiere marche fut contre les Sequanois ; les mots latins de Tacite en cet endroict meritent d'estre rapportez : *Interea* (dit-il) *Julius Sabinus projectis fœderis romani monumentis, Cæsarem se salutari jubet; magnamque et inconditam popularium turbam in Sequanos rapit, conterminam civitatem, et nobis fidam. Nec Sequani detrectavere certamen. Fortuna melioribus adfuit. Fusi Lingones. Sabinus festinatum temere prælium, pari formidine deseruit. Utque famam exitii sui faceret, villam in quam perfugerat cremavit ;.... Sequanorum prosperâ acie belli impetus stetit.*

Les Gaules estoient diuisées en trois parties, belgique, celtique et aquitanique; la Séquanie auoit sa ville capitale Besançon que Cesar descrit au premier liure de ses Commentaires; et depuis luy tous les Gaulois vesquirent soub les lois romaines, mesme les principaux d'entre eux estoient faicts citoyens romains, iusqu'au temps de Galba que tous generalement furent receus au nombre des citoyens, comme Tacite rapporte soub Galba.

La religion catholique fut apportée aux Gaules incontinant apres la mort de nostre Seigneur, car la cité de Besançon eut sainct Lin qui depuis fut premier successeur de sainct Pierre, et les deux glorieux saincts Ferreux et Ferieux du nombre des premiers chrestiens furent apres luy les apostres de Besançon.

Les montagnes du Jurat eurent des premiers anachoretes où sainct Romain et sainct Ouyan sont renommez entre les autres pour la construction du monastere qui a pry depuis le nom de sainct Claude et a subsisté iusques à present; Sigobert historien, qui viuoit peu apres, raconte que les peuplades des Sequanois se trouuans oppressées par un tiran usurpateur de leur liberté, furent inuitées par un de ces anachoretes (qu'il ne nomme pas) à embrasser la religion chrestienne, auec asseurance de victoire s'ils l'embrassoient : il dit que sur cette asseurance les Sequanois combatirent auec peu de gens l'armée de ce tiran qui estoit puissante, le vainquirent et occirent, et après la victoire gaignée tindrent leur parole, embrassans tous ensemble la religion chrestienne et catholique. Cette bataille est si memorable que le Ribadeneira, autheur moderne au liure qu'il a faict contre le prince de Machiauel, la compte entre les miraculeuses des chrestiens.

Gauthier jesuite en sa chronologie rapporte en l'an 339 que l'empereur Theodose enuoya à Besançon le sainct Suaire et le bras de sainct Estienne. Duchesne parle amplement des bastimens des deux eglises metropolitaines auant ce temps là basties, l'une à l'honneur de sainct Jean Baptiste et l'autre de sainct Estienne.

2. La descente des Bourguignons en Sequanie fut en l'an quatre cens et huit selon aucuns, ou en l'an 413 selon les autres. C'estoient peuples septentrionaux voisins des Vandales, desquels le Spondanus en son histoire ecclesiastique année 413 parle en cette sorte : *Hoc anno Burgondiones Germaniæ populi bellicosissimi multitudine ac viribus præstantes qui gloriari solerent se sobolem esse Romanorum, partem Galliæ Rheno proximam obtinuere*, cité Prosper, Cassiodoro, Orose et Socrate. Rhe-

nanus qui mieux qu'aucun autre aux choses d'Allemagne a penetré dans l'antiquité, expliquant l'histoire des Lombards de Paulus Diaconus, dit, que les Lombards sortans de leur isle Scandinauia, *per Vantalin et Burgundihain progressi sunt*, et fait veoir que la sillabe *hin* en viel bourguignon signifie patrie, et pour user de ses propres mots dit que, *erant veteres Burgondionum sedes antequam per Germaniam in Sequanos commigrarent*. C'est en ses nottes sur le traicté de Tacite, *De moribus Germanorum*, et plus amplement au liure qu'il a escrit, *De Germania*. Cluuerius autheur recent dit, que le pays des anciens Bourguignons est auiourd'hui en partie possedé par l'Electeur de Brandebourg, et le nom de Bourguignon, dit Rhenanus, vient de πυργος, mot grec qui signifie une tour, ou fortification en la façon allemande, prononçant le B pour le P se dit Burgos, ce qui est apparent, pource que tous les autheurs conuiennent qu'auant la descente des Bourguignons les Romains traicterent auec eux en l'an 370 pour la garde de leurs limites contre les barbares, et que les Bourguignons de pas en pas le long des limittes de l'empire romain desserent des forts qu'ils appelloient Burgos : et chacun est aussi d'accord que sont eux qui, apres leur descente et passage deça le Rhin, ont remply la Sequanie de chasteaux bastis au haut des montagnes, desquels plusieurs sont encor entiers et des autres restent les mazures.

L'histoire romaine dit, que Valantinian empereur les appella à son ayde pour les guerres d'Allemagne, et le Cassiodore secretaire d'estat de Theodoric roi d'Italie, qui viuoit peu d'années apres, au chronique qu'il luy a dédié, dit, qu'ils vindrent octante mille combatans, et apres auoir assisté l'empire romain en Allemagne passerent le Rhin et s'estendirent dans les pays voisins. L'empereur longtemps apres enuoya le vaillant Aëtius auec armée puissante pour les arrester. Gondioc roi des Bourguignons le combatit et eut du pire; mais Aëtius ayma mieux traicter auec luy que de le presser plus auant. Cassiodore ne dit pas quel fut leur traicté, mais bien qu'ils traicterent; il est euidant que les deux peuples, Bourguignons et Sequanois se ioignirent, les Sequanois demeurans en leurs villes citoyens romains auec les loix romaines, et les Bourguignons aux bourgs et chasteaux qu'ils bastirent auec juridiction et pouuoir sur leurs gendarmerie qu'ils logerent chacun en son district, ils maintindrent leurs loix bourguignonnes hors desquelles ils se soubmirent aux romains; car dez lors iusques à present les choses sont demeurées en ces termes là.

Et le mesme Cassiodore dit aussi que apres le dict traicté d'union les

Huns estant descenduz aux Gaules soub leur roy Attila, Gondioc joignit ses Bourguignons aux Romains d'Aëtius et les deux ensemble combatirent Attila près de Châlon, non loing de Toulouse où Attila fut vaincu.

Les Bourguignons ia lors estoient chrestiens, car auparauant leur roy Gondioc filz d'Athanaric auoit amené sa femme Teudelinde qui bastit à Geneue une eglise à sainct Victor martyr, et l'histoire ecclesiastique du Spondanus au lieu sus dict parle d'une épistre que le pape Anastase auoit escry auparauant, *ad episcopos Germaniæ et Burgundiæ*, leur descente auoit esté soub l'empereur Honorius en l'année sus dicte 408 ou 443 : Gauthier en ses chroniques dit qu'en l'an 481 du temps de Marcian empereur, la famine estant en Bourgougne, le senateur Ilicius sustentoit quatre mille pauures et s'entendoit une voix de promesses du ciel : cite sur ce Sigobert autheur de ce temps là.

Les deux peuples Bourguignons et Sequanois estant ioints, le nom de Sequanie se perdit dans celuy de Bourgougne. Car les roys de Bourgougne demeurant possesseurs de la basse Bourgougne qu'est le Duché, et de la Suisse, Dauphiné, Sauoye et Prouence, et planterent à Arles en Prouence leur siege royal. Leur royaume dura iusques à l'an 526 de masle en masle, car lors Gondomar leur dernier roy, apres auoir vangé la mort de sainct Sigismond son frere aisné, se retira vers les Visigots ses alliez.

Apres sa retraicte, les filz de Clotilde royne de France, sa cousine vefue de Cloïs premier roy chrestien des François, partagerent le royaume de Bourgougne entre eux. Theodoric, qui outre le droit de Clotilde sa mere auoit espousé la fille de Sigismond, regna en la haute Bourgougne, qu'est la nostre, portant titre de roy, comme ont fait ses successeurs apres luy, et generalement tous ceux qui ont possedé nostre Bourgougne ont porté titre de roy, iusques à ce que, après la race de Charlemagne estaincte, elle se maintint en liberté contre les efforts des conquerans estrangers, et enfin choisit Otho Guillaume son premier comte.

Durant tout ce temps qui fut d'enuiron cinq cens ans (que le manquement d'escriuains a tenu très-obscur), il est constant entre tous les autheurs estrangers, que les loix bourguignonnes et romaines furent conseruées, et ne pry la Bourgougne estandarts, ni escharpes autres que les siens. Ses estandarts estoient la croix sainct Andrey, sa couleur de geule, et son metail d'or. Les maisons principales sorties des Bourguignons estoient Vienne, Châlon, Salins et Mascon qui toutes quatre entrerent par alliances et successions dans la maison des comtes de Bourgougne : desquelles maisons les puisnez de Bourgougne releuerent les noms et les armes, et toutes quatre portoient d'or et de geule, comme generalement toutes les maisons illustres sorties des anciens Bourguignons ont conserué iusques à present or et geule; mesme les ducs de Bourgougne portoient anciennement de geule à trois bandes ou coticés d'or, et ont conserué le bord de geule, dez que les enfans de France ont tenu cette duché et pry par obligation la couleur et metal de leurs aisnez, comme remarque très-bien sainct Julien.

3. Otho Guillaume, premier comte de Bourgougne souuerain, portoit de geule à une aigle d'argent, qu'il auoit apporté d'Italie, où ses deuanciers auoient regné; et la noblesse qui le suiuit porta ses couleurs et metal, et peut estre ioignirent lors les loix de fiefs aux anciennes loix des Bourguignons : mais de ce nous n'auons aucune certitude; tousiours rien ne fut alteré aux anciennes loix et formes de nostre haute Bourgougne, subsistant tousiours en icelle le droit bourguignon et le romain ensemble, quoique la souucraineté tombant souuent en quenouille, la Bourgougne ayt esté commandée par princes estrangers de diuerses maisons, et que les partages faicts entre eux ayent arraché de nostre Bourgougne le pays de Vaux qui en deppendoit anciennement.

Le titre de Franche-Comté vient, selon l'opinion d'aucuns, d'Otho Guillaume qui maintint par armes l'élection que nos deuanciers auoient faicte de sa personne pour leur souuerain, contre Robert roy de France qui se desista enfin de toutes pretensions sur ce pays en l'an 1003, comme Duchesne François le confesse, et contre les successeurs de Rodolphe le Faineant qui continuerent de porter le titre de roys de Bourgougne, et quereller par armes Otho et ses successeurs, iusques à ce que la lignée de Rodolphe estant finie, et Renaud III comte de Bourgougne maintenant son droit par armes et par raison, l'empereur Henri cinquiéme quicta la partie au traicté qui sur ce fut faict à Besançon.

Durant le regne de noz premiers comtes se trouuent de meruelleux faicts d'armes des Bourguignons en la Terre-Saincte contre les Sarrasins, et en Espagne contre les Maures, où deux filz de Bourgougne Henry et Remond meriterent par leurs hauts faicts d'armes d'espouser deux filles d'Espagne, si que de Henry est sortie la maison de Portugal, et de Remond celle de Castille qui a duré iusques à Isabelle femme de Ferdinand d'Arragon; et de ces deux princes Henry et Remond estoit frere le pape Calixte II, l'un des grands hommes que l'Eglise ayt eu.

La lignée des aisnéz de Bourgougne finit à Béatrix qui espousa Frederic Barberousse empereur. Othon leur filz fut comte de Bourgougne et palatin, qui laissa une autre Beatrix mariée en la maison de Meranie, qui de rechef fut reduite à une fille nommée Alix, laquelle espousa Hugues de Chálon descendu des puisnéz de Bourgougne ; et de rechef la race d'Hugues finit à Jeanne qui fut femme de Philippe le Long, roy de France ; et de Philippe le Long et de Jeanne nasquit Jeanne mariée à Eudes, duc de Bourgougne, qui eut d'elle Philippe dit de Rouures, duc et comte de Bourgougne, lequel mourant sans enfans donna la Duché de Bourgougne à Jean roy de France son oncle paternel, et la Comté à Margueritte de Flandres sa tante maternelle. Jean roy de France eut Philippe le Hardy qui le seruit bien en la bataille de Poictiers, et il luy donna pour son appannage la Duché de Bourgougne qu'il auoit herité du duc Eudes. Philippe le Hardy estant duc de Bourgougne espousa la fille de Flandres, heritiere de la comté de Bourgougne, et d'eux sortirent les ducs Jean sans Peur, puis Philippe le Bon, puis Charles le Guerrier, qui n'eut qu'une fille nommée Marie, laquelle espousa Maximilian empereur, et Maximilian eut Philippe, premier de ce nom, roy d'Espagne : Philippe eut Charles empereur, et Charles eut Philippe II, ayeul de Philippe quatriéme, nostre roy.

Les dix grands princes qui ont establv et donné forme à cet estat, sont Otho I, Renaud III, Frederic Barberousse, noz quatre ducs de la maison de France, Maximilian d'Austriche, Charles V et Philippe II. Les premiers comtes mettoient leur force en la valeur de leur noblesse et multitude de leurs forts et chasteaux. Noz quatre ducs possedoient les deux Bourgougnes et les Pays-Bas, et leur party a tousiours esté le plus fort en France.

Le parlement de Dole fut estably par Philippe le Bon troisiéme des dits ducs, que sainct Julien a raison d'appeller le plus grand prince de son temps. Ses pensées (apres qu'il eut procuré la paix à la France) furent le recouurement de la Terre-Saincte, sur l'ambassade solennelle que luy en enuoyerent les rois du Leuant : et l'institution qu'il fit de l'ordre de la Toison d'or fut à ce desseing pour inuiter les princes chrestiens à ioindre leurs armes aux siennes. Charles son filz dernier duc, n'ayant laissé qu'une fille, Louys XI roy de France luy enleua par armes les deux Bourgougnes : mais aussitost qu'elle fille, fut mariée à Maximilian, nostre Bourgougne reprit les armes auec lesquelles et celles de Maximilian, elle recouura son prince et sa liberté ; et par les traictez de paix qui suiuirent, la Comté de Bourgougne demeura sans difficulté à Philippe roy d'Espagne, filz de Maximilian. La Duché est demeurée contentieuse entre les maisons d'Espagne et de France, durant laquelle contention la principale noblesse de la Duché s'est retirée en la Comté; et ces deux prouinces, qui de leur ancienne origine n'estoient qu'une et auoient esté heureusement reunies quasi deux siecles entiers et iointes d'alliances et amitiés, se sont entretenues en paix l'une auec l'autre plus d'un autre siecle par un traicté de neutralité, auquel les princes de l'une et de l'autre maison ont consenty; lequel traicté a esté enfin rompu par l'entrée que nagueres a fait l'armée de France en la Comté de Bourgougne en l'an 1636.

Les princes de la maison d'Austriche, empereurs et monarques, ont fait tant d'honneur à la maison de Bourgougne, qu'ils ont pry et retenu son ordre de la Toison d'or, ses liurées et ses estendarts qui se voyent auiourd'hui arborez par eux sur tout le rond de la terre, et qui plus est noz roys assis au sommet de leur monarchie ont retenu la disposition, ordre et forme et iusques aux noms des officiers de la maison de Bourgougne. Aussi est la maison de Bourgougne la plus ancienne qui soit auiourd'hui au monde, qui a donné la foy aux roys de France et des roys à l'Espagne.

L'union ancienne des deux nations bourguignonnes et sequanoises que le sage et vaillant Aëtius establit en ce pays, est la premiere piece et ressort secret de cet estat. Car par icelle la noblesse et les villes independantes les unes des autres sont deux contrepoids qui soustiennent cette machine, l'un ayant tousiours l'œil sur l'autre sans iamais s'accorder ny desaccorder, ainsi que les deux contrepoids qui font mouuoir un iuste balancier.

Quant noz ducs et noz comtes y estoient en personne, ils auoient à leurs flancs leurs cheualiers armez et leurs cheualiers lettrez : les uns les suiuoient à la guerre, et les autres aux sieges de iustice; et depuis que nous les auons perdu de veüe, le gouuerneur est le cœur de cet estat et le parlement en est le cerueau. La vie et maintien de l'estat est la correspondance de ce cœur et de ce cerueau. Au cœur de l'homme logent les affections et vertus naturelles bouillantes et magnanimes que la prudence qui loge dans le cerueau tempere et guide. Ainsy en est-il de nostre Bourgougne, et ainsy l'ont establly noz souuerains.

Nostre noblesse n'a plus eu de cheualiers lettrez dez qu'elle a perdu de veüe la personne de son prince, et que la iustice a esté faicte sedentaire dans le parlement, un troisiéme estat mixte de noblesse et de bourgeoisie, qui participe de l'une et l'autre forme et prend alliance aux deux, a receuilly cet aduantage des lettres, et aydé au contrepoids foible de la noblesse.

4. L'estat de nostre Bourgougne tient de l'ancien romain : aussi les Bourguignons se disoient sortis des Romains, et les Sequanois ont esté citoyens de Rome. Car il est composé des trois espèces d'estat (comme estoit Rome); scauoir, monarquique en son roy, aristocratique en l'authorité de son parlement, et démocratique au point que toutes sortes de personnes, auec la seule vertu, peuuent paruenir à tous offices.

La noblesse et la bourgeoisie y sont iointes dans le parlement, où la noblesse a tousiours ses cheualiers, et pour toutes les charges d'iceluy est preferée à la bourgeoisie, en esgalité de vertus. La noblesse tient les armes, la iustice et la police ensemble aux trois offices de bailly ; mais elle exerce la iustice par gens de lettres; et ie remarque du temps de noz ducs et de noz comtes que les lieutenans des baillifs estoient ordinairement gentilhommes.

Et tiercement la noblesse a iustice sur ses suiets, fortifiée qu'elle est dans ses maisons et sie en tribunal de iustice au milieu d'eux. Mais l'exercice de sa iustice sur ses suiets se faict par bourgeois hommes lettrez qu'elle choisit, et les appels passent aux baillifs pour moderer cette trop grande authorité : et des baillifs passent au parlement.

Ainsy sont liées les parties de ce corps desquelles est composé le royal balancier ; et le gouuernement du balancier gist principalement en trois personnes, scauoir au gouuerneur du pays, au président du parlement, et au procureur general du roy, qui tous trois ont peu de gages et grandes despenses à faire, afin que le roy les ayt à ce moyen tout à soy pour les recompenser quand ils font bien et les aneantir quand ils font mal, sans autre peine que de retirer ses faueurs.

La noblesse de Bourgougne est bouillante et martiale; ses querelles sont appaisées par les gouuerneurs et baillifs, par une forme de iustice noble et militaire; et si la noblesse se lasche aux crimes, elle a cet aduentage que le fisque ne peut rien contre elle, sans precedent rapport au corps du parlement.

Auec ces aduantages la noblesse est heureuse, si elle s'addonne comme elle doit à la vertu, et n'a autre manquement pour son total bonheur que l'absence de son souuerain. Mais le roy loge dans ses armées, c'est à dire, sa grandeur et puissance y sont pour ceux qui l'y vont chercher.

Ainsy, me le dit un iour en Espagne le Comte-Duc, sur ce que ie lui representois l'esloignement de la personne du roy, et que nostre noblesse n'auoit pas moyen de passer en sa cour et y subsister.

Ce pays sembleroit trop petit et les emplois trop médiocres pour une si grande et si principale noblesse que la nostre; mais la monarchie d'Espagne est la campagne la plus fournie d'emplois qui soit au monde, qui est ouuerte partout à la fidelité de nostre nation; et ce que nous sommes ioints au gouuernement des Pays-Bas, est pour nous les ouurir comme ils estoient du temps de noz quatre ducs.

Ainsy nostre noblesse n'a rien à se plaindre ny à chercher aillieurs et a par dessus tous ces bonheurs trois principaux biens qui sont communs à toute la prouince, et luy conuiennent en la qualité qu'elle porte de depositaire de la vraye vertu; sçauoir, la pureté de la religion catholique qui dure dez le commencement de l'Eglise sans changement, meslange d'heresie, ny nuage de schismes, la iustice debonnaire de son roy et une pleine franchise pour elle et ses suiets, qu'elle ne peut esperer aillieurs qu'en Bourgougne soub la monarchie d'Espagne.

Autreffois ce pays auoit pour limites, le Rhin, le Jurat, le Rosne et la Saône : et à present il est bien petit, et petit qu'il est se trouue posé au milieu de trois grands estats, Allemagne, France et Suisse. Sa foiblesse est commune auec l'Alsace, Lorraine et Sauoye ses trois voisins, l'union desquels luy sembleroit utile; mais Charles V et Philippe II n'ont pas voulu appuyer la sureté de ce pays sur iceux, pour estre les formes de leurs gouuernemens différentes de celles de Bourgougne, et qu'il est aisé de nous les oster.

Charles V empereur auoit à la main le secours d'Allemagne contre la France; mais neantmoins se souuenant des progrès de Louys XI, nonobstant la force de noz chasteaux, il iugea nécessaire pour empescher les armées de France d'entrer en ce pays, de fortiffier des places sur leurs frontières et fortiffia Dôle et Gray auec l'ayde que nous luy donnasmes. Philippe II mit garnisons en ces forteresses desquelles nous fournissons la solde qu'elles reçoiuent par les mains des officiers du roy.

La force de ce pays consiste au naturel martial des suiets, et armement perpetuel de tous, sçauoir, noblesse, villes, bourgs et villages, retraicte aux places fortes, ruptures des ponts, moulins et forges en la campagne. La noblesse monte à cheual, et sert quarante iours à ses frais; autant en fait la bourgeoisie en nombre de cinq à six mille hommes de pied; et les forteresses sont gardées par les retrahans en icelles.

La bourse du roy en Bourgougne sont ses sauneries : celle du pays sont les mesmes sauneries : car les communautez y leuant quantité de sel annuellement font argent aux occasions par icelx qu'elles repartissent à proportion de la distribution du sel, sans frais, et insensiblement les particuliers portent la charge par le menu sans incommodité des corps des communautez.

Les nobles et bourgeois qui vont chercher les emplois dans les armées du roy, retournent scauans des armes : et le roy Philippe II, apres plusieurs années de guerre, les rappelloit chez eux par pensions sur les sauneries ; et en cette sorte de son temps la Bourgougne se remplissoit de bons officiers de guerre.

Mais cette force est bien petite pour s'opposer à l'un des trois grands estats qui nous touchent, principalement à la France qui a le nom de Bourgougne dans l'esprit et est prompte à entreprendre. L'Allemagne et la Suisse sont les deux puissans alliez qui nous peuuent ayder ; mais la Suisse ne nous aydera iamais par armes contre la France, bien que son interest l'oblige à nous ayder ; car elle a aussi alliance auec la France, et la conserue soigneusement tant pour le proffit qu'elle en tire, que pour estre assistée par la France contre la maison d'Austriche et l'empire qui ont dez droits sur la Suisse ; c'est à quoy les cantons protestans qui sont les plus forts, s'attachent.

L'Allemagne a interest à nostre conseruation, car ce pays est une place d'armes à la France contre l'Allemagne ; témoin Cesar, lequel lorsqu'il voulut combattre les Allemands, fit place d'armes en ce pays, et ses magasins à Besançon.

Le roy Philippe II, duquel la place d'armes estoit en Italie, pour secourir en toutes parts ses estats d'Europe, tenoit puissans présides en Sauoye, pour conseruer le passage libre, et nous secourut en l'an 1595 dez la duché de Milan.

Mais les ressorts plus puissans de l'Espagne pour nous secourir sont ses trésors, l'envoy desquels par voye de banque ne nous peut estre couppé, pour ce que le roy tient le timon de toutes les banques en Europe, autant chez ses ennemis que chez ses amis.

Sont encore les voyes de diuersions et réuulsions ; car si nous sommes enclos dans la France, aussi est la France enclose dans les estats d'Espagne et d'Austriche.

Il estoit nécessaire de prémettre ce que dessus pour bien entendre ce que sera dit cy apres des moyens que la France a tenu pour attaquer nostre Bourgougne, et de ceux qui ont esté praticquez pour la conseruer : mais il est encore necessaire, pour donner iour à la suitte de ce liure, de dire un mot en passant de la monarchie d'Espagne et de la cause premiere des guerres cruelles qui regnent en Europe dez trente ans ença : sont deux points qu'il faut necessairement toucher, mais brieuement pour une generale intelligence.

5. Le roy Philippe II est celuy qui a formé la monarchie d'Espagne par liaison des membres espars aux quatre parties du monde et establissement de chacun d'iceux sur ses propres fondements. L'âme de cette monarchie est la verité chrestienne et la iustice royale que Philippe II a pry pour ses deux colonnes, et sur icelles a establi la prudence politique pour le gouuernement de ses estats. La mer est celle qui les unit sur laquelle il a armé et rendues invincibles ses flottes. Ses armes sur terre sont au pied romain, que le grand capitaine en Italie, le duc d'Albe en Allemagne et le prince de Parme en Flandres ont amené à leur perfection. Ses tresors vont coulant par les veines des banques par tout le corps de sa monarchie, et la richesse de Rome et splendeur du sainct Siege sont conseruez par l'Espagne.

Nostre Bourgougne en est le plus petit et le plus foible morceau destaché de tous et loing de la mer, que le roy a faict subsister sur ses anciennes formes auec commandement exprès que rien n'y fut iamais changé, et a pry sur iceluy ses principaux modeles pour sa monarchie d'Espagne, si que nous pouuons dire, non comme le Botero : que nostre Bourgougne est un abrégé de la monarchie d'Espagne, mais que la monarchie d'Espagne est une Bourgougne estendue partout.

L'heresie du caluinisme qui s'est esclouée au dernier siecle, est celle qui a my ce grand roy en peine, non tant pour ses erreurs, car l'Eglise les combat assez, que pour le mauuais esprit qui l'anime contre les roys, esprit de violence et de ruse qui apprend aux hommes à combattre de droit fil les lois constantes que Dieu a establi dans le monde, soub les hautes puissances et harmonies des magistrats, esprit qui dictoit autreffois aux Carthaginois les ruses et perfidies auec lesquelles ils amenerent l'Estat romain fondé sur la iustice et les armes à deux doigts de sa ruine, esprit qui gouuernoit Tibere empereur et Seian son confident; qui a inspiré à Elizabeth royne d'Angleterre les moyens de troubler les Estats de Philippe II pour asseurer le sien, et qui a my la France et la Frandre en sang par guerres civiles et intestines du temps de noz peres; duquel esprit la malice est si charmante et aiguë en ses poinctes, que

Nicolas Machiauel secretaire de Florence, homme sans lettres ny expérience, ayant desployé cette denrée, bien qu'il fit profession de catholique, a donné par icelle credit à son nom : et Lipse autheur non méprisable de ce siecle a loué son esprit qu'il appelle en mots latins, *acre, subtile, igneum*. Et pour ce, c'est contre cet esprit de violence et de ruse qui anime l'heresie contre les roys, et qui a troublé le regne de Philippe II, que ce roy a dressé ses principaux appareils, que sont les instructions par lui laissées, regles et maximes perpetuelles par lesquelles ses estats seroient gouuernez, et a assez preuu que ce mauuais esprit feroit un iour ce qu'il a fait, plaignant nostre Bourgougne qui seroit la plus agitée à cause du caluinisme qui l'enuironne de toutes parts, et pour ce a laissé les ordres sus dicts pour le seruice d'icelle aux occasions, par les voyes d'Italie et Allemagne, banques et diuersions, disant que les forteresses luy donneroient loisir d'attendre les secours, et les diuersions preuiendroient les sieges.

Les parties plus foibles que ce grand prince reconnoissoit dans l'Europe, estoient les pays patrimoniaux de sa maison en Allemagne, pour ce que l'heresie auoit infecté la pluspart du patrimoine d'Austriche, et que l'Allemagne quasi uniuerselle, les Suédes et Danois ses voisins peuples martiaux, estoient pareillement heretiques. L'autre partie foible estoit l'Espagne mesme, corps aggregé de Castille, Arragon et Portugal, desquels chacun a ses formes et esprits differents et ne sont pas encore bien unis en un corps solide animé de mesme âme, c'est à dire des mesmes loix et mesmes formes. Il commença par l'Arragon et l'applanit sans rien toucher à la Cataloigne pour le peril qu'il y reconnut, estant pays maritime, ce que la Cataloigne n'auoit pas forfait : et quand à la Castille et le Portugal, qui n'estoient pas pour se ceder l'un l'autre, il iugea qu'autre que Dieu et le temps ne les pouuoit incorporer. Ses deux grands Estats plus esloignez que sont l'Amerique et le Leuant furent ses principaux ouurages.

6. Cet esprit du caluinisme est celuy qui a produy les guerres sanglantes qui ont my l'Europe en feu dez trente ans ença, commençant en Allemagne et poursuiuant en Italie, Flandre, Angleterre et Espagne, desquelles nostre Bourgougne a eu sa grosse part durant dix années continuelles. Ce mauuais esprit s'est seruy des causes uniuerselles agissantes d'en haut, desquelles les demons ont cognoissance et particulierement en l'an trente cinq s'est seruy de la conionction de Mars et Jupiter qui incline les hommes à destruire les monarchies. Car bien que

ces causes generales n'ayent point de pouuoir direct sur noz volontés, touteffois elles l'ont grand sur noz passions, qui sont celles qui regissent la pluspart des hommes et particulierement les heretiques de ce temps.

Dieu qui commande à la milice du ciel et lasche la bride aux esprits malins, quand sa iustice l'y oblige, aduertit de bonne heure l'Allemagne des verges de feu qu'il luy préparoit, qu'il fit veoir d'esfroyable grandeur, non en l'air, comme les comettes, mais dans le ciel mesme bien haut, par dessus la lune; et les laissa veoir menaçantes et affreuses par autant de iours que les guerres ont duré d'années. En Espagne se virent prodiges de toutes parts, pareils à peu prez à ceux qui furent veus autreffois au temps que le malheureux comte Julien pratiquoit les Maures d'Affrique, pour leur faire inonder l'Espagne qui a demeuré sept cens ans et plus à les chasser.

Nostre Bourgougne eut un aduis de Dieu mesme des feux qui se preparoient contre elle, dans lesquels sa réligion et son roy luy seroient conseruez. Ce fut en l'abbaye de Fauerney aux festes de Pentecoste, en l'an 1608, qu'ayant esté accordées indulgences par le pape et chappelle dressée à cet effet, fut sur l'autel d'icelle exposé le SAINCT SACREMENT. La négligence du sacristain et des réligieux qui ne prirent pas garde la nuict aux lampes et lumieres, fut cause que la chappelle fut embrasée durant leur sommeil, et le tout bruslé et reduy en cendres, sauf le Sainct Sacrement qui demeura suspendu en l'air, et une petite portion du daiz qui le couurait iustement à l'endroit d'iceluy. Les bulles du pape aussi qui estoient desployées et attachées au deuant d'autel furent conseruées et trouuées entières dans les cendres de l'autel qui estoit de bois, et celles des parois et ornemens de la chappelle furent consummez par le feu. Ce spectacle miraculeux du Sainct Sacrement soustenu en l'air par soy-mesme, dura trente trois heures à la veüe d'un peuple inombrable qui accourut de toutes parts, et enfin en presence de tous, aux huit heures du matin (se disant messe solemnelle au grand autel); fut veü le Sainct Sacrement descendre et se venir poser sur le nouuel autel qui luy auoit esté dressé à cet effet. L'hostie sacrée portant les marques du feu pour perpetuelle memoire du miracle fut demandée par la ville de Dole, et apportée en icelle auec pompe et deuotion remarquable, et s'est conseruée entiere par un miracle continuel. Cette merueille parloit assez si nous eussions eu des oreilles pour l'entendre et fussions allé au deuant du iuste courroux de Dieu, que le luxe procédé d'une longue paix et les vices et crimes qui regnoient dez longtemps auoient prouoqué. Mais lorsque nous auons veu tout le plat pays autour de Dole en feu et les canons et bombes des François foudroyer la ville gardienne de ce sainct depost, et elle subsister entiere sans autre mal que les marques de la fureur de ses ennemys, et tout de suitte auons veu de toutes parts un embrasement general dans nostre Bourgougne, et elle subsister soustenue de la main de Dieu, nous auons recogneu clairement que la merueille de Fauerney auoit esté un preaduertissement de noz maux et de noz biens.

Une personne seule rompit, en l'an 1608, le beau desseing qu'auoit le roy très-chrestien Henry IV, d'unir l'Espagne et la France ensemble, par le double lien des mariages qui ont esté faicts depuis apres sa mort. Car cette personne dissuada celuy qui auoit accepté la commission de proposer ces mariages au pape Paul V, luy disant que l'union d'Espagne et de France seroit la seruitude de l'Italie, et luy suggéra le malheureux artifice duquel il se seruit pour mettre ces deux roys en discorde : car il fit entendre au roy de France qu'il auoit proposé les mariages au pape, et le pape au roy d'Espagne, ce que n'estoit pas, afin que le roy très-chrestien ne voyant suiure aucun effet, se creut mesprisé par celuy duquel il recherchoit l'amitié ; il en aduint ainsi et pis encor, car le gouuerneur de Marseille offrit en ce mesme temps de liurer sa place au roy d'Espagne, et en parla au secretaire de l'ambassadeur qui estoit à Paris ; et le prince de Condé fuyant de France auec la princesse sa femme fut receu à Bruxelle et à Milan. Henry IV se croyant mesprisé et pensant que le roy d'Espagne l'endormoit pour occuper ses ports et redresser dans la France l'ancien party de Condé et des heretiques, pourieta la ruine de celuy qu'il croyoit estre son ennemy, et ligua tous les princes et républiques de l'Europe contre l'Austriche. Sa mort arresta les coups que cette ligue eut porté, et la royne sa vefue à qui le roy son mary auoit déclaré ses premieres et meilleures pensées, ayant descouuert la fourbe, fit proposer les mariages au pape, desquels iusques alors ne luy auoit point esté parlé.

Le duc de Sauoye Charles-Emanuel irrité contre le duc de Lerme, confident de Philippe III, suada quelques années apres au roy Louis XIII, successeur d'Henry IV, en leur entreuue de Nice, de suiure les derniers desseings de son pere, de quoy la royne sa mere le diuertit. Les Hollandois solliciterent le roy d'Angleterre lors regnant de se rendre chef de la ligue protestante, de laquelle le corps estoit encor entier, et ne luy mancquoit qu'un chef; mais il estoit roy pacifique, et obligé à l'Espagne.

Une femme en Allemagne, fille d'Angleterre, caluiniste de réligion, mariée au comte palatin du Rhin, fut la bluette de feu qui embrasa l'Allemagne, disposée par le mauuais esprit sus dict de l'heresie. Il sembla lors que la maison d'Austriche alloit tomber et que l'empire seroit le prix du mieux combattant; mais le palatin fut abbattu par la bataille de Prague et par la conqueste de son palatinat.

Quatre roys se ioignirent inuitez par les Hollandois, et par l'interest du prince palatin; mais le siege de Breda les arresta.

Le duc de Bauière (qui auoit esté ioint à l'empereur), trouuant que ses deuanciers auoient porté ceste couronne auant ceux d'Austriche, fut ialoux de la grandeur d'Austriche.

Le roy de Dannemarc se fit veoir auec armée puissante pour courir cette lice d'honneur soub couleur de protection de la liberté germanique.

Le roy de Suéde s'en vint descendant des montagnes, comme un torrent impetueux.

Le roy de France pretendit de marcher sur les pas de Charlemagne.

Valstein baron de Bohême, ayant dignement seruy l'empereur contre tous ceux-cy, deuint insolent par ses victoires et creut que le prix lui estoit dehu.

Enfin le roy d'Espagne voyant tant de coureurs donna sa sœur en mariage à Ferdinand filz aisné de l'empereur, et la main puissante au pere et au filz ausquels la couronne est demeurée.

7. Le feu portant ne fut pas esteint. Car en France, Jean-Arman Duplessis qui depuis a esté cardinal de Richelieu, ayant appry par les memoires de Duplessis Mornay son oncle caluiniste, les moyens que les heretiques auroient pour abbattre la maison d'Austriche, s'insinua souplement dans l'esprit de la royne mere, puis par son entremise dans celuy du roy son filz, et le possedant, inspira à ce roy martial et facile les pensées de son oncle Duplessis, et les dernieres d'Henri IV, ausquelles preuoyant que la royne mere seroit contraire, il l'escarta de France et le duc d'Orleans son filz pareillement : et lors possedant seul l'esprit du roy, dressa ses parties auec toutes les fourbes et violences que iamais les Cartaginois, Tybère, Seian et Elisabet d'Angleterre ont praticquez.

L'une de ses premieres pensées fut la conqueste de nostre Bourgougne qu'il iugea luy estre necessaire pour la guerre d'Allemagne et pour celle d'Italie, et pour s'asseurer de ce costé durant le conflict general aux diuers accidents qui se rencontrent aux grandes guerres, il se ligua auec la Suède, encore toute sanglante de la mort de son roy, et de la bataille de Nordlingue, et qui estoit gouuernée par personnes ambicieuses et amoureuses de l'argent de France.

Les Hollandois en ce mesme temps ont bien eu la pensée d'esbrecher l'empire d'Amerique et se saisir pour le moins du Brésil, pour y aller de pair auec le roy d'Espagne et partager auec luy le grand Ocean durant cette emotion d'Allemagne et de France.

Les Catalans qui auoient part à la domination de leur pays auec le roy, estant trop gras et mal contens de dom Gaspar de Gusman comte d'Oliuarés, confident du roy, qui n'auoit peu supporter leurs insolences, se sont armez contre leur roy, et ont appellé les François à leur ayde.

Le duc de Bragance en Portugal, ieune prince ambicieux, roulant dez longtemps en son esprit les prétensions de Catherine de Bragance son ayeule, a iugé que le temps estoit opportun, pour s'emparer de l'estat de Portugal.

Les caluinistes en Angleterre estant assemblez en parlement, ont luicté contre leur roy, sans autre prétexte que la réligion, et sans le courage et valeur des catholiques irlandois, et les aydes d'Espagne, l'eussent deiecté de son trosne et de ses isles.

Le suiet de ce liure n'est autre que la guerre faicte en nostre Bourgougne, durant les dix années dernieres, et cette guerre cruelle ayant esté uniquement l'ouurage de Richelieu, ourdie et conduitte par la subtilité de son esprit, dans la toute puissance qu'il auoit sur les armes, trésors et conseils de France, il est necessaire de dire un mot auant toute œuvre de cet esprit agissant, ses ruses, ressorts et aduantaiges.

Celuy qui a donné conseil au roy Philippe IV nostre maistre pour la conseruation de nostre Bourgougne contre les ressorts de Richelieu, a esté dom Gaspar de Gusman comte d'Oliuarés, qui auoit nourry le roy dans les instructions royales de Philippe II, lesquelles ont esté praticquées réligieusement pour le total de la guerre et particulierement pour la deffense de nostre petit estat.

Autreffois le duc d'Albe soustenant à Naples l'effort des François et du pape leur allié, feignit entre ses colonels de vouloir surprendre Rome, dans le desseing qu'il auoit d'amener le pape à un accord par la voye d'une terreur soudaine. Il trouua tant de bonheur qu'il se vit aux murailles de Rome et Rome à sa mercy, sans auoir esté descouuert. Lors parlant à l'oreille d'un seigneur espagnol son confident, ô (dit-il), *que le diable assiste brauement ceux qui font ses affaires*. Les estats uniuersellement sont régis par la sagesse diuine, que l'Ecclésiaste dit se iouer en terre de la vanité des hommes et des demons. Cette sagesse a ses deux maistresses roues, la verité et la iustice, et ses pieces agissantes, les vertus militaires et celle de prudence qui recognoissent les choses, les personnes et les temps, inuentent, disposent et executent.

Les demons qui se sont faict dieux autreffois sur la terre, ont opposé dez le commencement à la sagesse diuine, une sagesse toute contraire plus agissante, agréable et brillante aux yeux des hommes communs, qui consiste à mesnager industrieusement le mensonge et l'iniustice. Leurs deux maistresses roues et leurs pieces agissantes sont la profusion, les cruautez, l'espoir, la peur, trahisons et audace, que Machiauel en son prince, va effleurant grossierement; et au lieu que les vertus ne veulent point d'extrémes, cette science se sert partout d'extrémes pour mieux surprendre et mieux agir.

Les esprits subtils qui tiennent du feu et de la nuit en leur naissance, et qui ont les astres fauorables, sont ceux que les demons choisissent pour s'en seruir, et outre la science qu'ils leur inspirent, ils leurs donnent (comme dit le duc d'Albe), de puissantes aydes quand ils font leurs affaires. Dieu qui pour chastier ses peuples employe la milice des estoiles, et lasche celle des demons, regarde ce ieu dez le ciel : autrement la sagesse créée n'auroit pas de suffisans obiets pour s'exercer si elle n'auoit que les hommes et les elemens.

Richelieu auoit l'esprit brillant et subtil qui tenoit du feu et de la nuict. Il estoit sec de corps, noir de pelage, de moyenne stature et tousiours agissant, de profession catholique bien que il fut de la maison Duplessis, de laquelle estoit Duplessis Mornay, fameux caluiniste qui auoit osé disputer de la réligion contre le cardinal Duperron lors euesque d'Eureux, en presence de Henri IV, et auoit esté conuaincu de mille fourbes et faulstez. Et Richelieu sur les pensées de cet oncle, par les degrez de la science qui brille aux yeux des hommes communs, pouriectoit des establissements de grandeur au dela de celle de Charlemagne, sur les ruines de la maison d'Austriche.

Le comte duc au contraire en Espagne eslcuoit le roy dans la science de prudence royale de Philippe second son ayeul ; et pour fondement de sa grandeur ne luy proposoit que la iustice. Ie suis souuenant que comme ie parlois au comte duc de l'acquisition de quelque place qui estoit necessaire à nostre repos, il me dit, que la monarchie d'Espagne ne subsistoit ny par la grandeur de ses estats, ny par ses trésors, ny par ses flottes, ny par ses armées, mais par la iustice seule du roy, et que tant que la iustice regneroit en Espagne, la monarchie seroit inuincible.

Richelieu n'auoit qu'un seul negoce en l'esprit qui estoit de concourir auec les forces de France et ses subtilités à la ligue generale de tous les protestans de l'Europe contre la maison d'Austriche. Le comte duc confident du roy a eu à respondre partout et esteindre les feux allumez en Allemagne, Hongrie, Suède, Dannemarc, Flandre, Italie, Catalogne et Portugal, et pouruoir aux deux Indes, à la foiblesse du roy d'Angleterre, aux partisans de Pologne, au duc de Sauoye, à la Lorraine, à l'archiduchesse oppressée en Alsace et à nostre Bourgougne. Et un iour parlant au comte duc de nostre Bourgougne, il me dit que le corps de la monarchie conseruoit ses membres, et non chasque membre soy-mesme; que souuent plusieurs choses estoient nuisibles à une prouince particuliere, qu'il falloit faire pour le proffit du corps qui la conseruoit. Et à cet effet le roy auoit conseils particuliers d'Italie, Flandre et autres membres, par dessus lesquels estoit son conseil d'estat où le corps de la monarchie est tousiours present.

Richelieu trouua en France un pays gras et riche par la prudence d'Henri IV et bonté de Philippe III. Une paix constante dez vingt-cinq ans et la noblesse neantmoins aguerie aux lices d'Hollande et d'Allemagne. Philippe III au contraire auoit espuisé d'hommes l'Espagne par l'escart de huit cens mille Maures et appauuri d'argent par la forme de procéder du duc de Lerme qui permettoit tout pour se maintenir en authorité. Les flottes qui sont les nerfs de la monarchie d'Espagne, estoient ruinées quand Philippe IV ieune prince commença à regner. Il faillut les rétablir à frais immenses. Au mesme temps il vit toute la terre esmue contre luy. Ce fut lors que ces mots furent imprimez en ses monnoyes, *todos contra nos, y nos contra todos*. Ormus emporté par la fourbe des Anglois, Fernambuc par les Hollandois, la grande flotte des Indes Occidentales volée peu auparauant dans le port d'Auana.

Richelieu et le comte duc auoient grands ascendans sur les esprits de leurs roys, mais de façons bien différentes : car Richelieu faisoit tout à sa volonté, sans participer son roy que de ce qu'il luy plaisoit; la cour et toute la France estant muettes deuant luy. Si qu'un iour Campremy son enuoyé en Bourgougne pour y faire des praticques secrettes, me descouurant ses instructions trop confidemment (sinon qu'il auoit serui autreffois en Flandre le roy d'Espagne), me dit que le roy de France ne sauoit rien de son voyage et que son nom auoit esté imprimé par le cardinal. Ce fut en presence du baron d'Oiselay premier cheualier en nostre parlement.

Le comte duc n'auoit autre ascendant sur l'esprit de son roy, sinon qu'il luy auoit enseigné la science de bien regner, comme Aristote autreffois à Alexandre, et sa philosophie estoit celle de Philippe II. Il est vray que comme Philippe II auoit peu esté dans ses armées, et sur la fin de ses iours sa maladie l'empeschoit d'entrer en son conseil d'estat, et pour ce luy estoient faicts les rapports par escrit, cette forme auoit esté continuée par Philippe III, bon prince et deuot, qui n'eut pas paru dans le conseil d'estat, tel que son pere et nostre roy aussi l'auoit continué durant le temps qu'il estudioit aux sciences de bien regner.

Cette forme de rapports par escrit auoit donné tout pouuoir au duc de Lerme, seigneur accort et apres luy au comte d'Oliuarés qui suiuoit le roy par tout, et le cognoissant d'esprit prompt et bouillant luy alloit moderant le courage et donnant un peu trop de deffiance de soymesme, d'où procedoit l'excès de confiance que le roy auoit en luy.

Tels estoient ces deux hommes grands chacun en son espece, Richelieu cardinal et Oliuarés comte duc, l'un pour destruire, l'autre pour conseruer. Il falloit en dire ces deux mots pour mieux entendre cy apres les ieux qui ont esté iouez par eux sur le theatre de nostre Bourgougne, durant les dix années de ce liure; et en l'année dixième, nous verrons le succès des affaires et à quoy chacun de ces confidens a aboutty.

LIURE DEUXIEME.

1. Venue du duc d'Orleans en Bourgougne. 2. Seiour de ses trouppes aux frontieres. 3. Des logemens d'icelles. 4. Que les Bourguignons sont armez en tous temps. 5. Approches du roy de France en armes. 6. Conqueste d'Alsace par le Rheingraue Otho-Louys. 7. Apprests en Bourgougne contre luy. 8. Desseings du Rheingraue rompus. 9. Siege de Lure. 10. Suitte du dit siege. 11. Leuées de trouppes en Bourgougne par le comte d'Arberg.

Louys treisiéme prince porté aux armes regnoit en France, et le pape Urbain huictiéme, d'inclination françois, tenoit le sainct Siege quand le cardinal de Richelieu commença de faire son ieu par la disgrâce du prince Gaston duc d'Orleans frere du roy, qu'il poussa hors de France : puis tost apres, mit aussi hors du royaume la royne Marie de Medicis qui l'auoit luy-mesme esleué, afin de s'establir seul confident et posseder uniquement l'esprit facile du roy, le iettant aux entreprises et guerres estrangeres, où il voyoit pancher son inclination. 19 Juillet 1631.

1. Le commencement de noz fascheuses affaires fut la sortie hors de France du duc d'Orleans, poursuiuy par le roy son frere en l'an 1631. Il se rendit à noz frontieres auec six ou sept cens cheuaux, et nous demanda l'entrée dans ce pays. Le roy son frere estoit à ses talons auec une armée de douze mille hommes. 21 Mars 1631.
26 Mars 1631, à Dijon.

Fut monseigneur Ferdinand de Longwy dict de Rye, archeuesque de Besançon, estoit lors commis au gouuernement de ce pays, et auec luy conjointement la cour souueraine de Dole, en laquelle i'auois l'honneur d'estre conseiller. L'affaire fut fort examinée et les considerations se trouuoient grandes de part et d'autre ; car de refuser l'entrée à ce prince frere de nostre royne, c'estoit mettre sa personne aux mains de ses ennemis, ou donner, pour le moins, au successeur de la couronne de France (car le roy son frere estoit lors sans enfans), un souuenir et ressentiment perpetuel ; c'estoit contre le droit des gens et celuy d'hospitalité, et un tesmoignage de peur et bassesse de cœur de laquelle les François feroient leur proffit ; c'estoit diminuer l'esclat de la grandeur de nostre roy, duquel les pays ont esté de tous temps le refuge des princes affligez ; et comme cette retraicte luy pouuoit aussi faire ieu dans la France, c'estoit contre son seruice de l'empescher. Mais au contraire, 10 Déc. 1630.

c'est une regle perpetuelle de cet estat de ne donner entrée dans iceluy à aucun prince estranger venant en armes comme faisoit le duc d'Orleans, et luy donnant l'entrée, nous ne la pouuions empescher au roy son frere, ny par force, ny par iustice, puisqu'il est permis de poursuiure son ennemy par tout où il se trouue; et selon la praticque de France en ce temps, tout est permis à qui est le plus fort. L'Espagne et la Flandre, pays puissans, peuuent receuoir et garder les princes affligez; mais non pas ce petit pays foible et desarmé. Enfin il fut resolu que nous ne pouuions permettre au duc d'Orleans l'entrée en armes, ny luy donner retraicte sans en aduertir la serenissime Infante d'Espagne nostre princesse, commandant lors aux Pays-Bas et en Bourgougne; mais que comme ce pays est ouuert et le passage libre, nous n'auions pas aussi pouuoir de le fermer à un grand prince frere de la royne nostre maistresse et du roy très-chrestien : et luy déclarasmes en cette sorte que le passage luy estoit libre et à ceux de sa suitte seulement, mais non à ses gens d'armes. Il fut receu à Dole auec l'honneur

26 Mars 1631.

dehu à sa qualité et conuoyé à Besançon, où estans nous fusmes aduertis

21 Mars 1631.

qu'il desseignoit de former son party dans ce pays, et nous apperceumes que les François estant en Italie, commenceoient de couler vers luy, où la liberté et espoir du butin les attiroient. Nous fismes entendre à ce prince qu'il nous estoit impossible de luy permettre aucune chose qui fut contre le traicté de neutralité que nous auions auec la duché de Bourgougne et le pays de Bassigny, et que pour obuier de bonne heure aux assemblées de guerre, nous renouuellerions (comme nous fismes

11 Aout 1631.

aussitost) les anciens edicts, portans interdiction à tous suietz de prendre les armes pour autre seruice que de S. M., ny faire leuées dans ce pays sans permission du gouuerneur, à peine de confiscation de corps et de biens; et ordonnasmes à toutes les villes et communautez de faire guet et garde pour empescher le passage aux soldats estrangers, et en cas de violences, les saisir morts ou vifs, auquel effet les communautez se donneroient la main.

Cet edit empescha les leuées et assemblées de gens de guerre, et le duc d'Orleans nous reprocha que nous luy faisions pis que ses ennemis qui l'auoient chassé de France, puisque nous l'empeschions d'y rentrer. Nous luy fismes response, que le commandement exprès de S. M. portoit de maintenir inuiolablement tous les traictés que nous auions auec noz voisins, entre lesquels estoit celuy de neutralité, qui ne nous permettoit pas de donner quartier à ses gens, contre les pays compris en iceluy ; que le principal moyen de nostre conseruation estoit la iustice de noz actions, et que nostre procedé luy estoit utile à luy-mesme, pour ce que quand nous luy permettrions des leuées et assemblées de gens de guerre, il ne pourroit faire subsister une armée sans argent, ny la faire assez puissante pour se rendre le plus fort dans la France, et tout ce qui luy succéderoit ne seroit autre que de mestre nostre pays en proye, lequel luy seruoit de réfuge en l'attente d'une meilleure saison.

2. Cette response le fit passer à Remiremont et assembler ses trouppes à Fougerole, St. Loup et villages voisins qui sont de surséance, ou contention entre la Bourgougne, la Lorraine et la France, où ses trouppes grossissans aucunement et subsistans par les courses qu'elles faisoient sur le voisinage, nos paysans se maintindrent contre elles ensuitte de l'édict, et à la faueur des bois et des passages, se commencea entre eux une petite guerre auec meurtres, bruslemens et cruautez. *3 Sept. 1631.*

Sur quoy nous fusmes enuoyés le baron de Vaugrenans et moy vers le dit duc d'Orléans, auec instructions particulieres, pour le prier de mettre ordre à ces mauuais commencemens. Nous lui dismes, que son armée ne pouuoit grossir ny subsister aux quatre ou cinq villages où elle estoit logée, et soit qu'elle se voulut estendre sur la Bourgougne, soit qu'estant attaquée de France, elle se renuersa sur nous, c'estoit chose que S. M. prendroit de mauuaise part et à quoy nous le suppliasmes de préuoir de bonne heure. *15 Sept. 1631.*

Nous trouuasmes en la terre de Luxeuil les choses eschauffées, s'estant noz paysans repartis dans les bois en petites esquadres commandées par des soldats bourguignons retornez naguerres de Flandre ; nous visitasmes les trouppes du dit duc que nous trouuasmes commandées par le marquis de la Fertey, beaufilz du mareschal de Praslin ; elles consistoient en cinq regimens de caualerie, portans enuiron huit cens maistres en tout, et deux regimens d'infanterie de mesme nombre, ausquels commandoit le sieur de Besme. Ils nous firent plainte de noz paysans, et nous leur fismes les nostres des excès de leurs soldats ; ils disoient, que noz paysans venoient iusques à leurs corps de garde tuer leurs sentinelles ; qu'ils enterroient vifs leurs soldats dans les bois, la teste hors de terre ou les bras par excessiues cruautez ; et qu'entre autres ils auoient tué le secretaire du dit marquis de la Fertey et emmené un cheual de prix qu'il montoit. Nous nous plaignions au contraire de noz villages pillez et bruslez, meurtres et violemens, et enfin fut résolu que nous ferions moyen de part et d'autre de contenir noz gens. *14 Sept. 1631.*

17 Sept. 1631.

Delà nous allasmes trouuer le dit duc d'Orleans à Remiremont, ieune prince de courtoisie douce et d'esprit ouuert. Son conseil estoit le Coigneux et son confident estoit Puy Laurent : et ceux qui l'accompagnoient lors estoient le duc d'Elbeuf et le duc de Rouanne; car le duc de Bellegarde qui s'estoit retiré de France auec luy, comme suspect, pour auoir esté son gouuerneur, estoit demeuré à Besançon. Ie me souuiens que ce prince duc d'Orleans estoit reduy à tel point dans sa cour composée de ieunes gens, qu'il nous dit de luy parler tout bas à l'oreille, et luy nous parla de mesme, estant pressé par cette multitude de ieunes hommes curieux d'entendre ce qui se disoit. Il nous asseura que sa resolution estoit de demeurer en Lorraine, et qu'il retireroit ses trouppes de nostre frontiere, et leur enuoyeroit dez l'heure mesme une interdiction d'attoucher à noz villages à peine de la vie. Nous arrestasmes de nostre costé la fureur de noz paysans, tracquasmes nous-mesmes les bois auec proclamats dans les villages enclauez en iceux; que quiconque (passé ce iour là), seroit trouué hors des grands chemins, seroit tenu pour conuaincu de volerie.

3. Le marquis de la Fertey se tira au comté de Montbeliard auec sa caualerie, et Besme demeura à Fougerole, terre de surséance appartenant au comte de Fontaine, auec desseing de grossir son infanterie, et en faire des dragons par vols des cheuaux de ce pays, qu'il commenceroit d'enleuer aux terres de Faucougney et Luxeul; et en cette façon, ne changeoient les François que de postes sans quitter noz frontieres. Nous en aduertismes les commis au gouuernement, qui nous manderent de faire tous moyens de les en desloger pour les mesmes raisons que nous portions en instructions. Nous n'auions aucunes trouppes en pied, ny fondement de quereller Besme ny la Fertey, sinon pour ces vols de cheuaux; car au surplus, ils n'entreprenoient rien sur nous, et n'estoient pas campez sur nos terres. Nous resolusmes d'occuper promptement les postes de noz montagnes par lesquels ils pouuoient venir à nous, et les occuppasmes si soudainement et si à propos, que les portes de ce pays leur demeurerent fermées, et la Palissade, capitaine à Fougerole pour le comte de Fontaine, prenant confiance sur noz corps de garde tout voisins de luy, dressa quelques embuscades aux François, ausquelles il en fit mourir bon nombre, obligeant Besme à ce moyen, auec le surplus de ses gens, de se retirer vers son maistre qui estoit à Remiremont.

4. L'ancien establissement de la Bourgougne veut que tous les suiets

en tous les endroits de la prouince et en tous temps soient armez, chacun selon la portée de ses moyens, et de temps à autre, se font monstres et reuues d'armes à cet effet. Cet establissement est bon en un pays qui est naturellement martial et de l'ancien patrimoine du roy, et de fidélité cogneue par les preuues qu'il en a donné en tous les siecles passez. Nous nous seruismes de cet aduantage pour auoir des trouppes bientost prestes, comme nous eusmes iusques à enuiron deux mille hommes armez et munitionnez en moins de deux iours aux terres de Luxeul et de Faucougney. La forme que nous tinsmes fut de choisir aux dites terres deux caualiers hommes de guerre ausquels le peuple auoit plus de confience; l'un fut le sieur de Sainct-Mauris Saincte-Marie, et l'autre le sieur de Latrecy, auec lesquels ayant conferé et appellé par leur aduis quelques soldats praticquez leurs voisins qu'ils nous marquerent, et sceu la portée de chacun lieu, nous fismes au mesme instant un repartement et donnasmes ordres précis à tous les villages d'enuoyer dans vingt quatre heures, en la place d'armes que leur fut désignée, un nombre certain de mousquetiers et arquebusiers, auec munitions de guerre et de gueule, lequel ordre lesdits deux caualiers et soub eux lesdits soldats firent executer.

La créance que le peuple leur auoit, fit enroler et venir gayment les meilleurs hommes. L'interest propre à apprehension des courses de Besme, leur fut un esguillon, et les dits soldats praticquez par nous, deuant estre conducteurs de la trouppe soub les dits deux gentilhommes, se rendirent ponctuels à ne rien amener que de bon. Il y pouuoit auoir de l'abus, si on eut donné long terme pour faire l'assemblée; mais estant si précis que de vingt quatre heures, il fut impossible de faire grandes praticques, puisque les soldats n'auoient que ce qu'il falloit de temps pour porter les ordres; et nous nous trouuasmes les premiers à la place d'armes, où nous receumes les trouppes commandées venant de toutes parts, et les repartismes à leurs chefz, qui les conduisirent à leurs postes; et apres la retraicte de Besme, les renuoyasmes le troisième iour en leurs maisons.

5. Cette prompte execution fut de grand fruict à la Bourgougne; car le roy de France sur l'aduis qu'il auoit eu de l'armement dudit duc d'Orleans son frere, qu'on luy representoit beaucoup plus grand, marchoit contre luy et arriua quelques iours apres à l'abbaye de Clereuaux, d'où il despescha vingt cornettes soub la conduitte du sieur de Feuquieres, pour surprendre la Fertey et Besme en leurs premiers quartiers; mais

Feuquieres fut estonné de trouuer les quartiers vuides et apprit sur les lieux ce qui s'estoit passé.

Durant cette année les frontieres de la duché de Bourgougne, Bresse et Bassigny, auoient esté armées de grosse gendarmerie enuoyée par le roy de France. Nous auions sur ce my en conseil si nous armerions les nostres, et résolu que non, puisque noz intentions et nostre procedé estoient de iustice et de paix, et qu'il ne nous falloit autre deffense que la iustice et integrité de noz actions; que si l'on armoit seroit donner à croire que nous auions intention d'assister le duc d'Orleans en ses desseings, ioint que noz places estoient assez gardées de surprise par leurs garnisons ordinaires et que les armemens voisins n'estoient pas suffisans pour former sieges.

Fut aussi my en conseil dez le commencement, si on enuoyeroit quelqu'un au roy de France pour iustifier noz actions, et luy faire entendre noz volontez à l'entretenement de la neutralité, et fut iugé qu'il n'estoit pas necessaire puisque noz actions estoient iustifiées d'elles-mesmes, et qu'en ces occasions, celuy qui s'excuse, s'accuse. Que si le roy treschrestien nous demandoit raison du passage permy au duc son frere, nous la luy donnerions. Ainsi fut esteint ce premier mouuement de la retraicte du duc d'Orleans chez nous, par une estroitte obseruance des ordonnances de noz rois. Et cette rigoureuse praticque et esloignement de ce prince, nous garantirent pour lors des grands maux que sa presence procura peu apres à la Lorraine; car elle donna pretexte aux François de la queureller, et les querelles donnerent occasions de conferences et traictez, tousiours à l'aduantage des François, comme les plus forts, iusques à une finale et totale occuppation de la Lorraine.

6. En ce temps le roy de Suéde alloit estendant ses conquestes en Allemagne embrasée de guerres en tous endroits. Le Rheingraue Otho-Louys, l'un de ses generaux, assiegea Beinfeldt, petite ville de guerre assise aux confins de Strasbourg, et l'emporta apres un siege d'enuiron un mois; prit aussi Schelestad, ville d'Alsace assez bonne, en peu de iours, par le peu de résolution des bourgeois que la peur fit forcer leur garnison à composer: dans Colmar, ville de plus grande estendüe, estoit le colonel Vernier, bourguignon, auec quelques compagnies de son regiment, lesquelles à mesure qu'il repartissoit et enuoyoit aux murailles chacun à son poste, les bourgeois plus forts que luy, par complot le chargerent furieusement, et mirent la ville et le colonel aux mains du Rheingraue, lequel trouuant l'Alsace partout en mauuais ordre, poussa

9 Nov. 1632.

Décemb. 1632.

ses armes à une conqueste entiere auec incroyable prosperité, à l'ayde des François ia lors alliez du roy de Suéde. Ce comté d'Alsace et celuy de Ferrette appartiennent aux ieunes princes Infans de l'archiduc Leopold decedé peu auparauant, et en estoit gouuerneur le marquis de Bade, qui auoit amassé quelques trouppes dans lesquelles estoient nombre de caualiers et soldats bourguignons, entre autres le baron de Vaugrenans, duquel nous auons parlé cy deuant, et le sieur de Montaigu, cheualier de Malte.

Le malheur de ces deux comtez (qui en facilita la conqueste au Rheingraue), fut la diuersité de réligions, les caluinistes y estant en grand nombre, qui sont naturellement ennemys de leurs princes et amoureux de nouueautez; lesquels donnerent la main au Rheingraue, vaillant homme, prompt et industrieux; au lieu que le marquis de Bade, gouuerneur du pays (fidelle au surplus et affectionné à la maison d'Austriche), estoit pesant et peu experimenté au train des armes, qui hazarda ses trouppes en deux rencontres, et par la perte d'une partie d'icelles, mit l'estat aux abois et se vit reduy enfin à la seule ville de Belfort, qui est en noz confins, dans laquelle il iecta le peu que luy restoit de soldats. Il ne la maintint pas longtemps, car le gouuerneur d'icelle et la bourgeoisie estant dans la mesme peur que les autres, la rendirent et obligerent la trouppe qui estoit dedans (quasi toute de caualerie), de composer aussi bien qu'eux. 6 Janv. 1632.

Nous estions demeurés iusques alors entre la crainte et l'esperance, car l'empereur auoit enuoyé le comte de Montecuculli, vaillant homme, pour remédier à l'Alsace, duquel nous esperions beaucoup; et si les choses n'eussent esté en si mauuais estat à son arriuée, il eut pu les restablir; car le Rheingraue ayant conquy nombre de places et my garnison en chácune, tenoit la campagne auec peu de gens.

7. La perte de Belfort qui est en noz frontieres et le voisinage du Rheingraue victorieux, nous firent penser à nous quasi trop tard. Les bons personnages de Bourgougne furent assemblez à Dole en parlement, et les deputez de l'estat eurent audience de monseigneur l'archeuesque en la grande chambre de la cour. Là fut prise resolution d'armer promptement; mais nous n'auions aucun fond de deniers, ny moyens d'en assembler, du moins sitost qu'il estoit de besoin; nous obligeasmes tous ensemble solidairement noz biens pour faire les emprunts necessaires à une guerre que nous voyons nous tomber sur les bras. Novemb. 1632 et 16 Juin 1635.

Lors fut choisy par monseigneur l'archeuesque, le marquis de Conflans pour mareschal de camp general, seigneur plein de sagesse et valeur, et le sieur de Mandre fut faict commissaire general de caualerie, vaillant et viel capitaine; et outre la leuée des regimens de milice et de l'arriere ban qui fut publiée, furent données commissions à quelques principaux seigneurs pour faire leuées de quatre regimens d'infanterie et huit compagnies de caualerie, et le soing de la fortiffication des places fut reparty entre ceux de la cour.

Ce fut au mois de decembre de l'an mil six cens trente deux, que l'hiuer n'arrestant pas les conquestes du Rheingraue, le marquis de Conflans fut enuoyé hastiuement pour rasseurer et munir les frontieres, et faire ce qu'il iugeroit expédient en une presse d'affaires et danger si grand, auec pouuoir et ordre à tous de luy obeir. I'eu commandement aussi d'y passer auec luy et vinsmes ensemble à Luxeul, derniere ville de Bourgougne, sans trouppes ny argent; d'où nous passames à Faucougney, où estoient refugiez le chancelier et autres du regime d'Auxé, qui est le corps supréme de iustice du pays d'Alsace. Nous apprismes d'eux plus clairement le danger auquel nous estions par la faute que nous auions fait de ne pas armer assez tost, en laquelle faute eux estoient tombez deuant nous, et la reiettoient sur le marquis de Bade gouuerneur de leur pays.

Le marquis de Conflans cognoissant le Rheingraue homme rusé, nourry aux guerres d'Hongrie et praticque de courses et surprises, puissant de caualerie, enflé de son bonheur, et appuyé des forces de Suéde et de France, iugea qu'il ne tarderoit gueres d'attaquer Lure, puis Besançon, villes imperiales, et ensuitte le reste de nostre Bourgougne, si promptement on n'alloit au deuant; et en mesme temps luy furent donnez aduis coup sur coup que trois cens cheuaux estoient entrez en ce pays et tiroient contre Lure. Sur quoy il fit telle diligence que dez le mesme iour, il enuoya recognoistre l'ennemy et rasseura la ville de Lure par l'enuoy du sieur de Champagne en icelle, leur faisant esperer un prompt secours : et de faict eut en pied deuant la nuit trois cens mousquetiers leuez soudainement en la terre de Luxeul, pour ietter dedans Lure, et le lendemain ramassa du debry de Belfort quelque caualerie composée de suiets de ce pays qui auoient seruy en Alsace, puis en moins de trois iours eut de Ionuelle, Jussey, Faucougney et mines de Chasteau Lambert et des villages plus voisins deppendans de Vesoul, près de deux mille hommes d'infanterie; donna aduis de tout à monseigneur l'archeuesque, et le supplia que l'on fit haster les leuées ordonnées et qu'on luy enuoya des officiers pour commander les trouppes d'infanterie volontaire qu'il auoit my en pied; et au regard de Lure, s'il le trouuoit bon, il le muniroit promptement pour arrester les progrès du Rheingraue et auoir loisir d'attendre la milice et les leuées sus dittes de quatre regimens d'infanterie et huit compagnies de caualerie.

Nostre milice estoit composée de trois régimens qui font cinq mille hommes de pied et trois cens cheuaux. Et bien que l'infanterie soit tousjours apperceuë, touteffois comme chaque compagnie est composée de gens qui se tirent par le menu des villes et villages, chascun desquels fournit la solde pour six sepmaines à ses soldats, l'assemblée desdits regimens est de longue haleine et celle de la caualerie beaucoup dauantage, de laquelle ne sont ny les hommes choisis, ny les cheuaux ny les armes apprestées en temps de paix.

Monseigneur l'archeuesque et la cour ne furent pas d'aduis qu'on se meslast de Lure, pource qu'en prenant sa deffense, c'estoit nous mesler aux guerres d'Allemagne; et l'intention du roy estoit de conseruer ce pays en repos, auquel il ne pouuoit demeurer s'il s'impliquoit aux guerres estrangeres : mais ils trouuerent bon puis apres l'expédient que nous prismes attendant leur response qui fut de procurer qu'une compagnie bourguignonne du regiment du colonel Vernier, lors encor prisonnier à Colmar, entra à Lure, soub le commandement du cheualier de Montaigu, gentilhomme bourguignon, sage et expert aux armes.

8. Les trois cens cheuaux du Rheingraue s'estoient contenté de recognoistre et luy mener quelques prisonniers. Les compagnies d'infanterie du regiment d'Amont qui estoit le plus prochain de nous commencerent d'arriuer, et deux de caualerie du mesme regiment. Nous auions fait deux autres compagnies de caualerie du desbry d'Alsace qui estoient toutes de vieux soldats, et auions d'infanterie volontaire leuée au voisinage deux mille hommes bien armez, commandez par les sieurs de Champagne, Latrecy, Montrichard, Aboncourt et Couruoisier, et auec cette gendarmerie nous nous mismes en campagne, forts d'enuiron quatre mille hommes de pied, quatre compagnies de caualerie, six petites pieces empruntées du sieur de Valleroy, marchans en bataille à la velle de la ville de Lure pour l'encourager; puis enuoyasmes le sieur de Latrecy vers le Rheingraue pour repeter les prisonniers que le Rheingraue auoit de nous, lesquels il rendit aussitost.

Cet armement inesperé luy rompit ses desseings. Il escriuit à monseigneur l'archeuesque qu'il n'entreprendroit rien sur ce pays, pourueu

29 déc. 1632.

qu'on luy promit de ne rien entreprendre sur l'Alsace et Ferrette qu'il auoit conquis. La promptitude aux affaires de guerre produit de merueilleux effects, quand elle trompe l'attente de noz ennemys et preuient leurs desseings. Le marquis, bien que agé de 64 ans, estoit encor vert et d'esprit prompt, ayant passé une partie de son age auec le duc de Sauoye Charles-Emanuel, l'un des plus grands guerriers de son temps, la caualerie duquel duc il auoit commandé. Le marquis estoit la pluspart du temps à cheual, exerceoit ses trouppes et faisoit veoir sa caualerie aux frontieres à menues parties, pour donner bruit à ses armes, ayant deux bons capitaines de caualerie, soldats de fortune restez de la guerre d'Alsace, qui cognoissoient le pays. Il tenoit conseil de guerre quasi tousiours en campagne et à cheual : et bien que depuis aux occasions, il ayt appellé au conseil les colonels et principaux officiers, touteffois en ces commencemens, n'y ayant encor aucun colonel ny officier maïeur (ioint la presse des affaires et le secret estant requis), puisque il auoit en teste un ennemy rusé, l'esprit duquel il combattoit, il ne tenoit autre conseil que de m'ouurir ses pensées, et i'apprennois beaucoup de ce sage seigneur.

Son arraisonnement en nostre premier conseil sur le total de cette guerre, auoit esté que le Rheingraue ayant courru et occuppé l'Alsace comme auec cheuaux de poste, et ayant passé beaucoup plus auant que n'auoient esté ses esperances, par le peu de resistance et d'adresse de ses ennemys, n'estoit pas en estat de pouuoir ny oser entreprendre sur la Bourgougne, si une facilité et froideur pareille à celle de l'Alsace ne l'inuitoient, de laquelle il se seruiroit s'il la rencontroit, et nous prendroit Lure, ville imperiale enclauée dans la Bourgougne, et dez icelle trouuant le pays ouuert au bailliage d'Amont, fertile et riche sans aucune place forte, il l'iroit occupant soub couleur d'aller à Besançon, cité aussi imperiale enclauée dans la Bourgougne ; et en ce progrès grossiroit aisement son armée, à laquelle accouroient les François et Allemands heretiques, et le roy de France luy donneroit la main comme à son allié : que si nous auions une ville de guerre qu'on luy pût opposer, ou de bons sites où l'on se pût camper, il le faudroit là attendre ; mais n'y ayant ny l'un ny l'autre, restoit de luy faire veoir en ce commencement de la difficulté à l'execution de ses pensées, par un armement soudain et bruit de noz armes, pour recognoistre lesquelles et prendre ses mesures il luy faudroit du temps, et à ce moyen donneroit à nostre milice et aux nouuelles leuées loisir de se faire.

Pour ce le dit marquis auoit soudainement armé, et apres son premier et soudain armement, auoit enuoié le sieur de Latrecy vers le Rheingraue, luy demander les prisonniers qu'il auoit faict sur nous, et auoit pry la conioncture que le Rheingraue estoit passé à Strasbourg pour traicter auec la cité des munitions et choses necessaires à la guerre de Bourgougne qu'il vouloit entreprendre. Et le marquis tira de ce voyage deux bons effects, l'un que par cette demande hardie, estant armé (car autrement il falloit parler doux), il rompit les pensées de son ennemy non encor resolu, et donna à penser à ceux de Strasbourg qui ne hazarderent pas leurs munitions comme ils eussent faict; et l'autre, que pour arriuer à Strasbourg le sieur de Latrecy passa le long de l'Alsace, où il recogneut les forces et les esprits du peuple et des commandans, et à cet effect luy auoit esté donné commission patente en forme d'ambassadeur, et deux soldats praticquez en Allemagne qui parloient la langue pour luy seruir de valets, qui virent et entendirent, et firent rapport secret de toutes choses.

Monseigneur l'archeuesque communiqua à la cour et aux estats lors assemblez à Dole, les lettres qu'il auoit receu du Rheingraue, et bien qu'on ne se put fier aux promesses d'un ennemy caluiniste, touteffois il fut iugé necessaire de luy faire response et accepter ses promesses, puisque nous sçauions que l'intention de sa maiesté estoit que nous ne nous meslassions point aux guerres d'Allemagne, et que refusant ses promesses seroit le prouoquer, et ne respondant rien à ses lettres seroit le mespriser, ou luy donner au moins de l'ombrage; mais que pour autant on ne desarmeroit point la frontiere; seulement fut retardée la leuée des autres regimens de milice et arriere ban, et des quatre regimens et huit compagnies de caualerie sus dittes, pour lesquels nous auions emprunté argent. Le marquis de Conflans aduerty des dittes promesses, mit ses trouppes en garnison aux places de frontieres, principalement aux enuirons de Lure et sur le chemin de Besançon, aux villes de l'Isle, Clerual et Baume, donna tous ordres necessaires et laissa le commandement au sieur de Champagne, sergent maior du dit regiment d'Amont; puis s'en vint à Dole pour communiquer et prendre resolution ulterieure auec le dit seigneur archeuesque et la cour, preuoyant assez que le Rheingraue ne tarderoit pas beaucoup d'esclore ses desseings, s'il voyoit son occasion.

9. A grand peine fut-il party que le Rheingraue accourut à Lure, prenant son temps sur ce que le cheualier de Montaigu estoit dehors auec

11 févr. 1633.

partie de la garnison pour une entreprise sur Schelestad. Le baron de Vaugrenans s'y rencontra par hazard et bien à propos, qui auec la bourgeoisie et peu de soldats restans deffendit la place vaillamment.

Les nouuelles de ce siege arriuerent à Dole en mesme temps que le marquis estoit en conseil auec monseigneur l'archeuesque et les deputez de la cour pour deliberer sur les affaires ulterieures; et qu'il leur expliquoit ses pensées sur les desseings du Rheingraue, il partit tout à l'heure, passa à Besançon, et de là ramassa ses trouppes en passant et vint faire corps d'armée à Granges, où nous trouuasmes que suiuant ses ordres donnez à nostre depart, quelques compagnies du Rheingraue (qui auoient voulu faire courses sur ce pays), auoient esté repoussées et deffaictes par noz garnisons; et au mesme temps de nostre arriuée, le marquis de Varambon chargea auec quelque caualerie une troupe picorant dans Vy-les-Lure.

Nous ioignismes les trouppes qui estoient à Baume, Clerual et Lisle au corps qui estoit à Granges, d'où nous fismes recognoistre l'ennemy; et sur le rapport qui nous fut faict, le mareschal de camp iugea qu'il estoit facile de le combattre et tailler en pieces, pour ce qu'il estoit en petit nombre, comme d'enuiron quinze cens hommes seulement, les quartiers trop esloignez l'un de l'autre, et celuy de la cour dans le village de Magny d'Anigon, prochain d'un grand bois, par lequel noz descouureurs estoient allez iusques à cent pas du logis du Rheingraue, sans auoir rencontré corps de garde, ny sentinelles. C'estoit une occasion très-belle pour finir cette guerre en un coup auec peu de hazard : et auoit peine le marquis de se commander, proposant qu'une occasion si belle ne se recouureroit iamais, et que nous aurions un perpetuel repentir de ne pas auoir conserué en un coup la Bourgougne et l'Alsace.

Mais le commandement de monseigneur l'archeuesque et de la cour portoit de ne rien entreprendre sur la terre de Lure, pour la raison sus ditte de ne nous point mesler aux guerres d'Allemagne. Nous ne pouuions donner aucun aduis de nostre venue au baron de Vaugrenans; car ceux de la ville ne laissoient approcher personne, et de trauailler l'ennemy il ne nous estoit pas mesme permy. Le marquis donc resolut de se camper à Roye qui est de ce pays, tout prochain du Lure, et enuoya recognoistre le passage de Ronchamps, par lequel le Rheingraue estoit entré, et ne se pouuoit retirer que par iceluy, lequel passage se trouua facile à estre occuppé, car il est estroit entre deux montagnes dans lesquelles coule une riuiere qui l'inonde quand elle est enflée, et peut estre retenue à peu de trauail.

Nous iugeasmes que comme le Rheingraue auoit peu de gens, il apprehenderoit de veoir coupper le passage de sa retraicte, lequel il ne pouuoit pas tenir et fournir au siege de Lure tout ensemble; et pour ce fut donnée commission au sieur de Bonnans d'aller occupper le dit passage auec trouppes commandées auxquelles se ioindroient les paysans voisins, qui estoient tous en armes et en grand nombre. En cette sorte nous ne faisions rien contre les ordres de messieurs les commis au gouuernement : car le pas de Ronchamps que nous occuppions, et le village de Roye où nous campions estoient tous deux de Bourgougne, dans lesquels si nous estions assaillis, il nous estoit permy de nous deffendre, et touteffois le Rheingraue ne pourroit subsister quand nous les aurions occuppé. Car le territoire de Lure (qui est fort petit), estoit là espuisé de viures, et en prendre sur nostre pays, nous ayant en teste et à dos, il ne le pouuait pas sans nous combattre. Mais le ciel preuint nos desseings, et sainct Deslé protecteur de Lure où reposent ses sainctes reliques, sembla vouloir estre luy-mesme liberateur de son abbaye et de sa ville, par une pluye qui fut envoyée du ciel si grande et abondante que la campagne de Lure fut inondée en une nuict, et les eaux du destroit de Ronchamps enflées, si que le Rheingraue craignant d'estre enfermé et voyant le ieu qui se préparoit contre luy, leua le siege si fort à la haste, qu'il laissa un de ses canons par les champs et partie de ses munitions, et se retira à Belfort, menaceant la ville de Lure de retorner à elle aussitost que les eaux seroient escoulées. 21 Févr. 1633.

Il estoit venu au dit Lure dans la créance de l'emporter d'abord durant l'absence du cheualier de Montaigu, comme il eut faict, si le baron de Vaugrenans ne s'y fut rencontré; car la ditte ville est ceinte d'une simple closture de murailles sans aucuns flancs, et n'y a rien qui couure ny deffende la porte; et bien que l'abbaye soit en forme de chasteau auec bonnes et fortes tours, touteffois elle est commandée d'un costé d'un commandement meurtrier, par un petit tertre aussi haut que le sommet des tours, à cent pas d'icelles. Il auoit dez le premier abord gaigné la barriere et le fossé de la ville; mais le baron de Vaugrenans fit terrasser diligemment la porte et dresser la nuict quelques gueritres sur la muraille, et loger du canon en une maison de la ville qui seruit de platte-forme. Le Rheingraue auoit amené deux ou trois pieces qu'il logea sur le tertre sus dit commandant le chasteau : mais le baron fit aussi trauailler de nuict au haut des dittes tours, où il fit poser deux pieces pour contrebattre, auec lesquelles il gasta la batterie du dit Rheingraue et tua un lieutenant colonel, personnage de réputation qui y commandoit.

 Les canons du Rheingraue estoient demy quart seulement qui ne pouuoient faire aucun effect, et apres sa retraicte n'y en ayant point de plus gros à Belfort, il pria la ville de Montbeliard de l'accommoder de deux demy canons, pour la restitution desquels il leur donneroit telle seureté qu'ils desireroient; et soub l'espoir de ces deux demy canons pretendoit de retorner au premier iour contre Lure, et y marcher auec toute son armée. Le marquis aduerty fit aduancer quelques compagnies du costé de Montbeliard et fit sçauoir sourdement par tierce personne aux principaux de la ditte ville, qu'il torneroit ses armes contre eux s'ils fournissoient du canon au Rheingraue. Ce qui les obligea de le luy refuser, et enuoierent au marquis deux députez; l'un fut le sieur de Francmont, maistre d'hostel de leur prince; et l'autre le conseiller Perdry, qui le vindrent asseurer de leurs bonnes intentions enuers la Bourgougne, et qu'ils ne coopereroient en aucune façon aux desseings du Rheingraue. Le marquis leur fit tout bon accueil et poursuiuit le Rheingraue en sa retraicte iusques au village de Ronchamps, distant de Granges de quatre bonnes lieues, qu'il trouua entierement vuide et desolé par les hostilités des Suédes, et tous les villages assis entre deux pareillement ruinez. Nous auions tousiours fait conduire munitions de gueule en l'armée, bien que ce fut au cœur de l'hyuer; et durant ce temps que nous fusmes audit Ronchamps, elles nous furent amenées de Granges auec bon et fort conuoy, non sans grande difficulté. Mais comme les conuoys pouuoient estre battus, pour ce que le Rheingraue estoit incomparablement plus fort de caualerie que nous, on fit moyen d'auoir du bled et cuire munitions de pain au dit Ronchamps. C'est le premier soing que doit auoir un general que le pain ne manque iamais à son armée, car autrement elle ne peut subsister; mais principalement quand on est en pays ruiné et en teste de l'ennemy, comme nous estions lors; et quant aux munitions de guerre, le marquis les auoit reparties aux chasteaux voisins, à droite et à gauche du dit Lure, afin de les auoir à la main aux occasions, ce qui a esté commode, non-seulement en cette campagne d'hyuer contre le Rheingraue, mais encor les années suiuantes.

 10. Ronchamps est assis au pied d'une montagne au milieu de laquelle est un chasteau à demy ruiné. Au douant du village est la riuiere qui passe au destroit du dit Ronchamps; et bien qu'au deça le pas soit fort

estroit iusques au village de Recoloigne, touteffois au delà du dit Ronchamps est une campagne ouuerte et plaine de bruyeres, telles qu'en hyuer il n'y a que quelques endroicts où la caualerie puisse trauerser; non plus qu'en la ditte riuiere, de laquelle le fond est très-mauuais, et y a un gay ou deux seulement. Le marquis occuppa le chasteau qu'il auoit à dos en my montagne, et mit de fortes gardes aux dits gays de riuiere, sans autre retranchement, bien que pour l'asseurance de l'armée qui deuoit demeurer là campée plusieurs iours pour occupper le pas et fermer au Rheingraue l'entrée de ce pays, il nous sembloit qu'un retranchement eut esté très-utile. Mais le marquis nous respondit que nous ne pouuions auoir meilleur retranchement que la montagne à dos et la riuiere en teste, dans lesquels il estoit bien difficile de nous forcer, et quand nous serions pressez et obligez à nous retirer, la retraicte nous estoit asseurée par la montagne dans la terre de Faucougney, où le Rheingraue ne pouuoit nous suiure auec sa caualerie qu'à son desaduantage : car le pays y est fort aspre et s'y rencontrent plusieurs destroits que nous pouuions tenir estant forts d'infanterie, et ayant le pays pour nous. Il adioustoit que la campagne ouuerte pourroit inuiter le Rheingraue à nous assaillir, dans laquelle nous verrions sa caualerie bien empeschée au rencontre des bruyeres, et pourrions en faire mourir beaucoup auant qu'ils nous pussent approcher : et de rechef au passage de la riuiere, nous les verrions surpris dans le marais, et nostre infanterie en auroit bon marché; et enfin que son principal estude pour empescher le Rheingraue de rien entreprendre, estoit de combattre son esprit; que s'il nous voyoit retrancher, il nous croiroit dans la peur, et nous amusant dans nos tranchées, il entreroit par les terres de Montbeliard, au lieu que nous voyant campez et presls à marcher et à l'attaquer, il ne nous donneroit iamais le flanc, ny s'engageroit dans les chemins de Montbeliard, au trauers des bois et montagnes, où nostre infanterie auroit mesme aduantage sur luy que dans les montagnes de Faucougney.

Le principal estude du marquis estoit de combattre et occupper l'esprit du Rheingraue, ce qu'il faisoit prenant des postes qui luy donnoient à penser, et faisant mouuoir l'armée, ou mine de mouuoir, faisant aussi propositions en responses à celles du Rheingraue, sur lesquelles le Rheingraue glosoit et prenoit ses mesures loin du vray. Car les caluinistes sont soubçonneux, et il est aisé de manier un esprit desfiant par apparences qu'on luy fait passer deuant les yeux. Il est bien plus aduantageux de faire la guerre en cette sorte par le combat de l'esprit d'un seul homme duquel deppend toute l'armée ennemye, que par batailles et combats qui sont tousiours hazardeux : et disoit souuent le marquis, qu'en la guerre sont trois choses, la negociation, la ruse et la force, et que iamais un bon capitaine ne viendra à la force, c'est à dire aux hazards des combats, tant qu'il pourra tirer ses aduantages de la negociation ou des ruses.

Nous demeurasmes plusieurs iours ainsy campés et le Rheingraue à l'opposite à Belfort, un bois entre deux, sans entreprendre l'un sur l'autre, sinon par quelques parties ; et un iour paroissant hors du bois diuerses trouppes de caualerie ennemye, le marquis fit prendre les armes à ses gens, et eut grande satisfaction de veoir la promptitude et courage de tous. Nous auions nombre d'espies au camp ennemy et l'ennemy en auoit dans le nostre, si que de part et d'autre nous estions assez aduertis : et auec le Rheingraue estoient plusieurs seigneurs allemands qui auoient cogneu le marquis en une ambassade qu'il auoit faict à Vienne peu auparauant, de la part du duc de Sauoye, en laquelle il auoit demeuré trois ans et faisoient de luy beaucoup d'estat : si que enfin le Rheingraue voyant que le marquis ne bougeoit point de son poste et au contraire fortiffioit de gens son armée de iour à autre, luy escriuit en cette substance.

« Monsieur, ie pense que vous estes informé à cette heure de l'asseurance que m'a donné monsieur l'archeuesque de Besançon, gouuerneur de Bourgougne, qu'il n'entreprendroit rien contre moy. Et touteffois le bruict est dans vostre milice que vous estes en resolution de me venir assaillir ; ce que me fait vous coniurer par vostre generosité naturelle de traicter franchement auec moy, et me déclarer voz intentions : et ie vous prie aussi d'aggreer quelques mediocres rançons pour les prisonniers que vous auez de moy, si ce n'est que vostre courtoysie me veuille obliger de me les renuoyer sans rançon, sur quoy attendant de voz responses, ie demeureray vostre très-humble seruiteur, LE RHEINGRAUE. »

Nous tenions une vingtaine de prisonniers entre lesquels estoient quelques officiers ; le marquis luy fit response en cette substance.

« Monsieur, si i'auois eu volonté de vous assaillir, ie l'aurois pu faire auec legitime fondement, puisque apres la promesse de laquelle vous me parlez qui a esté reciproque, vous estes entré en armes dans ce pays et y ont esté commis par voz gens tous actes d'hostilité ; aussi ne m'ont pas manqué les occasions et moyens de vous combattre, principalement en vostre retraicte précipitée de Lure. Et ne tiendra qu'à vous que nous demeurions en bonne paix, que sera si vous n'entreprenez rien sur la Bourgougne, ny sur les places enclauées en icelle, qui sont soub la protection du roy mon maistre : et quant à voz prisonniers, je suis content de vous les renuoyer sans rançon, puisque vous me les demandez de courtoysie, et que hors le seruice de l'auguste maison d'Austriche, je suis, monsieur, vostre très-humble seruiteur, Wuatruille, marquis de Conflans. »

Le Rheingraue escriuant precedemment à monseigneur l'archeuesque auoit soubscry sa lettre en ces mots, Vostre bien affectionné, le Rheingraue, sans user d'aucun mot de seruice; et à present escriuant au mareschal de camp, se qualifioit, son très-humble seruiteur ; c'estoit qu'en sa premiere lettre il usoit d'un stile menaçant à un prelat viellard, pour luy donner de la peur, et en la derniere escriuant à un general qui estoit en teste de son armée, il usoit de terme courtoys et humbles pour le flatter et paruenir à son but. Car entre les qualités guerrieres du Rheingraue, sa dexterité et souplesse aux negociations n'estoit pas la moindre.

Le marquis luy renuoya ses prisonniers sans rançon, à la participation de monseigneur l'archeuesque et de la cour, pour luy faire cognoistre qu'il estoit hors de tous interests, sauf celuy de son maistre ; et pour faire la courtoysie entiere, comme ces prisonniers auoient esté despouillez dez le commencement par ceux qui les auoient pry, il les fit rabiller le moins mal que l'on put en un pays desert, comme estoit le poste du dit Ronchamps ; et en mesme temps arriuerent lettre de monseigneur l'archeuesque et de la cour au Rheingraue, contenant qu'il ne dust rien entreprendre contre les places enclauées dans ce pays, puisque il ne pouuoit les aborder sans entrer en armés dans les terres du roy, que seroit acte d'hostilité, et qu'estant les dittes places en la protection des comtes des Bourgougne, le roy estoit obligé de les deffendre comme il feroit à main armée.

9 Mars 1633.

A grand peine estoient arriuez les prisonniers à Belfort, et les lettres rendues au Rheingraue, que la mesme nuict trois de noz espies nous vindrent aduertir qu'il se retiroit, et estoient ses chariots tournez au chemin de Strasbourg, on delibera si on le poursuiuroit, car c'est un aduantage très-grand d'attaquer un ennemy qui leue le pied deuant nous, et pense nous auoir endormy, et sans doute si nous eussions fait de mesme devant le Rheingraue il ne nous eut pas espargné, selon la maxime perpetuelle de ceux de sa réligion, d'amuser leurs ennemys par promesses et prendre leur aduantage quand ils le rencontrent, comme ayant leur interest pour but perpetuel, qu'ils exceptent tousiours en leurs ames, lorsqu'ils font promesses ou traictez : mais neantmoins fut resolu au contraire que l'armée ne bougeroit point, puisqu'on auoit escry au Rheingraue qu'on n'entreprendroit rien sur luy, s'il n'entreprenoit rien sur nous ; que le poursuiure, c'estoit entrer armez en Allemagne, et nous rendre parties en la guerre des Suédes : et de plus, que comme le Rheingraue estoit homme rusé, pouuoit estre que cette apparence de retraicte fut une feinte, et qu'il y eut embuscade dressée. Nous nous contentasmes d'en donner aduis au baron de Vaugrenans, qui estoit à Lure auec quelque caualerie, et enuoyasmes auec luy une forte partie de la nostre, pour recognoistre la verité, et nous en apporter nouuelles certaines. Le baron de Vaugrenans arriua trop tard, car le Rheingraue estoit party dez le grand matin, et le bagage dez la minuit, et nous fut faict rapport de sa retraicte par ceux que nous auions enuoyez.

On tint sur ce conseil de guerre, auquel furent appellez tous les capitaines, bien qu'il sembla estre sans difficulté que puisque l'ennemy s'estoit retiré, nous le deuions faire aussi. Touteffois la resolution à prendre estoit de grande importance, parce que abandonnant la frontiere, c'estoit y attirer l'ennemy, et n'y auoit en icelle aucune place pour y laisser garnison, qui put s'opposer au Rheingraue, s'il retornoit, comme il auoit fait auparauant ; car ceux de Lure ne vouloient pas receuoir garnison de nous.

Proche du dit Ronchamps est une haute montagne, nullement commandée, qui ferme le pas et entrée de ce pays, en laquelle nous fusmes sur le point de bastir un fort, inuitez par la bonté du site et la commodité du bois et de l'eau. Car en l'un des penchans de la montagne est un bois de chesne de haute fustée, et tout au sommet est une fontaine abondante, et l'église parochiale du dit Ronchamps est assise en la mesme sommité auec quelques bastimens adiacens, qui fournissent du couuert suffisamment ; et desià le trauail estoit reparty par compagnies, mais les geslées nous contrarierent et contraignirent de quicter : et monseigneur l'archeuesque et la cour ne le trouuerent pas bon, à cause des frais de l'entretien d'une puissante garnison, auxquels le pays ne pourroit fournir. Nous resolusmes unanimement de ne pas abandonner sitost la frontiere, iusques à ce que nous eussions veu où aboutiroit la marche du Rheingraue ; mais bien de rentrer plus auant dans le pays, où l'armée qui auoit esté longtemps campée et fatiguée, se put mettre au large. Nous sortismes de Ronchamps en bataille et bon ordre à la veüe d'un grand nombre de ceux de Montbeliard qui accouroient sur leurs montagnes pour nous veoir. La marche de ce jour-là ne fut que d'une lieue, et le lendemain nous prismes poste aux Esnans, Vy-les-Lure et Longeuelle, à une lieue près de la ville de Lure, où nous demeurasmes iusques à ce que le Rheingraue eut torné ses pensées sur Brisach et commencé d'attaquer les places voisines, laissant l'entreprise de Bourgougne comme trop difficile, dez que le pays estoit armé.

14. Nous estions au commencement de mars de l'an 1633, le comte d'Arberg, filz du marquis d'Ogliani, fut enuoyé de Milan en Bourgougne, pour faire leuée de douze compagnies d'infanterie et six de caualerie pour le seruice du roy; et auoit argent pour la leuée et armement d'icelles. Monseigneur l'archeuesque et la cour iugerent que cette leuée pourroit soulager la prouince de l'entretien de la gendarmerie que nous auions en pied. Aussi nostre milice commençoit à s'ennuyer des armes, et soustenoit opiniastrement qu'elle n'estoit obligée de seruir que durant six sepmaines, et quelques commandemens qu'on luy fit auec declaration et edicts sur ce publiez, ne se pouuoit persuader (ce qui est exprés au reglement d'icelle), sçauoir qu'elle doibt s'entretenir durant six sepmaines aux frais des communautez, et apres six sepmaines, si l'iminent peril continue, doibt continuer de seruir aux frais du roy par autant de temps qu'elle sera commandée, tout de mesme que la noblesse fait en son arriere ban; et au pair de laquelle à ce moyen la bourgeoisie rend seruice en Bourgougne, l'une et l'autre dans le pays, sans en pouuoir estre tirez.

16 Mars 1633.

Le surplus de l'armée, composé de trouppes volontaires leuées en la frontiere, persistoit genereusement, bien qu'elles eussent seruy dez longtemps, et n'eussent pour entretien que simples rations. Mais comme le peril leur estoit plus prochain, et que dans icelles se trouuoient plus de soldats praticquez, et de plus qu'elles auoient esté piquées d'honneur dez le commencement, elles ne pensoient qu'à chercher l'ennemy. Les uns et les autres furent licenciez, la milice à son grand contentement, les volontaires auec regret : le marquis reserua de la caualerie volontaire cent maistres bien montez et praticquez qu'il donna au comte d'Arberg pour commencer ses leuées. Ce fut principalement pour tesmoigner à la prouince, qu'aux choses qui regardent le seruice du roy, il postposoit ses propres interests; car il estoit mal auec le comte d'Arberg,

20 Avril 1633.

pour querelles precedentes, que le comte auoit eu à Milan auec le baron de Wuatsuille, frere du dit marquis, qui n'estoient encor bien esteintes.

Ainsy fut acheuée en peu de temps ou plustot estouffée en son commencement une guerre très-dangereuse, contre un grand capitaine victorieux, appuyé des roys de Suède et de France, qui pouuoit venir à Besançon, ville imperiale, sans trouuer de resistance, et la forcer en peu de iours, auec pretextes spécieux de la guerre d'Allemagne; tenant laquelle cité, tout le pays (sauf les places fortes) eut esté à sa discretion : la promptitude du marquis alla au deuant, et auec son leger armement dans la frontiere mesme, arresta les pensées du Rheingraue, en luy faisant cognoistre que quand toute la prouince seroit armée, la puissance en seroit grande, puisque une frontiere mettoit gens en campagne en quatre iours, qui osoient s'opposer à luy, et que celuy qui les commandoit n'estoit pas le marquis de Bade, qu'il auoit rencontré en Alsace : tant y a que le Rheingraue perdit dez lors toute esperance de conquerir la Bourgougne, et se retira sans auoir de nous ny places, ni prisonniers, ny aucun aduantage; et nous, au contraire, auions l'honneur d'auoir deffendu Lure par noz Bourguignons qui estoient dedans; auoir poursuiuy le Rheingraue iusques hors de noz limites, et l'auoir empesché d'y rentrer; battu ceux de ses gens qui s'estoient aduancez dans ce pays; fait des prisonniers en bon nombre, et l'auoir obligé à demander la paix.

Mais la plus grande gloire du marquis estoit que le tout auoit esté sans frais, ny incommodité de la prouince; car il n'eut de milice que le seul regiment d'Amont; les autres deux bailliages furent excusez de leuer les leurs, et furent euitées les leuées de trois regimens d'infanterie et huit compagnies de cauallerie, qui auoient esté resolues pour cette guerre; et l'argent pry d'emprunt par le gouuerneur et la cour pour y employer, fut espargné. La frontiere mesme n'en ressentit aucun interest, par le bon ordre qui y fut obserué. Et à la verité, les ducs de Bourgougne, qui nous ont laissé dans leurs ordonnances les moyens de nostre conseruation, ont esté grands capitaines et sages princes, commandans à tous les suiets d'estre armez en tous temps, selon ses moyens et sa qualité; et qu'aux occasions chacun dust retirer ses viures aux places fortes, villes et chasteaux, auec lesquels deux moyens nous pouuons auoir trouppes armées en un moment, sans frais, et les nourrir en la campagne bien longtemps des vins et grains retirez aux chasteaux. Noz ducs adioustent la rupture des ponts, moulins et forges; et le marquis, en cette occasion, fit magazins de munitions de guerre aux places fortes qui luy estoient plus voisines, qui seruirent, comme l'ay desjà dit, pour les années suiuantes.

Plusieurs generaux d'armée pourroient estouffer les guerres en cette sorte, qui ne le font pas, pour ce que leur honneur en est moindre aux yeux du peuple, qui ne cognoit le peril auquel il est, que quand il en ressent les effects, et ne iuge de la grandeur de ses capitaines, que par l'esclat des combats sanglans, qui desolent le plus souuent les estats, et tousiours leur font perdre leurs meilleurs et plus vaillans hommes ; au lieu que les premieres estaincelles s'esteignent facilement par la preuoyance et dexterité de ceux qui commandent.

Les prouinces ont obligation à leurs chefs de guerre, qui postposent ainsy la gloire de leurs armes au repos et interest des suiets.

Ceux à qui auoient esté données commissions pour faire les leuées sus dittes d'infanterie et caualerie, furent mal contens que leurs commissions fussent demeurées sans effects ; et tous ceux qui auoient esperé d'estre employez dans cette guerre, n'en parloient qu'auec colere, pour n'auoir eu aucune part à l'honneur d'icelle, comme si le marquis le leur eut desrobé pour le s'approprier à leur exclusion : car de proffit ny de gages de mareschal de camp, il n'en auoit voulu accepter aucuns. Et ils estoient aussi mal contens de la cour, à laquelle ils attribuoient le retardement des leuées, m'accusant en particulier, comme membre du dit parlement, d'auoir esté l'autheur d'estouffer cette guerre sans employ de la noblesse ; ils disoient qu'il y alloit de l'honneur d'icelle, de voir les affaires de guerre gouuernées par gens de lettres.

Le marquis, outre le regiment de milice et les compagnies volontaires, auoit faict quelque infanterie aux places de surseance, comme Fougerolles, à laquelle il auoit donné pour chef la Palissade, vallon, commandant au dit Fougerolles, et aux deux compagnies sus dittes de caualerie formées de diuerses nations, auoit donné deux chefs, soldats aussi estrangers, Sture et Richard, afin qu'il eut moyen de conseruer les nouueaux soldats bourguignons, par l'employ de ceux-ci aux occasions plus perilleuses.

La conqueste d'Alsace et Ferrette fut le premier ouurage du cardinal de Richelieu contre nous, nous ostant un pays de la maison d'Austriche qui nous pouuoit assister de bonne infanterie, et qui nous ioignoit aux petits cantons de Suisse noz alliez. Mais la principale pensée du cardinal en ce temps-là estoit la guerre d'Allemagne, le Rhein et Brisach ; et celle du Rheingraue estoit de tenir l'Alsace et Ferrette en vicariat perpetuel de France, comme il auoit traicté secrettement auec le cardinal.

Car bien que le cardinal ayt pry desseings sur desseings, autant de fois que la fortune luy en a ouuert les moyens; touteffois dez le commencement, apres auoir acheué auec les huguenots de France, par la prise de la Rochelle, la partie que Luynes auoit commencée, et occuppé auec l'esprit du roy toutes les charges principales de France, les finances et authorité absolue sur les conseils et les parlemens, il porta ses pensées à l'empire et conqueste de l'Allemagne, qui unie à la France, donneroit la Joy à l'Europe, et rendroit son nom immortel, et crut que son pis aller seroit, s'il ne reussissoit de l'Allemagne, que pour le moins durant sa vie, il estendit la domination de France iusques au Rhein et aux Alpes, anciennes limites des Gaules.

LIURE TROISIÉME.

1. Passage empesché par les François aux recrües de Bourgougne, allant en Flandre. 2. Pratieques de Richelieu en Bourgougne. 3. Le duc de Lorraine trompé à Charmes. 4. Ionction des trouppes de Bourgougne au duc de Feria. 5. Combat de Cernay. 6. Baron de Montloye sommé. 7. Passage du prince Thomas. 8. Decès de madame Isabelle, Infante d'Espagne. 9. Leuées du comte de la Tour. 10. Passage des princes de Lorraine en Italie. 11. Passage en Flandre de dom Ferdinand, Infant d'Espagne. 12. Le mareschal de la Force en Bourgougne. 13. Ses desseings rompus. 14. Desseings sur Grey. 15. Mort du ieune comte de Champlitte.

1. En cette année 1633, le comte d'Arberg fit leuée dans ce pays de douze compagnies d'infanterie et cinq de caualerie, et en mesme temps furent enuoyez capitaines des Pays-Bas, pour faire recrües d'infanterie aux trois terces bourguignons seruans aux armées de sa maiesté, lesquelles recrües furent bientost faictes, et rangées en quinze compagnies chacune de deux cens hommes, et se mirent en chemin par la Lorraine, où furent dressées estappes en la forme accoustumée du consentement et authorité du duc.

Les François qui ia prenoient leurs aduantages contre sa maiesté, et auoient my le pied en Lorraine par la prise de quelques places sur le chemin de Luxembourg, resolurent de tailler en piece cette recrüe qui marchoit sans armes, comme tousiours les recrües auoient faict pour ne donner aucun ombrage en Lorraine ; ce qu'ayant descouuert le comte de la Tour, maistre de camp de l'un des terces, il voulut faire leuer le masque au mareschal de la force qui commandoit les trouppes de France, le requerrant par lettres qu'il luy escriuit de donner ordre qu'aucun empeschement ne fut my par ses trouppes au passage des quinze compagnies qu'il conduisoit, puisque estant sans armes, il n'en pouuoit prendre ombrage aucun, et qu'elles alloient ioindre leurs terces aux Pays-Bas, pour y estre employé à la guerre d'Hollande. La response fut en substance, que pour le particulier du comte de la Tour, il tascheroit de le seruir ; mais quant au passage des trouppes par luy conduittes, il ne pouuoit l'accorder, sans en auoir escry au roy son maistre ; ce qui estoit un artifice pour retarder leur voyage, et auoir pretexte de les charger, si elles suiuoient leur chemin, selon qu'elles en auoient ordre de la serenissime Infante. De quoy le comte de la Tour resserut les commis au gouuernement, et voyant à descouuert les embusches dressées par les François, ramena les dittes compagnies dans nos frontieres, attendant la response que feroit le roy de France et l'ordre de l'Infante sur cet empeschement donné.

La response du roy de France ne fut point enuoyée, bien que demandée de nouueau par le comte de la Tour : et la serenissime Infante luy commanda de s'arrester en Bourgougne iusques à autre ordre, aimant mieux dissimuler cette infraction de paix, que de faire armer et passer ses trouppes comme elles pouuoient faire par force et par raison, à l'ayde de celles du comte d'Arberg et de la gendarmerie que le roy auoit au Luxembourg, tant elle estoit retenue aux choses de conséquence et desireuse de la paix et repos des suiets.

En cette sorte demeurerent longtemps sur les bras de la Bourgougne vingt sept compagnies d'infanterie et cinq de caualerie, que les gouuerneurs repartirent dans les villes closes, et furent soldoyées par les villes sur l'obligation que leur firent en leur priué nom les dits gouuerneurs de Bourgougne de procurer par effect leur remboursement, comme depuis il a esté faict par sa maiesté ; et furent utiles ces logemens pour ce qu'ils diuertirent les entreprises que commençoient à faire sur nous, tant les Suédes, que les François.

Durant ce temps les François s'alloient estendans dans la Lorraine et occuppaient les places piece à piece, par negociations et artifices du cardinal de Richelieu, qui faisoit sonner les plaintes et courroux du roy contre le duc, pour auoir retiré dans son estat, le duc d'Orléans son frere et assisté de ses armes l'empereur contre les Suédes ses alliez :

Décemb. 1631. adioustoit pour un grand crime le mariage du duc d'Orléans auec la princesse Margueritte, sœur du dit duc de Lorraine, faict sans le consentement du roy de France, et pour faire que la iustice seruit à l'u-
20 Juillet 1633. surpation, fit faire le procès criminel au duc de Lorraine au parlement de Paris, soub couleur de la duché de Bar, pour laquelle il releuoit
26 Aout 1633. du fief de France ; et enfin le roy de France en personne vint en Lorraine auec armée pour en acheuer la conqueste, n'y restant à conquerir que les places fortes de Nancy et de la Motte.

Les historiens de Lorraine mettront un iour la main à la plume, pour faire cognoistre à la posterité, ce que difficilement elle pourra croire. Je m'arreste simplement aux choses de nostre Bourgougne.

2. Le duc de Lorraine pressé par les armes du roy de France, fut contraint de se ietter dans ce pays, et se retira à Besançon, où nous eusmes commission de le visitter, monsieur le baron d'Oyselay, premier cheualier de la cour et moy, et eusmes en rencontre en ce voyage le sieur de Camp-Remy, gentilhomme françois, que le roy son maistre nous enuoyoit pour nous faire entendre ses progrès et la iustice de ses armes en Lorraine. Mais Camp-Remy auoit d'autres instructions secrettes du cardinal de Richelieu : il nous entretint des nouuelles de son roy, et du peu d'employ et aduancement qu'auoit la noblesse de Bourgougne en un si petit pays, tant esloigné du roy d'Espagne ; et comme studieusement nous luy donnions libre audience, enfin il nous descouurit sa commission qui estoit de s'adresser aux principaux seigneurs de ce pays, pour lesquels il portoit lettres de son maistre, et prit confiance si auant sur la simple audience que luy estoit prestée par les chemins qu'il nous descouurit enfin que la resolution du cardinal de Richelieu estoit d'occupper la comté de Bourgougne, qui parloit françois comme les autres suiets de son roy, et la conseruer par union à la couronne de France, comme estant à sa bienséance et aduantageuse pour la conqueste de l'Allemagne ; et qu'en cas de traicté de paix, s'il ne pouuoit autrement la retenir, il donnerait d'autres terres en eschange au roy d'Espagne. La bonne audience que nous luy prestames, nous fit apprendre de luy ces beaux desseings de son cardinal, et veoir en ses mains sa commission et ses lettres sans superscriptions. Mais ce langage enfin nous impatienta, et ne pouuans le supporter, nous luy dismes que la Bourgougne estoit trop amoureuse de son roy, qui luy conseruoit la réligion de ses ancestres en sa pureté, la iustice sans venalité et ses franchises en leur entier, sans qu'elle eut iamais ouy parler de taxes, ny de tailles, qu'il ne se iotta pas de presenter ses lettres à aucun gentilhomme de Bourgougne, s'il ne vouloit y laisser la vie : et quant à l'eschange de son cardinal, le roy de France n'auoit aucun pays qui parla espagnol. Ainsi nous luy rompisme son discours, et iugeames expedient de ne le point quitter, (bien que nostre commission nous appella à Besançon, où estoit arriué le duc de Lorraine), pour ce qu'il estoit necessaire de preuenir les gouuerneurs des mauuais desseings et instructions qu'auoit ce gentilhomme.

En arriuant à Dole, tandis que le baron d'Oiselay l'accompagna à son logis, ie passay à celuy de monseigneur l'archeuesque, auquel ie fis entendre le tout. Camp-Remy y fut aussitost et presenta ses lettres que l'archeuesque en colere, (bien qu'il dissimula), ouurit brusquement sans prendre garde à la superscription, et sans beaucoup de discours auec Camp-Remy, passa à la cour à laquelle il les fit veoir. La superscription estoit, *à noz très-chers et bien aymés les comtes, gentilshommes et autres de la Franche-Comté*, et au dedans estoit un narré que faisoit le roy de France de ses progrès en Lorraine et asseurance de son affection à nostre endroict. Si les dittes lettres n'eussent pas esté ouuertes, nous les luy eussions rendu, pour ce qu'elles ne s'adressoient pas aux gouuerneurs; et que la superscription n'estoit pas du style que les roys de France auoient coustume de tenir, escriuant aux prouinces qui ne deppendent en rien d'eux. On se contenta de faire entendre à Camp-Remy l'erreur du secretaire de son roy, et que cy apres on ne receuroit aucunes lettres qui useroient du mot de *chers et bien aymés*; et fut faicte response par escrit auec le respect dehu aux roys. On pouuoit enuoyer les lettres à l'Infante et ne rien respondre que par son commandement, selon qu'il est obseruó par les gouuerneurs des prouinces qui receoiuent lettres des princes estrangers : mais comme celle-cy ne portoit rien qui fut de consequence, on ne iugea pas que sans necessité, on dust donner ce mescontentement au roy de France, que de renuoyer son ambassadeur sans responses. On fit neantmoins passer un courier à l'Infante auec les lettres et aduis des instructions secrettes de Camp-Remy : et fut donné audit Camp-Remy un gentilhomme, (M. de Mandre), pour l'accompagner iusques hors du pays et remarquer ses actions. Il reporta les lettres qu'il auoit apporté pour nostre noblesse, et ne s'adressa à personne, soit qu'il eut apprehension d'estre mal reçeu, soit que la presence du gentilhomme qui l'accompagnoit l'en empescha.

Nous eusmes nouvelles en mesme temps que le duc de Feria estoit
30 Août 1633. party d'Italie et entré en Allemagne pour venir à nous auec une armée de sa maiesté; et le duc de Lorraine eut pareil aduertissement et esperance de secours. Mais il eut bien desiré cependant de ietter dans Nancy les trouppes du roy que nous auions en pied, qui estoient vingt sept compagnies d'infanterie et six de caualerie. Ceux qui voyoient à descouuert les intentions du roy de France, iugeoient que si on iettoit ces trouppes dans Nancy, on arresteroit les François en Lorraine, et là s'attacheroit la guerre, où le duc de Feria la soustiendroit aydé de ce pays qui pour lors estoit plein d'hommes et de biens : et nous le-

pouuions faire sans infraction du traicté de neutralité; mais les dittes trouppes n'estoient pas à nostre disposition, et nous auions ordre d'Espagne de ne nous point mesler des guerres estrangères, qu'est l'une des loix de nostre conseruation, fondée sur le peu d'estendue de ce pays, puissance des voisins et esloignement du roy. Le duc de Lorraine donna commission au cheualier de Treilly pour faire leuée de caualerie en ce pays et à plusieurs autres : mais comme il n'est loisible à personne de faire leuées de gens de guerre sans la permission des gouuerneurs, et qu'il nous estoit interdy de nous mesler des guerres estrangères, nous fismes cesser les dittes leuées et renouuellasmes les édits deffendans de porter les armes, soub autre prince que sa maiesté nostre souuerain, à peine de confiscation de corps et de biens.

Le roy de France assiegea Nancy ville fortiffiée à la moderne, et l'une des meilleures places de l'Europe, laquelle il ne pouuoit emporter de force de bien longtemps. Le duc estoit impatient du secours et arriuée du duc de Feria, et le cardinal de Richelieu qui preuoyoit qu'à sa venue les trouppes de Bourgougne se ioindroient à luy, comme elles firent depuis, et que Nancy seroit secouru, fit passer vers nous le sieur du Bois, auec lettres de son roy, pour nous faire entendre que son intention estoit de conseruer nostre neutralité; et estoient meslées neantmoins les lettres de menaces au cas que nous assisterions le duc Charles : ainsy appelloit-il le duc de Lorraine. 1er sept. 1633.

Le Rheingraue Otho-Louys en mesme temps assiegea Brisach, et le tenoit bouclé, non auec espoir de le forcer, car la place est très-bonne; mais de luy couper les viures et l'affamer : et par effect il la réduisit à tel point que les viures commençoient de luy manquer, quand elle fut enfin secourue par le duc de Feria, comme on dira cy apres. La ville de Constance fut aussi assiegée et fort pressée, où le colonel Kunich, gouuerneur de Lindau, signala sa valeur et fidelité. Ces deux villes auoient grand besoin du secours qu'amenoit le duc de Feria, aussi bien que le duc de Lorraine, qui estoit en grandes perplexités pour sa capitale ville de Nancy. 16 aoùt 1633.

5. Le cardinal de Richelieu luy fit escrire par le roy de France, que s'il vouloit s'aboucher auec luy, et entrer en traicté d'une bonne paix, il esperoit que par leur entreueüe, elle seroit tost conclue, et luy signaloit le lieu de Charmes pour s'aboucher. Le nom présageoit ce qui succeda. Le duc qui ne se pouuoit fier au cardinal, pour ce que tousiours il l'auoit trompé, receut des secondes et tierces lettres, auec

toutes les asseurances qu'il pouuoit demander : Richelieu faisant sonner partout la bonté et douceur de son roy, qui estant armé et victorieux, inuitoit le duc de Lorraine à la paix et la mauuaise conduite du duc qui la refusoit. Le duc perplexe demande au comte de la Tour, (auquel le duc de Feria correspondoit), s'il estoit asseuré de sa venüe, et si son armée estoit voisine. Le comte luy respondit que sa sortie de Milan et sa marche estoient asseurées, mais qu'il n'estoit pas certain du lieu où il pouuoit estre pour lors, pour n'en auoir receu lettres dez plusieurs iours. Les François remonstroient au duc qu'il ne deuoit pas préferer une esperance incertaine de secours à une paix asseurée, puisque leur roy n'auoit aucune pretention sur la ville de Nancy, mais de simples mescontentemens qu'une entreueüe appaiseroit, et que s'il ne se fioit aux paroles royales et asseurances qui luy estoient données, la deffiance seroit prise pour iniure et rendroit légitimes les armes de France contre luy. Le duc se résolut d'aller à Charmes sur deux considerations qu'il tint reseruées dans son esprit; l'une de gaigner temps par cet abouchement et pourparlé de paix iusques à l'arriuée du duc de Feria, et l'autre de pouuoir faire entrer gens dans Nancy, pendant que le roy et le cardinal seroient à Charmes. Rarement les entreueües des princes sont heureuses; le duc trouua à Charmes ce qu'il n'auoit pas esperé : car le roy comme le plus fort, et le maistre luy donna la loy. Le duc neantmoins monstra son haut courage et parla en prince à Richelieu, qui irrité, et contre les paroles données passa à la violence et luy donna des gardes, du milieu desquelles le duc pensa eschapper desguisé, pour se ietter dans Nancy. La peau de lion ne faisant rien, Richelieu se seruit de celle du renard. Il auoit fait sommer ceux qui commandoient dans Nancy, et fait des propositions cauteleuses, auxquelles ils auoient respondu auec plus de respect que de resolution, qu'ils accepteroient les conditions qui leur estoient presentées, si le duc leur maistre les aggreoit; laquelle response le duc ignoroit. Richelieu changeant ses rudes paroles en douceurs, representa au duc, que pour le moins, il debuoit traicter ses affaires par conseil comme faisoient tous les autres princes, qu'il auoit à Nancy son conseil et des princes de sa maison. Le duc prit party et accorda à Richelieu, (qui le pressait auec flatteries contraignantes), qu'il feroit ce que son conseil trouueroit bon et luy en donna sa parole et signature, esperant que iamais son conseil n'aggreeroit choses desadauntageuses et hors de raison; et que leur demandant aduis le temps se gaigneroit : mais il n'eut pas sitost donné son esprit en presence du roy de France, que Richelieu produisit celuy du conseil de Nancy con- sentant à ses demandes si leur duc les aggreoit, sçauoir que la ville de Nancy seroit deliurée au roy de France pour ostage et asseurance de paix. Ainsy fut surpry le duc et la ville de Nancy mise aux mains des François. <small>20 sept. 1633.</small> <small>21 sept. 1633.</small>

Le duc trompé se retira en Bourgougne et quantité de noblesse Lorraine le suiuit en ce malheur. Les princes et princesses, ses freres et sœurs, s'eschapperent de Lorraine et se rendirent à luy par les moyens que l'affection leur dicta et que la postérité à peine pourra croire. Il auoit fait cession de la duché de Lorraine au duc François son frere, lequel en ce mesme temps espousa madame Claude, sœur de la duchesse, toutes deux filles du duc Henry, decedé sans enfans masles. <small>1er Avril 1634.</small> <small>19 Janv. 1634.</small> <small>11 Févr. 1634.</small>

4. Le duc de Feria marchoit cependant et auoit secouru Constance bien à propos et chastié ceux qui auoient donné passage aux Suédes contre l'empereur pour le siege de la dite place. Il vint à Brisach où les viures commençoient à manquer, il fit leuer le siege, et trauersant l'Alsace (où il reprit les places qui estoient sur son passage), se rendit sur noz frontieres, son armée se trouuant fort harassée, car les cheuaux d'Italie non accoustumez au trauail estoient sur les dents par le moyen des grandes traictes qu'il auoit fait pour secourir à temps Constance et Brisach. Le bruit de ses armes nous fit sçauoir sa venüe et le seigneur Dom Gabriel de Toledo arriué de sa part nous signifia ses intentions. Les gouuerneurs pouruurent à la ionction des trouppes de Bourgougne aux siennes, estant lors la bourse publique en telle disette, qu'il n'y auoit pas pour fournir à une estappe generale. Ils me donnerent commission et au conseillier fiscal Matherot de conduire les trouppes de Bourgougne iusques à la frontiere et les ioindre au duc de Feria. Le mareschal de la Force commandant en Lorraine, assembla les siennes qui estoient ià en quartier d'hyuer, au mesme temps que les nostres (qui estoient aussi esparses dans les villes), marcherent pour se ioindre à la frontiere. Le duc de Feria en aduertit les gouuerneurs, et nous sçachant arriuez à six lieües de luy, nous despescha un gentilhomme pour nous faire sçauoir que le desseing du mareschal estoit de combattre noz trouppes au passage et empescher la ionction auec le siennes, que le seul remede estoit de le preuenir. C'estoit au mois de nouembre 1633; noz trouppes venoient de tous costez et pour moins fouler le pays, se trouuerent reparties par les gouuerneurs en quarante logemens de <small>13 Octob. 1633.</small>

proche en proche, entre la ville de Vesoul et la frontiere; les gouuerneurs nous manderent de pouruoir à leur seureté, et le duc de Feria nous enuoya encore un gentilhomme pour nous signifier que les trouppes du mareschal estoient ensemble, il tenoit impossible que nostre infanterie put eschapper, demandant nostre caualerie qui pourroit passer hastiuement et de nuict. Nous enuoyasmes au mesme instant ordre en tous les logemens qu'ils deussent desfrayer nos trouppes quatre iours, et fismes sonner ces ordres hautement dans la ville de Vesoul où nous estions, (dans laquelle nous ne doubtions point que le mareschal de la Force n'eut des espies), et enuoyasmes une heure apres des contreordres aux capitaines de partir le lendemain matin, et se rendre en une place monstre, que nous leur marquasmes. Les porteurs des premiers ordres furent archers qui les publierent si bien que le mesme iour le mareschal en fut aduerty, et selon ce disposa sa marche pour nous surprendre le cinquiéme iour. Les contreordres de partir le lendemain à bonne heure et se rendre en place d'armes que nous marquasmes entre les Aisnans et Vy-lez-Lure, furent suiuis si diligemment, qu'auant les dix heures du matin toutes les trouppes furent en place d'armes, et le mesme iour s'aduançerent à une lieüe de la frontiere : c'estoient les regimens de pied et de cheual du comte d'Arberg et les recrües des marquis de Varambon, comte de la Tour et seigneur de Maisieres. Le comte de la Tour y estoit plus ancien maistre de camp, car le sieur de Maisieres estoit demeuré aux Pays-Bas et auoit enuoyé le capitaine Jauain pour faire sa recrüe. Le marquis de Varambon, aussi maistre de camp, y estoit en personne auec la sienne, faisant les trois recrües 2500 hommes, et le comte d'Arberg qui estoit aussi en personne et commandoit à ses douze compagnies, auoit enuiron 2000 hommes et six compagnies de caualerie bonne et bien armée. L'infanterie estoit aussi armée, mais sans munitions de guerre. La preuoyance du marquis de Conflans qui tenoit des munitions en diuers chasteaux les en fournit; car on en fit venir toute la nuict de Granges et Baudoncourt, et au poinct du iour, noz trouppes marcherent en ordonnance de guerre, et ioignirent sur le midi le duc de Feria qui fut infiniment esiotty de se veoir renforcé si puissamment.

13 Nov. 1633.

Le mareschal de la Force fut aduerty de nostre mouuement et marcha hastiuement auec huit mille hommes et six pieces de canon si auant, que le mesme iour, mais trop tard, il arriua proche de Lure.

Cette ville auoit au commencement refusé la protection de Bougougne sur un soubçon que le roy s'en voulut emparer comme de place pretendue estre de la souueraineté ancienne des comtes des Bourgougne. Et depuis se voyant mal deffendue auoit demandé par ses députez aux gouuerneurs cette mesme protection. De quoy l'Infante resseruie auoit remy la chose à l'arriuée du duc de Feria; mais leur impatience où mescontentement de ce délay leur auoit fait accepter garnison du duc de Lorraine, et lors y commandoit le sieur de Vitrolles capitaine du dit duc, que nous trouuasmes alarmé de l'approche du dit mareschal, et si mal pourueue de munitions de gueule que nous fusmes contraints de luy en fournir, mais le mareschal ne fit pas long seiour, car ayant failly sa proye il se retira dez le lendemain.

Le duc de Feria reposa ses trouppes d'Italie durant quelques iours, faisant cependant plusieurs exploicts de guerre auec ses Bourguignons, et entroit en resolution de trauerser par noz frontieres et par la Lorraine nonobstant les oppositions que luy pourroit faire les mareschal de la Force et aller au Luxembourg. Et desià ie m'estois aduancé par ordre des gouuerneurs pour le receuoir et conduire en Lorraine, quand il fut requy par l'empereur de l'assister aux guerres d'Allemagne, et luy fut enuoyé le general Aldringuen auec grosses trouppes tant à pied qu'à cheual qui iointes aux siennes composerent une puissante armée. Le duc de Weymar, Horn et Cratz auec l'armée de Suédes s'aduancerent faisant mine de luy presenter combat, mais ils s'estoient logez en lieu fort pour n'y pouuoir estre contraints; la chose ne se passa point plus auant qu'à cannonades et escarmouches où les Suédes eurent du pire et se retirerent le lendemain, ayant le general Aldringuen ordre de Walstein duc de Fridland, (lors tout puissant en Allemagne et generalissime des armées de l'empereur), de ne point combattre, lequel ordre il fit veoir au duc de Feria resolu de donner bataille et ordonnant desià ses trouppes pour le combat. Fridland machinoit sa trahison contre l'empereur, à laquelle son insolente fiereté l'auoit porté, ne voulant donner part du commandement des armées d'Allemagne au roy de Hongrie filz de l'empereur : ses victoires l'auoient enflé et trauersoit quasi à descouuert les armées d'Espagne et d'Austriche. Il fit consommer le temps inutilement au duc de Feria et enfin procura sa mort soit par ennuy de ^{11 Févr 1634.} veoir perir son armée sans rien faire, soit par poison comme est la creance commune : aussi sortant de Milan, le duc de Feria pour venir en Allemagne par le commandement du roy, il dit qu'il alloit estre mangé des loups, mais que puisque il plaisoit ainsi au roy il en estoit content : c'estoit un seigneur de haute stature et fort puissant de corps, mais qui estoit de grand iugement et homme d'estat et de conduitte, et pressentoit les fraudes et trahisons de Fridland duquel il deuoit deppendre en cette guerre.

Apres la mort du duc de Feria les trouppes de Bourgougne allerent diminuant, et ce qui resta fut mené au duché de Bauiere en quartier d'hyuer, et au commencement du printemps de l'an mil six cens trente quatre furent enuoyées au siege de Ratisbonne que les Suédes auoient occuppé et fortiffié par la tolerance de Fridland duquel la mort tragique suiuit peu apres.

<small>4 Nov. 1633.
15 Févr. 1634.</small>

Le prince Ferdinand infant d'Espagne, cardinal et frere unique du roy, estoit party pour venir en Flandre où nostre bonne princesse Isabelle sa tante le demandoit pour luy donner durant sa vie les instructions necessaires au gouuernement des Pays-Bas et de Bourgougne qu'il auoit à régir et leur laisser mourant un digne gouuerneur, car elle viellissoit et preuoyoit sa mort prochaine; et si le duc de Feria eut forcé le pas de Lorraine, l'Infant arriué lors heureusement en Italie l'eut suiuy de pres et tant estoit-il desireux de veoir cette saincte princesse sa tante, qu'il fut sur le point de passer desguisé par la France peu auant la mort du duc de Feria.

<small>24 Mai 1633.</small>

Le duc de Lorraine entra en Alsace que le duc de Feria auoit en partie reconquy et resseré les Suédes dans les villes de Beinfeldt, Colombier et Schelestad, le dit duc ioignit ses trouppes à celles du marquis de Bade qui aussi auoit esté renforcé. L'armée des dits duc de Lorraine et marquis de Bade se campa en la plaine de Cernay auec quelques forts qui y furent dressez pour ce que le Rheingraue Otho-Louys estoit fort de caualerie, le marquis de Bade demeura en ce camp pour y commander, et le duc de Lorraine repassa en Bourgougne pour auec plus de commodité donner quelque ayde à la forteresse de la Motte sa derniere place que les François tennoient assiegée.

<small>1er Févr. 1634.</small>

<small>20 Avril 1634.</small>

5. Durant l'absence du duc, le Rheingraue fortiffié de caualerie Françoise et Suéde dressa embusche au marquis de Bade faisant filer secretement ses trouppes dans un bois voisin du camp du dit marquis, duquel bois il fit sortir une apres disner quelque caualerie pour l'attirer au combat, et apres plusieurs legeres escarmouches cette caualerie aduancée prenant la fuite et autres venant la soustenir, il attira le marquis hors de ses forts, sans que le Rheingraue se descouurit iusques à ce que l'infanterie aussi bien que la caualerie du marquis se furent

tirez en campagne, où voyant son aduantage il partit de son bois auec puissante caualerie et laissa dedans en embuscade partie de son infanterie : la caualerie Lorraine poussant lors les premieres trouppes iusque dans le bois tomba en l'embuscade du Rheingraue, et pensant s'en desmesler fut acculée par la caualerie Françoise deuant laquelle l'infanterie Allemande parut bien peu en la plaine.

Le combat ne dura pas guere plus d'une heure, auquel furent tuez plusieurs braues hommes combattans vaillamment et plusieurs seigneurs faicts prisonniers : grand nombre prirent party soub le Rheingraue; le marquis de Bade se retira dez qu'il vit l'armée ennemye sortir du bois : les plus timides que la peur auoit emporté sans ordre, hommes et femmes se sauuerent en Bourgougne et penserent se ietter dans noz montagnes ; mais les montagnards qui gardoient leurs passages les en empeschèrent : et disoit le marquis de Bade, qu'il n'auoit pas eu moins de peur au rencontre de noz paysans, qu'il auoit eu en la bataille du Rheingraue. Il escriuit aux gouuerneurs de Bourgougne et leur offrit ses trouppes et sa personne, et en cas qu'ils ne les voudroient accepter, les pria pour le moins de luy donner quartier pour les reposer et recueillir les desbrys de son armée deffaicte. Les gouuerneurs lui refuserent pour ce que la pluspart de ses gens estoient Lutheriens, le meslange desquels auec les suiets de ce pays estoit dangereux, pour l'infection qu'ils pouuoient apporter en leur prouince, de laquelle la loy premiere de conseruation est la pureté de la religion catholique : que de plus seroit nous embrouiller aux guerres d'Allemagne pour ce que l'armée victorieuse du Rheingraue les poursuiuoit : ioint qu'il falloit attendre bien peu de leur courage, puisqu'ils n'auoient rendu aucun combat en la bataille de Cernay et qu'ils estoient composez de femmes et de bagages autant que d'hommes.

Ils se logerent neantmoins proche l'Isle-sur-le-Doubs, et le marquis de Bade vint trouuer le duc à Besançon pour luy rendre compte de ce funeste combat et aduiser au moyen de redresser l'armée dans la Bourgougne ; ce que le duc desiroit passionnement pour secourir la Motte et ne demeurer de tous points desarmé, et donnant commissions, armes et argent taschoit par tous moyens de redresser sa caualerie. Ce pas estoit glissant pour les gouuerneurs, car de contrarier le duc en cette occasion, ce n'estoit pas le seruice du roy interessé en sa cause commune auec l'empereur : et d'autre part l'assister ou luy permettre des leuées et assemblées de guerre dans la prouince, c'estoit mettre l'estat du roy en hazard euidant, l'armée françoise qui assiegeoit la Motte estant en l'une de noz frontieres et le Rheingraue victorieux en l'autre. Nous donnasmes aduis de tout à l'Infante et resolumes de nous tenir armez pour resister aux ennemys et empescher que les amys nous donnassent la loy contre le seruice de sa maiesté, conseruation et repos de son estat. Les gouruerneurs donnerent donc commission au baron de Vaugrenans de prendre des gens aux montagnes autant qu'il seroit necessaire pour contenir les Allemans, ce qu'il fit aisément et les contraignit de se retirer du quartier de l'Isle qu'ils auoient occuppé. Fut aussi enuoyé le procureur general suiui des archers à Seueux où le cheualier de Treilly assembloit de la caualerie pour le duc de Lorraine sans permission des gouuerneurs, laquelle caualerie se dissipa par apprehension de la iustice.

Les regimens de milice estoient leuez et campez à Baume où le marquis de Bade les vit en bataille proche de la ville le iour qu'on en faisoit la reueüe, mais le marquis de Conflans l'ayant inuité à les veoir faire exercice, il s'excusa pour la haste qu'il auoit et s'arresta neantmoins sur une colline pour les considerer de loing. J'estois (comme tousiours) assistant le marquis de Conflans par ordre des gouuerneurs, et le conseillier fiscal Matherot y estoit aussy par mesme ordre, ce que le marquis aggreoit bien fort pour ce qu'il en estoit mieux obey et soulagé et estoit aise d'auoir des tesmoins de ses actions.

21 et 22 Mars 1634. 6. Le Rheingraue poursuiuant sa victoire estoit à noz frontieres et auoit sommé le baron de Montioye, prince d'empire qui a ses terres voisines et enclauées dans noz montages de luy ouurir le passage, à deffaut de quoy il l'ouuriroit et le traicteroit comme ennemy. Le baron escriuit aux gouuerneurs et au marquis de Conflans demandant leur protection sans laquelle il ne pourroit subsister et seroit contraint de se ietter soub celle de France qui luy estoit offerte. Nous apprehendasmes que les gouuerneurs ne voulussent pas proteger ce baron d'empire non plus qu'ils n'auoient voulu faire Lure sans ordre exprés de l'Infante, et que la dilation le fit perdre et donner entrée à noz ennemys. L'expedient fut que le marquis luy fit prompte response et luy manda qu'il n'auoit aucun suiet de craindre ayant un protecteur si puissant qu'estoit l'empereur, et que si le Rheingraue attaquoit les montagnes, luy le marquis les iroit promptement secourir auec dix mille hommes, comme il le pouuoit faire, tant de sa milice, que de montagnards armez. Cette lettre eut tant de force que le baron de Montioye cognoissant que la deffense des montagnes estoit la sienne, enuoya la lettre pour toute response au Rheingraue et lui refusa le passage absolument, lequel fut au mesme instant occuppé et fortiffié par nos montagnards. Le Rheingraue faisoit la guerre en son nom et comme allié des Suédes, mais c'estoit par conseil et traicté secret auec les François comme i'ay dit, lequel s'est trouué apres sa mort; leur praticque estoit en ce temps là que les François se protestoient amys de l'empire, et pour preseruer (disoient-ils) les pays et villes qui en deppendoient d'une totale desolation, ils les receuoient soub la sauuegarde et protection de leur roy et en cette sorte ils auoient desià occuppé Montbeliard et tasché de surprendre Brisach.

7. Le prince Thomas, frere du duc de Sauoye, passa lors incogneu en Bourgougne et ne se declara qu'au duc de Lorraine et au marquis de Conflans auec lesquels il s'abboucha à l'Abbaye de la Charité, et entre autres choses leur fit entendre que le desseing du Rheingraue estoit sur Besançon ville imperiale enclauée dans la Bourgougne, qu'il feroit sommer et marcheroit contre elle auec ses gens et à mesme temps se presenteroit un deputé de France qui offriroit la protection du roy pour la conseruation de la réligion catholique et de leur liberté; ce que le marquis fit entendre aux gouuerneurs par le conseillier fiscal Matherot qui les alla trouuer à ce suiet. 10 Avril 1634.

Le dit prince Thomas auoit desiré dez longtemps de seruir le roy nostre maistre, duquel il est cousin-germain, et lors mesme que le duc son pere estoit en guerre auec les Espagnols, les Infantes ses sœurs correspondoient par lettres à nostre serenissime Infante, lesquelles lettres estoient addressées au marquis de Conflans et le secretaire de la Faille m'enuoyoit les responses : et bien que le prince Thomas seruit le duc son pere par deuoir, toutefois il correspondoit au marquis et luy faisoit entendre ses desirs et affection au seruice de sa maiesté. Et apres la mort du duc son pere auoit enuoyé en Espagne le president Fosson qui luy auoit apporté responses du roy, et luy sur les ordres du roy passoit au Pays-Bas pour son seruice, et s'estoit desrobé de Sauoye : le voyage estoit fort perilleux, le duc de Lorraine luy donna un gentilhomme qui le conduisit heureusement son troisième par chemins extraordinaires; et trois autres personnes (qui estoient le reste de son train) le suiuirent de prés, qui à l'entrée de Lorraine furent assaillis par six caualiers françois et s'en desmeslerent en ayant tué deux sur la place : quant au prince il passa heureusement.

Les Allemans du marquis de Bade s'estoient en partie dissipez et autres s'estoient ioints aux trouppes du duc dans les montagnes de Lorraine, le reste qui estoit espars en ce pays y prenoit party. L'Infante fit responce aux gouuerneurs, croyant les dittes trouppes allemandes estre tousiours en pied et leur accordoit une somme de deniers pour leur entretien ; mais ayant sceu ce que s'estoit passé, appreuua la resolution des gouuerneurs.

Les gouuerneurs entendans par le conseillier Matherot l'aduis du prince Thomas et le hazard que courroit Besançon offrirent à la ditte cité assistance de gens pour la garde d'icelle, et ne pouuant estre d'accord des conditions que la cité proposoit, pour estre par trop esloignées des anciens traictez, le marquis alla garder Besançon par le dehors et tint son armée logée à Chastillon-le-Duc, à une lieüe prés, d'où il pouuait à toutes heures la secourir par le bois de Chailluz, quand l'armée Suédoise seroit à ses portes, duquel poste de Chastillon il ne bougea iusques à ce que le Rheingraue se fut retiré de noz frontieres.

Besançon est une belle et neantmoins ancienne cité au iuste milieu de la comté de Bourgougne, qui estoit autrefois la capitale des Sequanois, et depuis fut l'une des principales du royaume de Bourgougne auec Arles et Vienne : noz anciens comtes la possedoient, et en plusieurs vieux autheurs sont appelez COMTES DE BESANÇON. L'archeuesque pretend qu'elle luy fut donnée dez le commencement lors que les Métropolitaines des prouinces d'Occident furent données aux archeuesques par les empereurs ; autres estiment que Frederic Barberousse empereur possedant la comté de Bourgougne de par Béatrix sa femme, fille unique de Renaud III, la retira et reserua à l'empire lorsqu'il partagea ses biens à ses enfans et donna à Otho son filz, ceux de Béatrix sa mere auec le titre de Palatin. En cette obscurité la ditte cité se maintient libre soub la protection des comtes de Bourgougne et iouit par leur concession des mesmes priuileges que les suiets et vassaux de la Franche-Comté et comme eux tient offices et benefices en icelle. La comté a un grand iuge et un capitaine en la ditte cité et pour la garde d'icelle y tient trois cens Bourguignons de garnison à mesme solde que les presides de Dole et Gray.

1er Déc. 1633. 8. En ce mesme temps arriua le decés de la serenissime Infante madame Isabelle, de laquelle les actions de prudence et magnanimité royale ont esté telles, qu'elle est auec raison mise au premier rang des princesses illustres, et sa saincteté et vertu chrestienne la met au rang des sainctes : elle auoit pry apres les decés de l'archiduc Albert son mary, l'habit du tiers ordre de sainct François et auoit desiré de s'enfermer dans le cloistre que pour ce elle auoit basty ioignant son palais de Bruxelles, pour y seruir Dieu comme simple religieuse desmeslée des honneurs et embarras du monde : mais le roy son nepueu la pria instamment de ne pas abandonner le timon des prouinces de Flandre, la conseruation desquelles seroit plus meritoire deuant Dieu que les austerités et priéres qu'elle feroit si elle estoit enfermée dans un cloistre. Elle accorda le desir du roy sans quitter sa resolution, se priuant seulement des douceurs de la closture, car elle continua dans les trauaux du gouuernement des prouinces iusques à son decés, et tout ensemble dans l'habit et regle de sainct François, aussy n'est pas la closture necessaire au tiers ordre. La royne, mere du roy de France, Marie de Medicis qui lors estoit fugitiue de France et retirée à Bruxelles, la visita peu auant sa mort et fut consolée par elle, mais bien plus estonnée de sa profonde et incroyable humilité surpassant celle des plus humbles religieuses.

Mourant elle laissa le gouuernement au marquis d'Aytona iusques à l'arriuée du serenissime Infant d'Espagne, selon les ordres du roy, et les Pays-Bas qui peu auant son decés estoient en extréme peril par les coniurations secretes qui estoient tramées au dedans, se virent en bonne union instamment apres son decés, selon qu'elle auoit predy en mourant et ce sans espancher le sang des coniurez.

_{30 Déc. 1633.}

9. Le compte de la Tour qui auoit passé à Milan apres la mort du duc de Feria vint en Bourgougne auec patentes du serenissime Infant pour y faire leuées de cinq cens cheuaux qu'il meneroit en Italie, et furent apportées en mesme temps lettres du roy aux gouuerneurs contenant la commission par luy donnée au dit Infant cardinal son frere pour la régence des Pays-Bas et de Bourgougne. Il estoit comme impossible de faire passer en asseurance cette caualerie en Italie, car le Rhosne estoit occupé par les François et les passages d'Allemagne estoient tenus par les Suédes. Le comte de la Tour s'adressa aux Suisses pour auoir passage par leur pays et luy furent données conditions trop difficiles : il fallut user de ruse, qui ne fut autre, sinon qu'il demanda aux gouuerneurs de Bourgougne des quartiers pour sa leuée en lieux qui ne luy pouuoient estre accordez, et sur leur refus se pourueut par réqueste deuers l'Infant contre les gouuerneurs : eux pareillement escriuirent pour le debouter de ses pretensions, et cependant sans ouuerture de quartiers, il fit sa leuée doucement, secrettement à l'ayde du marquis

de Conflans, sans que personne s'en donna garde; et fit passer ses gens à la deffilade partie par la Suisse, partie par Genefue et par la Sauoye, si que au temps qu'il accepta les premieres offres des gouuerneurs pour loger ses trouppes dans les villes closes (que fut un mois apres), sa caualerie estoit desià passée en Italie.

<small>26 Juill. 1634.</small> 10. La forteresse de la Motte en Lorraine fut rendue aux François en ce mesme temps apres auoir esté vaillamment et longtemps deffendue par le baron d'Ische qui y fut tué d'un coup de canon, et le baron de Wuateuile son beau frere entré en sa place fut enfin contraint de composer, le roc ayant esté miné par les François et partie d'iceluy jà emporté. Le <small>1er Avril 1634.</small> duc François et la duchesse sa femme s'estoient retirez en Bourgougne <small>5 Avril 1634.</small> et furent conduits en Sauoye par le comte de Bussolin filz du marquis <small>Mars 1634.</small> de Conflans, d'où ils passerent en Italie; la princesse de Phalsbourg sœur du duc passa en Flandre comme incognette auec tant de hasard et de bonheur, que son voyage aussi bien que sa sortie de Lorraine semblent plustost romans que veritez. Le duc enfin passa aussi en Italie, bien que les François occupassent les passages du Rhosne et le lac de Genefue, mais le marquis de Conflans luy donna un homme qui preuint secrettement et posa sur le lac un bastelier et deux petites barques qui furent <small>17 Juin 1634.</small> cachées à l'orée d'un bois, sur lesquelles le duc passa son sixième auec très-grande resolution et mespris des dangers et se rendit aussitost en Italie vers le serenissime Infant.

<small>27 Juin 1634.</small> 11. Tost apres sortit de Milan le serenissime Infant d'Espagne et passa en Allemagne auec une armée royale, où il s'alla ioindre au roy d'Hongrie deuant la ville de Nordlingen : là nostre infanterie de Bour- <small>4 Sept. 1634.</small> gougne se signala en diuers assauts, comme elle auoit fait deuant Ra- <small>6 Sept. 1634.</small> tisbonne et fut donnée la bataille memorable de Nordlingen en laquelle les Suedes et protestans d'Allemagne furent deffaicts, Gustaue Horn et le general Cratz faicts prisonniers; son altesse de Lorraine y fut auec ces deux grands princes et y fit tous les deuoirs d'un grand capitaine. Apres laquelle bataille qui a donné l'heureux succès aux affaires d'Allemagne, le serenissime Infant trauersa vaillamment les pays ennemys auec sa caualerie commandée par le marquis de Sainct-Martin, bour- <small>3 Nov. 1634.</small> guignon, donnant l'effroy partout et se rendit à Bruxelles heureusement.

Son altesse de Lorraine se vint camper à Brisach auec l'armée de la ligue catholique où il prit ses quartiers d'hyuer, et sur la fin de l'hyuer le duc de Rohan vint auec une armée françoise se camper en noz frontieres, et sur un léger pretexte pilla la ville de Ionuelle qui estoit sans deffense ny soubçon que Rohan deut entreprendre sur icelle : de quoy monseigneur l'archeuesque et la cour luy ayant demandé raison, ne tirerent de luy que des responses artificielles selon le stile de ceux de sa réligion et en donnerent aduis à son altesse royale : mais tost apres le dit duc de Rohan passa auec ses trouppes le long de noz frontieres et alla mettre le siege deuant Belfort que son altesse de Lorraine luy fit leuer hastiuement et le fit retirer du costé de Basle, d'où il passa depuis à la Valteline.

12. Au commencement de l'année mil six cens trente cinq arriua en ce pays le sieur de la Verne auec commission de leuer un terce Bourguignon de quinze compagnies pour le seruice de sa maiesté : et fut aussi leuée quelque caualerie par mesme ordre de sa maiesté, lesquelles trouppes d'infanterie et caualerie se ioignirent, puis apres son altesse de Lorraine, qui vint auec une armée puissante contre le mareschal de la Force, sorty au mesme temps de Lorraine auec une armée françoise composée de vieux régiments, et s'estoit logé le mareschal sur le territoire de Luxeul et Baudoncour, puis s'estoit campé à la Neufuelle où il se fortiffia et preualut des bois voisins qui deppendent de Lure et dans Lure logea ses magasins.

22 Juin 1635.

12 et 19 Juin 1635.

L'armée de son altesse de Lorraine consistant principalement en caualerie allemande, hongroise et Croates, s'estendoit et forrageoit dans ce pays nonobstant toutes deffenses de leur general, lequel monseigneur l'archeuesque et la cour enuoyerent visitter à son arriuée par le sieur de Grandmont Mélisey, et instamment luy enuoyerent diuers députez auec lettres particulieres pour le supplier d'arrester les rauages de ses gens, et enfin allerent deux commis du corps de la ditte cour, qui pour euiter ces malheurs luy firent plusieurs offres et fut enfin arresté entre eux que les archers et preuosts de l'armée de sa maiesté imperiale se ioindroient aux nostres pour de commune main saisir et chastier les fourrageurs : mais cependant que l'on traictoit, le mal s'accrut et s'eschauffa si fort sur la résistance legitime des suiets de ce pays, que les impériaux vindrent aux meurtres, bruslemens, violemens et sacrileges, et contraignirent les gouuerneurs d'armer contre eux puisque leurs moindres parties estoient de trois à quatre cens cheuaux et leurs embrasemens estoient desià aux portes de Vesoul.

Le respect deu aux armes de sa maiesté impériale et l'apprehension de mettre la prouince en frais auoit iusques alors fait chercher tous les expedients que la prudence pouuoit fournir pour preuenir et arrester ces furies non esperées ny iamais veues en Bourgougne ; mais quand il n'y eut plus de remède que celuy de la force, fut declaré l'iminent peril et les arriere ban et milice leuez : et comme l'experience auoit fait vebir aux années precedentes la caualerie de milice estre de peu d'effect, le seruice deu fut changé en argent, au feur de trente cinq escus pour chacun chenal léger et fut laissé au choix de la noblesse de seruir en personne ou en donner autant : au moyen de quoy furent faictes neuf compagnies de caualerie autant bonnes qu'il y en eut aux armées estrangeres.

Le sieur d'Andelot Cheuigney, gouuerneur du regiment d'Amont, estant accouru à Vesoul par ordre des gouuerneurs, trouua que les Allemans couroient iusques aux portes de la ville : le marquis de Conflans y arriua aussitost auec cinquante ou soixante cheuaux et trouua le sieur de Voisey qui en auoit desià leué trente ou quarante pour commencement de la compagnie du sieur de Cleron son filz qui auoit ordre d'en leuer une : et auec ce peu de gens ayant esté battues quelques trouppes de Croates proche Vesoul, fut dez lors en ce lieu la limitte de leur courses, car ils perdirent esperance de passer outre et apprehenderent la presence du maistre de camp general.

Le marquis fit rompre tous les guays et garda les passages de la riuiere de Saone, pour les empescher de courir le quartier d'outre Saone deuers nous ; que fut un très-grand aduantage et à quoy les gouuerneurs auoient ià commencé de pouruoir par ordres sur ce donnez aux barons de Scey et de Wiltz qui ont leurs maisons de Scey et Chemilly sur la Saone ; et quand nostre infanterie et caualerie furent en pied les desordres cesserent, mais non par l'apprehension des armées de France. Si son altesse de Lorraine eut perdu une bataille dans ce pays, les gouuerneurs auoient très-sagement resolu pour ne se point mesler aux guerres estrangeres et se precautionner à tous euènemens, que le marquis de Conflans se camperoit à Vesoul, sans plus passer outre ny entreprendre aucune chose : son altesse de Lorraine l'inuita de camper à dos du mareschal de la Force, tandis que luy estoit en front, mais il luy fit trouuer bon le commandement des gouuerneurs et l'aduantage que son altesse mesme receueroit des trouppes campées à Vesoul; et ayant esté tenu conseil de guerre, le baron de Scey porta la resolution aux gouuerneurs, que fut que dans l'estat lors present des affaires, il falloit necessairement que l'armée de Bourgougne composée de quatre à cinq mille hommes fut en estat de pouuoir soustenir le mareschal de la Force, s'il venoit à elle, et que pour ce il falloit des retrenchements, du canon et des munitions : le territoire de Vesoul est fertile, et au milieu d'iceluy est une motte au haut de laquelle sont les masures d'un chasteau qui voit et commande par tout, et au pied d'icelle est la ville, de tous costéz sont grands villages et maisons fortes en chacune aduenue. Là estoit postée et repartie l'armée et corps de garde pozez nuict et iour au haut de la motte, on retrencha deuant la ville l'aduenue du costé des capucins qui estoit celle par laquelle l'ennemy pouuoit approcher : et furent faicts les retrenchemens d'estendue conuenable, proportionnée au secours que nous pourrions auoir, si l'armée ennemye marchoit à nous. A quoy furent employez des mineurs venus du chasteau Lambert, qui depuis furent bien utiles au siege de Dole.

La ville qui est petite et serrée demeura libre pour la bourgeoisie et pour la garde des munitions, et si l'ennemy eut approché on eut fait teste premierement aux dehors qu'estoient les dittes maisons fortes assises sur les aduenues que pour ce ou auoit munitionné et estoient en chacunes gens en nombre suffisant pour les empescher de surprise.

Dieu permit que le mareschal de la Force craignant luy-mesme le doubteux euenement des batailles, se tint tousiours renfermé dans son camp iusques à ce que son altesse de Lorraine, desesperant de l'en faire sortir, se presenta deuant luy en bataille rangée, et ne l'ayant peu attirer au combat se retira enfin en Alsace et de là repassa le Rhein. 24 Mai 1635.

13. Le mareschal de la Force demeuré libre en ce pays n'auoit aucun pretexte de rupture auec nous, mais il en cherchoit apparemment, car il fit prisonnier le sieur de Grandmont, baron de Mélisey, et refusa de le rendre sur lettres reïterées des gouuerneurs et sur le mescontentement que les suiets auoient des hostilités et iniures receües des impériaux et apprehension que causoit la retraicte de son altesse de Lorraine. Le dit mareschal tascha de faire son ieu en Bourgougne par petites apparences de douceurs et bons traitemens aux lieux où il passoit et mespris du duc de Lorraine qui sembloit auoir torné le dos. Il demanda aux gouuerneurs les villes de Baume, Clerual, Granges, Faucougney et Luxeul pour mettre au large son armée, comme villes qui estoient laissées à sa mercy, puisque nous estions campez plus en arriere au dedans du pays ; et sans attendre la response enuoya ses fourriers à Luxeul pour y marquer les logis ; et en mesme temps acheta des officiers du comte de Montbeliard qui est seigneur de Granges le bled qui estoit

en très-grande quantité au chasteau du dit Granges. C'estoit pour tenir le passage dez le Bassigny et Barrois iusques en Allemagne et la riuiere du Doubs qui ferme noz montagnes et tout ensemble les aduenues de Besançon.

Le duc de Lorraine auoit laissé à Luxeul partie de ses munitions de guerre que le mareschal de la Force tenoit desià siennes et disposoit de toute nostre frontiere de Baume iusques à Luxeul, qui est composée de montagnes et vallées, bois et riuieres, entre Allemagne, Lorraine et France. Le marquis de Conflans s'enquit curieusement de l'âge du dit mareschal, inclination, interest, discours et mouuemens et des couriers par luy enuoyez en France, et trouua qu'il estoit caluiniste, vieillard, deffiant et rusé, qui croyait qu'en la retraicte soudaine de son altesse y auoit de la ruse et qu'il laissoit la Bourgogne à la mercy de l'armée françoise, afin de l'inuiter à entreprendre par armes sur icelle; que les Bourguignons en mesme temps s'estoient retranchez à Vesoul ou estoit quantité de noblesse, et auoient estendu leurs retrenchemens pour y loger neuf à dix mille hommes, afin de soustenir et arrester l'armée françoise auec les forces de Bourgougne qui se rendroient aussitost dedans les dits retranchemens, et que le duc de Lorraine qui publioit hautement qu'il vouloit passer de là le Rhein torneroient visage aussitost et prendroit l'armée françoise par les espaules lors qu'elle auroit les Bourguignons en front; que le duc de Lorraine auoit inuité le marquis de ioindre ses forces aux siennes et le marquis luy auoit suggeré cette ruse.

Le marquis auoit un de ses capitaines aupres du dit mareschal nommé Lambelin, lequel ayant fait auparauant profession des lettres et ayant la mine d'homme de lettres et de plus estant très-bon secretaire, il le luy auoit enuoyé soub le titre de son secretaire pour répéter le baron de Mélisey et luy deliurer nouuelles lettres des gouuerneurs sur ce suiet : mais ses instructions secrettes estoient de remarquer l'estat du camp françois et prendre garde aux paroles et actions du mareschal et de ses domestiques. Le mareschal l'auoit retenu aupres de soy pour au contraire tirer de sa bouche les desseings et pensées de son maistre et l'auoit gardé plusieurs iours, mesme estoit-il aupres du dit mareschal au iour que le duc presenta bataille aux François et fut Lambelin rangé comme François au front de l'armée Françoise.

Le marquis, apres auoir recogneu l'esprit et les soubçons du mareschal, me dit que nous pouuions esteindre une grosse guerre en un coup par une action hardie et de peu de hazard, si nous faisions choses d'où le mareschal se put confirmer en ses soubçons, car à ce moyen assurément il n'auanceroit pas contre nous et n'entreprendroit rien dans la Bourgougne, mais il falloit bien iouer le ieu et le tenir secret.

Ie trouuay bonne cette pensée, et apres auoir esté le tout bien pesé et pouriecté en conseil restrainct, le marquis fit partir le mesme iour un lieutenant de caualerie, nommé Dard, bien adroict, auec cent cheuaux et deux cens hommes de pied, qui portoient ordres au bailly de Luxeul de faire charger la nuict sur chariots qu'il prendroit dans la ville, toutes les munitions laissées en icelle par le duc et les feroit partir le lendemain deuant iour; l'affaire fut bien executée, mais les chariots estans chargés une heure apres minuit, les fourriers du mareschal qui estoient ia dans la ville s'en prirent garde et firent moyen de les retarder quelque temps par tierce main soub pretexte de choses que quelques hostes des caualiers disoient leur auoir esté desrobées, tandis que ces fourriers donnoient aduis de l'affaire au mareschal.

Les chariots partirent une heure en iour, enuiron les quatre heures du matin, escortez de caualerie et infanterie, et estoient arriuez près du bois de Chaudiron, qui est entre Luxeul et Vesoul, quand les plus habiles de la caualerie françoise parurent; le lieutenant qui commandoit nostre partie marcha à eux, au petit pas, faisant grand front, et eux s'arresterent pour se ranger en escadron, enuoyans quelques gens pour recognoistre les nostres : cependant les chariots gagnerent le bois où l'infanterie se rangea à l'orée, pour soustenir nostre caualerie contre la françoise. Nostre caualerie, apres auoir fait front, se vint retirant à son infanterie, que les François n'oserent assaillir, pour n'en pouuoir recognoistre le nombre, et en cette sorte nous furent amenées à Vesoul les munitions de guerre du duc de Lorraine laissées à Luxeul, que depuis nous luy auons rendu.

Le lendemain le marquis despescha le baron de Boutauans auec six vingt bons cheuaux et trois cens hommes de pied, pour aller prendre à Granges le bled que le mareschal auoit achepté des officiers du comte de Montbeliard, et escriuit au capitaine du chasteau, nommé Chappuis, qui luy en auoit donné aduis : il estoit affidé Bourguignon, bien qu'il fut institué par les dits officiers de Montbeliard. Quand Boutauans, frere du cheualier de Montaigu susdit, fut arriué à Granges, il ioua très-bien son ieu et assembla en demy iour cent chariots dans la terre de Granges, qui estoit riche et peuplée, chargea le bled et marcha en bon ordre pour nous l'amener.

La chose estoit trop visible pour ne pas estre descouuerte; mais le mareschal en estoit assez loin, il estoit encor dans la pensée de l'affaire de Luxeul; il enuoya neantmoins bonne caualerie pour coupper nostre conuoy; mais elle vint trop tard et ne fit que paroistre de loin sortant d'un bois; noz gens estoient ià fort aduancez et entrerent en chemins couuerts : Boutauans ne laissa pas de torner front contre les François et se faire veoir; mais il n'y eut aucun combat et Boutauans nous amena les cens chariots de bled sans rien perdre.

Auec le mareschal estoit le cardinal de la Valette, qui le iour apres enuoya deux gentilhommes des siens, auec charrettes et lettres douces du mareschal aux bourgeois de Vesoul, les priant de permettre aux gentilhommes d'achepter en la ditte ville quelques prouisions de gueule pour leur maistre, et auec eux estoit le sieur de la Cour d'Argy, l'un des plus rusés capitaines du dit mareschal, qui venoit pour asseurer les dits bourgeois de ses bonnes volontez enuers eux, sans aucunes lettres pour le marquis, et estoit escorté de trois cens cuirasses. Le marquis fit arrester la caualerie françoise à mille pas de ses tranchées, et fit entrer la Cour d'Argy et les deux gentilhommes, auxquels ayant parlé et veu les lettres escrittes aux bourgeois de Vesoul, il fit amasser ce qu'on put de vollailles et gibier pour charger les charrettes du cardinal, qu'il luy enuoya de present, fit aussi bonne chere à la Cour d'Argy et aux deux gentilhommes, et fit porter à manger à l'escorte qui les attendoit.

La Cour d'Argy apres disné, voulut finement recognoistre les pensées du marquis, luy contant la retraicte du duc auec moquerie, comme honteuse et faite de peur et bassesse de cœur, et ne le nommoit pas duc de Lorraine, mais simplement duc Charles, pour le raualer à son possible; le marquis l'escoutoit soubriant sans mot dire, un conseiller du duc de Lorraine, qui estoit present, s'offensa et releua les paroles dittes contre son maistre, la Cour d'Argy baffoüa le conseiller et se licentia plus auant à parler de l'empereur; ie pry sur ce occasion, suiuant la resolution prise entre le marquis et moy, et dy au marquis que ie ne pouuois tolerer un insolent contre l'honneur des princes et le priois d'aggreer que i'enuoyasse ce personnage à Dole, auec verbal des mauuaises paroles par luy tenues, afin de luy estre fait son procès, ou autrement ordonné par le parlement. L'affaire fut bien menée, le marquis excusoit la Cour d'Argy et intercedoit pour luy, ie persistay à ma demande et me retiray enfin comme mal content du refus que faisoit le marquis de m'accorder ma demande : la Cour d'Argy me voulut satisfaire : ie dy que ie n'estois pas offensé, mais le roy; on le laissa aux mains du baron de Scey et du sieur de Mandre, qui luy faisoient entendre combien nous estions religieux à l'honneur des princes : on alloit et venoit pour nous accorder. Le marquis cependant de commun aduis, despescha un archer au mareschal de la Force, par lequel il luy manda les mauuais discours tenuz par son capitaine en presence d'un conseiller du parlement de Dole, qui luy auoit demandé gens pour le mener au parlement, mais qu'il feroit son possible pour rompre ce coup qui luy seroit fascheux. L'archer arriué au camp françois deliura ses lettres : le mareschal en colère appella le pretendu secretaire du marquis, qu'il retenoit encor et le baron de Mélisey, et leur forma en colère grand nombre d'interrogats sur la naissance, aage, emplois et naturel du marquis, et apres auoir longtemps rauassé, leur dit que la Cour d'Argy estoit perdu, qu'il auoit dez le commencement preueu la forbe, car le marquis (dit-il), m'a agacé à Luxeul et à Granges et fait à present affront à la Cour d'Argy, pour me tirer aux champs et me faire engager au cœur de la Bourgougne, où le duc Charles (qui fait mine de vouloir passer le Rhein) me viendra prendre à dos auec les forces de l'empire et de la ligue. Une heure apres que l'archer fut party, le marquis lascha le prisonnier, et outre l'escorte françoise fit escorter les charrettes par ses archers. La Cour d'Argy à son arriuée fit des plainctes non pareilles, et dit au mareschal que nous estions trop resolus et ne le serions pas tant, si nous ne nous fions au duc Charles : et sur son rapport (conforme à l'arraisonnement du mareschal) le mareschal resolut de nous laisser dans noz tranchées et de marcher contre l'Allemagne. (Peu de chose souuent en guerre fait grands effects.)

Il renuoya auant que de partir le baron de Mélisey et le pretendu secretaire auec lettres au marquis assez courtoyses, et ayant fait place d'armes marcha contre l'Allemagne. Le duc de Weymar estoit foible en Allemagne dez la bataille de Nordlingen, et la Force marchoit pour se ioindre à luy; le duc et Galas s'estoient aduancez pour l'empescher d'entrer en Allemagne, et d'autant que leur armée estant fort grande les viures leur auoient manqué, ils s'estoient retirez pour la mettre au large seulement et estoient postez au-deçà du Rhein.

Nous apprehendasmes que le mareschal alla entrer dans noz montagnes, car il en alloit le chemin, et pour ce sortismes de Vesoul auec la pluspart de nostre caualerie et partie de nostre infanterie, et marchasmes par le haut des montagnes du Lomont, les passages duquel nous faisions garder soigneusement par les montagnards auec petits fortins dressez aux endroicts qui n'estoient pas assez forts d'eux-mesmes.

Le mareschal, apres la retraicte inopinée du duc de Lorraine, en auoit donné aduis au cardinal de Richelieu, et selon ses premiers ordres eut occuppé (partie par douceur, partie par force) noz principales places du bailliage d'Amont, si le marquis n'eut usé contre luy du stratagème sus dit : car le mareschal auoit une bonne armée portant douze mille hommes bien effectifs, et s'il fut entré lors à main armée, il eut fait bien tost de grands progrès, car il n'eut rencontré aucune place de deffense.

Nous auions demandé peu auparauant à noz montagnards une leuée de deux mille hommes de pied, pour estre employée à leur propre deffense, laquelle ils nous auoient accordée; et lorsque nous marchasmes le long des montagnes du Lomont, elle estoit ià quasi toute armée de mousquets et bien munitionnée.

Le mareschal de la Force n'entreprit rien dans noz montagnes, seulement rencontra-t-il le chasteau de Montioye, qui depend de l'empire et est assis sur un roc au milieu d'une très-profonde vallée au ioignant de nostre franche montagne.

Le duc de Lorraine n'auoit pas passé le Rhein, mais auoit my ses trouppes particulieres au large dans les terres de l'euesché de Basle; le sieur de Sainct Belmont, lorrain, s'estoit logé au dit Montioye, et le sieur de la Verne auec tout son regiment à Porentruy; noz montagnards armez s'estoient aduancez à la franche montagne et gardoient leurs passages iusques au fond de la vallée de Montioye, où la riuiere du Doubs fait limite entre la Bourgougne et l'empire : le mareschal de la Force estoit campé en la riue opposite et fit rompre le pont de son costé, voyant que noz montagnards ne le rompoient pas du leur, car il iugea de là qu'ils le gardoient pour entreprendre sur son camp.

Le chasteau de Montioye n'auoit autre force que son assiette et estoit commandé d'un tertre opposite et voisin sur lequel le mareschal logea son canon auec assez de peine, car il n'y auoit qu'un chemin pour y arriuer, dans lequel le chasteau de Montioye commandoit, et Sainct Belmont tuoit à coups de mousquets dez iceluy les bœufs et cheuaux qui tiroient le canon du mareschal, si que tant qu'il eut munitions de guerre il fut impossible au mareschal de monter son canon, et venant les munitions à manquer, Sainct Belmont pour autant ne rendit pas le chasteau iusques apres auoir enduré plusieurs volées de canon, qui firent une bresche fort apparente, et venoit d'estre rendu le chasteau lorsque nous arriuasmes à Mesche et vismes les barraques de l'armée françoise [22 Mars 1634.] entières auec partie du bagage laissé, d'où nous recogneusmes que le mareschal auoit precipité sa marche.

Il alla contre Porentruy, ville foible où la Verne se defendit plusieurs iours iusques à ce que la bresche estant raisonnable et n'y ayant apparence de secours, il la rendit à composition honneste; son regiment [20 Mars 1634.] nous vint ioindre commandé par le sieur de Cleron, cheualier de Malte, son sergent maior, car luy tira droit à Besançon.

14. En ce mesme temps auoient esté faictes quelques leuées en la duché de Bourgougne, qui marchecient contre nostre frontiere commandées par le sieur de Bellefond. Les gouuerneurs eurent aduis d'entreprise sur Besançon où nous marchasmes par leur ordre, et estans près de Besançon eusmes aduis qu'il y auoit à craindre pour Gray, et par effect le sieur de Gasté, duquel nous n'auions encor aucun soubçon, y auoit du desseing; car dedans estoit la baronne de Rey et le ieune comte de Champlitte, qu'on pretendoit de marier ensemble, estans tous deux fort riches et de mesme aage; si Gasté pretendoit pour son filz la comté de Champlitte et la baronne de Rey, et s'il eut surpry Gray eut esté maistre de tous deux : la surprise estoit aisée, car il estoit bien venu à Gray et auoit charge des fortifications de la ville, et de plus estoit l'un de noz bons personnages, c'est-à-dire conseiller d'estat assistant les gouuerneurs.

Nous passasmes à Gray auec infanterie et caualerie, et de là à Rey, à une lieue duquel estoit Bellefond auec ses trouppes; nostre caualerie s'aduança iusques tout près de luy sans luy mot dire, et luy nous voyant en estat de le combattre, n'entreprit rien sur Rey non plus que sur Gray. Le cheualier de Trilly, qui estoit de la faction de Gasté, vint visiter à Rey le marquis, et à sa mine triste et son discours entrecouppé nous cogneusmes assez qu'il s'estoit ietté au party françois.

L'esté se passa en cette sorte et furent tost apres les trouppes de milice et de montagne licenciées, le regiment de la Verne my en garnison, et de la caualerie ne resterent en pied que la compagnie du marquis, celle du sieur de Mandre, commissaire de la caualerie, et celle de Brachy, leuée par le duc de Lorraine : Brachy fut tué peu apres à Ionuelle et sa compagnie donnée à Bresson, son beau-pere : les trois compagnies furent entretenues à Iussey et Ionuelle, et le sieur de Mandre eut ordre de demeurer à Iussey pour prendre garde aux mouuemens des voisins.

15. En mesme temps fut empoisonné le comte de Champlitte du poison lent duquel il mourut, au temps qu'on se disposoit à celebrer son mariage auec la baronne de Rey; son gouuerneur, François de nation, fut soubçonné de cet horrible crime, auec très-violens indices, et fut fait prisonnier aux prisons de Dole, d'où il eschappa depuis et se sauua en France.

LIURE QUATRIÉME.

1. Praticques de Richelieu. 2. Préparatifs des gouuerneurs. 3. Mort des vieux Seigneurs auant les guerres. 4. Appresls contre la Bourgougne. 5. De Gasté desbauché. 6. Marquis de Varambon et baron de Scey principaux Seigneurs. 7. Ordres donnez et appresls pour la defense de la Bourgougne. 8. Dole sommé par le prince de Condé. 9. Description de la ville de Dole. 10. Proposition d'accord. 11. Dole inuesty et sorties sur les François.

Iusques à present le cardinal de Richelieu auoit tenu couuertes ses entreprises et sembloit que la seule Allemagne estoit la lice en laquelle il vouloit faire courir son roy, mais il rompit en ce temps auec le roy d'Espagne sur le pretexte de l'arrest de l'electeur de Treues, que l'empereur auoit fait faire par le comte d'Embdem, prince d'empire son vassal lors gouuerneur de Luxembourg. Cette rupture ne nous estonnoit pas, pour ce que nous estimions à l'abry de l'orage soub le couuert du traicté de neutralité entre les deux Bourgougnes, qui auoit encore de durée peu moins de trois ans. L'Alsace et la Ferrette et le Montbeliard et la Lorraine occupez par les François, et l'alliance du duc de Sauoye auec la France, ne nous mettoit pas non plus en peine pour ce que les Suisses estoient garents de nostre neutralité, et la foy de deux roys estant deposée en leurs mains estoit la pièce sur laquelle nous nous fondions uniquement, pour ce que le pays est l'entredeux de la France et de la Suisse et l'une des trois portes (mais la principale) par laquelle l'estat des Suisses peut estre enuahy : et à ce moyen leur propre interest les obligeoit à maintenir la neutralité entre les deux Bourgougnes, qu'ils auoient dez longtemps procuré, ioint que c'est une nation constante et fidelle en ses promesses.

I'ay dy cy-deuant, que le cardinal de Richelieu auoit l'œil sur nous et desseing arresté d'occuper ce pays, mais c'estoit par negociations et ruses, non par la force qu'il auoit desseigné de nous acquerir à la France : car il ne vouloit pas rompre auec les Suisses trop necessaires à ses desseings, et personne en France n'auoit esté d'aduis qu'il rompit (comme fit) auec l'Espagne sans necessité ny cause legitime.

Le comte duc, apres la rupture des François, preuit que Richelieu nous agaceroit pour nous faire eschapper à quelques actions sur les-

19 Mai 1635.

quelles il put pretexter une infraction de nostre part et nous fit tenir deux lettres de sa maiesté, nous recommandant toutes deux une estroite obseruance de la iustice, c'estoit-à-dire de ne rien faire contre les dits traictez de neutralité, ny contre la iustice que nous deuons à noz voisins : à quoy nous nous conformasmes auec une patience et une circonspection non pareille.

Nous ne sçauions pas, ny le comte duc non plus, ce que Richelieu auoit traicté auec les Suisses protestans, car le traicté estoit secret, et seulement nous regardions les choses d'un œil commun, sans rien mouuoir ny preparer, pour ne donner aucun ombrage ny pretexte à Richelieu, mais neantmoins l'archeuesque et le parlement ne pouuoient se fier à celuy qui auoit trompé noz voisins et nous auoit par plusieurs fois et en plusieurs façons tasté le poux.

1. Quand Dieu veut perdre les estats il y enuoyt deux aduantcouriers, l'aueuglement et la diuision : les doctes en la science des tenebres, comme estoit Richelieu, font de mesme ; Richelieu pour nous aueugler en dicta les moyens au prince de Condé, gouuerneur de la duché de Bourgougne, et pour nous diuiser creut auoir beau ieu, puisque la noblesse et la bourgeoisie sont les deux pieces de nostre estat, indépendantes l'une de l'autre comme i'ay dy cy-deuant et qui tousiours ont quelque chose à desmesler ensemble. Et lors la noblesse estoit en moindre authorité que du passé par la perte de ses principaux seigneurs, comme ie diray cy-apres; ioint que pour gouuerner, la Bourgougne auoit un seigneur d'église et le parlement : le parlement estoit sans cheualiers presens en iceluy et sans bons personnages : mais la noblesse estoit principalement foible, pour ce que dez longtemps ayant quitté les lettres, elle auoit laissé le gouuernement de la iustice et de partie de l'estat, aux bourgeois lettrez.

Partout aussi y auoit gens de lettres qui soustenoient les suiets contre leurs seigneurs et en tous les bons villages estoient gens de praticque que la noblesse appelloit, *coqs de paroisse*, qui auoient creance dans les communautez, et par adresse (naturelle à la nation) s'insinuoient aux bonnes graces des iuges de leurs ressorts et d'aucuns mesme du parlement.

Or enfin la ieune noblesse qui du passé faisoit ses exercices dans les terces du roy et dans les terces espagnols où elle aprenoit la patience et le trauail, (loix fondamentales du bien estre de la noblesse) auoit commencé d'aller aux academies de Paris, où la bien seance et les points d'honneur s'enseignoient delicatement et soub ces belles apparences se glissoient les vices de France aux esprits prompts de nostre ieune noblesse, si que les Espagnols ià dez plusieurs années ne nous receuoient plus en leurs terces, par crainte d'infection, et nous de nostre costé estions contraints de tenir la bride plus courte que du passé aux esprits mouuans et delicats.

Richelieu donc pour ietter la diuision en ce pays s'addressa à la noblesse de laquelle le plus grand nombre est de tout temps au bailliage d'Amont, et ceux qui ont leurs maisons sur la Saone auoient leur hantise ordinaire auec la noblesse du Bassigny, que Richelieu et le prince de Condé embouchoient par discours et moyens imperceptibles, pour faire esleuer une faction de noblesse contre les gouuerneurs de la prouince et les bourgeois.

2. Le parlement pria l'archeuesque de passer à Dole et le marquis pareillement où ils demeurerent tous deux assez longtemps, consultans et aduisans aux moyens de destorner les desseings du cardinal et se preparer à le soustenir, au cas ou il nous assailliroit. Monseigneur l'archeuesque estoit lors aagé de quatre vingt ans, mais auec l'esprit et la memoire entiere et les forces du corps bonnes. La longue experience qu'il auoit des choses du monde luy faisoit toucher au doigt les menées et desseings des François. Le marquis suadoit que de bonne heure on se prepara aux armes, disoit que le pays estant riche, peuplé et armé uniuersellement, ses forces estoient plus grandes qu'on ne pensoit : aucuns disoient que le marquis vouloit la guerre pour se donner authorité, le parlement choisit cinq de son corps pour traicter les affaires auec eux deux, et la plus part de l'hyuer passa à recognoistre par toutes voyes dedans et dehors du pays les praticques du cardinal. *Mai 1636.*

On trauailla premierement à leuer tout suiet de mescontentement aux voisins et tous pretextes de rupture deffendant les courses et achapts de butins à peine de la vie et praticquant les édits auec toute rigueur, principalement ceux qui defendent les leuées de soldats et port d'armes pour princes estrangers. Plusieurs seigneurs et gentilhommes passerent à Dole et y demeurerent partie de l'hyuer à couleur de procès, pour veoir à quoy se porteroient les esprits des gouuerneurs : le comte de Salenoue cousin germain du sieur de Gasté, en fut l'un qui voyant les choses de plus pres croyoit qu'il y auroit changement en l'estat. Le Seigneur de Cressia y vint aussy et y amena le marquis de Coligny son filz unique qui retornoit des guerres de Piemont où il auoit seruy le *Edit du 24 Mars 1634.*

roy de France, selon ses obligations, car il estoit né en France et le pere y possedoit de grands biens. Le pere estoit né en Bourgougne et dans les mouuemens qu'il cognoissoit approcher pretendoit de se tenir neutre, tantost à Cressia, qui est de Bourgougne, et tantost à Verion, qui est de France. Et sont les deux maisons voisines sur les limites des deux souverainetez; et comme il s'estoit acquy grand pouuoir de longue main dans le ressort d'Orgelet, il estoit dans une estroite amitié auec le baron de Thianges gouuerneur de Bresse. Il esperoit de tenir son voisinage à couuert de l'orage qui s'alloit esleuer, il vint à Dole où il n'auoit esté dez vingt cinq ans auparauant et prit pretexte d'un procés qu'il auoit contre la dame marquise de Listenois, pour ses interests d'un mariage rompu entre le marquis son filz et la damoiselle de Bauffremont fille du premier lit du marquis de Listenois, mais pour donner encor plus de pretexte à son seiour à Dole qui dura iusques à la veille du siege, il fit rechercher par son filz mademoiselle de Rey, qui estoit aussi lors à Dole auec madame de Wiltz sœur de sa mere, la baronne de Rey mere de la damoiselle estant dez longtemps entrée en religion et le baron de Wiltz estoit à Dole pareillement pour veoir quel vent courroit, c'est-à-dire à quoy se resoudroient les affaires.

Le seigneur de Cressia estoit mal auec le marquis de Conflans, dez que son frere auoit fait une course dans la Bourgougne auec autres gentilhommes françois en pleine paix, sur commission des Hollandois et auoit surpry et pilla Chasteauuillain seiour ordinaire du dit marquis de Conflans; le sieur de Cressia desiroit passionément de se reconcilier auec le dit marquis, esperant moyennant ce d'acquerir pouuoir sur son esprit et me pria très-instamment de procurer cette reconciliation, à laquelle ie m'emploiay : il y entremit aussi le comte de Salenoue qui estoit amy du marquis : le marquis nous respondit qu'en l'occasion presente cette reconciliation seroit suspecte, mais qu'il ne la refuseroit pas si le serinissime Infant, gouuerneur des Pays-Bas et de Bourgougne luy en enuoyoit l'aggreation, ce que le seigneur de Cressia pourroit procurer.

3. Nous auions perdu les années precedentes, quasi tous les autres vieux seigneurs de Bourgougne, que la longue experience auoit formé dans les armes et dans le gouuernement des affaires. Le comte de Champlitte Cleriadus de Vergy, precedent gouuerneur, estoit mort y auoit peu d'années sans laisser enfans, et sa maison qui estoit l'une des quatre principales de l'ancienne Bourgougne, remarquable par son ancienne prouesse et fidelité, estoit esteinte auec luy. La maison de Cusance en

laquelle il auoit voulu hanter la maison de Vergy et qui estoit peu auparauant riche de trois braues freres (le baron de Bauuoix colonel d'un regiment Bourguignon au Pays-Bas, le baron de Sainct-Julien et l'abbé de Belleuaux) n'auoit que bien peu suruescu à la maison de Vergy, car le filz unique du baron de Bauuoir qui ia portoit le titre de comte de Champlitte estoit mort y auoit peu de mois. Les autres freres n'auoient point laissé d'enfans. Le marquis de Varambon, Christophe de Rye, estoit mort tout fraischement, seigneur qui auoit meury dans les armes au Pays-Bas et auoit appry les bonnes leçons du comte de Varax, son pere, general de l'artillerie en Flandre et de ses oncles, le viel marquis de Varambon, gouuerneur d'Artois et du marquis de Treffort, gouuerneur de Sauoye. L'archeuesque estoit le quatriéme frere, oncle du dit marquis, et le nepueu aagé de soixante ans quand il mourut ne cedoit rien en valeur, experience et fidelité à ses oncles et à son pere. Il auoit laissé un filz unique ieune seigneur plein de courage qu'il auoit marié à une fille de la maison d'Ostfrise, laquelle venoit de mourir apres luy auoir donné trois filz.

Le marquis d'Ogliani, de la mesme maison de Rye, seigneur consommé dans les affaires au conseil d'estat du roy à Milan, estoit aussi decedé, ayant laissé un filz peu capable de charges, qui depuis est decedé sans enfans.

La maison de Vienne n'auoit plus personne en Bourgougne que le ieune baron de Russey qui estoit un petit enfant et le comte de Chateauuieux qui estoit habitué en France. Le marquis de Listenois, de la maison de Bauffremont, qui portoit le nom et les armes de Vienne, auoit esté bailly d'Aual et bon personnage, et venoit de mourir ayant laissé trois petits seigneurs.

La maison de Rey estoit esteinte par la mort du baron de Rey qui n'auoit laissé qu'une seule fille, de laquelle nous auons parlé cy-deuant.

L'aisné de la maison de la Baume, comte de Montreuel, s'estoit habitué en France, où il auoit de grands biens de sa femme : son frere, marquis de Sainct-Martin qui auoit espousé une fille de Ligne, estoit decedé, et le plus ieune qui depuis a esté gouuerneur de Bourgougne estoit lors employé aux guerres d'Allemagne.

Le marquis de Marnay, qui auoit appry la cour et l'estat en la maison des archiducs Albert et Isabelle et auoit tesmoigné sa valeur en la bataille de Nieuport, estoit naguere decedé ayant laissé trois petits seigneurs soub la conduite d'une vertueuse mere.

Le comte de Cantecroix, de la maison d'Oyselay, qui s'estoit aussi formé en la cour des archiducs et estoit gentilhomme de la chambre, estoit mort aussi tout fraischement, ayant laissé un filz unique que la marquise d'Austriche sa vefue (tres-sage dame) nourrissoit soigneusement. Le baron d'Oyselay, chef de leur maison, cheualier au parlement, auoit perdu trois braues filz desquels l'aisné s'estoit signalé en la bataille de Nordlingen, le second estoit mort combattant et le troisiéme en Espagne : luy de haut aage et ennuyé de tant de morts s'estoit retiré en sa maison d'Oyselay.

Le baron de Montfort, premier cheualier du parlement, vieillard consommé dans les affaires de Bourgougne et qui estoit de prudence incomparable, estoit mort sans laisser enfans.

Le seigneur d'Achey, gouuerneur de Dole, estoit aussi decedé et pareillement les seigneurs de Chastillon Guiotte et de Fallon, seigneurs vaillans et sages ; il sembloit que les François eussent traicté auec la mort pour faire cette si estrange abattue de noblesse.

Le plus aagé seigneur qui nous restoit estoit le baron de Scey, chef du nom et des armes de la maison de Bauffremont, qui estoit lors aagé de trente six ans, et auoit esté aux guerres d'Allemagne et de Flandre.

Le baron Poictiers, de l'ancienne maison des comtes de Valentinois, estoit second cheualier au parlement et auoit deux filz, desquels l'aisné comte de Sainct-Vualier estoit aux Pays-Bas, et l'austre aux escoles.

Le seigneur de Toraise, de la maison d'Achey, estoit aagé de trente ans ou enuiron, qui auoit aussi porté les armes.

Le seigneur de Montot, de la maison de Beauieu, estoit de bon aage et fort sage, ayant esté page de l'archiduc et commandé en guerre, et le sieur de Fertans, ancien gentilhomme, estoit encor vert et informé des affaires du pays.

Le baron de Soye, sage et vaillant, estoit dans le seruice de l'empereur, le baron de Dramelay estoit en Flandre. Nous auions le baron de l'Aubespin, son frère ; j'obmettois le sieur de Voisey et le baron de Cleron son filz, et le cheualier de Cleron sergent maieur du regiment du sieur de la Verne : le sieur Iousseau estoit lieutenant au gouuernement de Dole : le baron de Sauoyeux braue et vaillant capitaine seruoit l'empereur en Allemagne ; tel estoit lors l'estat de nostre noblesse, dans les reliques de laquelle l'archeuesque alloit choisissant et tenant note de ceux desquels on pouuoit esperer du seruice.

Le parlement estoit sans president, car le president de Mercey estoit decedé aagé de quatre vingts ans, grand personnage, gentilhomme de naissance et du conseil d'estat de sa maiesté. Le cheualier de Montfort estoit mort comme i'ay dy et les comtes de Cantecroix et marquis de Marnay auoient esté cheualiers de la cour et tous de deux la toison d'or.

Le plus ancien de la cour gouuernoit comme vice president, c'estoit un homme doux : le conseiller Boyuin estoit le plus ancien apres luy, qui estoit homme docte et eloquent, sçauant aux mathematiques et qui auoit dez un an auparauant trauaillé soigneusement à faire mettre en estat, les remparts, fossés et contrescarpes de la ville de Dole et dressé deux demy lunes aux deux portes, qui furent peu apres bien necessaires.

Le conseiller Goulut estoit le troisiéme, prompt et bien disant et zelé au bien publicque. Le conseiller de Champuans estoit le quart, homme d'esprit martial, entendu aux intrigues et affaires du monde : de ceux cy estoit composé le conseil qui traictoit auec l'archeuesque et auec eux estoit le procureur general, ieune homme, filz du fut conseiller Brun, qui auoit esté grand personnage en son temps et le filz auoit la promptitude et eloquence de son pere et des pensées à une haute fortune, car peu d'années auparauant voyageant en France, il y auoit esté compté entre les beaux esprits et auoit esté fauory du prince de Condé : le surplus du parlement estoient gens de iustice, aucuns fort doctes et la pluspart gens d'honneste condition : i'estois donné pour ayde au marquis de Conflans dez le commencement de noz troubles et auois l'honneur d'estre employé aux affaires quand i'estois à Dole, comme lors i'y estois.

L'archeuesque disoit qu'il falloit s'armer de bonne heure et choisir pour place d'armes la vallée d'Ornans entre Besançon, Salins et Pontarlier, couuerte de forteresses, assortie de pasturages, bois et riuieres, secourüe par toutes les montagnes et voisine des Suisses. Et qu'il auoit appry des anciens que c'estoit le lieu le plus fort de Bourgougne, où pour ce il auoit pry son seiour ordinaire et auoit fortiffié sa maison de Chasteauuielle et de faict auant que les François puissent approcher de la ditte vallée d'Ornans leur conuient passer les riuieres de Saone, Oignon, Doubs et Loühe.

Le marquis de Conflans disoit que Gray ou Dole seroient assiegez et qu'il falloit de bonne heure faire leuée de gens et appreter des canons et munitions de guerre et de gueule, afin d'auoir un corps d'armée considerable qui feroit penser aux François auant que de rien entreprendre, et quelque part qu'ils s'addressassent l'armée les pourroit incommoder se postant en lieux forts qui partout se rencontrent formez de riuieres, bois et montagnes.

Le parlement, comme si Dieu l'eut inspiré auoit ses principales pensées à Dole, enuoya neantmoins de bonne heure à Gray le conseiller de Champuans et l'ingenieur Tissot auec luy pour trauailler aux remparts, fossez et contrescarpes de Gray. Les deux villes, nommement Dole, estoient munitionnées de guerre et de gueule et bien peuplées d'habitans et retrahans, gens de courage et naturellement soldats.

Tous ensemble, la cour, l'archeuesque et le marquis s'accordoient qu'il falloit de l'argent, le serenissime Infant aux Pays-Bas en auoit bien affaire : car les François d'un costé et les Hollandois de l'autre luy faisoient la guerre : l'archeuesque estoit d'aduis qu'on suiuit les anciennes formes, qu'est de hausser le prix du sel qui se deliure chacun mois de l'année aux communautez du pays, car c'estoit le moyen plus prompt et insensible et qui comme une source viue de deniers iroit continuant sans frais ny proces par tout le temps que la guerre dureroit ; c'estoit aussi la forme ordinaire et ancienne lorsque la prouince se trouue en necessité, et si iamais elle y auoit esté et en peril extreme c'estoit à cette heure ; qu'il falloit (disoit l'archeuesque), à cet effet assembler dans la grande chambre du parlement, le gouuerneur et les bons personnages pour deliberer et les neuf desputez à l'esgalement du don gratuit pour estre entenduz. Ces derniers furent appellez et alleguerent leurs raisons pour faire plustot repartement par leurs mains d'une somme de deniers sur le pays, contrariant le haussement du sel à pretexte de soustenir les libertez du pays et le priuilege de la noblesse qui ne paye aucun don gratuit et payeroit neantmoins le dit haussement ; si que plusieurs mois passerent dans ce conteste sans se resoudre à rien, iusques à ce qu'enfin bien auant dans l'année 1636, apres auoir appellé les maires de toutes les villes, fut choisie une troisieme voye qui sembla estre plus prompte (car lors le temps pressoit se voyans les apprests des François dans noz frontieres) : ce fut celle d'emprunt aux meilleures bourses, à laquelle le parlement acquiesça : plusieurs en iceluy ayans de grands deniers en bourses qu'ils furent bien aises de prester aux estats et villes du pays, mais ils se repentirent bientost apres de s'estre deffourny d'argent : l'archeuesque et le parlement auoient fait de pareils emprunts en leur priué nom les années precedentes desquels sa maiesté les auoit desdommagé.

<small>16 Juin 1635.</small>

4. Le cardinal de Richelieu auoit fait finement ses appresls et auoit commencé par les Suisses protestans noz voisins, qu'il auoit tiré à son party, non pour consentir à la conqueste de ce pays, car elle leur eut esté trop dommageable, mais à permettre un degast uniuersel qui nous rendit incapables d'entreprendre aucune chose en Suisse ny en France. Ainsy le cardinal de Richelieu endormoit les principaux protestans en Suisse et bien plus par les grands emplois et proffits qu'il leur promettoit et qu'il leur a donné effectiuement tant en pensions que leuées de gens de guerre : car ce pays là (qui est la plus part sterile) se conduit aisement par le proffit. Tous les caluinistes sont soubçonneux et les protestans Suisses auoient deffiance de nous tant pour ce que nous nous tesmoignions affectionnez aux Suisses catholiques, desquels ils se deffioient, que pincipalement pour ce que nous auions esté compris en un traicté fait par la duché de Milan auec les cantons catholiques, que fut un beau ieu au cardinal pour mettre tous les cantons protestans en deffiance de nous : leur religion desià les inuitant à la ligue uniuerselle contre la maison d'Austriche, à laquelle entroient tous ceux qui ne recognoissoient pas le sainct siege, le turc seul excepté.

Les François qui autreffois ne nous auoisinoient qu'en la duché de Bourgougne et pays de Bassigny auoient depuis acquy la Bresse par le traicté de Lyon, puis tout nouuellement conquy la Lorraine, comme i'ay dy; puis l'Alsace et la Ferrette, le Montbeliard et le Brisgau, le Vallangin et la Neuchatel estoient soub un prince François; si que nous estions comme une isle dans la France cernez et bouclez de tous costez. Car quant à la Sauoye nous ne la touchons quasi pas et le Rhosne estant entre deux nous n'y pouuons entrer que par le pont de Gresin, outre que le duc de Sauoye bien qu'il eut en horreur le cardinal de Richelieu, touteffois il estoit contraint de s'accommoder à ses volontez, à cause que la Sauoye est pays foible et ouuert, et ainsy l'auoit-il declaré peu auparauant au marquis de Conflans à son retour de son ambassade d'Allemagne.

Le cardinal trauailla à nous corrompre par toutes les voyes qui se peuuent praticquer, ie sçay homme de Bourgougne à qui lors furent offerts cent mille escus s'il faisoit tomber le Coigneux (qui estoit retiré à Besançon) entre les mains des François, et il se moqua de l'offre des François, voyant que ce n'estoit pas le Coigneux, mais la Bourgougne qu'on vouloit acheter; ils offrirent quarante mille escus au sieur de Iousseau lieutenant au gouuernement de Dole qui en aduertit l'archeuesque et le parlement et par leur ordre entendit les François et vit les lettres du cardinal et les desseings qu'il auoit.

C'estoit tout le long de la Saone, comme i'ay dy, que les François alloient le plus praticquant mais sourdement par allées et venües que faisait l'abbé de Coursans, il se seruoit entre autres choses de quelque mescontentement qu'auoient les gentilhommes Feodaux de ce costé là, auxquels on auoit alteré certains droits sur leurs suiets en matiere de rapporter de mesuz, de quoi se donna garde le parlement et les restablit en leurs possessions.

5. Le sieur de Gasté ne fut pas si fidele et constant que les autres, il auoit pry femme à la duché et y estoit resident, et apres la mort de sa femme s'estoit remarié à une simple damoiselle, et estant morte tenoit une concubine à Talemey. Son honneur estoit altier et presumant de soy beaucoup, le comte de Champlitte l'auoit aymé et esleué iusques à ce que son second mariage l'eut desgouté : son plus grand mal et plus sensible estoient les grandes debtes desquelles il estoit chargé et le despit de ce qu'il n'estoit pas employé selon qu'il esperoit : on luy auoit encor nagueres de refusé la leuée et commandement destaché qu'il demandoit de cinq cens cheuaux legers pour lesquels il auoit fait amener dans une sienne maison sur la Saone, cinq cens armures complettes. Le cardinal mania aisement cet esprit, non pour l'induire à rebellion, car le mot lui eut fait peur, mais en loüant le courage qu'il auoit de se porter chef de la noblesse de Bourgougne pour la tirer de l'oppression des clercs, (ainsy appelloit-il le parlement), il luy promit toute assistance de gens de guerre et d'argent pour une si genereuse entreprise qui rendroit son nom immortel.

L'entreprise de ce pays ne se pouuoit bonnement donner à autre qu'au prince de Condé qui estoit gouuerneur de la duché de Bourgougne, et lequel voyant le cardinal regner, s'accommodoit à sa volonté pour ne pas courir la mesme fortune que la royne mere et le duc d'Orleans : mais comme ce prince estoit obligé au roy d'Espagne pour les grands bienfaits qu'il auoit receu de luy, le cardinal luy donna pour adioint le seigneur de la Milleraye son nepueu, qu'il auoit fait grand maistre de l'artillerie de France.

La guerre se faisoit en Italie, le cardinal fit bruit d'un grand secours qu'il y vouloit enuoyer pour couurir son entreprise sur la comté et fit faire de grandes leuées en la duché de Bourgougne, au Bassigny et en la Bresse et apprester munitions de guerre et de gueule aux villes de France assises sur la Saône pour les amener par eau quand il seroit temps.

La chose estoit trop euidente (nonobstant le bruit qu'on faisoit d'Italie) pour ne pas croire que c'estoit pour la Bourgougne. Noz amis de dehors nous aduertissoient que ce grand appareil se faisoit contre nous, le baron de Soye qui estoit en charge principale en l'armée imperiale et me correspondoit en chiffres, m'escriuit que la chose estoit certaine et retira en mesme temps de Bourgougne sa femme et ses enfans qu'il fit passer en Allemagne.

Ceux qui estoient employés à Diion pour negocier cette entreprise estoient le president de la Berchere et les sieurs de Cheuigny et de Vuilleneuue desquels le frere auoit eu espousé la sœur du baron de Vaugrenans qui lors estoit au Pays-Bas famillier du president Roose. Le baron de Vaugrenans qui estoit sans enfans auoit comme adopté le filz de cette sœur mariée en France, par lequel il s'informoit de toutes choses, et ses oncles fideles au cardinal l'asseuroient que l'armée qui se preparoit estoit pour l'Italie : le baron faisoit veoir les lettres au president Roose et le president à l'Infant. Quant à nous, Brun, procureur general, se chargea de descouurir la verité et sembloit qu'il le put par deux moyens, l'un qu'il auoit des connaissances fort particulieres dans la maison du prince de Condé et pensoit auoir quelque ascendant sur l'esprit mesme du prince, l'autre qu'il auoit choisy une femme en la duché de Bourgougne pour son frere et auoit fait estroite amitié auec les alliez d'icelle, mesme auec un nommé Martenne qui auoit accès vers le dit prince, et sur ces deux moyens et asseurance de la fidelité du dit procureur general luy fut donnée la commission de cette negociation pour laquelle luy furent confiés les chiffres auec lesquels il correspondit dez lors à ses amis. Le prince de Condé plus fin, voyant cette confience et les lettres chiffrées qu'il escriuoit, se seruit de cet aduantage pour nous endormir et luy-mesme nous escriuit diuerses lettres pour nous donner confience en son amitié : mais le sens d'icelles estoit tousiours double. Les aduis qui sont fauorables sont receus aisement et les contraires sont reiettez par ceux qui desirent leur aise et croyent volontiers ce qu'ils desirent, mais les plus sensez ne se fiaient pas au prince de Condé, ny à l'adresse d'un ieune homme qui estoit sans experience aux choses de guerre bien qu'il eut l'esprit bon.

Le marquis de Conflans auoit de meilleurs amis qui l'aduertissoient en mots couuerts que l'armée estoit pour la Bourgougne et que la resolution estoit prise d'assieger Dole, dans laquelle estoient le parlement et l'archeuesque, et toute la ville estoit composée de gens d'église et de iustice si auant, que comme l'archeuesque et le parlement voulurent auoir l'aduis du marquis sur quelques articles, il escriuit ces mots en marge du dernier article : PERCUTIAM PASTOREM ET DISPERGENTUR OUES GREGIS.

Les opinions auoient esté differentes au conseil du prince de Condé, car les mieux entenduz estoient d'aduis qu'on assiegea Gray, duquel la fortiffication n'estoit pas acheuée et qui estoit la seule place forte dans nostre bailliage d'Amont, tellement que si le prince l'occupoit, le surplus du bailliage et Besançon mesmo seroient bien tost à luy. Et de cette conqueste il auroit trois effects ; le premier que les Comtois n'auroient plus de villes sur la Saône (car ils n'ont que Gray) ny entrée en France que par là; le second que c'estoit du bailliage d'Amont (pays fertile et large) duquel la France auoit affaire pour la guerre d'Allemagne; et le tiers que l'occupation de ce bailliage n'altereroit en rien les Suisses, non plus que l'occupation de la Lorraine, Alsace et Sauoye ne les auoit en rien alteré. Les autres au contraire disoient, que tout l'esté passeroit au siege de Gray, dans lequel estoient soldats et munitions, et cependant les gouuerneurs et le reste de la Bourgougne demeurans libres dans Dole, auec leurs bois, riuieres et montagnes, se fortiffieroient et armeroient puissament : que Dole estant assiegé et les gouuerneurs enclos dans iceluy, la teste de la Bourgougne seroit separée du corps, qu'il n'y auoit personne autre qu'eux qui eut creance et authorité sur la noblesse et les peuples : le bailliage d'Amont estoit donné à un ieune enfant, celuy d'Aual estoit vacant et par ce moyen tous deux estoient sans chefs : que la noblesse et les gens de iustice estoient mal ensemble : le marquis de Varambon et le baron de Scey se regardoient de mauuais œil et n'estoient d'accord qu'en un poinct, de ne pouuoir supporter que le marquis de Conflans (Suisse d'origine) leur commandast.

La resolution fut prise d'assieger Dole, Gasté y soubscriuant, duquel le but estoit de mettre l'archeuesque et le parlement à la raison, comme il disoit, c'est-à-dire de les amener à un traicté par lequel le parlement se despouilla de son authorité, et la noblesse de Bourgougne fut mise en pleine liberté de seruir en France et soub tel prince que bon luy sembleroit, comme fait celle de Lorraine, pouruou que ce ne fut pas contre son roy, et asseuroit Gasté que battant la ville de Dole à ruine auec canons et bombes, les prestres et clercs qui estoient dedans viendroient bien tost à traicter en la forme susditte. Le prince de Condé escoutoit Gasté et se seruoit de luy sans luy descouurir le fond de ses intentions, sçauoir, d'occuper Dole et la Bourgougne, lesquelles intentions Gasté recogneut tost apres, mais il estoit trop tard pour torner arriere, car il estoit engagé au cardinal et tenu de si près qu'il ne luy estoit pas loisible de communiquer auec aucun du comté, moins de parler auec liberté, sinon au peril de sa teste; car soub le cardinal toute parole libre donnoit soubçon et tout soubçon estoit mortel.

Dez le commencement le prince pour nous endormir auoit enuoyé à Dole une ambassade composée de l'abbé de Coursans et de deux conseillers du parlement de Diion, qui estoient venuz nous parler du renouuellement du traicté de neutralité entre les deux Bourgougnes et auoit pry le temps que l'archeuesque et le marquis n'estoient pas à Dole. Ie ne vy pas ces ambassadeurs, car i'estois absent par commission du parlement et appry estant de retour qu'ils auoient esté receus auec applaudissement et leur auoit esté faict tout l'accueil et rendu tous les honneurs qui se pouuoient, mais qu'ils n'auoient rien conclu, moins auoient fait veoir aucun pouuoir de leur roy ny du prince. *29 Juin 1635. 12 Juill. 1635.*

6. I'auois visité en ce voyage monseigneur l'archeuesque à Chasteauuieux, il persistoit en sa creance que tout cet appareil de France estoit contre nous et desiroit que le parlement luy enuoya à Chasteauieux quatre ou cinq de son corps pour de là donner les ordres necessaires par tout le pays si Dole estoit assiegé, comme il croyoit qu'il seroit; et si Sainct-Asne eut esté reparé, il s'y fut allé loger, mais il estoit en trop mauuais estat.

Le marquis estant à Dole m'auoit dy que la principale affaire estoit d'acquerir l'affection des deux principaux seigneurs qui nous restoient, sçauoir, du marquis de Varambon et du baron de Scey, et qu'il les failloit prendre à la mode du temps, sçauoir par leurs interests. C'est pourquoy en mon voyage de Chasteauuieux et desià en un autre precedant ie trauaillay de tout mon possible pour appaiser monseigneur l'archeuesque qui estoit irrité contre le marquis son nepueu, et parlay à Bouuot son secretaire qui estoit vieillard et auoit grand ascendant aupres de ce seigneur. Ie taschay aussi à luy faire trouuer bon le mariage du marquis son nepueu auec madamoiselle de Chastelay, fille de la comtesse de Chamblay qui estoit lors à Besançon, belle et sage damoiselle, de laquelle le marquis veuf et ieune estoit passionnement amoureux ; par effect le tout reussit au contentement du marquis, et là peu auant en une affaire de iustice où ses ennemys luy dressoient un mauuais ieu, i'auois rompu ce ieu, dont il me sçauoit gré.

Le marquis de Conflans d'autre part, grand oncle de la ieune baronne de Rey du costé de sa mere, fauorisoit le desir qu'auoit le baron de Scey de la donner au marquis de Meximieux son second filz, car le vicomte de Marigny son filz aisné estoit destiné à l'église, et apres la mort du ieune comte de Champlitte, le marquis auoit apporté tout ce que pouuoit l'authorité d'un oncle vieillard et mareschal de Bourgougne pour faire conclure ce mariage qui eut esté aduantageux aux deux parties et à toute la Bourgougne : mais il n'eut pas son effect, car la fille peu apres fut emmenée en Suisse par sa mere où elle la maria au marquis de Trelon.

Les choses s'allerent ainsy entretenant iusques dans le mois de may 1636, que l'archeuesque et le marquis voyant à descouuert que la nuée venoit fondre sur Dole y vindrent tout en un temps, et trouuant que les deputez de l'estat auoient pry cent mille escus d'emprunt, donnerent argent au marquis de Varambon et baron de Scey pour faire leuées d'infanterie et cauallerie, et aux princes de Cantecroy et baron de Wilz pour chacun un regiment d'infanterie : ordonnerent la leuée de la milice et firent publier l'arriere ban. Le parlement auoit ià fait saisir par le procureur general les cinq cens armures de caualerie que Gasté auoit au chasteau de Seueux, desquelles on se seruit et enuoya à Diion l'aduocat Sordet, homme accord et bien cogneu, qui rapporta la verité certaine des intentions du prince de Condé et que c'estoit à Dole qu'il en vouloit, que tout estoit prest et les canons ià à Auxonne à deux lieues de Dole.

7. Les prouinces se deffendent par trois moyens. Les grands royaumes mettent en pied deux armées qui vont à la frontiere, l'une qui demeure dedans et l'autre sort dehors au rencontre de l'ennemy : les mediocres estats munissent leurs frontieres et postent leurs forces en lieux aduantageux proche de la place contre laquelle l'ennemy torne teste : les plus foibles amassent tout ce qu'ils ont dans leur principale ville et enuoyent gens dehors vers leurs amis de toutes parts pour solliciter du secours. Nous nous tenions au rang des mediocres, et estans certains que le siege se preparoit pour Dole, nous choisismes le poste de Fraisans, où les compagnies de milice commencerent à filer et y fut conduicte quantité de munitions de gueule. Le lieu estoit très-bien choisy à trois petites lieües de Dole, œqui distant de Besançon et Salins, qui tenoit

la riuiere de Doubs et la forest de Chaux tout ensemble, par lesquelles il pouuoit assister Dole et incommoder les assiegeans et ne pouuoit aucunnement estre couppé : nous commenceasmes à nous y retrencher et y descouurismes les restes d'un ancien chasteau basty autreffois par Hugues de Chalon, seigneur d'Aspremont et de Gendrey qui mourut sans enfans. Et estoit ce reste de chasteau et l'eminence sur lequel il estoit assis, un notable aduantage pour ce poste, qui iusques alors, c'est-à-dire ce viel chasteau, auoit esté couuert d'arbres et de buissons si espais que le lieu estoit reputé simple rocher et non mazure de forteresse; mais il n'y eut pas loisir pour mettre ce poste en estat et le fournir de gens suffisans, et pour ce furent mandez enuiron deux mille hommes d'infanterie qui là y estoient arriuez et furent mis à l'instant aux villes de Dole et Gray : le sieur de Voisey colonel du regiment de Dole y estoit, et le sieur d'Accoste homme de grands moyens et bien entendu, pourueut aux munitions. Levé le 28 avril 1636.

Le gouuerneur de Dole estoit le marquis de Sainct-Martin, mais qui estoit lors en Allemagne en l'armée de Silesie : son lieutenant estoit le sieur de Iousseau, vaillant homme et fidel, mais il n'estoit pas aymé du peuple, pour ce que les François, apres auoir receu de luy l'affront susdit, auoient trouué moyen de le desnigrer par artiffices à leur mode et le rendre suspect à ceux qui ne sçauoient pas ce que l'archeuesque et le conseil luy auoient secrettement commandé : de plus il failloit une personne de plus haut commandement dans une place de telle importance.

Le sieur de la Verne fut choisy, qui estoit maistre de camp d'un regiment Bourguignon et viel capitaine de l'escole de Flandre, où dez plus de trente ans, il s'estoit trouué en toutes les belles occasions et tout fraischement auoit fait auec son terce la retraicte de Neufuelle et soustenu le siege de Porentruy : il estoit à Dole auec une partie de son terce, le cheualier de Cleron estoit à Salins auec une autre partie, le surplus estoit à Gray. Le sieur de Iousseau creut qu'il ne luy deuoit pas obeir, puisqu'il estoit lieutenant au gouuernement de Dole et choisit plus tost de se retirer que de faire chose qu'il croyoit estre à la diminution de l'authorité de sa charge : on fit venir auec les dittes compagnies de la Verne et celles de milice le plus qu'on put d'officiers reformez, entre lesquels fut le sieur de Iyans le ieune, viel capitaine de l'escole du marquis de Spinola.

L'archeuesque et le marquis n'obmettoient aucuns soings. On disputa où se logeroit l'archeuesque et sembloit contre raison de guerre qu'il s'enferma dans Dole auec le parlement; mais il y fut comme forcé par le parlement qui estoit sans chef, et le marquis de Conflans iugea que la personne d'iceluy y estoit necessaire ; le maistre de camp de la Verne desiroit de l'auoir pour tesmoin de ses actions ; nul conseiller vouloit sortir de Dole et tous en particulier prioient l'archeuesque de ne point abandonner la ville, en la conseruation de laquelle estoit posée la conseruation de la prouince; ioint qu'il ne seroit pas en asseurance à Besançon, ny à Salins et moins à sa maison de Vuillaffans, puisqu'il estoit impossible de former une armée quelque part du pays que ce fut, pour ce que le pays est de trop petite estendue et l'ennemy estoit trop fort de caualerie. Et le pis estoit que nous estions sans argent pour faire autre leuée de gens que la susditte, ny pour achapt d'armes, attirails et munitions : car les cent mille escus empruntés, apres en auoir tiré ce qu'il falloit pour trois régimens et cinq compagnies de caualerie, n'estoient que bien peu pour une ville assiegée en laquelle l'argent est la chose la plus necessaire et où les gouuerneurs estoient enfermez.

Le marquis confera par reïterées fois auec la Verne qui auoit espousé une de la maison de Vaudrey, sa parente, et le marquis faisoit grand estat de sa valeur et bon sens. La Verne trauailloit par tous moyens à faire pourueoir la ville de toutes choses necessaires et à parachever les dehors et craignoit entre autres choses le tertre où sont bastiz les capucins, (et c'est un commandement sur la ville), tout voisin du village d'Assans qui fait portion du tertre : si que il fit resoudre qu'on l'occuperoit auec retranchemens, ausquels tous les retrahans, soldats et bourgeois mettroient la main, et instamment en furent tirées les lignes et le trauail commencé : mais il n'estoit encor qu'à la hauteur du genouil et partant inutile, quand la ville fut inuestie ; l'apprehension de la Verne estoit que l'ennemy logeant ses canons au dit Assans, comme en platte forme, commanderoit le pont et le bastion voisin qui seul deffend la porte. La porte estoit toute descouuerte et audeuant d'icelle y auoit un grand terrain sans deffense, dans lequel se pouuoient loger les François, se couurir et gaigner la porte : et de plus en icelle il auoit remarqué que les barrieres, pont leuy, coulisses et portes de bois s'entresuiuoient en droite ligne, si que le canon pouuoit les mettre en pieces en un moment. Mais enfin la Verne donna parole au marquis, que quelque effort que feroit l'ennemy, il maintiendroit la ville six sepmaines durant auec l'ayde de Dieu, puisqu'il y auroit gens et munitions à suffire pour garder les dehors, et du terrain au bastion du pont pour se couurir du canon.

8. Le prince de Condé et la Meilleraye marcherent en bataille auec armée très-belle et bien assortie de toutes choses. L'infanterie estoit de quinze mille hommes soldats effectifs, et la caualerie de cinq mille bons cheuaux. Leur artillerie estoit quatorze gros canons de trente deux liures la basle, auec autres moindres pieces et mortiers à bombes. On fondoit les bombes en diuerses forges. Auxonne est à deux lieues de Dole où le magasin estoit et la riuiere de Saône y apportoit de toutes parts les choses necessaires à un siege, sans frais, ny peril, et dez Auxonne iusques à Dole estoient bois continuz venans aboutir à Foucherans qui est à demy quart de lieüe de Dole, en lieu couuert du canon de la ville.

Le 27 may 1636 la ville fut sommée par un trompette du roy de France accompagné d'un exempt des gardes ; tous deux furent conduits au logis de l'archeuesque qui estoit au college de Mortaux, lieu auquel les trois estats ont coustume de s'assembler pour la grandeur et commodité du bastiment, et dans toute la ville c'estoit le lieu le plus asseuré contre les canons de l'ennemy. Les munitions de guerre estoient reparties en diuers endroits, crainte du feu, et le peuple des villages qui se retiroit de toutes parts auoit les fossez assignez pour son logement, pour euiter les maladies.

9. Dole est assis en un pendant de montagne regardé par le tertre sus dit du costé de midy et entre deux coule la riuiere du Doubs, sur laquelle est un grand pont de pierre qui ioint la ville au dit tertre et le dit tertre la commande en toutes ses parties : elle est commandée de mesme du costé de septentrion par monticules qui se vont rehaussans iusques au sommet du mont Roland sur lequel est bastie l'église de Nostre-Dame, renommée par son antiquité et deuotion : et encor est commandée la dite ville par autres monticules du costé de soleil couchant, contre lesquels commandements de septentrion et couchant elle est couuerte par bastions de pierre de grande hauteur en forme de caualiers.

Les bastions sont sept en nombre, de belle et magnifique structure, mais la plupart sont trop estroits. Celuy du pont est de grandeur reguliere, mais il est commandé d'Assans et du tertre comme i'ay dy, et vu dez le haut de la fontaine Goujans qui le rase. Tous les bastions sus dits hauts esleuez sont veus par les espaules, mais de si loing que hors des grandes coleuurines, ils ne peuuent estre endommagez par le canon : le bastion du viel chasteau est imparfait, car bien qu'il ayt ses flancs, oreillons et casemates du costé qu'il regarde la porte d'Arans, touteffois il ne les a pas de l'autre costé, car ceux qui l'ont construit ayans rencontré une tour et flanc restez des ruines du viel chasteau s'en sont voulu seruir par mesnagerie : et au lieu de tirer le bastion iusques au bord de la riuiere du Doubs, (comme il conuenoit pour correspondre au dit bastion du pont), se sont contenté d'un demy bastion, laissant l'autre moitié en forme de tenaille qui n'est veue et deffendue que de soy-mesme, et de laquelle l'une des parties est le dit flanc ancien resté du viel chasteau. Le fossé du dit bastion estoit imparfait et la contrescarpe estoit une haute douue non encor mise en forme, non plus que celle du bastion de mont Roland. Les autres bastions dits d'Arans, Mortaux, Bergere et Besançon, et les courtines uniuersellement auoient leurs fossez à fond de cuue et leurs contrescarpes bien faictes. Les trois portes de la ville sont nommées de Besançon, du Pont et d'Arans : au milieu de la ville est une grande place et sur icelle l'église principale de belle structure, auec une haute tour de pierre, reuestue lors de trois galleries qui descouuroient fort loing. Le palais y est aussi où s'assemble la Cour du parlement, outre laquelle, sont en la dite ville, uniuersité, chambre des comptes, bailliage, monnoye et college royal et grande quantité de monasteres : le peuple y est martial et lors estoit fort riche : les paysans de tous les villages voisins y estoient accouruz.

L'armée de France, commandée par le prince de Condé, estoit (comme i'ay d'y) de vingt mille hommes effectifs, sçauoir de cinq mille cheuaux tant François qu'estrangers et quinze mille hommes de pied. En la caualerie françoise estoit force noblesse principale, et entre les chefs Gassion auoit reputation : dans l'infanterie estoient quasi tous les vieux regimens de France : l'attirail des canons estoit grand, ceux de batterie d'un mesme calibre, mais le principal estoient bombes en grande quantité et en icelles plusieurs de prodigieuse grosseur.

Ce fut (comme i'ay dy) le 27 de may que la ville fut sommée par un exempt des gardes et un trompette du roy de France auxquels fut donnée l'entrée de la ville apres les chamades accoustumées et furent menez au college de Mortaux où logeoit l'archeuesque et où ils furent par luy entenduz en presence des deputez de la cour. La sommation fut par un escrit imprimé, qui estoit plus tost un manifeste contre les causes sur lesquelles estoit fondée cette inuasion que vraye sommation, car l'escrit ne concluoit à rien. Les pretextes de l'inuasion estoient, la reception du duc de Lorraine en Bourgougne, auquel chacun sçauoit que toute assistance auoit esté par nous refusée, tant nous estions religieux en l'obseruance du traicté de neutralité, mesme n'auoit eu retraicte aucune dans noz places, mais seulement en la cité de Besançon qui est imperiale, et en estoit party le duc dez bien longtemps ; apres le départ duquel, le dit prince de Condé et le parlement de Dijon nous auoient souuent escript et donné toutes asseurances de bonne paix, par leurs deputez et mesme durant le seiour du duc de Lorraine à Besançon. Le roy leur maistre nous auoit enuoyé Camp-Remy ²⁷ Mars 1636. et du Bois auec lettres qui ne nous demandoient autre chose que de ne pas assister par armes le dit duc ; a quoy nous n'auions que trop religieusement comply. Le manifeste aussi se conuainquoit par soymesme, en ce que outre le dit pretexte, il en alloit recherchant d'autres de plusieurs années, comme confessant qu'il n'en trouuoit aucun solide : et le tout alloit à un poinct que nous auions contreuenu au dit traicté de neutralité, lequel porte expressement qu'au dit cas de contrauention, ne sera pas procedé par armes, mais sera la satisfaction demandée par ambassade. Et enfin quand tous les poincts du dit manifeste eussent esté veritables, la France pour autant n'eut point esté lesée par iceux et n'eut eu aucune satisfaction à demander, aussi n'en demandoit-elle point. Et quand elle en eut demandé, nous la luy eussions donné si elle eut esté iuste, car nous auions commandement du roy expres et reïteré.

Outre le dit imprimé de sommation presenté à l'archeuesque, le dit exempt des gardes en donna un autre à ceux qui estoient presens, qui contenoit la déclaration que tous gentilhommes et villes de Bourgougne qui voudroient demeurer en l'obseruance de la neutralité, seroient conseruez et accueillys comme amys : ce dernier escrit eut porté coup en un pays moins fidele et qui n'eut pas si bien cogneu le procedé des François.

On dit à l'exempt des gardes qu'on aduiseroit sur le tout et qu'on feroit response par escrit ; et comme il pressoit fort fut faicte la response au mesme temps dans la chambre de la cour, aux principaux poincts du dit manifeste, en termes autant respectueux que courageux. La charge de coucher cette response fut donnée au conseiller Boyuin, depuis president, homme eloquent qui auoit esté commis pour entendre la ditte sommation et en auoit fait le rapport à la cour.

Les gouuerneurs auoient requy le mareschal de camp de se mettre en campagne pour faire tous moyens possibles de mettre gens ensemble, et sans autres plus particulieres instructions, faire tout ce qu'il iugeroit necessaire pour assister et secourir les assiegez et conseruer le reste du pays : ie fus commandé de l'assister, et si la ville venoit à estre bouclée, nous fut donné tout pouuoir pour le militaire et le politique : car personne du parlement ne voulut lors sortir de Dole où estoient leurs femmes et enfans, et tous estoient resoluz à courir une mesme fortune. Ie demandois la mesme grace, mais elle me fut refusée, et au lieu d'un du parlement pour traicter coniointement le politique, me fut donné l'aduocat Sordet pour m'aider, auquel ie confiay le secretariat et me fut bien utile durant la campagne.

21 Mai 1636.

10. Nous allions monter à cheual le marquis et moy quand la cour me fit rappeller. Ie trouuay que le procureur general qui auoit esté enuoyé auec Boyuin à l'hostel de l'archeuesque pour ouyr la sommation des François, auoit fait entendre à la cour, que l'exempt des gardes luy auoit dy tout bas à l'oreille : que si on enuoyoit un deputé au prince de Condé, on pourroit adoucir les affaires par un bon traicté. Les opinions sur ce estoient diuerses, car les uns croyoient qu'il valloit mieux tenter la voye douce qui se proposoit puisque la raison estoit de nostre costé : qu'une conferance ne nous affoibliroit pas, mais au contraire nous donneroit du temps : que le prince de Condé general de l'armée ennemye auoit tant d'obligations à l'Espagne, qu'il tascheroit apparemment de se desmesler de cette commission par un accord, et seroit l'offenser de luy refuser un abouchement. Le procureur general estoit de cet aduis, qui estoit cogneu et famillier audit prince, et nonobstant toutes les tromperies passées se promettoit de sçauoir quelque secret de sa bouche s'il estoit enuoyé vers luy : les autres au contraire disoient qu'une armée si puissante n'auoit pas esté faicte ny enuoyée qu'apres une resolution arrestée de la conqueste de Bourgougne : qu'il n'y auoit rien à mediocrer aux choses de nostre deuoir et fidelité : que le prince duquel les paroles n'auoient esté iusques alors qu'endormissement, n'auoit pas changé de peau en un moment, et que cette proposition n'estoit pas contenue dans la sommation et n'auoit pas esté faicte publiquement, ny au gouuerneur, mais à l'oreille d'un personnage sur lequel le dit prince croyoit auoir grand ascendant pour en

tirer ses aduantages. Rapport fut faict à l'archeuesque des opinions et raisons, et luy sans deliberer respondit : qu'il entendroit plus volontiers les canons des François que leurs paroles, et craignoit moins leurs forces que leurs tromperies. On alla de mesme pas demander le sentiment au mareschal qui fit responce : qu'une place qui parlementoit estoit ià à demy rendue. Lors qu'on m'auoit rappellé à la chambre de la cour pour en dire mon opinion, i'auois passé au trauers de la grande église où se disoit une messe haute à la chapelle de la cour et auois entendu ces mots en passant : Non turbetur cor vestrum neque formidet, sur lesquels ie fonday mon opinion : et furent souuent repetez les dits mots. On dit donc au procureur general de faire sçauoir à l'exempt des gardes, que si le prince auoit quelque chose à proposer, on l'attendroit, et que de nostre part tout ce que nous auions à dire estoit contenu dans la response que nous auions fait par escrit. Ainsy se partit l'exempt des gardes et ne fut rien proposé par le prince, et au mesme instant nous partismes de Dole le mareschal et moy et prismes un chemin couuert par la forest de Chaux et nous rendismes à Quingey.

44. Le lendemain 28 de may la ville fut inuestie ; l'armée Françoise partagea ses quartiers en trois, celuy de la cour fut du costé de la porte d'Arans au chemin de Sainct-Ylie, en un fond couuert contre le canon de la ville : une autre partie se logea du costé du tertre au village de Crissey, Capucins et Tuilleries : le surplus à Breuans et Rochefort du costé de Besançon ; et comme la riuiere du Doubs les couppoit ils firent deux ponts de bois sur icelle, l'un au-dessoub du village d'Assans et l'autre entre Crissey et le quartier du prince.

La Verne commenceoit le trauail susdit sur le tertre qui eut esté de grand aduantage s'il eut esté parfaict ou aduencé, pour maintenir le pont et communiquer aux autres villes par la forest de Chaux : mais il estoit encor dans ses premiers commencements : la Verne sortit en campagne à la faueur du canon pour empescher l'approche de l'ennemy de ce costé là, marcha auec huit cens soldats et trouua l'ennemy qui venoit droit au pont pour l'occuper, (car il estoit sans deffense), et s'il l'eut occupé, l'eut aisement maintenu et se fut logé sur le bord du fossé de la porte du pont, où estoient quelques iardins et un grand terrain dans lequel l'ennemy se pouuoit entourer sans beaucoup de trauail comme i'ay dy.

La Verne combattit au delà du pont durant plusieurs heures, _{29 Mai 1636.}

et enfin le pont luy demeura; mais il ne perdit aucun temps, car dez la mesme nuict, il en rompit une arcade de son costé et se seruit des dits iardins et terrain pour y loger de la mousquetterie assistée du bouleuard du pont tout voisin, laquelle ne fut iamais forcée, et luy seruit grandement le dit terrain et une petite isle voisine dicte le prel Marnot durant tout le siége.

On pourroit disputer si un gouuerneur de place tant importante doit sortir en personne pour empescher les approches de l'ennemy, (et ie pense que non), si c'est seulement pour empescher les approches; mais la Verne voyant que perdant le pont il perdoit ville, ce fut sagement qu'il hazarda sa personne pour conseruer le tout et pour la moins hazarder se fit suiure de ses meilleurs hommes en grand nombre, combattit en bon poste auquel il ne pouuoit estre couppé et à la faueur du canon qui battoit l'ennemy dez les bastions de Besançon et et du viel chasteau, sans pouuoir endommager la Verne au poste qu'il auoit choisy.

En mesme temps fut bruslé par le commandement de la Verne un grand faubourg qui s'alloit estendant dez le bout du pont iusques bien auant sur le tertre, comme commencement d'une nouuelle ville : le feu fut grand et soudainement espry qui donna preuue aux François de la resolution des bourgeois qui portoient eux-mesmes les flambeaux, et ce feu osta à Gassion le logement qu'il s'estoit promy.

LIURE CINQUIÉME.

1. Conseils de guerre du marquis de Conflans à Chenecey. 2. Son entrée à Besançon. 3. Place d'armes à Ornans. 4. Conseil de guerre tenu à Ornans. 5. Batteries dressées contre les trois portes de Dole. 6. Esperance de prompt secours donné aux assiegez. 7. Messagers des assiegez vont et viennent. 8. Bombes et batteries à ruine. 9. Prompt armement en Bourgougne. 10. Secours promy par le rey d'Hongrie. 11. Caualerie françoise aux portes de Besançon et Salins. 12. Montfort assailly. 13. Quingey bruslé. 14. Prise de Baumont et Rigny par les Bourguignons. 15. Conseil de guerre tenu à Cessey.

1. La nuict que le mareschal coucha à Quingey fut bien courte, car à la premiere pointe du iour il prit le chemin de Besançon et moy de Salins pour rasseurer ces deux principales villes. Ie courus à Salins où ie trouuay les femmes, enfans et vieillards de condition prests à partir pour se retirer en Suisse. La pluspart changerent d'aduis et la ville qui lors estoit foible se rasseura : ie laissay dans icelle ma femme et mes enfans, comme pour gaige des asseurances que ie leur donnois. Le marquis s'arresta au chasteau de Chenecey, bonne place à deux lieües de Besançon, d'où il aduertit le baron de Wateuille son cousin qui estoit en la ditte cité, lequel passa instamment aupres de luy; c'estoit un gentilhomme sage et viel capitaine, affidé au prince de Lorraine et qui ne l'auoit point abandonné en ses disgraces. Ce parent fut utile au mareschal, car ils passerent toute la nuict en conference et ie les trouuay ensemble le matin à mon arriuée, n'ayant demeuré qu'une nuict à Salins. [28 Mai 1636.]

Ils auoient là pry resolution que le baron iroit trouuer le duc de Lorraine son maistre, qui auoit ses trouppes logées entre la Moselle et la Meuse, et de là courroit à Bruxelles vers l'Infant et leur feroit entendre à tous deux l'estat present des choses. Il partit au mesme instant que ie fus arriué, et fut bien à propos qu'un personnage de telle condition, experience et sagesse voulut prendre cette peine.

Nous entrasmes en conseil le marquis et moy seul à seul, et apres auoir consideré les intentions de noz ennemys, la disposition des choses, noz necessités, noz forces et noz esperances, nous fismes sur le champ deux choses qui ne se pouuoient differer; l'une fut d'escrire à toutes les villes et commandans des places pour les rasseurer et leur faire entendre la commission que nous estoit donnée; et l'autre de preparer lettres et courriers pour tous les princes noz alliez. Nous creumes que le baron de Sauoyeux, cogneu au roy d'Hongrie, estant lors à Besançon, luy seroit personne agreable et l'informeroit de toutes choses, ce que ne se pouuoit faire par lettres : il accepta librement cette commission et ne tarda guere à partir. Le seigneur euesque de Lausanne frere du mareschal estoit à Fribourg, il lui escriuit et enuoya instructions. Et pour le comte Casate, despescha Mareschal procureur fiscal de Pontarlier qui luy estoit cogneu, priant le comte Casate de faire passer à Milan au marquis de Léganez les lettres qu'il luy escriuit. Pour Sauoye rien ne fut bougé pour ce coup.

La grande affaire estoit d'empescher le party de Gasté de se former aprés le bloquement des gouuerneurs, car il auoit de grandes alliances aux maisons de Vergy, Pontalier et Rey. Le baron de Longuy son frere auoit de ieunes caualiers ses filz en Bourgougne, hommes bien faits ; le comte de Salenoue estoit son cousin et son filz auoit esté à Paris en l'academie de Beniamin et plusieurs d'entre eux auoient leurs moisons ioignantes et comme enclauées dans la France : le mot de *neutralité* que le prince de Condé faisoit sonner, le repos et l'amitié de France estoient choses charmantes en un pays foible et desarmé, surpry par un armée puissante, couppé de son gouuerneur et loing de son roy.

Les gouuerneurs auoient sagement desarmé Gasté et l'auoient deslogé du pays par proscription ; le comte de Salenoue son cousin se rendit le premier à Chenecey sans estre mandé : il estoit suiuy d'une douzaine de gentilhommes ses voisins, que nous fismes loger aupres de nous hors du chasteau et le comte appella son quartier, le quartier de la noblesse. Les chefs de la noblesse en Bourgougne en l'absence du gouuerneur et des cheualiers du parlement, sont les trois baillifs; le marquis de Varambon et le baron de Scey tennoient les bailliages de Dole et d'Amont, et celuy d'Aual estoit vacant, où le seigneur de Thoraise cousin germain du dit baron de Scey auoit charge d'amasser l'arriere ban, et la naissance et richesse des dits deux seigneurs chefs des maisons de Rye et Bauffremont leur donnoit si grand aduantage qu'aucun party de noblesse ne pourroit paroistre en Bourgougne deuant eux.

Les gouuerneurs auoient donné prudemment les principales commissions à ces deux seigneurs et commissions aussi au prince de Cantecroy et au baron de Wilz et au dit seigneur de Thoraise. Nous leur escriuimes à tous et les priasmes de passer à Ornans pour tous ensemble et de commune main prendre resolution sur les affaires presentes : nous choisismes le lieu d'Ornans comme esloigné de l'ennemy, assis dans les montagnes, couuert de deux riuieres et non loing de Besançon et Salins.

Monsieur le baron d'Oyselay premier cheualier du parlement auoit quitté dez longtemps les affaires et se tenoit resserré dans son chasteau d'Oyselay, chargé d'ennuis par la mort de ses trois brasues filz et du ieune comte de Champlitte, son nepueu et des trois seigneurs de Cusance ses cousins. Et le baron de Poitiers second cheualier du parlement s'estoit ietté dans Dole pour y seruir le roy et l'archeuesque son oncle.

Le capitaine Duprel arriua à Chenecey quasi au mesme temps que le comte de Salenoue. Il estoit creature du marquis, et comme il auoit familiarité auec le filz du comte de Salenoue pour auoir esté ensemble en l'academie de Paris, le marquis luy donna charge de prendre garde aux actions du pere ; ce qu'il fit soigneusement et peu de iours apres nous dit que le comte auoit dy aux gentilhommes ses affidés, que les affaires alloient bien autrement que les François ne s'estoient promy et que pour ce il falloit tous estre absolument Bourguignons. Nous mandasmes aussi quelques gentilhommes bien nez qui suiuoient innocemment le dit comte et leur demandasmes s'ils l'auoient choisy pour leur chef et s'ils entendoient de faire party auec luy ; ce que les occasionna de se destacher de luy aussitost.

2. Le comte au surplus estoit ancien amy du marquis, de la cognoissance de Sauoye, où ils auoient esté ensemble. Il accompagna le marquis à Besançon, qui entra suiuy de bon nombre de gentilhommes *Juin 1636.* et auoit un peu sur attendu à Chenecey tant pour despescher à repos les plus urgentes et principales affaires, que pour entrer à Besançon suiuy de noblesse, comme il estoit bien expedient en la conioncture du party qu'on publioit. Nous prismes un logis fort aduancé dans la ville afin d'estre veuz par le peuple auec cette belle compagnie que nous auions. Il faut peu pour leuer la peur à un peuple, et à Besançon principalement qui est gouuernement populaire.

Nous trouuasmes Besançon mal fourny de toutes choses, car tous les riches citoyens auoient ià sauué leur argent au pays de Suisse, aucuns le cachoient et la cité en cherchoit pour sa propre deffense. L'argent du roy aux sauneries de Salins se trouua aussi auoir esté distrait du pays par les administrateurs d'icelles et eux-mesmes s'estoient sauuez : de munitions de guerre à Besançon ny à Salins il n'y en auoit point. Ie cogneu lors que la serenissime Infante et le marquis de Spinola auoient eu raison quand quelques années auparauant, ils auoient pressé sa maiesté de dresser à Besançon un magasin de munitions de guerre, canons et attelaiges, auec un terce de Bourgougne tousiours en pied : à quoy nous auions repugné pour ne donner ombrage à noz voisins françois et protestans suisses.

3. Nous ne seiournasmes à Besançon que ce qu'il falloit pour rasseurer le peuple par le tesmoignage que nous leur donnasmes de nostre affection et asseurance de secours auec paroles et visage esloigné de toutes craintes : et nous rendismes à Ornans aussitost, où nous vindrent ioindre les trois compagnies de caualerie qui nous restoient à Iussey dez l'année precedente soub le commandement du sieur de Mandre commissaire general de la caualerie, lesquelles nous auions conserué en pied pour ne pas demeurer desarmez de tous poincts. Et estans arriuées à Ornans elles furent le commencement de nostre place d'arme, à laquelle fila tost apres le regiment de milice d'Aual commandé par le sieur d'Andelot Cheuigney et la noblesse de l'arriere ban aussi d'Aual conduitte par le seigneur de Thoraise.

Nous estions party de Dole sans argent pour ce que les assiegez n'auoient en tout qu'enuiron quatre vingt mille escus, ayant deboursé le reste des cent mille pour les leuées d'infanterie sus dittes et autres de caualerie qu'ils auoient ordonné dez l'instant qu'ils auoient eu les dits cent mille escus empruntez par l'estat et les villes. Et en une place assiegée rien n'est impossible s'il y a de l'argent, et sans argent les commandemens sont mal suiuiz et les ouurages languissans.

Le premier poinct à Ornans fut d'aduiser aux moyens de faire argent, n'en ayant peu recouurer à Salins ny à Besançon, n'en trouuasmes point d'autre que d'arrester d'authorité celuy qu'on portoit cacher en Suisse. Le baron de Francmont gentilhomme pecunieux, se trouua seul, conduisant luy-mesme sa famille et son bagage, et de cent mille francs qu'il emportoit nous en prismes de luy trente mille à rente ; desquels nous enuoyasmes à l'instant dix huit mille en Suisse pour achapt de munitions de guerre et nous en reseruasmes douze mille seulement. Quant aux munitions de gueule, nous trouuasmes la ville d'Ornans assez bien fournie et les bourgeois prompts à nous en accommoder, et à Vuillaffans nous nous seruismes des greniers de monseigneur l'archeuesque.

4. Les quatre seigneurs sus dits ne tarderent pas de se rendre à Ornans où nous tinsmes conseil de guerre auec eux, leur dismes les couriers que nous auions enuoyé de tous costez et le desseing que nous prenions de former un petit corps d'armée. Sur quoy tous opinerent auec grand courage et appreuuerent nostre desseing. Le marquis de Varambon estoit plein d'ardeur qui est naturelle à sa maison, et la personne de l'archeuesque son grand oncle engagée à Dole luy dictoit des pensées non pareilles : le baron de Scey dressé aux guerres d'Allemagne et de Flandre parloit meurement et prudemment et concouroit à noz sentiments : le prince de Cantecroy estoit ieune seigneur plein de generosité : le baron de Wilz arriué le dernier, trouua difficile mais bonne nostre resolution : le sieur de Mandre y parla en viel capitaine et tous ensemble resolurent auec nous de ne rien obmettre en une si pressante occasion, puis se partirent pour trauailler chacun à son regiment, car ils n'auoient eu encor que dix ou douze iours de quartier, et nous les priasmes de nous amener ce qu'ils auroient de gens, crainte que l'ennemy qui estoit fort ne les preuint dans leurs quartiers, ou qu'il ne nous vint assaillir dans la place d'arme que nous auions choisy au dit Ornans, si elle demeuroit longtemps foible. Mais pour la fortifier cependant nous mandasmes à Mortaux et autres lieux des montagnes de nous amener ce qu'ils pourroient de gens, selon qu'ils estoient obligez par les anciens ordres militaires de noz ducs. Le marquis enuoya le sieur de Rincour à la franche montagne pour luy faire leuée d'un regiment d'infanterie, suiuant les mesmes formes anciennes de noz ducs, et chacun se rendit prompt auec fidelité et courage bien grand, sans se faire presser, ny esperer autre chose que le pain simple de munition.

5. Le prince de Condé cependant et la Meilleraye grand maistre de l'artillerie de France battoient de toutes parts la ville de Dole. Leurs canons estoient partagez en quatre batteries, leurs tranchées aduancées iusques à trois cens pas de la porte de Besançon, où ils auoient trouué le terrain pour se couurir, car de tous autres costez ils auoient rencontré l'eau où le roc et à la faueur de leurs tranchées auoient aduancé quatre pieces de canon à iuste mesure pour battre furieusement le bouleuard de Besançon qu'ils sçauoient estre vuide dedans, et bientost eurent abattu les deffenses, mais la muraille se trouua plus forte qu'ils

ne pensoient, car ils ne firent autre effect que de casser les pierres du parement en la sommité que la contrescarpe ne couuroit pas : mais par l'abattûe des dittes deffensés ils desnûerent le flanc de la demie lune voisine qui n'est regardée que du sommet du dit bouleuard.

Du mesme costé, peu plus en arriere au dessus de la fontaine de Goujans estoient logez deux canons qui commandoient le bouleuard du pont en toute son estendue, sans que personne à ce moyen put paroistre dessus : et n'ayant la porte du pont autre flanc qui la deffendit que celuy du dit bouleuard (que le canon ennemy regardoit par le dos) et d'ailleurs n'estant couuerte la ditte porte d'aucune demie lune, elle se fut presentée à nud à Gassion qui auoit son quartier de ce costé là, si la riuiere qui estoit entre deux et les petits trauaux que la Verne auoit fait ne luy eussent empesché ses approches.

La porte d'Arans n'estoit pas moins assaillie, car des deux bouleuards qui la flanquent, celuy du viel chasteau estoit regardé par deux canons logez sur le tertre, qui voyoient sa batterie à dos et la rendoient inutile, et le bouleuard d'Arans estoit viuement battu par quatre canons logez dans les iardins tout proches du dit bouleuard en front du quartier du prince. Cette porte estoit couuerte d'une demie lune, de laquelle le flanc droit ne pouuoit estre deffendu que de ce bouleuard, et ce bouleuard estoit trop haut et trop voisin pour se seruir de la sommité d'iceluy à la deffense de la ditte demie lune. On auoit donc esté contraint de l'ouurir à my hauteur et y faire deux embrasures desquelles le mortier estoit encor tout frais, et derriere auoit esté osté le terrain pour faire large aux canons qui iouoient dez les dittes embrasures. La Meilleraye fit battre viuement ce bouleuard à l'endroit du dit vuide et des dittes embrasures.

En cette sorte la ville estoit assaillie en ses trois portes et en quatre de ses bouleuards tout ensemble, et le bruit des canons tonnans de tous costez et de ceux de la ville qui respondoient, donnoit un continuel croulement aux maisons et horreur partout. L'archeuesque ne s'esmut point; la Verne remedia promptement faisant esleuer des espaules aux bouleuards du pont et du viel chasteau qui couurirent le dos des batteries et fit fermer les embrasures du bouleuard d'Arans et remplir le vuide derriere icelles; mais le flanc droit et la demie lune d'Arans demeura sans deffense, comme celui de la demie lune de Besançon : ces trauaux furent faicts de nuict et bien tost acheuez par la diligence des bourgeois.

6. Ceux du parlement non accoustumez à choses semblables iugeoient

que ces commencemens estans si pressans, la suitte seroit rude et dangereuse, et comme ià les dits deux flancs de leurs demies lunes estoient restez sans deffense, les demies lunes ne tarderoient pas d'estre assaillies. Boyuin qui auoit trauaillé aux fortiffications de la place auoit bonne opinion de ses ouurages et ne se trompoit pas ; Brun au contraire en desesperoit, et estant eloquant et persuasif suada le parlement (qui estoit nouueau comme luy en ce mestier) de nous escrire que nous deussions les secourir et mettre ensemble à cet effect toutes les garnisons qui estoient aux villes, auec lesquelles faisant effort en l'un des quartiers de l'ennemy, les assiegez nous seconderoient par puissante sortie.

Nous cogneumes le stile et la pensée de Brun, il n'y auoit rien à deliberer, car toutes les garnisons iointes ne pouuoient faire trois mille hommes de pied ; et les presenter auec trois compagnies de caualerie que nous auions à une armée royale (toutes les villes demeurans deffournies), c'eut esté donner la Bourgougne en un coup aux François. Nous aduisasmes ce que nous respondrions et ce que nous ferions quand dez lors en auant pareils commandemens nous viendroient soub le nom des gouuerneurs. L'archeuesque auoit son conseil sus dit où le colonel de la Verne estoit la principale personne, et dans ce conseil les choses se deliberoient meurement : mais dans la cour et parmy le peuple Brun s'acquit creance et authorité, car il parloit eloquemment et couchoit bien par escrit, estoit fertile d'inuentions, prompt aux reparties, diligent et courageux. Les chiffres et le secretariat luy estoient confiez et la disposition de l'argent en menu, et il auoit ses affidez desquels il se seruoit pour donner pente aux affaires et vogue à ses pensées, outre que le pouuoir de sa charge luy donnoit authorité.

Nous estions deputez de noz gouuerneurs, mais ils estoient assiegez et nous auoient confié la prouince et leur propre salut : et attendions l'ordre du serenissime Infant gouuerneur de Flandre et Bourgougne. Nous leur respondismes auec complaisance, pour ne les point desoler et les tinsmes en cette premiere occasion et en toutes autres dans une esperance tousiours prochaine et probable, iusques à ce qu'enfin le secours arriua.

7. Le prince de Condé attaquant les trois portes de la ville, leur pensoit auoir osté toute issue, mais il estoit trompé, car en diuers endroits des murailles estoient fausses portes si ingenieusement composées, que par le dehors il est encor auiourd'huy impossible de les

recognoistre, et les assiegéz en auoient ouuert une par laquelle leurs messagers passoient entre les quartiers des assiegeans et à la faueur d'un guay, et de la forest de Chaux venoient aisement à nous et retornoient à eux : et fut cet affaire si bien conduy, que les mesmes messagers allerent et vindrent tousiours durant le siege, sans que leur chemin fut descouuert.

Les tranchées à la porte de Besançon furent aduancées par les François iusques à cinquante pas près de la contrescarpe de la demie lune : le canon fut posé sur le tertre en un endroit appellé Némont (qui est le plus aduancé) et battit furieusement entre la porte d'Arans et la demie lune qui la couure, si que personne ne pouuoit entrer à la demie lune qu'à la mercy du canon. La Verné pourueut à tout, il se seruoit de l'esprit, diligence et valeur du sieur de Grandmont-Vellecheureux, et le maire de la ville (qui estoit lors le sieur de Sainct-Mauris, homme vigilent, prompt et courageux) le secondoit dignement : la demie lune de Besançon fut renforcée de gardes et toutes les portes murées, sans laisser que petits guichets pour le passage d'un cheual.

Gasté estoit au camp du prince de Condé proche de sa personne, qui voyoit les choses aller bien autrement qu'il ne s'estoit promy ; car il n'auoit point creu que l'archeuesque prestre et vieillard, ny le parlement et la bourgeoisie soustiendroient cette premiere attaque sans s'esbranler ny parler d'accommodement.

<small>16 Juin 1636.</small> 8. On fit battre la ville en ruine et instamment furent amenées bombes en quantité qui se faisoient en diuerses forges non loing du camp François : elles sont machines de fer fondu en forme de cilindre dans lesquelles s'enclot quantité de poudre à canon, et à la lumiere qui est à la sommité d'icelles se met une fusée longue qui brusle lentement : cette machine se tire en l'air auec mortier à grand calibre, et estant esleuée aussi haut que le feu du mortier la peut porter, tombe sur le lieu pour lequel elle est poussée et par sa pesanteur enfonce tects et planchers des maisons et le paué mesme des rues à trois et quatre pieds de profond, et la fusée paruenant à la poudre le fer s'esclatte de toutes parts, deschire les hommes et froisse le dedans des maisons, quand les bombes sont grosses, comme estoient celles qui furent lors lancées sur les assiegez, portans plusieurs d'icelles en leur creux cinquante liures de poudre et plus, et deux ou trois cens liures enuiron de pesanteur.

L'une des premieres qui tomba fut en la rue d'Arans, qui tarda à prendre feu, et les personnes trop hardies qui l'approcherent en bon nombre furent à l'instant mises en pieces. On les voyait de moment à autre comme oyseaux noirs en la sommité de l'air, et ces foudres tombans firent horribles effects de toutes parts : sentinelles furent posées pour prendre garde à leur vol, mais il estoit difficile d'euader et impossible de parer à la cheutte.

Les batteries à ruine iouoient en mesme temps de leuant et de couchant et faisoient notables fracas de tects et cheminées, et dans ces effrois le prince de Condé menaça les assiegez de mettre leurs maisons champestres et villages en feux et furent ses promesses suiuies d'effects, car il commencea à brusler. Et au trauers des feux des canons battans en ruine se voyoient loing les villages bruslans, non tous ensemble mais piece à piece et à longs traicts, pour donner aux assiegez loisir de penser à leurs maux.

Tout cet horrible appareil (qui portoit la face du dernier iour) n'estonna point le vieillard archeuesque ny ceux de son conseil qui estoient Chaumont vice president, Boyuin et Gollut conseillers, et la Verne alloit mesprisant ces espouuentails et louant la magnanimité de l'archeuesque duquel le courage grossissoit. Les munitions de guerre estoient reparties en diuers lieux les plus sousterrains que l'on pouuoit, crainte des bombes et des feux artificiels qui estoient aussi iettez en mesme temps pour embraser la ville.

Le prince auoit suiuy l'aduis de Gasté qui visoit (comme i'ay dy) par ces rudes tormens et visage affreux de la mort, d'amener l'archeuesque et le parlement à une composition generale de toute la prouince, qui donneroit le haut pour tousiours à la noblesse : et la protection de France que la noblesse receuroit seroit le garant du traicté. Mais le prince et la Meilleraye auoient leurs pensées plus outre à la conqueste totale du pays, dont Gasté se prenoit garde, mais trop tard, et voyans les assiegeans l'obstination des assiegez (ainsy appeloient leur courage) ils continuerent leurs feux trois lieües la ronde pour empescher l'approche du secours, conseruans seulement les villages ausquels il auoient pry leur logement.

9. Noz regimens cependant arriuoient à Ornans, tous fort foibles, sauf celuy du baron de Scey, qui vint fort de mille hommes, auec bons officiers la plupart gentilhommes : ceux du marquis de Varambon et prince de Cantecroy de trois à quatre cens hommes : le baron de

Wilz auoit fort peu de gens, et pour former son regiment nous luy donnasmes quartier au val de Miege : le sieur de Rincour amena de la franche montagne quinze cens soldats armez au marquis, et le marquis pour remplir ceux des marquis de Varambon et prince de Cantecroy y fit entrer les soldats venuz de Mortaux et autres lieux en bon nombre.

Le baron de l'Aubespin qui estoit à Poligny auoit my ensemble quatre à cinq cens volontaires qu'il amena armez, lesquels nous ioignismes au regiment du marquis soub le commandement du dit baron, car le regiment auoit pour sergent maieur le sieur de Belmont-Vayte, vaillant et experimenté capitaine.

L'alliance que le marquis de Varambon auoit pry en Lorraine auoit fait ioindre à la noblesse qu'il commandoit de l'arriere ban de Dôle et soldats de caualerie qu'il auoit leué, force gentilhommes entre lesquels estoient les deux Clinchans, vaillans hommes. Le baron de Scey auoit la noblesse d'Amont et quelques soldats montez et le sieur de Thoraise celle d'Aual, le tout reuenant à six ou sept cens cheuaux seulement, tant la mort des seigneurs auant dits auoit diminué l'arriere ban.

Le prince de Condé se repentant qu'au lieu d'assieger Dôle il n'auoit assailly Besançon ou Salins, qui estoient fort foibles, ou Gray qui n'auoit *19 Juin 1636.* aucun dehors, destacha une partie de sa caualerie et l'enuoya se presenter aux portes de chacune ville pour veoir leur contenance et prendre selon ce ses mesures.

10. En ce mesme temps le baron de Sauoyeux qui auoit esté enuoyé au roy d'Hongrie retorna auec lettres du dit roy tant aux gouuerneurs assiegez qu'au marquis, par lesquelles il promettoit un prompt et puissant secours. Elles estoient accompagnées d'une du comte Gallasse son lieutenant general qui nous asseuroit de la volonté du roy son maistre et de la sienne. Et estoit iointe une de mesme substance de Ribolledo espagnol resident auprès du dit roy. Ces lettres et toutes celles escriptes par les princes et personnes principales meriteroient d'estre icy transcriptes, sinon qu'elles interromperoient le discours à cause de leur grand nombre, et faudra les laisser à noz successeurs en un liure à part.

Les premieres lettres estoient dattées des 7 et 8 de iuin, car le baron de Sauoyeux auoit fait extreme diligence et auoit trouué le roy d'Hongrie à Donauwerth. Ce braue roy beau frere de nostre roy, et de l'Infant nostre gouuerneur, auoit à l'instant despesché audit serenissime Infant pour luy dire que comme plus voisin de nous il se chargeoit de nous secourir, et Gallasse despescha ordre à deux regimens d'infanterie Allemande qui estoient postez au val de Lemont proche de nostre frontiere, l'un du marquis de Grana et l'autre du general Beck, de se rendre promptement à nous soub le commandement du dit baron de Sauoyeux, comme ils firent : lesquels il nous mandoit qu'il feroit suiure par trois principaux regimens de Croates, un de cuirasses et deux de dragons, *pour arres et asseurance du grand et puissant secours que le roy d'Hongrie nous preparoit*, sont les mots de la lettre de Gallasse.

‘ 11. La caualerie que le prince de Condé auoit destaché de son camp parut aux portes de Besançon. Le sieur de Mandre commissaire general de la caualerie estoit capitaine de Besançon qui nous en donna aduis et cependant parut hors des portes auec quelque infanterie, et par une legere escarmouche fit veoir aux François la resolution de la cité : mais il ne put empescher qu'ils ne missent le feu au village de Sainct-Ferieux, car il n'auoit autres soldats que la garnison ordinaire. ^{19 Juin 1636.}

Nous creusmes qu'il falloit accourir à Besançon auec toutes noz trouppes que nous logeasmes à Beure entre le chasteau d'Arguel et la riuiere du Doubs et iectasmes dans la cité le prince de Cantecroy citoyen aymé en icelle auec son regiment.

Le seigneur d'Andelot Tromaray gouuerneur de Gray et le conseiller de Champuans que monseigneur l'archeuesque et la cour y auoient enuoyé nous demanderent de la caualerie pour surprendre le chasteau de Baumont. Nous leur accordasmes et enuoyasmes les trois parts de la nostre, soub le commandement du sieur de Mandre le ieune, capitaine de caualerie, car elle ne nous estoit demandée que pour six iours et nostre infanterie estoit en poste assouré.

Le prince de Condé prit son temps et ioignit à la caualerie qu'il enuoya aux portes de Salins de l'infanterie en assez bon nombre et du canon pour occupper le chasteau de Montfort qui est en lieu opportun pour coupper Salins de Besançon et courir les montagnes desquelles nous venoient noz munitions de gueule et cheuaux d'attirail. La caualerie françoise fut descouuerte de bonne heure par le cheualier de Cleron qui commandoit au dit Salins, lequel enuoya au rencontre quelques mousquetiers qui se mirent en embuscade proche Pagnoz à une lieue de la ville. La caualerie françoise tomba dedans et y fit perte d'un principal seigneur, duquel le prince repeta le corps qui luy fut rendu, mais l'infanterie voyant la caualerie françoise torner le dos ne put estre retenue par l'Alphére qui la commandoit, lequel fut tué en ^{14 Juin 1636.}

la ralliant et quelques soldats auec luy. Le cheualier de Cleron fut si religieux que receuant lettres du prince de Condé qui luy demandoit le corps sus dit, il les enuoya au marquis auant que de les ouurir.

12. Toute la partie marcha contre Montfort qui se deffendit, et estant le canon des François my en batterie, le canonier fut tué d'un coup de fauconneau. Le commandant auoit peu d'hommes et fit prendre les armes à plusieurs filles qui monterent aux crenaux auec chappeaux sur leurs testes et moustaches pendantes comme les ieunes hommes les portoient, que les François prirent pour ieune noblesse.

Le baron de Scey qui estoit nepueu de la dame vefue du fut baron de Montfort, demanda gens au marquis pour aller secourir son chasteau, qui luy furent accordez : il le secourut. Le marquis le suiuit auec tout le reste et les François s'estans retirez et en leur retraicte pillé Quingey, nous campasmes tous ensemble à Cessey, bon poste près du dit Quingey. Les six, sept et huit iours se passerent sans que nostre caualerie retornat : nostre reste estoit de deux cens cheuaux pour le plus que commandoit le baron de Scey comme bailly d'Amont.

<small>21 Juin 1636.</small>

13. Les François retirez de Montfort s'estoient portez à Roche à une lieüe de nous, la montagne de Quingey entre deux, le prince les renforça et un matin à l'aube du iour penserent surprendre nostre camp et l'eussent surpry (car le marquis estoit allé receuoir les deux regimens Allemans sus dits venuz du Lemont, et le baron de Scey estoit à Chey demie lieüe près; si le marquis n'eut eu my bonne garde au pont de Quingey sur la riuiere de Louhe par lequel il falloit que l'ennemy passat. Le sieur de Gonsans qui commandoit à cette garde auec une compagnie de milice fit teste dans une vielle tour près de deux heures, iusques à ce que les François bruslerent le faubourg qui estoit tout voisin d'icelle pour fumer la tour, si auant que le feu s'attachant à la tour et à la ville brusla la ville entiere. I'estois à Montfort, d'où ie sortis au poinct du iour pour venir au camp et vy dez le haut des collines l'attaque et le feu : la pluspart de noz soldats furent saufs et Gonsans eut composition.

Cependant la caualerie sans attendre le pont auoit passé la riuiere de Louhe au guay et auoit marché contre nostre camp qui estoit gardé par le sieur de Champagne comme lieutenant du Marquis, lequel fit aduancer une bonne mousqueterie en lieux aduantageux sur le chemin que la caualerie Françoise deuoit tenir, et aux approches d'icelle fit lascher deux pieces de regiment qui tuerent quelques cheuaux et donnerent apprehension à la caualerie qui rencontroit le chemin aspre et estroit et estoit sans infanterie.

Le marquis auoit reçu les deux regimens Allemans à une lieüe pres de Cessey et eux par honneur luy auoient fait trois salues à leur mode; lesquelles l'ennemy auoit entendu et iugeant leur approche (ioint que Quingey estoit uniuersellement en feu et le pont inaccessible) il se retira auant le retour du marquis, qui aduerty fit tous efforts pour amener les Allemans au secours de son camp; mais ils refuserent opiniastrement de nous ioindre pour n'auoir recogneu ny l'ennemy ny nostre camp. Bien destascherent-ils quatre cens mousquetiers auec lesquels et autant des nostres, nostre peu de caualerie commandée par le baron de Scey qui auoit accouru des Chey suiuit l'ennemy et furent aucuns François tuez en la retraicte.

14. Le lendemain retorna nostre caualerie enuoyée à Gray qui auoit reüssy heureusement à la surprise de Baumont, et auoit de plus le seigneur d'Andelot, gouuerneur de Gray, attaqué à l'ayde d'icelle le chasteau de Rigny tout voisin de la ditte ville qui luy estoit comme une paille à l'œil et l'auoit emporté et fait desmolir par l'aduis du conseiller de Champuans qui estoit dans la ditte ville et correspondoit aux assiegez et à nous. 17 Juin 1636.

Au mesme temps de la prise de Rigny la caualerie françoise qui auoit paru aux portes de Besançon passa aux portes de Gray du costé des Capucins, bien plus forte que la nostre qui estoit à l'opposite de la riuiere, se voyans les deux, mais la Saone entre deux sans aucun guay : nostre caualerie ne retorna pas à nous toute entiere, car les Lorrains s'estoient retirez, se plaignans que le butin de Baumont n'auoit pas esté esgalement partagé. 20 Juin 1636.

Le marquis se fascha que ses ordres n'auoient pas esté suiuis, sa caualerie ayant seiourné douze iours au lieu de six, et que ce retardement auoit causé le malheur de Quingey et auoit manqué de perdre nostre camp et toute la prouince : mais le commandant de Champuans et la prise de Rigny excusoient la faute et instamment arriua le comte de Salenoüe auec trois compagnies de caualerie dont Duprel commandoit une et le filz du comte une autre, qui suppleerent le deffaut des Lorrains.

Le marquis renforcé de deux regimens Allemans fit venir à Cessey le prince de Cantecroy et son regiment qui estoit inutile à Besançon, puisque l'ennemy n'entreprenoit rien contre la cité; lors fut tenu conseil :

le marquis auoit desseigné de reprendre le poste sus dit de Fraisans lorsqu'il auroit des gens suffisamment, mais l'ennemy l'auoit pressenty et se tenoit posté à Roché pour luy coupper le chemin dans les bois de Courtefontaine s'il marchoit la route de Fraisans.

Le baron Kuniq suisse fribourgeois nous estoit venu trouuer à Ornans et auoit pry charge et touché argent pour nous amener un regiment de Suisses catholiques. Nous auions donné ordre au commandant de Sainct-Mauris de faire leuée au ressort de Lons-le-Saunier d'un regiment de caualerie et d'un d'infanterie. Il auoit ordre secret de se ietter dans le chasteau du Fay qui est en France, appartenant au comte de Beauiean son frère, pour de là faire diuersion en Bresse où les Bourguignons voisins le seconderoient. Mais les François l'auoient aussi pressenty et ietté grosse garnison dans le dit chasteau du Fay, si que on auoit mandé au commandeur de nous venir ioindre auec ses deux regimens. Le sieur d'Andelot Cheuigney auoit aussi demandé de faire un regiment de caualerie, ce qu'on luy auoit accordé, et le sieur de Mandre commissaire de la caualerie auoit ioint ses trois compagnies et quelques autres en mesme forme de regiment. Nous attendions de Suisse noz munitions de guerre qui tardoient beaucoup, et le marquis proposoit d'assaillir l'ennemy dans Roche et gaigner le poste sur luy, qui nous seroit aussi aduantageux que celuy de Fraisans : à quoy les assiegez nous pouuoient ayder par fréquentes sorties qui obligeroient l'ennemy à ne pas desfournir son camp.

Cecy se deliberoient entre peu de gens, quand le commandeur de Sainct-Mauris arriué à la grange de Vaiure proche du Port Laisné à trois lieues de nous, nous manda de le secourir, car l'ennemy de Roche marchoit à luy, et il s'estoit posté en la ditte grange de Vaiure qui est bon poste entre la riuiere de la Louhe et la montagne de Vaugrenans ; et s'il le quittoit pour venir à nous l'ennemy le trouueroit en raze campagne et le prendroit à dos. Nous marchasmes instamment pour le secourir, le long des campagnes, en bon ordre de guerre, sinon que les deux regimens Allemans prirent le haut des montagnes à main gauche par lieux forts et loing de l'ennemy qui nous voyoit dez ses corps de garde de Lombard ; nous destachasmes quelque caualerie pour le recognoistre au dit Lombard, mais il ne bougea pas et vinsmes coucher à Rennes proche la grange de Vaiure.

25 Juin 1636. Le lendemain au poinct du iour les François parurent pour assaillir le commandeur ; on le renforcea du regiment d'infanterie du marquis

de Varambon et d'un de caualerie, et furent toutes noz trouppes rangées en bataille à mille pas de luy. Les Allemans se rengerent derriere en lieu fort à autres mille pas. Il y auoit apparence de bataille et là se commenceoit l'escarmouche : nous eussions manqué de munitions si la ville de Salins voisine de deux petites lieues ne nous en eut promptement enuoyé.

Les François auoient esté renforcez par le prince de Condé qui nous escriuit ce iour là pour accorder quartier de part et d'autre pour les prisonniers, ce que nous ne voulusmes pas et fusmes iusques apres midi en bataille attendans l'ennemy qui au contraire ne se croyant pas assez fort ny asseuré de la riuiere qui le couuroit, s'alla poster au haut de la montagne du port, tenant le pont puissament garny. Nous ne pouuions forcer le pont, car le canon de l'ennemy y estoit logé et cherchasmes les chemins pour attaquer le François au haut de leur montagne, sans rencontrer que petits sentiers où la mousqueterie montoit fil à fil. Tout le iour passa ainsy, et est à remarquer que le commandeur ne s'estant point encor ioint à nous et partant ne cognoissant pas les aydes de camp qui portoient les ordres du marquis, se trouua aupres de luy un incogneu de bonne mine qui luy apporta ordre le matin durant l'escarmouche de se tirer en arriere pour ioindre le corps de l'armée. Il treuua estrange ce commandement, car leuant le pied et quittant son poste qui estoit fort, il donnoit le dos à l'ennemy, mais enfin il eut obey si le sieur de Belmont sergent maieur du regiment de Varambon n'eut sauté à cheual et accouru au marquis pour veriffier l'ordre. Le marquis estonné de la fourbe, manda au commandeur de ne point bouger. Ie le trouuay qu'il continuoit l'escarmouche attendant la certitude de l'ordre, et ne peusmes sçauoir qui estoit le faux ayde de camp, car apparemment il estoit de l'ennemy et s'estoit depuis remeslé auec ses gens à la faueur de l'escarmouche en laquelle de part et d'autre estoit mesme habit, mesme langage et nulles escharpes.

15. Sur le tard à soleil couchant on tint conseil où estoient les deux lieutenans colonels Allemans Mora et Varadiso (car les colonels estoient demeurés aupres de l'empereur). Mora qui parloit bon françois dit absolument qu'ils n'auoient aucun ordre de combattre et d'ailleurs ne croyoit pas que pour gaigner un simple poste on deust combattre auec desauantage. Nous auons fait (dit le baron de Scey) ce que nous pretendions, qu'estoit de secourir le commandeur ; que s'il faut combattre pour gaigner le pont, combattons, sinon voicy le dix septiéme iour que

noz trouppes sont logées à la haye loing des villes, qui ont besoin de repos si nous ne les voulons perdre. Chacun demeura d'accord qu'on coucheroit au lieu mesme et que le lendemain au matin on passeroit outre, en bon ordre, le chemin de Salins. Le commandeur auoit eu ce iour l'auant garde, le lendemain il eut l'arriere garde et marcherent les trouppes sans desordre ny confusion à la veüe de l'ennemy qui n'osa descendre du haut de sa montagne et furent noz trouppes logées à couuert dans le val de Salins.

Le baron de Wateuille estoit arriué au camp du duc de Lorraine auec lettres du marquis et le duc à l'instant l'auoit despesché à l'Infant d'Espagne auec offre qu'il faisoit de nous secourir. L'Infant l'auoit accepté et auoit despesché le capitaine Gigouley pour en donner aduis aux gouuerneurs, puis ayant receu lettres du roy d'Hongrie qui se chargeoit du mesme secours dez Donauwerth où il estoit, l'Infant remercia le duc et escriuit de Bruxelles aux gouuerneurs et à nous en datte du 23 de iuin, que nous receumes en cette marche de Salins.

La lettre aux gouuerneurs estoit en ces mots :

« Très-reverand pere en Dieu, très-chers et bien aymez, ie vous aduisay par le capitaine Gigouley de la resolution que i'auais prise de secourir Dole et toute la prouince ; mais voyans celle du roy d'Hongrie monsieur mon frere, d'enuoyer son lieutenant general faire cette faction auec l'armée imperiale et l'impossibilité qu'il y a de faire passer monsieur le duc de Lorraine mon cousin, i'ay trouué beaucoup meilleur d'assembler toutes les trouppes de deçà et entrer auec icelles en personne dans la France pour agir, de sorte que cette diuersion si considerable puisse rendre tant plus facile le secours de la prouince de Bourgougne ; me semble que cette voye est la plus à propos et un des plus grands secours qui se peut vous faire, estant tout euident que mon armée rappellera celles qui maintenant vous offensent, pour deffendre leurs propres maisons : c'est ce qu'il m'a semblé vous aduertir, vous vous encouragerez tant plus à resister aux ennemys à ce que par vostre valeur accoustumée puissiez participer à la gloire, que i'espere Dieu vous fera la grace d'obtenir. »

La lettre qu'il nous escriuit de mesme date estoit en langue espagnole en ces mots.

« Marques de Conflans, pariente, y Girardot de Noseroy, he receuido vuestra carta de los seys del presente, y quedo con toda estimacion del valor que mostrays en este acometimiento que Franceses han hecho á esa prouincia, y la buena disposition con que yvades preueniendo á sus intentos, y de vuestra fidelidad y zelo al seruicio del Rey mi señor. Espero continuareys con la misma fineza que hasta aqui, mientras llegue el socorro que el senor Rey de Hongria, mi hermano, embia á esa prouincia, y la diuersion que por aca se introduze en Francia ; espero de obligar al enemigo á que retirándose de essa prouincia, acuda á la defensa de las propias[1]. »

[1] Marquis de Conflans, mon cousin, et vous, Girardot de Noseroy, j'ai reçu votre lettre du six courant et viens vous témoigner toute ma satisfaction de la valeur que vous avez déployée, lors de l'attaque de cette province par les Français, comme aussi des sages mesures que vous avez prises pour prévenir leurs desseins, de votre fidélité et de votre zèle pour le service du Roi mon maître. J'espère que vous continuerez à agir de même jusqu'à l'arrivée du secours envoyé par le Roi de Hongrie, mon frère, à cette province, et par le moyen duquel je compte voir s'opérer une diversion en France, l'ennemi se trouvant obligé de renoncer à toute tentative sur notre territoire, pour veiller à la défense de ses propres foyers.

Traduit par M. Th. BELAMY.

LIURE SIXIÉME.

1. Sortie des bourgeois de Dole. 2. Conseruation miraculeuse des églises. 3. Circonualation de Dole. 4. Attaques de la tenaille d'Arans. 5. Mines. 6. Froideur des cantons suisses. 7. Allemans refusent d'obéir au marquis. 8. Arriuée de Fortkatz et Mercy. 9. Secours retardé. 10. Entreprise du marquis rompüe. 11. Moyens employés pour secourir Dole. 12. Batteries contre la tenaille d'Arans. 13. Gallerie des François. 14. Fourneaux et mines. 15. Tempeste. 16. Fortkatz assailly. 17. Diuersions en Picardie. 18. Secours arriué. 19. Conseil de guerre. 20. Fourneaux iouent. 21. Retraicte des François.

Les assiegeans et assiegez n'auoient perdu aucun temps, car les batteries à ruine, les feux artificiels et l'horreur des bombes n'auoient point cessé, et les deux demie lunes aux portes de Besançon et Arans auoient chacune une face desnuée de deffense.

1. La batterie de Besançon estoit fort voisine et alloit l'ennemy auançant ses ouurages par lesquels il fut bien tost venu iusques dans le fossé de la demie lune qui estoit resté sans deffense du costé du soleil leuant comme i'ay dy cy-dessus, si la Verne n'y eut pourueu, troublant et inquietant par tous moyens les ouurages de l'ennemy : et comme il les vit tout prochains et que la premiere ardeur françoise s'alentissoit, que le canon estoit gardé negligemment, le corps de garde esloigné des quartiers, les officiers principaux souuent absens, il resolut de faire une puissante sortie pour gaigner les canons et les ouurages, et sans descouurir son desseing à personne alloit disposant les choses : ce qui luy restoit à faire estoit l'apprest des cheuaux pour amener les quatre canons des François à la ville quand il les auroit gaigné, et auoir en tout cas des clous et outils necessaires pour les enclouer s'il ne les pouuoit amener. Son desseing estoit de surprendre le corps de garde aduancé à l'heure du disné. Il enuoya la veille de l'execution le sieur de Grandmont auec un caporal et deux soldats pour recognoistre sans bruit si l'ennemy continuoit en sa nonchaillance et s'il y auoit rien de changé aux ouurages ou à la garde. Grandmont alla heureusement en passant par la demie lune, aucuns soldats et bourgeois allerent filans apres luy sans ordre et voyans l'occasion bonne, car les tranchées estoient mal gardées, se ietterent sur le premier corps de garde françois qui surpry ne rendit que bien peu de combat. Ceux qui le soustenoient

_{27 Juin 1636.}

accoururent, le toxin donna dans la ville, les bourgeois vindrent au secours des leurs, la Verne marry de ce desordre, fortiffia neantmoins les bourgeois par prompt et puissant secours, si que noz gens demeurerent maistres des ouurages et du canon. La Verne faisoit amasser cheuaux, attelages, cloux et outils, donne ses cheuaux et l'archeuesque les siens: mais cependant qu'on les preparoit le toxin de la ville fut entendu aux quartiers de l'armée, et fit le prince marcher la gendarmerie françoise au secours de leurs fuians et poursuiuis, si que la Verne qui voyoit le tout et s'impatientoit du retardement fut contraint enfin de penser à retirer ses gens, et le fit à toute peine tant ils estoient acharnez et difficiles à quitter la victoire qu'ils tenoient en leurs mains, sans s'en pouuoir preualoir par la precipitation et auortement d'une entreprise qui eut heureusement reussy si elle fut venüe à terme.

Le prince de Condé ne tarda pas d'attaquer la demie lune d'Arans du costé qu'elle estoit sans deffense : son quartier estoit comme i'ey dy de ce costé là, et bien qu'il fut logé au chasteau de Sainct-Ylie, touteffois il auoit fait dresser grande quantité de barraques en un grand fond, qui est proche de la fontaine d'Arans, à cinq cens pas de la ville, qui n'estoit point veu du canon des assiegez, et souuent luy et la Meilleraye grand maistre de l'artillerie s'aduançoient dans le dit fond, comme ils firent en cette occasion auec force noblesse et les meilleures trouppes de leur armée.

L'embrasure du bouleuard d'Arans estoit fermée et la demie lune par consequent estoit sans deffense du costé du soleil couchant. Le canon des François tout voisin dans les iardins. On vit dez le clocher que grosse gendarmerie marchoit de Sainct-Ylie contre la demie lune, que la Verne pour ce renforcea aussitost de gens, et preuoyant qu'il y faudroit combattre de main à main prepara ses meilleurs hommes à cet effect : la conseruation de la demie lune deppendoit de la contrescarpe et la contrescarpe estoit aydée du bouleuard du viel chasteau et de la courtine d'iceluy fournie de nombre de canons ; mais si l'ennemy gaignoit la contrescarpe de la demie lune et le fossé d'icelle, il n'estoit plus veu d'aucun lieu ny pas mesme de la sommité du bouleuard d'Arans et pouuoit à force de grenades desloger ceux qui estoient dans la demie lune, et escheler icelle à la faueur de sa mousqueterie qui luy eut nettoyé le parapet, et d'un mesme pas eut peu aduancer et occupper la première porte de la ville.

Le combat fut rude à la deffense de la contrescarpe de la demie lune et dura iusques à la nuict close dez enuiron les trois heures apres midy aux grands iours d'esté. La Verne vint en personne dans la demie lune auec cuirasse et armes en teste, Grandmont Vellecheureux signala ce iour là sa valeur et son adresse, aucuns du parlement s'y trouuerent, Brun, entre autres, fut auec un mousquet dans la contrescarpe où il fut veu tirer quantité de coups. L'archeuesque vint en fin en personne à la porte pour donner courage, et de part et d'autre, de moment en moment estoient enuoyez soldats frais, et les canoniers de la Meilleraye estoient si adroits que leurs canons iouoient incessamment et estoient aussitost rechargez que noz mousquets. La nuict separa le combat, mais elle ne guerit pas le mal de la demie lune qui estoit sans deffense du costé du couchant : on trauailla de nuict à la contrescarpe du grand fossé de ce costé là qui en peu de iours fournit un flanc à la demie lune, et la Verne fit armer quantité de fleaux, de poinctes et crochets de fer, et fit faire certains instrumens poixez et liez de bonnes cordes qu'il appella brassards pour lancer dans les ennemys, qui furent utiles les iours suiuans, car le prince fit continuer les attaques, et les assiegez accreuz de courage par leur victoire firent frequentes sorties pour attaquer l'ennemy dans ses tranchées, ausquelles sorties les soldats de milice adroits à manier les fleaux se rendoient formidables par ce nouueau genre d'arme, et se lanceoient les brassards dans les tranchées des François, qui y faisoient de grands rauages, si que le prince fut contraint de retirer ses canons et quitter l'entreprise de la demie lune.

2. Les bombes auoient fait grand fracas dans la ville, non tant d'hommes que de maisons. Une bombe tomba dans l'église des Carmelines, une autre dans celle des Carmes, qui firent d'horribles effects à l'autel et aux parois sans tuer ny blesser aucuns de ceux qui y estoient.

21 Juin 1636.

Les mortiers estoient dressez sur la grande église et le palais, mais aucune bombe ne rencontra l'église ; l'une d'icelles tomba au palais sur le cabinet du procureur general et le mit en pieces. Force boulets de canons tirez contre l'église en ouurirent les voûtes, mais ny les bombes, ny les boulets de trente deux liures, ny les pierres des voûtes tombans dedans aux heures que l'église estoit pleine de gens ne tuerent iamais personne.

Le Sainct-Sacrement miraculeux de Fauerney duquel i'ay parlé au commencement estoit exposé tous les iours en la ditte église, où luy est dressé une chapelle magnifique et les marques de feu y paroissans chassoient des esprits des bourgeois l'apprehension des bombes et des feux. C'est merueille de la constance et courage de la bourgeoisie qui parut lors uniuersellement.

3. Le prince preuit que le succès du siege seroit honteux voyant la valeur des assiegez et la bonté des murailles, et estant aduerty des preparatifs qui se faisoient en Flandre et de la promesse de secours donnée par le roy d'Hongrie, (si la Meilleraye n'eut oppiniastré le siege) le prince eut esté d'aduis qu'on l'eut leué. La Meilleraye donc qui vouloit acquerir de l'honneur à ses premieres armes obtint dans le conseil qu'on resolut de faire circonuallation auec tranchées, forts et redoutes de toutes parts, à quoy toute l'armée commencea de trauailler chacun en droit soy : et fut renforcé l'arriere ban et esleuz de Bresse de quantité de pionniers. Le plan de la circonuallation portoit plus de deux lieues de circuit, car il enfermoit tout le tertre, Crissey, Sanct-Ylie, la montagne de Plumont iusques au bois de Foucherans, Breuans et Bauerans. Cette grande estendue estoit pour esloigner les tranchées du canon de la ville et en cas de necessité se pouuoir retirer à la faueur du bois de Foucherans qui est de France et vont les bois continuans iusques à Sainct-Iean de Laone.

La Meilleraye pensa à battre la courtine qui est entre les bouleuards du pont et de Besançon, car elle estoit toute descouuerte sans aucune contrescarpe et nullement remparée, et l'accès luy en estoit facile, car par la rupture de la grande escluse qui est sur la riuiere proche d'Arans, il auoit destourné l'eau qui coule par le canal de la prairie pour faire moudre les moulins, et le temps estoit si sec au cœur de l'esté, qu'on pouuoit tirer tranchées iusques au pied de la ditte courtine demeuré nud apres le fossé desseché : mais craignant le changement de temps qui pouuoit amener des pluies qui inonderoient la prairie, il eut peur de ne pouuoir retirer son canon s'il l'engageoit si prés, considerant le peril auquel il auoit esté à la sortie sus ditte de la porte de Besançon. La Verne qui fut aduerty des pensées de la Meilleraye, fit trauailler tost à remparer de terre la ditte courtine, se seruant à cet effect d'un prel tout voisin où les bourgeois auoit coustume de tirer l'arc en temps de paix.

4. La resolution du prince fut d'attaquer le bouleuard du viel chasteau qui estoit comme i'ay dy cy-deuant le plus foible de tous, car la moitié seulement du costé de la porte d'Arans est reguliere et l'autre

moitié du costé de la riuiere au lieu de face, flanc et orillon estoit une tenaille mesnagée par la rencontre d'une muraille ancienne du viel chasteau. La contrescarpe au deuant du bouleuard estoit une haute doue et masse de terre informe qui ne seruoit qu'à couurir l'ennemy sans que le haut du bouleuard le put veoir derriere icelle, mais la Verne y fit trauailler incessamment.

La premiere attaque que donna l'ennemy à la contrescarpe fut fort rude, car noz soldats y combattirent main à main à descouuert, mais l'ennemy en fut vaillamment repoussé, car la demie lune d'Arans deffendoit la contrescarpe et la Verne la fournit de sa meilleure gendarmerie pesle meslée de bourgeois auxquels les premiers succès auoient donné tel appetit de combattre qu'il falloit quereller auec eux pour les retenir dans la ville.

L'ennemy ne pouuoit dresser batterie contre la tenaille sus ditte sans auoir gaigné la contrescarpe, ny gaigner la contrescarpe sans perte de beaucoup de gens, tant que la demie lune d'Arans subsisteroit, et il auoit attaqué pour neant et auec perte la ditte demie lune comme i'ay dy, nonobstant que l'embrasure qui estoit la deffense d'icelle fut rendue inutile.

<small>30 Juin 1636.</small> L'ennemy pour ce ouurit tranchées entre les dittes demie lune et contrescape et fit un grand carré en forme de galleries pour se couurir contre la ditte demie lune et contre le bouleuard et rempart de la ville.

5. Quand la Verne vit commencer cet ouurage qui couuroit les ouuriers trauaillans, il iugea que c'estoit pour coupper la contrescarpe entre la porte et la tenaille, et à ce moyen empescher le secours de la ville et tout ensemble rendre inutile le flanc de la demie lune. Mais l'ennemy ne perçea pas la contrescarpe à l'endroit de son ouurage, ains se seruit d'iceluy pour faire couler ses pionniers soub la contrescarpe et y creuser une mine, ce que la Verne ne pouuoit empescher sinon en gaignant le carré de tranchée et les galleries qui estoient gardées puissamment et estoit faicte ainsi vaste et en forme carrée pour y loger plus de gendarmerie.

<small>29 Juillet et 2 Août 1630.</small> Quand la mine fut acheuée, l'ennemy fit aduancer gens choisis et bien armez en teste desquels marchoient cinquante cauliers armez de toutes pieces et logea toute la gendarmerie dans les galleries faisant iouer cependant son canon et mousqueterie contre les remparts de la ville qui estoient garnis de soldats. Dez l'instant que les gens d'armes François furent prochains de la mine, l'ennemy la fit iouer en espoir

qu'elle pousseroit la contrescarpe dans le fossé et luy feroit ouuerture ; mais il en succeda autrement, car la terre esleuée par la force de la poudre renuersa sur les François et accabla le premiers rangs. Ce fut un coup de la main de Dieu, car les assiegez qui estoient sortis et faisoient leur gros en la demie lune, dez qu'ils virent mouuoir l'ennemy s'allerent aduancer sur la contrescarpe, et comme ils ignoroient l'endroit de la mine, s'ils eussent marché iusques à icelle, ils eussent esté emportez ou accablez. Ce renuersement et perte des hommes d'armes François donna la peur aux autres soldats, et les assiegez à la faueur de cet aduentage les combattirent vaillamment et pousserent hors de leurs galleries remplies en partie par le renuersement du terrain.

Le roy d'Hongrie auoit escry aux gouuerneurs qu'il enuoyeroit son lieutenant general, le comte Gallasse, auec toutes ses forces pour les secourir, et desià enuoyoit quelque caualerie et infanterie. La Verne ne nous pressoit point de le secourir, ny monseigneur l'archeuesque, ny le maire de Dole ; mais Brun à qui le mesaise non accoustumé faisoit peine, car il estoit ordinairement splendide en sa maison, nous escriuoit incessamment au nom des gouuerneurs de nous haster à les secourir.

Nous receumes à Salins lettres du roy d'Hongrie au commencement de iuillet, qui nous mandoit d'empescher par tous moyens qu'aucun traicté se fit auec les François sans permission expresse du serenissime Infant et que nous tinssions les assiegez en l'esperance qu'il leur donnoit de prompt et puissant secours.

6. Le comte Casate, ambassadeur ordinaire du roy à Lucerne, auoit sollicité les Suisses à maintenir la neutralité de Bourgoughe, de laquelle ils estoient les médiateurs et depositaires des sermens des roys ; et puisque elle auoit esté violée par les François, le comte auoit demandé qu'ils en tesmoignassent leurs ressentimens, où pour le moins ensuitte de la ligue ancienne hereditaire nous assistassent par loyal esgard. Mais le comte nous manda qu'il recognoissoit en eux une grande froideur, nonobstant que le marquis de Leganez, lors gouuerneur de Milan auquel nous auions escry, pressa les cantons catholiques ses voisins ensuitte du traicté de Milan. C'est que ils estoient trop loing de nous et les cantons protestans trop voisins. L'euesque de Lausanne, frere du marquis, auoit seul aduancé vers le canton de Fribourg, car il auoit obtenu que le baron Kuniq leueroit un regiment de volontaires dans le dit canton et auoient ià esté leuées quelques compagnies que leur colonel

voulut amener : mais les Bernois luy refuserent le passage sur leurs terres, sans lequel il ne pouuoit venir à nous, et voulant le prendre à la deffilade, ses soldats trouuerent les passages occupez, alleguans les protestans qu'ils nous donneroient secours par ambassade qu'ils enuoyeroient au roy de France à Paris et au prince de Condé au camp de Dole.

Noz munitions de guerre estoient acheptées et payées dans la Suisse dez le commencement du siege, mais elles auoient aussi eu peine à passer et arriuerent seulement à Salins emmy le mois de iuillet, les Bernois ne voulans rien faire qui put ombrager les François et qui fut contraire au traicté faict auec eux, que nous ne sçauions pas.

7. Le marquis auoit despesché courier au roy d'Hongrie pour l'aduertir que Mora et Varadiso, lieutenans colonels des regimens de Grana et de Beck, refusoient d'obeir à ses ordres, et ces deux regimens qui estoient postez sur les montagnes de Salins ruinoient les villages où ils estoient logez, bien que on leur fournit rations de pain, vin et chair, et les officiers auxquels on auoit donné argent en vouloient à discretion, sinon menaccoient de s'en retorner. Le comte Gallasse les auoit my soub la charge du baron de Sauoyeux, lequel ne trouuant aucune obeissance s'en estoit deschargé et remy au comte Gallasse d'y ordonner.

Au mesme lieu de Salins vint secrettement le secretaire du prince Félix, gouuerneur de Sauoye, donner asseurance au marquis de l'affection du duc pour la Bourgougne.

8. Les Croates promis par le roy d'Hongrie et le comte Gallasse arriuerent au mesme temps au bailliage d'Amont et se logerent sur la riuiere d'Oignon, pays gras et peuplé. Le chef des Croates estoit le colonel Fortkatz qui outre ces deux regimens en commandoit encor un de dragons, et le baron de Mercy le plus ieune des trois freres commandoit un regiment Alleman de cuirasses. Ils nous enuoyerent à Salins un de leurs officiers auec lettres du roy d'Hongrie et du comte Gallasse portant pouuoir au marquis de commander aux dittes trouppes.

Nous donnasmes aduis au mesme instant aux assiegez de l'arriuée de cette caualerie et tinsmes conseil, auquel aucuns vouloient qu'on la fit venir vers nous et que faisans tous ensemble un corps d'armée, nous marchassions le long de la riuiere de la Louhe pour nous poster au plus prés que nous pourrions du camp ennemy. Cet aduis estoit le meilleur, mais il rencontroit une principale difficulté, sçauoir qu'il ny auoit aucun pont sur la riuiere du Doubs où cette caualerie put passer que celuy de Besançon, et la cité ne pouuoit leur donner ce passage crainte de la peste, car l'ennemy tenoit le pont de Fraisans et tous les guays iusques à Dole, et de faire passer les Croates et Allemans par les montagnes, c'estoit mettre les montagnes (qui estoient nostre principal refuge) en proye. Nous n'auions pas pry garde comme nous fismes depuis, qu'il y auoit un guay en la riuiere du Doubs proche d'Auanne auquel cette caualerie pouuoit commodement passer pour venir à nous : l'autre opinion qui fut suiuie fut de les aller nous-mesmes trouuer auec noz trouppes par le chemin des montagnes, car si bien on donneroit passage à Besançon à noz trouppes de Bourgougne, on ne le donneroit pas à noz deux regimens de Grana et de Beck pour mesme crainte de la peste qui suit tousiours les regimens Allemans, et cette seconde opinion plaisoit fort à ceux de Salins.

Ces deux regimens demandoient tousiours argent et nous n'en auions point aux sauneries que les fermiers auoient abandonné; ils n'auoient laissé qu'un de leurs receueurs qui asseuroit n'auoir aucun argent. Nous commismes au gouuernement des sauneries le sieur de Myon de Salins, qui en fit sortir de l'argent et mismes ce receueur des fermiers aux mains de nostre auditeur puis en celles des Allemans qui luy firent trouuer argent dont ils furent payés. Et en cette sorte les dits deux regimens de Grana et de Beck marcherent auec nous par les montagnes et nous nous ioignimes à Fortkatz et Mercy qui nous firent aduant garde en leurs propres logemens à Voray et Cromary et se logea nostre caualerie de proche en proche sur la mesme riuiere d'Oignon.

Nous campasmes nostre infanterie proche de Palante au flanc de Besançon; mais elle se trouua diminuée des trois parts, car comme elle estoit la pluspart de montagnards, ils s'estoient sauuez nuictamment passans par les montagnes et s'estoient retirez en leurs maisons, ne pouuans supporter la fatigue de coucher incessamment à la haye comme ils auoient tousiours fait et n'avoient eu que le seul pain de munition. Les Allemans eurent l'arriere garde à leur ordinaire et voulurent auoir deuant eux la riuiere du Doubs à Chalèze, le guay de laquelle les ioignoit à nous qui estions campez et retranchez audeuant de la riuiere, nous seruans de la commodité d'icelle et des bois voisins : noz munitions de guerre estoient partie dans Besançon et partie dans le prieuré de Beaupré où le marquis logeoit au milieu de ses gens.

Le bruit de l'arriuée du secours fut fort grand et nous ne diminuasmes pas l'opinion qu'en conceurent les assiegez qui à ce moyen tindrent pour asseuré qu'ils seroient bien tost secouruz. Le prince de Condé qui peu auparauant auoit sommé la Verne luy faisoit entendre par ses lettres qu'il auoit soustenu six sepmaines de siege qui estoit une glorieuse deffense, et s'il s'opiniastroit d'aduantage debuoit perdre l'espoir d'une honorable composition laquelle il luy offroit telle qu'il voudroit. La Verne auoit respondu en mots courageux et ciuils. Le terme qu'il auoit pry estoit passé et il nous escriuit iointement auec les gouuerneurs qu'il ne falloit pas differer le secours pour ce qu'il seroit plus difficile apres que la circonuallation (à laquelle l'ennemy trauailloit de toutes parts) seroit acheuée. Nous leur respondismes auec espoir de complaire aussi tost que nostre infanterie dissipée par les montagnes seroit retornée soub ses enseignes, à quoy nous trauaillions ; et en effet nous restions auec mille hommes d'infanterie Bourguignone et quelque peu de Lorrains soub le sieur d'Arbois qui s'estoit ioint à nous, car les Allemans ne vouloient pas combattre, et n'estoient que deux milles en tout. Et quant à la caualerie, les Croates sont très-utiles pour tenir une armée en asseurance, soulager ses gardes et fatiguer l'ennemy, qu'estoit ce que Gallasse nous mandoit que nous deussions faire, mais ils ne combattoient iamais en bataille rangée, et ce que nous auions de cheuaux legers estoient enuiron douze cens Bourguignons et trois cens Allemans soub le baron de Mercy, assez mal montez.

9. L'Infant aux Pays-Bas disposoit son armée pour entrer en France à l'effet qu'il nous auoit promy d'une puissante diuersion, et le roy d'Hongrie ordonnoit l'armée imperiale pour marcher à nostre secours, quand un mescontentement non preueu saisit la noblesse de Pologne qui estoit la principale force de l'armée imperiale, en nombre de six mille cheuaux, et quoy que fit le roy d'Hongrie pour les contenter ne les put iamais retenir. Ce fut un ouurage de la science du cardinal de Richelieu et des caluinistes qui ayans experimenté à leur dommage l'adresse et valeur de cette noblesse polonoise proche Toul en Lorraine et voulans empescher le secours de Dole firent cette practique, et en mesme temps firent ioindre l'armée de France qui estoit en Allemagne conduitte par le mareschal de la Force et le cardinal de la Vallette à celle des Suédes et protestans conduitte par le duc de Weymar ; et estant iointes marcherent contre le roy d'Hongrie, qui desnüé de caualerie fut contraint de se retrancher pour n'estre forcé à combattre. L'armée françoise et suéde ne pouuant forcer ses retranchemens assie-

gea Sauerne et la prit à sa veüe. Il despescha lors le courier du mar- *22 Juin 1636.*
quis qui estoit auprès de luy pour l'en aduertir, auec promesses neantmoins fort belles et lettres iointes du comte Gallasse de mesme substance.

Ce coup pensa nous estourdir, nous tinsmes conseil secret auec
Fortkatz, car nous auions besoin de son mestier. Fortkatz fut d'aduis que
nous fissions bruit de marcher à l'ennemy afin de l'obliger à se reserer
dans ses retranchemens, desquels sortant sa caualerie pour aller au
fourrage il se promettoit de deffaire leurs fourrageurs et à ce moyen
esperoit de ruiner leur caualerie. Le marquis auoit receu lettres du *1er Aout 1636.*
serenissime Infant par lesquelles il luy auoit donné la commission
du gouuernement des armées en Bourgougne.

Le conseiller de Champuans qui iusques alors auoit esté à Gray
obtint de l'Infant commission du gouuernement politique pour luy et
les autres conseillers qui estoient libres hors de Dole, auec laquelle il
vint à nous; et s'estant logé à Besançon, pressoit auec les assiegez que
nous marchassions au secours de Dole où estoient sa femme et ses
enfans. Brun escriuoit lettres par tout à ses amys et le bruit des canons
qui s'entendoient dez Besançon et Salins faisoit pitié. Les assiegez enfin
nous le commanderent absolument dans la creance qu'on leur donnoit
que nous estions forts de quatre mille cheuaux et six mille hommes
d'infanterie, et eux de leur costé se preparoient à une puissante sortie
et nous marquerent les signals que nous leur donnerions. Chacun
blasmoit nostre retardement et là les pasquins parloient contre nous.

Le pas estoit glissant, car nous allions perdre creance vers les
peuples et s'alloient former partis dans le camp mesme en une saison
que le roy d'Hongrie estoit au non pouuoir, et la perte de Sauerne
faisoit apprehender celle de Dole. Nous cachasmes nos pensées à
Champuans, le marquis, Fortkatz et moy, et fismes assembler tous les
colonels (Champuans present) et leur representasmes que toute esperance de deliurer Dole consistoit aux forces que nous auions en mains,
qui nous restoient inutiles si Dole se perdoit, que les assiegez nous
promettoient merueilles si nous allions à eux, que pour ce nous estions
d'aduis d'obeir à leur commandement, et ce que nous disions de bouche
nous le leur presentions par escrit signé du marquis et de moy, et prions
ceux d'entre eux qui seroient de nostre aduis de le signer auec nous.
Tous le signerent sauf les lieutenans colonels Allemans qui reiecterent
ce desseing comme chose temeraire et contre les ordres de leur maistre.
Mora dit touteffois qu'il offroit sa personne pourueu que Fortkatz luy

voulut donner de ses cheuaux de retraicte. Ce papier signé consola les assiegez et Champuans qui auoit gaigné sa cause fut appelé *le pere de la patrie*.

Les gouuerneurs nous marquerent le iour et Brun nous manda de venir du costé de la porte de Besançon en bataille rangée, ce que descouurit l'ennemy, ensemble les chiffres des assiegez, et contrefaisant noz responses qu'il leur fit tomber en main, fit paroistre au iour et place assignez plusieurs esquadrons qui assailloient son camp. Mais les assiegez cogneurent la fourbe, pource que les signatures estoient autres que nous n'auions accoustumé.

10. Nous auions resolu de secourir les assiegez, mais ce n'estoit pas en la sorte qu'ils se promettoient, car c'eut esté tout hazarder et tout perdre. Mercy nous auoit proposé qu'il enleueroit le quartier de Gassion logé au village de Crissey si nous luy donnions forces suffisantes, à quoy nous n'auions rien respondu, sinon qu'il se maintint en cette bonne pensée : la chose estoit aisée faisant passer noz gens au guay de Fraisans et les embusquans dans le bois de Chaux, d'où la nuict ils partiroient et surprendroient le quartier de Crissey où ils brusleroient les deux ponts de bois qui le lioit des deux parts au reste de l'armée françoise : et desià estoient en place d'armes au chemin de Fraisans à la première aube du iour, Fortkatz auec les meilleurs de ses Croates, Mercy auec cinq cens cheuaux, le commandeur de Sainct-Mauris auec autant et Mora auec quatre cens dragons, quand aucuns de noz caualiers qui estoient à Besançon suruindrent sans armes à toute course se faschans qu'on secouroit Dole sans eux, et demandans que la partie fut remise iusques à ce qu'ils eussent leurs armes et cheuaux de combat, ce que rompit l'entreprise, car bien que les ordres ne fussent pas encor donnez, touteffois le chemin de Fraisans qu'on tenoit qui ne pouuoit estre que pour Gassion, l'aduertissoit, et ces caualiers ialoux auoient descouuert qu'il y auoit entreprise pour ce que Mercy ayant esté tout le iour auec eux dans Besançon, s'estoit desrobé sur la nuict et party auec ses grands cheuaux. Nous eussions hazardé peu de noz gens à cette entreprise, car le commandeur qui menoit noz Bourguignons n'eut eu commission qu'on forme d'esquadron de reserue pour soustenir Mercy, Fortkatz d'un costé et Mora de l'autre bruslans les ponts et Mercy chargeant Gassion, duquel le moindre desordre eut my sa personne en la puissance de Fortkatz.

Rincour lors colonel du regiment qu'il auoit leué pour le marquis, entendant que Brun se plaignoit de ce que les meilleurs soldats des assiegez estoient tués et que leur meilleure deffense estoient sorties frequentes pour la garde des contrescarpes, obtint de leur mener trois cens mousquetiers tirez de son regiment, par le mesme chemin de Fraisans et du bois de Chaux, et attendant la nuict fut trahy par un de ses gens, qui, pour rompre l'entreprise qu'il estimoit trop hazardeuse, feignit l'approche de l'ennemy et fit lascher les coups aux sentinelles, d'où succeda une terreur panique qui dissipa bonne partie des soldats sans que Rincour qui perdoit patience de ce désordre les put ramasser, et s'estant retiré à Thoraise, où il les rallia, receut ordre de retorner puisque son voyage estoit esuanté.

11. Ces malheurs nous firent prendre nouuelle resolution qui fut de demander de la caualerie au duc de Lorraine qui estoit autour de Liege et au roy d'Hongrie tout ensemble, bien que nous esperassions peu du roy d'Hongrie, luy voyant les Suédes et les François sur les bras; et à cet effect leur despeschasmes les sieurs de Belmont et d'Arbois, Outhenin curé de Ionuelle et Gaspar Girardot de Morteau auec lettres et instructions à la plus grande presse que nous peusmes, ce que nous tinsmes secret : et en mesme temps fismes solliciter Egfert, Suéde, colonel de caualerie au camp françois qui auoit principal commandement au quartier de la porte de Besançon, et pour consoler les assiegez enuoyasmes occuper Marnay à quatre lieues de Dole par infanterie et caualerie et y marcha instamment nostre armée fortiffiée du regiment du baron de Wilz et du cheualier de Cleron, auec les meilleurs soldats du preside de Salins et de trois cens de Poligny. Besançon nous donna quatre bonnes compagnies qu'il auoit leué pour sa garde et six petites pieces de canon. Le prince de Cantecroy nous en auoit donné quatre venües du chasteau de Scey; nous en auions de Poligny et de Lons-le-Saunier et une tirée longtemps auparauant du chasteau de Mercey, en tout quatorze pieces de campagne, à quoy le cheualier de Cleron commandoit et auoit ses officiers.

Le poste de Marnay quand nous y fusmes arriué, d'où nous esperions inquieter le camp ennemy, se trouua très-mauuais. Champuans proposa celuy de Pesmes sur la mesme riuiere d'Oignon, Mora et Varadiso s'y opposerent refusans de marcher; et enfin, à la persuasion et aux prières du marquis de Varambon et baron de Scey promirent d'y venir apres qu'ils auroient my leurs estendarts et bagaige à Gray où l'armée les conuoyeroit.

On alla à Gray et de là fut recogneu le poste de Pesmes par les sieurs de Mandre commissaire de la caualerie, Champuans, Mercy et Fortkatz qui le trouuerent encor plus desaduantageux que Marnay, et se posta Fortkatz à Valay, toute la caualerie à Aspremont, l'infanterie Bourguignonne à Gray la ville et l'Allemande en la prairie de Gray.

Nous aduisasmes que l'on pourroit coupper les viures au camp ennemy si on gastoit le pays entre Diion et Auxonne, du moins que nous en rendrions la correspondance difficile, et à cet effect fut enuoyé Fortkatz auec ses Croates et cinq cens cheuaux Bourguignons conduits par le capitaine Maistre, lieutenant colonel du commandeur de Sainct-Mauris : mais leur voyage fut peu utile pour ce que nous ne voulusmes pas que Fortkatz brusla les villages, sinon un ou deux à la veüe de Diion, plaignant le pauure peuple des champs innocent.

28 Août 1636. Nous deliberasmes d'assaillir Pontaillier sur Saône et nous y aduençasmes, et bien qu'il fut fourny de soldats nous l'emportasmes d'assaut à la perte du sieur de Melincour et d'un officier Alleman qui y furent tuez ; mais les Allemans irritez de la perte de leur officier et ne sçachant pas nostre intention bruslerent la ville et nous rendirent le poste inutile : Fortkatz donc retorna à Valay d'où il inquieta le camp ennemy à mentes parties de iour et de nuict sans leur donner aucun repos.

12. Cependant les François acheuoient la circonuallation sans destourbier et s'attachoient viuement à la tenaille du viel chasteau, de laquelle pour battre les deux faces en un mesme temps il falloit dresser deux batteries deçà et delà la riuiere qui couloit prés de la tenaille, l'une du costé du tertre sur le bord d'icelle qu'ils eurent bientost adiusté, car rien que le canon des assiegez ne les pouuoit troubler, et l'autre à la pointe de la doüue sus ditte à laquelle il y auoit plus de façon.

La Verne remarqua un terrain proche la porte du pont dez lequel il incommoderoit cet ouurage, mais il estoit exposé de trois costez aux canons ennemys et le passage pour y aller estoit descouuert. Il fit sortir de nuict ses gens par une fausse porte, qui tirerent tranchées dans le dit terrain. Le canon ennemy tira incessamment dessus dez l'aube du iour, qui tua quelques personnes entre autre le sieur de Cendrecour, mais il n'empescha pas que la Verne n'occuppa le poste et y dressa un petit fortin dez lequel il incommodoit ceux qui trauailloient aux galleries.

13. Les François auec quelque perte de gens se couurirent contre ce fort et alloient aduenceant leurs batteries, et les assiegez voyans l'emport de cet ouurage firent une puissante et furieuse sortie par la porte d'Arans et coulans le long de leur douue surprirent et chargerent l'ennemy, tuerent et mirent en fuitte les corps de garde et rompirent tout ce que les François auoient fait iusques alors. [20 Juillet 1636.]

La Meilleraye ne perdit pas courage pour autant, car dez le lendemain il recommença et redoubla le trauail et fortiffia en sorte ses corps de garde, qu'il fut mal asseuré par apres de sortir sur eux et impossible de les forcer. Les assiegez se seruirent de feux artificiels, puisque les dittes galleries estoient de bois et en bruslerent une partie : mais la Meilleraye les fit couurir de terre de deux pieds d'épaisseur pour les garantir du feu. Enfin les assiegez leur precipiterent des charognes puantes et tout ce qu'ils purent trouuer d'infect. [26 Juillet 1636.]

14. Les mineurs de la Meilleraye, à la faueur des dittes galleries, s'attacherent à la poincte du bouleuard fondé sur roc vif et dans iceluy creusoient peu à peu, et tant aduancerent par l'assiduité du trauail qu'ils enfoncerent le roc assez auant pour y faire un fourneau et tout ensemble firent une mine soub la contrescarpe qu'ils amenerent peu à peu à perfection : le canon des deux batteries iouant cependant continuellement contre les deux faces de la tenaille.

15. La chaleur de l'esté estoit fort grande et extraordinaire et les riuieres à peu prés taries. Les assiegez tiroient grands aduantages de leur haute tour dez le sommet de laquelle ils descouuroient ce qui se faisoit en tous endroits du camp françois. La Meilleraye fit poincter plusieurs canons contre cette tour, et comme il auoit des canonniers fort experts, les boulets rencontroient aux lieux plus delicats qu'ils commenceoient d'esbrescher, car les deux plus hautes galleries estoient d'ouurage à iour qui soustenoit plusieurs voutes, et la grosse cloche estoit posée seule au sommet des galleries. Les assiegez armerent les endroits plus délicats de licts de plumes et matelats contre le canon du costé que la batterie estoit poinctée, mais un cas soudain arriua auquel cet armement de la tour fut nuisible : ce fut une tempeste et horribles tourbillons en l'air en plain minuict auec telle véhemence que dans le camp françois tentes et barraques estoient renuersées et s'entendoit bruit et effroy par tout, et l'effroy des uns troubloit les autres, croyans que les Bourguignons fussent dans leur camp sans sçauoir où, ou que quelque démon ennemy de la France les combattit à nostre faueur. [6 Aout 1636.]

C'estoit de mesme dans la ville, car toutes les maisons croulans et craquetans tects et planchers, les vents grondans d'un bruit affreux, sembloient estre voix confuses et hurlemens. On courroit aux murailles de tous costez sans pouuoir se tenir debout sur les remparts et chacun demandoit à ceux qu'il rencontroit où estoit l'ennemy, c'estoit partout demandes sans responses. La tour en cette conioncture receuant tout le vent dans ses licts de plumes et ià esbreschée et affoiblie de coups fut renuersée, cas estrange qui ne se peut qu'à grande peine conceuoir, la moitié de la tour culbuta qui estoit de hauteur extraordinaire, sans que le bruit de la cheutte fut distingué de celuy des vents, et à l'aube du iour ceux qui estoient aux extremitez de la ville furent estonnez qu'ils ne virent plus de clocher et en allerent chercher les ruines au pied de la tour mesme, tombées aussi doucement comme si un ange du ciel eut guidé les ruines; car les maisons quasi ioignantes et le palais tout prochain n'en furent point incommodez. L'église mesme ioignant à la tour n'en fut que bien peu offensée et personne occis que les seuls clochetiers.

16. Les choses alloient à l'extréme l'ennemy auanceant si fort contre la ville, et d'autant que Fortkatz dez son poste de Valay luy tuoit et prenoit ses fourageurs et le contraignoit de les soustenir auec escorte de mille cheuaux qu'il enuoyoit deux fois la sepmaine. La Meilleraye voulut oster cette espine du pied à sa caualerie et enleuer le quartier de Fortkatz qui estoit bien aduancé et esloigné des autres. Il partit donc _{6 Août 1636.} à la minuict auec la pluspart de la caualerie françoise, et marchant à grand train sans s'arrester il fut sur les bras de Fortkatz à l'aube du iour aussi tost que les sentinelles qui estoient disposées de proche en proche en la forme ordinaire des Croates. Fortkatz à l'instant fit sauuer ses estendarts et bagage et sonner à cheual faisant mine d'aller au rencontre de l'ennemy. La Meilleraye de qui les cheuaux auoient marché quatre lieues ne put faire halte si petite que les estendarts gaignerent pays, et Fortkatz au lieu de combattre s'enfuit comme de peur, et il auoit raison d'auoir peur car les Croates ne combattent pas contre les cheuaux legers ny en esquadron. La Meilleraye le poursuiuit viuement une bonne demie lieüe, et comme en poursuiuant les ordres se rompent et va chacun selon la vitesse de son cheual, Fortkatz torna soudain visage et auec un coup de sifflet à sa mode rassembla les Croates en un moment, lesquels sans donner loisir aux François de se ioindre, les chargerent si viuement le sabre à la main, que leur

sauueté fut à la fuite en laquelle à chance tornée Fortkatz les poursuiuit viuement une bonne lieüe, iusques dans la riuiere de l'Oignon dans le guay de laquelle il occit un colonel françois, blessa la Meilleraye et fit prisonnier son valet de chambre, ne passant pas plus outre pour ce que la Meilleraye auoit laissé sur l'autre riue de l'Oignon les trouppes necessaires à sa retraicte.

Fortkatz nous manda par celuy qui sauua vers nous ses estendarts que nous le secourussions à Chantonnay comme nous fismes; mais il ne vint pas iusques là; ains torna visage de meilleure heure, et sans cet aduertissement nostre caualerie qui estoit logée à Aspremont alloit coupper la Meilleraye et ià estoit aduancée quand sur le billet receu de Fortkatz, elle retira à la gauche pour le secourir à Chantonnay.

17. Noz couriers estoient partout arriuez heureusement et le serenissime Infant estoit entré en Picardie auec une armée de douze mille vieux soldats, bon train d'artillerie et force bombes et ià auoit pry la Cappelle et le Chastelay villes de guerre et Corbie au chemin de Paris, et le general Picolomini qui estoit auec luy couroit iusques aux faubourgs de Paris et y donnoit l'effroy, si que le camp de Dole qui tousiours auoit esté rafraischy par les François iusques à y enuoyer les regimens des gardes du roy de France ne le put plus estre, car il faillut que le roy amassa toutes ses forces et se seruit mesme des mestiers de Paris pour s'aller opposer à ce ieune lion auquel ses meilleures forteresses n'estoient que iottels. ^{9 Juillet 1636.}

18. Le roy d'Hongrie, bien qu'il eut tousiours l'armée suède et françoise en teste, touteffois ayant eu nouuelles d'une victoire obtenue par Esfeld et luy ayant commandé de s'approcher de luy, destacha deux mille cinq cens cheuaux qu'il nous enuoya soub le commandement du baron de Lamboy general de bataille, auquel et aux deux lieutenans colonels Grana et Beck qui estoient auec nous et à Mercy et Fortkatz il commanda de prendre les ordres du marquis de Conflans.

Le duc de Lorraine qui guerroioit la ville de Liége receut d'elle une somme d'argent et vint à nous en personne à grand haste auec trois mille cheuaux sans bagage et force noblesse lorraine qui l'auoit tousiours suiuy.

Nous estions à Gray dans une extréme peine, car la Verne nous mandoit en deux mots qu'il estoit temps de le secourir, et Sainct-Mauris maire de Dole nous disoit le mesme : c'estoit (outre les galleries et fourneau de l'ennemy) que la peste s'eschauffoit dans la ville et dans les corps de garde, quand tout à coup Girardot arriua et nous apporta lettres du roy d'Hongrie, signiffians l'enuoy du baron de Lamboy et le viel baron de Wateuille s'en vint auantcoureur du duc son maistre. Nous en donnasmes à l'instant aduis aux assiegez, tant par quantité de canonades à Gray que nous fismes tirer la nuict, que diuers messagers que nous leur enuoyasmes. Les deux secours furent receus aux frontieres et nous nous ioignismes tous ensemble à Balançon que l'ennemy tenoit et le prismes en passant, bien que nous n'eussions pieces que de campagne, mais au marcher du canon qu'ils voyoient de loing, nous en fismes atteler aucuns de quantité de cheuaux qu'ils creurent estre pieces de batterie et on attaqua de nuict une deffense qu'ils auoient deuant la porte qui fut gaignée et y fut tué combattant le sieur de Salive.

Nous marchasmes forts de sept à huit mille cheuaux entre lesquels estoient quatorze cens cheuaux Bourguignons et six mille hommes de pied composez de deux mille cinq cens Allemans, huit cens Lorrains et le reste de nostre nation. Fortkatz eut commandement de battre les chemins entre Auxonne et le camp françois pour y prendre des prisonniers, spécialement des couriers et messagers, afin de recognoistre en quelle trempe estoient les assiegeans. Il nous amena des prisonniers et nous apporta grande quantité de lettres entre lesquelles estoit une que le comte de Chasteluz escriuoit dez le camp françois à son pere et luy mandoit que leur caualerie estoit diminuée de la moitié et en mauuais estat faute de paye, et que toute l'esperance qui leur restoit estoit, en l'employ des ambassadeurs Suisses qui estoient arriuez au camp et que le prince de Condé auoit enuoyé dans la ville, (s'ils ioüoient bien leur personnage) pourroient operer quelque chose de bon, ce sont ses mots, et en un fourneau fait soub l'un des bouleuards de la ville lequel deuoit faire de grands effects et y auroit rude combat à la bresche, car les assiegez (disoit-il) sont furieux soldats.

13 Aout 1636. 19. A la lecture de cette lettre nous misme pied à terre et tinsmes conseil auquel presida son altesse de Lorraine et y estoient le marquis de Conflans, le baron de Lamboy, et dom Gabriel de Tolede resident du roy auprés du duc. Le marquis sans beaucoup de discours fut d'aduis d'attaquer sans remise les tranchées et camp de l'ennemy : Lamboy dit que l'ennemy quitteroit puisque nous le voyions tant affoibly et qu'estans nous autres puissans de caualerie nous l'affamerions s'il ne quittoit, qu'il estoit difficile de forcer le camp ennemy pour ce que il

iaçoit que les tranchées fussent foibles, il estoit neantmoins impossible d'y entrer en ordre de bataille, et ceux de l'ennemy que nous voyions (car nous voyions le camp ennemy) nous tailleroient en pieces auant que nous puissions estre rangez, que c'estoit là le secret des circonuallations qu'il auoit experimenté à son dommage au siege de Maestricht où le comte de Papenheim le plus vaillant de ce temps estoit, lequel et luy le baron de Lamboy y auoient pensé perir; comme l'entendez vous (dit-il au marquis) de quitter la resolution que vous auez si bien pry et poursuiuy si heureusement de ruiner le camp ennemy, puisque vous tenez vos souhaits à la main, l'ennemy tremble et s'en va finir, et si du premier coup nous n'emportons son camp il reprendra courage et les assiegez le perdront. Le marquis persista en son opinion et dom Gabriel secondant le baron, dit, qu'hazarder l'armée estoit perdre toute la Bourgougne et hazarder la cause commune; sur quoy le duc soubriant dit au marquis et à moy, que s'il en bastoit mal, nous en respondrions en noz personnes, et dit qu'en l'attaque que nous ferions nous n'employerions qu'une partie de l'armée, le surplus demeurant en bataille spectateurs du combat; que les tranchées que nous auions à forcer n'estoient pas comme celles de Maestricht, ny le site du camp ennemy pareil, car si bien en la campagne que nous voyions, (nous estions lors entre Rochefort et Dole) il y auoit esquadrons françois qui nous attendoient. Touteffois il y auoit d'autres endroits dans lesquels l'ennemy ne pouuoit former esquadron à cause de l'inégalité du site, eaux et perieres, où la tranchée estant gaignée le camp le seroit: que l'ennemy se pouuoit affamer, mais que nostre caualerie qui estoit grande en pays de tous poincts ruiné seroit affamée la premiere: et enfin que les assiegez n'auoient pas le loisir d'attendre longtemps. Il fit veoir les lettres du maire de Sainct-Mauris desquelles le commencement estoit, qu'il ne nous auoit iamais pressé de secourir la ville, mais qu'à present il estoit force. Le duc lut la lettre et dit qu'il ne falloit pas tarder et tout de ce pas falloit bien recognoistre de toutes parts le camp ennemy et partager les attaques en trois endroits entre les trois nations Bouguignonne, Allemande et Lorraine.

Au sortir du conseil le baron de Scey se vint presenter pour auoir la commission d'assaillir le camp ennemy. Rincour dit au duc qu'il y auoit un endroit (qu'il luy fit veoir) que l'ennemy ne pouuoit deffendre. Ie parlay en secret au baron de Lamboy et luy asseuray quinze mille escus si nous emportions de force le camp ennemy. Le marquis promit tout haut dix mille francs à celuy qui entreroit le premier dans les tranchées ennemyes. Le duc prit le ieune d'Arbois et les alla luy mesme recognoistre. Le marquis de Varambon alla à cinquante pas prés le pistolet à la main, mais il manqua d'estre fait prisonnier, car son cheual luy fut tué dessoubz.

On prit un espie françois qui s'enqueroit si le duc Charles (ainsy appelloit-il le duc de Lorraine) estoit en nostre camp; il le fit venir et luy parla et le renuoya pour porter la nouuelle de sa venue.

Les ambassadeurs suisses auoient esté à Dole tres-bien receus, mais non leur proposition, car elle estoit du stile du prince de Condé. La mine faicte par les François soub la contrescarpe du viel chasteau auoit ioüé et auoit esté accablé par icelle le pere Eustache capucin lorrain frere du baron d'Ische cy-deuant gouuerneur de la Motte, qui soub sa robbe de religieux auoit monstré tout le long du siege qu'il portoit le courage de sa maison, homme robuste et de haute taille, ennemy zélé des heretiques.

13 Août 1636.

20. Nous auions veu de loing la fumée du fourneau fait dans le roc qui auoit fait d'horribles effects, car les pierres du rocher auoient esté portées bien loing et la poincte du bastion auoit esté enleuée, mais en sorte que la poudre ayant eu son principal effect contre le roc qui faisoit le parement du fourneau, la muraille pesante auoit esté peu haut esleuée et estoit retombée sur soy-mesme à plomb tout d'une piece par la bonté du cyment qui tenoit les pierres iointes et toute la muraille en une seule piece. La Verne auoit fait contremine de bonne heure et retrancher sur le bouleuard pour soustenir l'assaut que donneroient les François et nous estions en bataille pour à mesure que les François iroient à l'assaut, donner assaut à leur camp, mais il n'en fut pas besoin, car la muraille estant retombée sur ses fondemens ne laissa aucune ouuerture pour monter et le terrain derriere retenu par les contrefortz du bouleuard demeura en sa hauteur.

Nous passames la nuict campez en front de bannieres, et l'aube du iour estant venue commenceasmes à veoir de la fumée grande proche de la ville. Fortkatz dit que l'ennemy fumoit la ville. On vit peu apres des villages brusler et enfin brusler les poudres dans le camp ennemy. Le commun sentiment estoit que l'ennemy se retiroit, autres que c'estoit quelque signal, ou bien pour nous tromper. Nostre grand garde estoit de mille cheuaux, à cinq cens pas de leurs tranchées. Ces fumées proche de la ville estoient des barraques des François qu'ils brusloient et faisoient leur retraicte. Les assiegez dez le haut de leurs bouleuards les voyoient et estoient en impatience de sortir sur eux; mais la Verne crainte d'embuscade le leur deffendit et leur dit que si c'estoit retraicte, il falloit rendre grâce à Dieu et faire pont d'or à l'ennemy fuyant. Nous fusmes plusieurs heures en bataille attendans les signals de la ville, qu'estoient un nombre de fusées à baguettes qu'ils deuoient lascher pour nous aduertir de leurs sorties et ne s'en voyant aucunes, bien que depuis nous sçeumes qu'ils auoient lasché leurs fusées. Le iour passa en legeres escarmouches et force canonades contre nous dez les forts des François qui estoient très-bien fournis en grosse caualerie en pied derriere iceux.

Sur le tard son altesse nous dit qu'il estoit impossible de veoir cette retraicte sans se mouuoir et qu'il falloit à l'heure mesme assaillir les forts. Lamboy y contraria, alléguant l'heure tardiue et que les combats de nuict sont pleins de confusion; que si la caualerie ennemye sortoit sur nous, l'armée se trouueroit en desordre; les Bourguignons et Lorrains parlans mesme langue que les François se mécognoistroient, et que c'estoit assez d'entretenir l'arriere garde françoise dans ses forts le long de la nuict qui estoit de peu d'heures et à l'aube du iour nous aurions beau ieu.

Il auoit cette nuict l'auant garde auec ses Allemans, le marquis la bataille auec ses Bourguignons et le duc l'arriere garde. Gassion qui faisoit l'arriere garde de l'armée françoise trompa Lamboy, car il fit tirer toute la nuict et mesme du costé d'Arans furent laschées plusieurs canonades une heure en iour. Le duc auoit donné ordre à Fortkatz d'aller amuser l'ennemy du costé d'Auxonne et Sainct-Iean de Losne, esperant qu'il le trouueroit en desordre, et de l'enuoyer aduertir de l'estat auquel il auroit trouué l'ennemy, desseignant le duc de le suiure auec toute l'armée s'il quittoit ses tranchées, sinon attaquer ses tranchées dez la premiere pointe du iour.

21. Lamboy enfin, quand l'ennemy cessa de tirer dez ses forts, que fut à la premiere aurore, vit que les forts estoient vuides et entra en iceux auec le conseiller de Champuans suiuy de sa caualerie Allemande; de Mandre commissaire de la caualerie de Bourgougne qui s'estoit aduancé en vint donner aduis au marquis, et le marquis au duc. Champuans alla droit à la ville, où la Cour à l'instant assemblée le recent comme le liberateur de la ville. Lamboy suiuit l'ennemy qu'il trouua en bon ordre à Foucherans marchant à petit pas

14 Août 1636.

entre deux forests; il n'osa l'assaillir n'ayant aucune infanterie, et voulant se seruir de dragons en perdit plusieurs. Son altesse et le marquis faschez de ce desordre et n'ayans nulles nouuelles de Fortkatz firent marcher l'armée en bataille et eux s'aduancerent auec quelque noblesse. Nous trouuasmes encor l'ennemy entre deux bois et vismes mourir les dragons sus dits. La presence de son altesse fit haster la Meilleraye qui estoit encor au quartier d'Arans et y laissa ses meilleurs canons, dont les assiegez en ont eu un, les autres iectez dans les mortes du Doubs n'ayans pu estre retirez.

Gassion ne pouuoit estre forcé sans infanterie et marchoit en bon ordre à nostre veüe. Fortkatz parut au haut de la colline de Foucherans qui le chargea à flanc, mais à sa mode, car les Croates n'affrontent iamais les esquadrons, et son altesse courant à Fortkatz, Fortkatz luy fit rapport qu'il auoit trouué l'armée françoise la nuict se retirant à la faueur des bois où il s'estoit trouué engagé et auoit manequé de perir. Le marquis pressoit pour neant l'infanterie Allemande de s'aduancer qui estoit d'auant garde, c'estoient les regimens de Beck et de Grana. Le duc auoit sa caualerie lorraine et despitoit du desordre de Lamboy et desobeissance des Allemans. L'infanterie de Bourgougne estoit une lieüe loing. Il manda la caualerie que le marquis amena premptement en trois esquadrons, et l'émulation des Bourguignons et Lorrains eut fait de grands effects si les François ne se fussent iectez à grande haste dans les bois de Damparis, dans lesquels la caualerie ne pouuoit tenir ses rangs, ni combattre auec aduantage, et Gassion ne put mesme retenir ses gens qui s'espendirent fuyans et croyans en tous lieux nous auoir sur les talons.

C'est la nûe verité du siege de Dole, auquel se veoit le combat de la fortune et de la vraye vertu et des deux esprits contraires, desquels i'ay parlé au commencement de cette histoire. Richelieu par astuces praticqua et desbaucha noz alliez, nous trompa et surprit, bloqua noz gouuerneurs, donna l'espouuante par tout, la peur et l'horreur à Dole, desploya toute la force de son roy et arresta les armées du roy d'Hongrie.

Le roy d'Espagne au contraire, sans nous commander autre chose que la seule iustice de noz actions, opposa aux François nostre fidelité, noz armées et noz forteresses, et pour nous secourir employa les armées du roy d'Hongrie son beau frere et les siennes de Flandre. Le duc de Lorraine son allié oppressé par les François fut de surcroist, et auec peu de despense, sans empressement et sans disceder de la vraye et solide vertu, ny rien hazarder, fit voler en fumée les hautes pensées de Richelieu et consumer les armées et trésors de France inutilement, au grand regret de la noblesse françoise qui ne marcha que forcée et violentée contre la Bourgougne son alliée, qui en ses aduersitéz luy auoit tousiours ouuert ses portes.

LIURE SEPTIÉME.

1. Mort de l'Archeuesque. 2. Mescontentement contre le marquis. 3. Trouppes de Bourgougne dissipées. 4. Gallasse en Bourgougne. 5. Mort de l'Empereur. 6. Commission du Gouuernement à la Cour et celle des armes au marquis. 7. Instructions au marquis pour faire la guerre en Bresse. 8. Conferences auec Gallasse. 9. Le marquis réunit ses trouppes. 10. Entrée de Gallasse en France. 11. Retraicte de Gallasse. 12. Marche du marquis contre la Bresse. 13. Combat d'Arbant. 14. Combat de Cornod.

1. Quand le siege de Dole fut leué, monseigneur l'Archeuesque estoit fort malade d'une fieure continue procedant des trauaux de corps et d'esprit qu'il auoit eu durant le siege, mais sa principale maladie estoit sa haute vieillesse, car il estoit aagé de quatre vingts ans : il donna audience à peu de gens et le second iour se fit mettre en litiere pour estre conduy en sa maison de Chasteauuieux où il esperoit tirer aduantage du changement de l'air, celuy de Dole estant tres-mauuais, comme est ordinairement celuy des places assiegées : et tous les iours mouroient de peste en la ditte ville grand nombre de personnes. Il mourut en chemin au lieu de Fraisans en sa litiere entre le bras du prouincial des capucins qui l'accompagnoit et de ses chapelains.

20 Aout 1636.

Il auoit tousiours esté amoureux de sa maison, et entre ses autres soings auoit eu en particulier celuy de la maintenir en son lustre. Ils auoient esté quatre freres comme i'ay dy cy-dessus : le premier estoit le marquis de Varambon, cheualier de la toison et gouuerneur d'Artois, qui espousa la vefue du duc de Brunswick sœur du duc de Lorraine lors regnant, mais il n'en eut point d'enfans : le second estoit le comte de Varax, general de l'artillerie du roy au Pays-Bas, qui espousa en France la sœur du comte de Tornon, duquel mariage est descendu le second marquis de Varambon, aussi cheualier de la Toison et le baron de Balançon viuant auiourd'huy general d'artillerie au Pays-Bas, et mourut le dit comte de Varax à Turnhout combattant vaillamment : le troisiéme frere estoit le marquis de Treffort qui fut lieutenant general du duc de Sauoye Charles Emanuel, au temps de la guerre de la ligue contre Henry IV roy de France, et mourut en Bresse sans estre marié : le quatriéme et plus ieune de tous estoit nostré archeuesque qui choisit pour son heritier son arriere nepueu marquis de Varambon, de la ligne du dit fut comte de Varax.

Il estoit aux affaires publiques de son gouuernement homme de grand courage aussi bien que ses freres; et bien qu'il s'accommodast de tous poincts aux resolutions de la Cour, si auant qu'il sembloit à plusieurs qu'il n'eût rien que le titre de gouuerneur, si est ce que i'ay remarqué durant son gouuernement que c'estoit au train des affaires ordinaires (qui ne portoient aucun coup à l'éstat) qu'il s'accommodoit ainsy; mais aux grandes et importantes affaires il estoit homme resolu et ferme en ses resolutions, et estoit de bon sens et longue experience, l'esprit et la santé entiere en son haut aage.

Son experience luy auoit appry que c'est le plus grand seruice du roy et le repos des gouuerneurs de Bourgougne qu'ils viuent auec la Cour en bonne union, comme celle que leur est donnée pour conseil aux affaires publiques et en la grande chambre de laquelle se font les assemblées aux occasions des mouuemens de noz ennemys et s'y prennent les resolutions de commune main, qui sont à ce moyen de plus grande force et mieux receües par les suiets et de plus grande descharge pour les gouuerneurs.

Aux autres prouinces du roy destachées du corps de l'Espagne il y a des conseils d'estat auprès des gouuerneurs et les gouuerneurs ne sont que triennaux, estrangers et sans alliances dans ces pays là et n'ont aucune authorité sur les Chastellains des principales forteresses : au lieu que le gouuerneur de Bourgougne a tousiours esté de la principale noblesse du pays, gouuerneur à vie et s'estend son authorité sur toutes les forteresses, et la Cour est toute composée de ceux de la nation et est comme conseil d'estat de sa maiesté par une singuliere confiance que le roy a à la fidelité de la Bourgougne tousiours constante et non iamais esbranlée.

2. Après la mort de monseigneur l'archeuesque la Cour gouuerna selon la forme ancienne; elle auoit du mescontentement du marquis de Conflans et de plusieurs de la noblesse pour auoir esté la ville de Dole et elle secourües plus tard qu'ils ne desiroient, et qu'en ce retardement ils auoient enduré de grands maux et perte de leurs biens et enfans, et la douleur de tant de pertes faisoit prendre creance sourde à aucuns que le marquis y auoit peu remedier de meilleure heure, auant la ruine des bastimens de la ville et de ceux du voisinage, et n'auoit trauaillé efficacement à faire leuer le dit siege iusques à ce qu'il auoit

veu la ville aux termes de se perdre et disoient qu'il auoit eu pensée seulement de la conseruer au roy sans consideration ny affection aux biens des suiets, santé et repos de la Cour.

La ialousie est le vice perpetuel de nostre nation : les malcontens en l'armée n'auoient peu supporter sans enuie que le marquis fut seul et si hautement employé par monseigneur l'archeuesque et la Cour et eut l'authorité absolue de toutes choses ; et en outre les picquoit iusques au vif ce que les principaux secrets des affaires ne leur auoient pas esté communiquez, ains traictez en conseil restraint, ce que il auoit fallu ainsy praticquer (comme sus est dy) pour ce que nous estions en un mauuais et dangereux pas auec des ennemys rusez et voyions en l'armée plusieurs françois personnes d'intrigue et suspectes retirées à diuers pretextes du royaume de France. Mais i'estois aussi l'obiect de ce mescontentement, fondé sur la ialousie naturelle en nostre nation, pour ce que dez le commencement du siege i'auois fait trouuer bon au marquis que tous ordres pour munitions, argent, armes et cheuaux fussent addressez par nous deux, et executez par les officiers de iustice et par les magistrats des villes, ce qu'auoit esté necessaire et estoit le poinct principal de nostre conseruation, afin que dans le trouble general la face des choses ne fut point changée. Et certes sans cela il eut mal basté des affaires publiques, car nous n'auions ny soldats, ny argent du roy et falloit que les peuples fournissent tout, lesquels ont peu de creance à autre qu'au parlement, qui leur enuoye les ordres communs du gouuerneur et les siens par les mains des officiers de iustice et police : et en cette occasion que le gouuerneur et le parlement estoient bouclez, les peuples receuans les ordres par les mains ordinaires et en la forme accoustumée, les receuoient facilement, principalement sçachans qu'un du parlement estoit au camp, sans lequel rien n'estoit fait, et voyans les ordres signez du mareschal et de luy : autre chose estoit-il des ordres purement militaires, car ie ne les signois pas, bien que i'eusse part aux resolutions.

3. Dez le premier iour du gouuernement de la Cour, fut osté au dit marquis le commandement sur ses trouppes, quoy qu'auec bienseance et remercimens, et fut declaré qu'elles entreroient en France soub le commandement de son altesse de Lorraine, et quant au dit marquis qu'il demeureroit pour la garde du pays : et comme il commandoit aux Allemans par ordre de l'empereur, et neantmoins dez l'arriuée de sa ditte altesse il luy auoit tousiours defferé (comme à

prince souuerain), son altesse refusa et contesta pour ne point prendre le commandement de l'armée de Bourgougne et demeura à ce moyen l'armée de Bourgogne sans commandement et sans receuoir autres ordres. Son altesse donna ses ordres aux Lorrains et le serient de bataille Lamboy aux imperiaux, mais personne aux Bourguignons.

Toute la caualerie estoit logée aux enuirons de Dole dans les mazures des villages bruslez et l'infanterie de Bourgougne dans les tranchées et redoutes de l'ennemy. Les viures manquoient aux Bourguignons, car la ville de Dole pouuoit fort peu et les viures amenez de dehors estoient arrestez par les Allemans et les cheuaux qui les conduisoient estoient volez, et ce qui eschappa leurs mains estant venu de Salins de nuict par le chemin de Fraisans fut distribué aux Lorrains, si que l'infanterie de Bourgougne estant sans viures et de plus sans chefs, se dissipa : et à tous ces maux arriua de surcroît un autre que quelques personnes indiscrettes, au lieu de remercimens et bon accueil à la noblesse, l'offencerent griefuement de paroles, et encor en mesme temps furent données recompenses aux Allemans, Croates et Lorrains, dont le seul Lamboy emporta quinze mille escus sans rien donner aux Bourguignons qui auoient plus fait que les autres et bien plus longtemps, et n'auoient eu solde ny argent aucun, et pour la leuée de leurs compagnies n'auoient rien eu que des quartiers. Les marquis de Varambon et baron de Scey et prince de Cantecroy et le reste de la noblesse se retirerent en leurs maisons et à leur depart leurs regimens se desfilerent. Les compagnies de Besançon et celles tirées des garnisons s'en retornerent en leurs villes et la milice creut auoir assez fait puisque Dole estoit deliuré, outre que par son establissement il est traicté qu'elle ne peut iamais estre tirée du pays.

15 Août 1636.

Le marquis de Conflans fut à cheual le dernier sans tesmoigner mescontentement aucun et alla visitter ce que restoit d'infanterie bourguignonne qu'il trouua de cent cinquante hommes pour le plus, la pluspart de la compagnie du sieur de Reculot de Colonne, qui depuis fut tué pres de Dole en une partie faicte par la caualerie : et de la caualerie qui estoit bien encor de quatre à cinq cens cheuaux estoient en personnes dans leurs regimens, le commandeur de Sainct-Mauris, le seigneur d'Andelot Cheuigney et le comte de Salenoue et plusieurs capitaines de caualerie tous prests à seruir auec leurs gens, qui furent exhortez de demeurer ioints à l'armée et suiure le duc de Lorraine, et leur donna le dit marquis pour logement cette nuict là les mazures de la Loye et Parrecey, à charge d'aller prendre ordre à Dole où seroit pourueu aussi à leur nourriture ; delà il tira pays pour se retirer en sa maison de Chasteauuillain.

I'ay parlé de ce que dessus auec certitude comme ayant esté present et eu bonne part à toutes resolutions. Ie parles à cette heure sur le rapport d'autruy, car le mareschal de camp estant retiré, la Cour aggrea aussi que l'allasse prendre du repos en ma maison. Aucuns de ces caualiers bourguignons m'ont dy depuis, qu'ils auoient enuoyé à l'ordre vers la Cour et demandé quelques munitions pour leur caualerie, sur quoy ne leur auoit rien esté respondu, si que apres deux iours de patience estans sans viures et ne receuans aucun ordre, chacun s'estoit retiré. Ie leur demanday pourquoy ils ne s'adressoient au duc de Lorraine qui auoit le commandement de l'armée, à quoy ils me respondirent que ce commandement n'auoit pas esté signifié à la caualerie.

Ce malheur affoiblit beaucoup l'armée, car l'infanterie demeura composée seulement de deux regimens Allemans de Beck et Grana et de trois Lorrains de Sainct-Belmont, Arbois et le Poiure, et tous ensemble ne faisoient pas trois mille hommes effectifs : et bien que la caualerie resta de peu moins de six mille cheuaux comprenant les Croates, touteffois la caualerie de Bourgougne n'estoit pas la moindre et portoit plus de douze cens cheuaux effectifs en vingt-quatre compagnies. Le marquis auoit my en deliberation deux iours auant que de se retirer s'il deueroit obeir à l'ordre que la Cour luy auoit donné, car il estoit desià declaré gouuerneur des armes du roy en Bourgougne par lettres du serenissime Infant, et en cette sorte sa commission n'estoit pas esteinte par le deces du dit fut seigneur archeuesque, mais estoit plus grande qu'auparauant. Et enfin toutes choses bien pesées, comme la Cour auoit en main le gouuernement de la prouince, il creut qu'il estoit plus asseuré de luy obeir, ioint qu'en l'obeissant il defferoit à un prince souuerain et n'auoit encor aucunes instructions pour entrer en France ny ailleurs.

Le duc de Lorraine prit la conduitte des parties restantes de cette armée auec difficulté, car outre l'affoiblissement d'icelle, Lamboy serient de bataille qui commandoit aux imperiaux n'auoit point d'ordre de luy obeir ; il le fit touteffois à condition que comme il receuroit les ordres de son altesse, aussi les Lorrains les prendroient de luy. L'armée partit en cette façon composée de six mille cheuaux et trois mille hommes de pied sans canon, auec entreprise sur la ville de Verdun sur Saone, et dez là sur les villes voisines, qu'estoit une entreprise bonne et facile, car l'armée du prince de Condé estoit dissipée et ne pouuoit estre reiointe promptement ny en tel nombre que la caualerie françoise put paroistre deuant celle de son altesse.

Le duc prit en passant les villes et chasteau de Chaussin, desquels Champuans qui guidoit l'affaire traicta auec Lamboy, comme celuy qui auec ses Allemans auoit fait la conqueste : i'ai ouy depuis le duc compter que Lamboy et Champuans estoient logez au chasteau et luy par billet dans la ville, et que la ville et le chasteau venoient de la maison de Lorraine. L'acquisition de Champuans n'eut lieu qu'au regard du bled qui estoit dans le chasteau en grande quantité, et Lamboy en estoit liberal, car il auoit receu de la Cour quinze mille escus pour ses seruices. Dez là le duc tira à Verdun qui est assis au lieu où la riuiere du Doubs entre dans la Saone et ainsy tient ces deux riuieres principales des deux Bourgougnes. La ville est en plaine campagne, pays de marais et de bois, si que aisement elle pouuoit estre fortiffiée. Elle fut emportée du premier coup, ayant esté surprise à despourueu et nostre infanterie s'y porta courageusement. Lamboy se logea dedans et pour maintenir ce poste qu'il trouua très-bon et utile au total de la guerre, demanda du canon et des munitions de guerre.

16 Aout 1636.

18 Aout 1636.

Il auoit fallu tenir prestes toutes choses necessaires pour munir cette place auant que de s'en saisir et ne pas marcher sans canon, mais la proximité de la ville de Dole faisoit esperer au duc que toutes choses seroient à la main. La peur saisit les villes de Chaslon, Mascon et Tournus et les chemins estoient couuerts de gens qui se sauuoient à Lyon. On perdit le temps à demander et deliberer si on desfourniroit Dole de canons et munitions de guerre pour en fournir Verdun, et enfin ayant esté tirez quelques pieces de canon pour conduire à Lamboy, la caualerie allemande se ietta sur les cheuaux et les emmena, l'escorte estant foible pour leur resister.

Cependant le prince de Condé ramassoit ses trouppes et le plus qu'il pouuoit de noblesse de son gouuernement, pour nous empescher de fortiffier ce poste de Verdun proche duquel se firent durant plusieurs iours escarmouches de caualerie. Le prince de Condé dez l'instant de sa retraicte nous auoit fait proposer par les ambassadeurs suisses qui estoient auprés de luy un renoüment de nostre neutralité; c'estoit pour nous amuser et gagner temps. Nous auions remercié les Suisses et remy l'affaire au serenissime Infant nostre gouuerneur, d'où le prince de Condé auoit iugé que nostre intention estoit (comme elle estoit par effect) de poursuiure nostre victoire.

4 Sept. 1636.
4. Le comte Gallasse en mesme temps arriua dans noz frontieres auec l'armée impériale, duquel Lamboy receut lettres pour s'aller ioindre à luy et ne hazarder aucun combat tant qu'il seroit separé. Il n'estoit pas aduerty que Lamboy tenoit Verdun et que ce poste estoit le plus aduantageux de tous pour la guerre qu'il venoit entreprendre; et bien que Lamboy l'aduertit du poste gagné, il auoit adiousté le manquement de canon et munitions, et Gallasse ne venoit pas (comme le parlement le pensoit) pour commencer la guerre en France, mais pour tirer d'Allemagne Weymar et la Valette, comme il fit, et les entretenir dans la duché de Bourgougne tandis qu'une diette électorale s'assembleroit à Ratisbonne, et le roy d'Hongrie auoit escry au marquis de Conflans, que c'estoit pour aider à la retraicte du serenissime Infant : mais le marquis estoit retiré chez soy sans se mesler d'affaires, attendant ce que l'Infant son maistre luy commanderoit.

26 Aoû 1636.
Lamboy quitta Verdun sans en attendre l'ordre du duc de Lorraine, car dez l'arriuée de Gallasse general de l'armée imperiale, c'estoit à luy seul qu'il auoit à obeir et sortant amena à Dole quelques bourgeois de la ville de Verdun qu'il pria la Verne de luy garder.

Lamboy ayant quitté Verdun trauersa le pays proche de Gray auec quelques extorsions que firent ses gens, s'alla ioindre au comte Gallasse qui auoit aussi trauersé la Bourgougne d'autre costé auec son armée composée de vingt mille hommes et auoit esté receu et desfroyé partout et munitions largement fournies à son armée. Il s'estoit venu camper delà la Saone ayant passé au pont d'Aspremont qu'il auoit fait fortiffier et y auoit laissé bonne garde pour l'asseurance de sa retraicte en cas de besoin.

Son altesse de Lorraine ne pouuant mesuy rien en France auec ses seules trouppes, voyant le dit poste de Verdun abandonné, s'alla aussi ioindre à Gallasse, si que l'armée de Gallasse fortifiée de ces deux ionctions se trouua à peu prés de trente mille hommes, bien fournie de munitions de gueule que luy estoient distribuées par ordre de la Cour, laquelle à cet effect auoit enuoyé à Gray le conseiller fiscal Matherot et le procureur general Brun.

Le procureur general estoit ieune homme au dessoub de trente six ans, d'esprit prompt et persuasif comme i'ay dy cy-deuant, plein de

chaleur et desir de reputation et auancement à plus grandes charges.
Il estoit dez long temps bien auant dans les intrigues et informé des
affaires de la duché de Bourgougne, par la cognoissance qu'il auoit
eu principalement en la maison du prince de Condé, si que il estoit
aduerty qu'au duché tout estoit en frayeur nonobstant l'arriuée de
Weymar et la Valette qui estoient venuz dez le fond de l'Allemagne
costoyans le dit comte Gallasse. Ce ieune homme voyant si beau ieu
et une armée capable de combattre toute la France qui d'ailleurs
estoit occuppée à deffendre la Picardie et Paris mesme contre l'Infant,
pressoit iusques à l'importunité le dit comte Gallasse d'entrer en France
et prendre l'occasion aux cheueux sans tarder ny donner loisir aux
François de se rasseurer, et la Cour trouuoit bon qu'il donna cette
presse à Gallasse, pour ce que la saison de faire la guerre commenceoit à
decliner : et si le comte Gallasse fut lors entré en France il eut emporté
Diion et nombre d'autres places qui ne pouuoient luy estre ostées durant
la rigueur de l'hyuer, où il eut peu hiuerner aduantageusement pour
luy et pour nous, portant la guerre dans le pays ennemy et l'y
entretenant, à laquelle nous eussions fourny gens et viures à nostre
aise, dans le repos et tranquillité de nostre pays.

Cet arraisonnement estoit bon et si les choses eussent esté preueües
et conduittes de cette sorte, l'Infant en Picardie, Gallasse en Bourgougne eussent my la France à la raison et estouffé peut estre les guerres
d'Allemagne, Italie et Espagne, qui depuis ont porté tant de préiudice :
mais l'Allemagne ne vouloit pas se prendre au colet auec la France
pour faire le ieu à l'Espagne, et si les forces d'Espagne et de l'Empire
lors iointes ensemble eussent donné secousse à la France, tous les
roys de l'Europe eussent creu véritable ce que les François auoient
publié, *que la maison d'Austriche tendoit à la monarchie de l'Europe,*
car la seule France qui est au milieu de leurs estats en empesche la
ionction.

5. Les pensées de l'Empereur et du roy d'Espagne n'estoient lors que
de faire le roy d'Hongrie, roy des Romains, qui estoit filz de l'un et
beau frere de l'autre, et l'empereur preuoyoit sa mort prochaine, qui 14 Févr. 1637.
arriua à Vienne instamment, apres qu'il eut faict son filz roy des 29 Déc. 1639.
Romains et dy son dernier adieu à l'assemblée de Ratisbonne. C'estoit
un bon prince, duquel la vie est un pourtrait vif de la grandeur et
bonté de Dieu, car estant né dans une maison riche de vertus chrestiennes mais pauure en sa condition, et esloignée de toute ambition,

il est monté au sommet de l'empire par les voyes purement chrestiennes des vertus solides et a veu auant que de mourir sa gloire en son rond, qu'il a releué et tenu de Dieu par humbles soubmissions et confiance nompareille au milieu des plus grands perils.

La peste estoit espanchée uniuersellement dans la Bourgougne que le peuple attribuoit au meslange et frequentation des Allemans, mais plusieurs villes en estoient rudement atteintes et nombre trés-grand de villages où les Allemans n'auoient point frequenté. Si que les clairs voyans cognoissoient assez que c'estoit un second fleau de la main de Dieu, qui n'auoit autre cause que le desbordement et vices regnans en tous les estats de la prouince : la peste principalement estoit eschauffée dans la ville de Dole dez quelques iours auant la leuée du siege et y faisoit des degats trés-grands de la bourgeoisie qui auoit nagueres si vaillamment combattu. Le sieur de Sainct-Mauris, maire de la ville, qui estoit plein d'honneur pour sa sage et genereuse conduitte durant le siege, y mourut et plusieurs de la Cour aussi : les maisons des autres se trouuoient quasi toutes empestées par les maladies et morts de leurs domestiques, si que les conseillers commencerent à se retirer aux champs et ez autres villes moins malades que Dole.

Le serenissime Infant d'Espagne apres ses victoires dans la France auoit receu estant à Cambray la nouuelle de la deliurance de Dole auec un contentement qui ne se peut expliquer, car il estoit fort en peine et auoit commandé dez plusieurs iours auparauant que ceux qui auroient des nouuelles de Bourgougne eussent à les luy faire sçauoir, et luy estant les bonnes nouuelles arriuées par couriers exprés, il renuoya remerciment à la Cour et autres à nous qui auions tenu la campagne ; nous enuoyasmes aussi un courier à l'empereur qui n'eut pas moins de ioye que l'Infant et nous la tesmoigna par ses lettres.

3 Sept. 1636.

Le marquis de Leganez gouuerneur de Milan receut cette nouuelle dans son camp ayant eu quasi au mesme temps une signalée victoire sur les François, il fit tirer par trois fois tous ses canons et faire salue generale à l'armée. Le roy receuant à Madrid cette mesme nouuelle la fit publier aussi tost, et alla en rendre graces à Dieu et voulut que ce iour là fut ferié, tant ce grand roy au milieu de tant de couronnes et de victoires estimoit sa Bourgougne, et que plus est fit traduire en langue espagnolle la response sus ditte que l'archeuesque et le parlement auoient fait à la sommation des François la veille du siege de Dole, pour la faire sçauoir aux peuples d'Espagne.

6. Le serenissime Infant enuoya à la Cour commission par escrit pour gouuerner iusques à autre ordre et confirma au marquis de Conflans la commission du gouuernement des armes du roy en Bourgougne, et luy donna de plus la charge de bailly d'Aual vacante par le deçés du fut marquis de Listenois, qui luy estoit commode pour ce que sa maison de Chasteauuillain où il réside est au milieu du bailliage d'Aual, et de ce bailliage deppend Salins et quatre autres ressorts. L'Infant commanda au comte de Bussolin, filz du marquis, qui lors estoit en son armée, de venir seruir son père pour lequel il luy donna lettres contenans, qu'il deut entrer en Bresse auec l'armée de Bourgougne qu'il croyoit estre tousiours en pied et ioignit lettres à la Cour pour luy fournir choses necessaires à la ditte entreprise, lesquelles lettres furent deliurées par le comte à son arriuée, que fut seulement enuiron le douzième de septembre. Le serenissime Infant luy auoit donné plusieurs choses en creance et le prince Thomas des instructions en chiffre pour le marquis. Sur quoy le marquis pressa la Cour de luy fournir les choses necessaires à la ditte entreprise, sçauoir, gens, munitions et argent. Il disoit que l'armée de Bourgougne n'auoit point esté licenciée, mais s'estoit desbandée d'elle-mesme, demandoit un mandement pour faire retorner tous officiers et soldats à leur denoir : qu'il y auoit des munitions de guerre amplement, outre celles de l'armée qu'il auoit my à Dole apres le siege leué pour ne laisser la ville despouruette, et quant à l'argent il se contentoit de peu. La Cour respondit que son Altesse ayant présupposé que l'armée estoit en pied, il falloit l'informer de la vérité auant que de rien remuer en un affaire tant important : qu'auant que les trouppes de Bourgougne peussent estre assemblées, on se trouueroit dans l'hiuer et ne seruiroient les dittes trouppes qu'à manger le peuple, outre que la peste estant uniuerselle, il estoit impossible de les rassembler : et quant aux munitions de guerre, qu'elles estoient necessaires dans le pays ; d'argent aussi (pour les frais qui seroient grands) n'y en auoit aucun, et en cette sorte escriuit la Cour à son Altesse, par un courier qu'elle luy enuoya expres pour luy dissuader la guerre en Bresse et luy en monstrer l'impossibilité, estimant que la ditte entreprise eut esté proposée et sollicitée par le marquis ; à quoy la Cour n'eut autre response de son Altesse, sinon qu'elle luy auoit mandé ses intentions par lettres précedentes auxquelles elle se conformeroit, et fut enuoyé par le mesme courier recharge au marquis pour la ditte entreprise de Bresse.

7. Ce n'estoit pas dans la Bresse françoise que l'Infant commandoit

au marquis d'entrer, mais dans la sauoyarde, c'est à dire le Bugey et val Romey et pays de Gex qui n'estoient en France que d'engaigere pour les frais du roy Henry IV en la guerre de Bresse, lorsqu'il la receut en eschange pour le marquisat de Saluces au traicté de paix qui fut faict à Lyon, et par le traicté de mariage du duc regnant auec la sœur du roy Louys XIII ces pays auoient esté remis au premier filz qui naistroit du dit mariage : et il estoit né un filz, auquel la ditte remise neantmoins n'auoit pas esté faicte.

C'estoit donc une conqueste legitime que le serenissime Infant commandoit à la faueur du prince Thomas ; mais le principal but estoit de retinir la Sauoye et la Bourgougne, par le pont de Grezin qui est sur le Rhosne, en la forme que ces deux prouinces auoient esté du temps du roy Philippe II : à quoy le duc de Sauoye (bien qu'il commanda l'armée de France en Piemont) consentoit, pourueu qu'on l'y forcea par armes : et le temps sembloit estre bien opportun que les trouppes de France estoient occuppées en Picardie et en Bourgougne, et nous estoit trés facile d'occupper le pont de Grezin et le fortiffier auant l'hiuer, lequel durant l'hiuer ne nous pouuoit estre osté, et le duc auec cette ionction pretendoit de demeurer neutre entre les deux roys ses alliez, et negocier cette neutralité durant l'hiuer pour soy et s'il pouuoit pour la Bourgougne : que si la France la luy refusoit, il receuroit les trouppes du roy d'Espagne pour la conseruation de la Sauoye, sinon que le roy ayma mieux les tenir dans la Bourgougne mesme, pour la deffense des deux prouinces unies ensemble comme du passé par le passage du pont de Grezin : mais le malheur fut que le marquis auoit esté obligé par serment de ne descouurir ce dessein à personne, si que le parlement n'en sçauoit rien.

Le comte Gallasse estoit tousiours campé au delà de la Saône et le duc Weymar et les François estoient campez proche Langres, ayans la ditte ville à dos. Ce comte Gallasse ne mouuoit point son armée : les François penserent un iour enleuer le quartier des Croates où estoit en personne leur general Isolani, mais ils sont trop alaigres pour estre surpris : touteffois les François emmenerent quelques bagages, et estoit la partie des François si forte que toute l'armée fut en bataille pour le secours des Croates. Auec le comte Gallasse estoit le duc de Lorraine, le general Coloredo, le marquis de Grana, le prince de Florence general de l'artillerie, et la fleur des officiers de guerre imperiaux. Ils desiroient passionnement que les trouppes de Bourgougne fussent remises en pied, et le duc de Lorraine pour le procurer demanda une conference et pria la Cour d'y enuoyer des deputez.

8. Le marquis de Conflans passa aux portes de Dole où ie me trouuay et conferasmes auec le conseiller Boyuin, qui nous fit entendre comme la peste auoit dissipé le corps de la Cour, de laquelle ne restoient que cinq conseillers à Dole, quasi tous barrez en leurs maisons pour contagion et morts de aucuns de leurs domestiques, comme luy-mesme estoit barré dans la sienne. C'estoit chose pleine d'horreur de veoir hors de la porte de la ditte ville où nous estions, les loges des pestifferez en si grand nombre qu'elles tenoient place d'un grand faubourg, auec un air tellement infect que le sieur de la Verne commandant dans la ditte ville, nous vint aduertir de n'en pas approcher, et nous dit que les autres portes auoient mesmes faubourgs.

Ie me trouuay seul de la Cour à la conference, et en cette sorte ne pouuoit estre rien resolu ny arresté de sa part, car ie n'en auois pas le pouuoir. Son altesse de Lorraine s'aduança proche de Ray, et depuis fut encor à l'abbaye de la Charité où logeoit le marquis de Conflans. Le comte Gallasse ne pouuant quitter l'armée se déclara au comte de Bussolin que monsieur le marquis son pere luy auoit enuoyé, et luy dit : que lors qu'il auoit receu ordre de l'empereur de venir de deçà, on luy auoit promy qu'il trouueroit six mille hommes de pied bourguignons et mille cheuaux et toutes sortes d'assistances, ce que ne trouuant pas, il en auoit donné aduis à l'empereur et estoit contraint d'attendre ses nouueaux ordres : qu'il attendoit aussi ses canons de batterie et munitions de guerre, n'ayant en son camp que petites pieces qu'il auoit amené legerement, et s'estoit aduancé pour preuenir Weymar et la Valette qui desseignoient d'occupper les premiers la comté de Bourgougne : que de plus il attendoit l'armée de Silésie du roy nostre maistre que le marquis de Sainct-Martin amenoit, sans lesquels canons et armée il ne pouuoit rien entreprendre en France, et faisoit de grosses plainctes des importunitez du procureur general et du peu d'assistance qu'il en receuoit.

Monsieur le duc de Lorraine iugeoit qu'il estoit necessaire d'auoir en pied pour le moins la caualerie de Bourgougne qui se ioindroit au comte Gallasse, et comme informée des lieux et accoustumée de veoir les François, feroit la pointe et donneroit grande confiance aux trouppes allemandes, et bien qu'il ne parla pas de sa caualerie qui estoit de plus de deux mille cheuaux, touteffois nous iugions qu'il ne la vouloit pas hazarder, tant pour ce que c'estoit sa noblesse et son reste, que pour quelque deffiance qu'il auoit tousiours de Gallasse comme d'un ennemy reconcilié.

9. Le marquis estoit ponctuel en l'ordre que son Altesse royale luy auoit enuoyé et vouloit une armée pour entrer en Bresse, qui pourroit aussi estre utile au comte Gallasse tant pour diuersion que pour occupper l'un des costez de la Saône, tandis qu'il feroit la guerre puissamment en l'autre : disoit que tant de nations estrangeres amyes et ennemyes estans les unes dans la Bourgougne et les autres dans ses frontieres, il estoit bien besoing que la Bourgougne fut armée et que luy gouuerneur des armées du roy deuoit procurer l'armement, et enfin que ce seroit chose honteuse, que l'empereur ayant enuoyé une puissante armée pour vanger noz iniures à la priere du serenissime Infant, nous regardassions cette armée à bras croisez et qu'à faute de l'ayder nous la vissions inutile, manger et ruiner nostre pays : et de plus le serenissime Infant estant entré bien auant en Picardie pour diuertir de Bourgougne les armes de France, le marquis ne pouuoit s'appaiser que nous laississions à l'Infant toute la France tomber sur ses bras sans faire aucun effort de diuersion de nostre costé, apres deux commandemens reïterez de sa part.

Les François soub main faisoient leurs efforts pour empescher cet armement, et Croison françois prisonnier du colonel Fortkatz à Gray, proposoit au procureur general le restablissement de la neutralité entre les duché et comté de Bourgougne, subtilement pour s'insinuer aupres de luy, sçachant qu'il l'auoit tousiours desiré, et cependant Croison soub couleurs de maladies qui estoient en la maison de ville de Gray où il estoit prisonnier fut mené à Besançon, d'où il se sauua en France au bout de quelques iours, non sans soubçon d'auoir trouué des amis.

Les malcontans se seruoient de l'occasion des refus que la Cour faisoit au marquis pour ietter la querelle entre eux et taschoient de les animer l'un contre l'autre, et de faict peu s'en fallut qu'il ne s'alluma grosse querelle, car toute la noblesse estoit sortie mal satisfaicte apres le secours de Dole, comme sus est dy, et estans leurs terres pillées par les estrangers et eux sans employs, demandoient de suiure leur chef gouuerneur des armées du roy et le commandement reïteré de l'Infant.

Le marquis auoit de grands ressentimens d'auoir esté mal receu et desarmé à Dole apres auoir dignement seruy et fait leuer si heureusement le siege : il iugeoit que l'opposition que la Cour faisoit à la guerre de Bresse estoit pour le tenir desarmé et homme priué en sa maison, ce que ne pouuoit estre sans mettre sa réputation à bas et faire bresche à son honneur, car les malcontens ayans publié après le secours de Dole que sa charge de mareschal de camp luy auoit esté leuée, ce refus et opposition de la Cour (s'il en fut là demeuré) eut donné vogue à ce bruit espanché et l'eut fait passer pour verité.

Ie creu que ie deuois chercher le remede au malheur qui s'alloit preparant et le preuenir de bonne heure cependant que les choses estoient entieres, ce que m'occasionna de demeurer à la Charité auprès du marquis, lequel auoit peine de s'appaiser et me fit espouser moy-mesme son affaire par frequentes lettres et remonstrances que ie fis à la Cour : elle estoit espanchée à Dole, Besançon et Gray : ceux qui estoient restez à Dole entre lesquels estoit le vice president chef du corps, firent response : *Qu'ils ne vouloient pas empescher le marquis de rassembler les trouppes esparses s'il le pouuoit faire pour l'execution du commandement du serenissime Infant et luy donneroient tout l'ayde qui seroit en leur pouuoir, mais que leurs pouuoirs n'estoient pas grands.* Ceux qui estoient à Besançon ne furent pas de cet aduis. Les deux de la Cour qui estoient à Gray en dirent le mesme. Le marquis se seruit de la response de la Cour de Dole comme celle qui estoit en son siege et auoit son chef auec elle, et commencea à rassembler de la caualerie au bailliage d'Amont.

Le procureur general à Gray estoit las d'affaires et fasché du peu d'estat que le comte Gallasse faisoit de ses remonstrances, ioint que la peste s'y augmentoit, il se retira à Salins où elle estoit moins eschauffée et fit trouuer bon au vice president (que la peste auoit contraint de se retirer de Dole) d'y venir ; Champuans y vint aussi et Matherot. I'y accourcu pour veoir si ie pourrois moyenner un accord entre la Cour et le marquis. Il fut resolu qu'il seroit prié de passer à Salins pour traicter par ensemble de l'entreprise de Bresse. Il y vint auec repugnance, mais ayant esté bien accueilly par ceux de la Cour, il fit aisement le mesme de son costé et furent les difficultés qui regardoient l'authorité des parties terminees à l'amiable. C'estoit la premiere fois qu'on auoit veu en Bourgougne le titre de *gouuerneur des armées* qui depuis a continué ; mais lors l'Infant auoit voulu que le gouuerneur des armées fut soub les ordres de la Cour, ce que depuis a esté changé et a esté donné le seul gouuernement politique au parlement. Le comte de Bussolin auoit offert de leuer et armer un regiment d'infanterie à ses frais sans autres quartiers que ses propres terres, ce que le marquis son pere luy auoit accordé : la Cour maintenoit que c'estoit au gouuerneur de la prouince et à nul autre de donner telles commissions. Il fut resolu que le comte de Bussolin prendroit commission des deux. Le sieur de Coux, tresorier general de Bourgougne, offrit de faire un autre regiment à ses frais, moyenant asseurance de remboursement et quartier, que luy fut accordé, et fut chose remarquable qu'il n'eut autres capitaines que ses propres filz, l'aisné desquels auoit commandé au Pays-Bas; et sont morts depuis deux de ses filz en cette guerre, l'un sur la bresche en la ville de Sainct-Amour : le sieur de Champagne accepta aussi un regiment à ce mesme party, de sorte qu'au bout de quelques semaines se virent trois regimens d'infanterie en pied.

10. Cependant estoient arriuez au comte Gallasse ses gros canons, mortiers à bombes et munitions, et le marquis de Sainct-Martin qui depuis a esté gouuerneur de Bourgougne luy auoit amené l'armée de Silésie ; l'ordre nouueau de l'empereur estoit aussi arriué d'entrer en France pour fauoriser les armées de l'Infant d'Epagne qui estoit tousiours dans la Picardie.

Le comte Gallasse demanda aduis à la Cour par quel endroit il deuoit entrer en France, fut par compliment comme à un corps qui tenoit le gouuernement de la prouince de l'aduis duquel il vouloit se preualoir en cas de mauuais succez, fut pour estre esclaircy par eux comme voisins de France qui sçauoient la portée, les forces et deffaux de leur voisinage. La Cour qui estoit mal satisfaicte de son retardement et voyoit la saison tardiue et mal propre pour une si grande entreprise (car on estoit à la fin du mois d'octobre), luy fit response, que dez le temps qu'il estoit arriué à la frontiere de France, elle s'asseuroit qu'il auoit fait recognoistre le pays et qu'il n'ignoroit rien qui put toucher à son entreprise, et de son costé s'efforceroit à le seconder et luy donner tout l'ayde qu'il pouuoit attendre d'un pays à peu prés ruiné.

Au conseil de Gallasse les opinions estoient differentes, car bien que tous regardassent la duché de Bourgougne et la conqueste de la ville de Dijon comme capitale et peu forte qui pouuoit estre prise auant l'hyuer, touteffois aucuns estoient d'aduis d'y aller le droit chemin afin d'occupper en passant quelques villes sur la Saone : autres estoient d'aduis que l'on prit un destour par chemins secs, faisant mine de marcher contre Langres au-deuant duquel estoit postée l'armée ennemye, et cette opinion estoit bien la meilleure et plus asseurée, car amusant l'ennemy dans ses postes, Diion espouuanté n'eut fait nulle deffense et Gallasse auoit assez de gens pour amuser et surprendre sans esloigner les parties de son armée l'une de l'autre de plus qu'il ne faut pour les faire correspondre; et bien que le duc de Lorraine ne voulut pas contrarier l'aduis commun d'attaquer Diion, touteffois il donnoit à entendre les aduantages que l'on auroit si on entroit en France par le Bassigny, desquels les principaux estoient; que l'on auoisineroit daduantage l'Infant d'Espagne et en cas de progrès se pourroient les deux armées donner la main l'une à l'autre, et que l'on ne s'esloigneroit pas tant de l'Allemagne, comme l'on feroit si on entroit au duché de Bourgougne, ioint qu'il auroit en ce cas quantité de noblesse et de soldats en sa duché de Lorraine et qu'on coupperoit la Lorraine de la France, qu'estoit bien un grand aduantage pour le total de la guerre.

La premiere opinion fut suiuie pour ne pas s'esloigner de la Bourgougne de laquelle on esperoit le plus d'assistance et où l'armée se retireroit si elle y estoit contrainete; et bien qu'il fallut passer plusieurs petites riuieres et un pays marescageux pour aller à Diion par le droit chemin, touteffois comme le temps estoit lors encor chaud et serain, les chemins secs et le voyage court on pourroit arriuer à Diion auant qu'il y eut grandes eaux ny grandes boues, et Diion estant en lieu sec et au pied des montagnes, l'armée s'y pourroit camper commodement et maintenir en cas de pluies. Aucuns ont creu que cet aduis fut donné au comte Gallasse par gens qui enuioient sa fortune et n'auoient pas desiré d'entrer en France; et plusieurs se sont persuadez que le comte Gallasse luy-mesme n'auoit aucune volonté d'entreprendre la guerre de France, pour ce qu'ayant à peu prés acheué la guerre d'Allemagne il estoit plein d'honneurs et de biens qu'il iroit mettre en compromis et hazarder s'il entreprenoit une guerre si dangereuse et si longue contre une prouince grande et belliqueuse et gouuernée par gens rusez : qu'il seroit aisé à ses ennemys de destruire sa fortune auprés de l'empereur quand il seroit esloigné de luy et de tous poincts occuppé à une guerre très-difficile en laquelle quoy qu'il fit, il donneroit tousiours prise à la calomnie et à l'enuie : ioint que bien qu'il eut une armée puissante et quantité de canons et munitions, touteffois le principal deffailloit qui estoit l'argent, et ses munitions de guerre suffisoient bien pour le siege de Diion, mais non pas pour le munir quand il seroit pry et pour continuer la guerre. Tels estoient les discours et iugemens des hommes, mais ie vis par les lettres de l'empereur que le marquis receut en ce temps là, que la marche de Diion ne fut à autre fin que pour occupper Weymar et la Valette tandis que l'Infant retorneroit de Picardie en Flandre et pour luy asseurer sa retraicte par la peur de Diion qui feroit bruit, et apres la retraicte de Picardie Gallasse se retireroit et rentreroit en Allemagne où la diette electorale estoit acheuée.

Or les aduis que demanda Gallasse et les conseils qu'il tint ne furent à autre desseing que pour estre deschargé du succez, et que la faute fut reiettée sur les conseils s'il prenoit mal sa marche contre Diion.

Il entra donc en la duché de Bourgougne à la fin du moins d'octobre l'an mil six cens trente six, par un temps fort serein auec une armée de trente mille hommes tant à pied qu'à cheual en bonne ordonnance de guerre, chargée neantmoins d'un bagage infini, comme est la coustume des Allemans qui ne peuuent autrement supporter la fatigue de la guerre non plus que les autres nations septentrionales, entre lesquels les tartares font leurs villes et habitations ordinaires dans leurs chariots, et les Allemans durant la guerre habitent en leurs tentes que le comte Gallasse rangeoit par rues en forme de grandes villes : et portent la pluspart des officiers Allemans tous leurs auoirs dans leurs chariots. Le cardinal de la Valette et le duc de Weymar desmarcherent du premier coup deuant Gallasse, et se retirans peu à peu à mesure qu'ils virent sa marche contre Diion se posterent à dos contre la ville. La peur et effroy se mirent dans toute la duché si grandes que Diion fut abandonné de la plus part des bourgeois, et les grands dehors par eux faits demeuroient sans garde faciles à occupper et la ville en consequence si l'armée françoise ne se venoit ietter dedans.

Gallasse prit en passant les bourgs et chasteaux qu'il trouua sur son chemin et destacha quelque trouppes soub le commandement du baron d'Egfort auec deux demy canons pour attaquer Sainct-Iean de Losne, qu'il croyoit d'emporter sans grande resistance pour n'y auoir aucunes fortiffications ny clostures que de tours et courtines à l'antique et peu de garnison; mais le baron d'Egfort y trouua bien plus de difficulté qu'il ne pensoit, car les murailles estans bonnes et sa batterie de deux pieces seulement, il tarda plusieurs iours à faire bresche.

25 Octob. 1636.

La ville est assise sur la Saone et les assiegeans auoient posé leur camp du costé de terre, laissans libre le pont et la riuiere, et encor qu'ils eussent fait bresche raisonnable et sondé le fossé, touteffois venant à l'assaut et les assiegez ayans rompu quelque digue, le fossé se trouua si profond que plusieurs y perirent et fut force aux autres de se retirer. Egfort auoit prié trés-instamment le comte Gallasse d'enuoyer mille mousquetiers à l'autre riue pour occupper le pont par lequel il apprehendoit le secours, mais c'estoit chose difficile, car il n'auoit aucunes barques et les ponts d'Aspremont et Gray sur la Saone estoient fort esloignez ; tous les autres estoient tenus et bien gardés par les François, lesquels cependant qu'on déliberoit sur ce poinct, firent entrer un puissant secours dans la ville par le pont de Saone, qui se fit veoir aussitost par une sortie où de part et d'autre demeurerent quelques morts et y fut combattu vaillamment de tous costez sans aduantage aucun : mais l'espoir estant perdu d'emporter la ville auec si peu de forces que celles qu'auoit Egfort, commandement luy fut fait par Gallasse de venir reioindre l'armée. 2 Nov. 1636.

11. Gallasse estoit fort aduancé et auoit passé toutes les riuieres qui sont entre Gray et Dijon, quand soudain le temps serein se changea en pluyes abondantes et continuelles qui mirent en eau la campagne où il estoit, et pensant aduancer son canon il le vit s'engouffrer dans les marais, et les riuieres s'enflerent derriere luy, qui en peu de iours luy eussent empesché la retraicte : sur quoy ayant tenu conseil de guerre, fut resolu de se retirer promptement auant que pis arriua, et fut tiré le canon des marais et repassé au trauers des eaux auec difficultés grandes : l'infanterie les trauersa aussi auec beaucoup d'incommodité et non sans perte d'une partie de son bagage et de deux petites pieces de regiment qu'il leur fut impossible de retirer des fondrieres. 3 Nov. 1636.

Weymar et la Valette n'auoient point paru iusques alors, et bien qu'ils eussent tout l'aduantage qu'ils pouuoient desirer, leur ennemy leuant le pied deuant eux et estant empestré dans les marais, touteffois ils n'oserent iamais attacher un combat, soit qu'ils apprehendassent quelque ruse, ou que voyans leur ennemy faire sa retraicte en bon ordre et puissant d'hommes, ils iugeassent plus à propos de luy faire un pont d'or, suiuant l'ancien dire, que de commettre une bataille à la fortune, de laquelle si l'issue estoit mauuaise se succederoit la perte de la duché de Bourgougne : et le desaduantage des marais dans lesquels il failloit combattre estoit esgal à eux et à leur ennemy : tout ce qu'ils firent fut de prendre quelques prisonniers et partie du bagage qui ne put suiure l'armée.

On fut esgalement mal satisfait des uns et des autres aux deu
Bourgougnes, car de nostre part estoit chose honteuse de veoir ta
de grands capitaines et une si puissante armée faire retraicte sans auoi
rien fait et trop fascheux de les veoir retomber sur noz bras et veni
prendre quartier d'hyuer en noz maisons : ceux de la duché se plai
gnoient qu'on eut laissé sortir des eaux une armée ennemye san
la deffaire, comme ils estimoient qu'on auoit pu, laquelle estant e
son entier postée au voisinage prendroit son temps pour rentrer pa
autres chemins à son aduantage. Touteffois ils firent les feux de ioy
de cette retraicte et du secours donné à Saint-Iean de Losne, et de
lors ont eu moins de peur des armées allemandes desquelles auparauar
le nom les effroyoit.

Gallasse retorna sur ses pas au pont d'Aspremont où il auoit laiss
deux forts et bonne garde, et demanda à la Cour pour ses quartier
d'hyuer toute la contrée assise entre les riuieres de Saone et d'Oigno
qu'est la meilleure et plus fertile de la Bourgougne, de bien grand
estendue, semée de petites villes et chasteaux, et pour appuyer s
demande enuoya lettres de l'empereur qu'il auoit fait venir de bonn
heure, lesquelles estant bien leües et considerées, se trouuoit que l'em
pereur bon et sage prince ne vouloit charger la Bourgougne d'aucu
quartiers d'hyuer à la forme allemande, mais desiroit seulement d'
laisser quelques regimens pour la garde d'icelle auxquels on donnero
simple nourriture pour les faire subsister, et auoit assigné l'empere
à tous ses gens leurs contributions des quartiers d'hyuer dans l'Alle
magne.

Les soldats imperiaux et quasi toutes les nations septentrionales n'o
aucune solde à la guerre, car les princes et l'empereur mesme n'o
pas le moyen de soudoyer de si grandes armées comme sont ordina
rement celles du septentrion, puissantes principalement en caualerie e
laquelle la solde iroit à l'infiny, leur entretien donc se prend sur l
prouinces où ils passent amyes ou ennemyes, et pour trouuer d
viures abondamment ils courent de tous costez, non à la desrobée
par enuoy de leurs valets, mais par grosses parties commandées, q
détruisent et bruslent les villages où ils trouuent de la résistance, af
d'intimider les autres et les obliger à leur abandonner leurs biens
et cette façon à esté tolerée si auant, que comme noz paysans retirent au
villes et maisons fortes ce qu'ils ont de meilleur, les Allemans l
couroient et où ils les pouuoient attraper les mettoient à la tortu

pour leur faire reueler les cachots de ceux de leur lieu, où pour payer eux-mesmes rançons s'ils etoient honnestement habillez, attaquoient et forçoient les chasteaux et petites villes et traquoient les bois. Le proffit qui reüssit de telles courses et parties commandées doit estre apporté aux capitaines par les soldats, auxquels n'est laissée que la moindre partie et le surplus est acquy pour fournir aux tables et despenses des chefs qui tiennent tables magnifiques auec un luxe incroyable et ont grands équipages et habits somptueux, et les délices et profits qu'ils tirent de leurs regimens leur font refuir les combats, crainte de les perdre : et s'ils s'y trouuent contraints, leur premier soing est de mettre en seureté leur bagage et leurs drapeaux, afin que s'ils sont battus et mis en route, leur bagage demeure sauf et leurs regimens en pied par la conseruation des drapeaux. La iustice sur les criminels et leur egmine qui est bien instituée et auec sermens horribles que prestent les officiers des regimens qui en sont les iuges, mais ces egmines se tiennent rarement et seulement pour chastier les trahisons et laschetés, mais non pour rapines et voleries, car les officiers qui les ordonnent et en proffitent ne voudroient ny pourroient en iustice condamner les soldats qui les ont fait par leur ordre.

Or comme la rigueur de l'hyuer empesche les courses principalement en pays froids et que les officiers ne veulent rien rabattre de leur luxe durant leur repos, les quartiers d'hyuer sont instituez dans les villes et gros bourgs que l'on oblige à leur fournir viure et argent au double (pour le moins) de la milice Espagnole, et à le bien prendre n'y a autre regle s'ils sont les plus forts, sinon que tout ce qui est de bon en leurs quartiers d'hyuer leur est acquy et ainsy ont ils accoustumé de le déclarer et vendre à prix d'argent tout ce qu'ils trouuent qui ne les accommode pas.

La Cour informée de ce procedé par le marquis de Castaigneda ambassadeur du Roi en la cour de l'empereur et encor mieux par experience, fit response au comte Gallasse qu'elle le prioit instamment de suiure la volonté de l'empereur et se contenter de laisser en Bourgougne quelques regimens qu'on entretiendroit comme trouppes auxiliaires aux lieux necessaires pour la garde du pays et auec bon traictement, et en mesme temps despescha à l'empereur un gentilhomme Bourguignon pour le supplier de se faire obeir et pour luy representer le peu d'effect et les grands maux que l'armée de Gallasse iusques alors auoit fait, et comme son voyage n'auoit aucunement esté pour la

Bourgougne (qui estoit ià victorieuse et estoit entrée en pays ennemy auant son arriuée), qu'il n'y auroit raison aucune qu'elle supportast les quartiers d'hyuer et fut destruicte et desolée par une armée qui n'estoit pas venue pour elle, et la despense de laquelle elle auoit desià soustenu plusieurs mois sans fruict ny necessité. Gallasse prit de mauuaise part la response de la Cour, et sans l'attendre s'estoit desià logé entre les dittes deux riuieres, où ses gens exerceoient les hostilités qu'ils auoient deu exercer en pays ennemy.

Durant cecy le marquis de Conflans mareschal de camp auoit fait bonne caualerie qui estoit logée en diuers quartiers sur la Saone et l'Oignon et leur auoit assigné place monstre pour les mener en gros au bailliage d'Aual, où son infanterie estoit faicte pour de là passer en Bresse suiuant le commandement du serenissime Infant d'Espagne ; et si le comte Gallasse eut eu pry poste dans la duché de Bourgougne et fait la moindre chose de celles qu'on attendoit d'une armée si puissante que la sienne, ce voyage de Bresse eut esté de très-grand effect.

12. La caualerie de Gallasse qui estoit de dix à douze mille cheuaux s'espancha en deça de la Saone indifferamment, et y trouuant la caualerie de Bourgougne esparse en ses quartiers, la poussa comme si elle eut esté ennemye, et fut contraint le marquis de Conflans de la mener en desordre comme il put au bailliage d'Aual, où par aduis et ordre de la Cour il repartit en garnisons ez places frontieres sa caualerie et infanterie sans rien entreprendre sur la Bresse, car pour luy en oster le moyen la Cour qui estimoit cette guerre inutile (puisque Gallasse s'estoit retiré de France) retardoit de luy enuoyer munitions de guerre et canons, et prestoit l'oreille au seigneur de Cressia qui proposoit le retablissement de la neutralité entre les deux Bourgougnes : nous auons parlé cy-deuant du procureur general comme il auoit conferé auec Croison, prisonnier françois à Gray, sur le faict de cette neutralité, lequel Croison s'estoit eschappé et auoit remy en terme cette affaire, auquel le prince de Condé gouuerneur de la duché et le baron de Tienges commandant en Bresse faisoient mine d'entendre de bonne foy.

La Cour estoit celle qui auoit reparty noz trouppes en quartiers d'hyuer comme estant chose de son authorité, puisqu'elle auoit le gouuernement en main et se confiant sur la parole donnée par Tienges à Cressia et par Cressia à elle que rien ne seroit entrepry sur nous par le party françois, auoit logé partie de la caualerie en villages et bourgs frontieres mal fermez comme à Chauanne et Courlaoux sans estre soustenue d'aucune infanterie, ce que le marquis de Conflans n'approuuoit pas, mais il en laissoit faire à la Cour, car tout ce qu'il proposoit contre Cressia estoit tenu suspect pour la vieille querelle qui estoit entre eux à cause d'une entreprise faicte auparauant en plaine paix par le frère du dit Cressia sur la maison du dit marquis, comme i'ay dy cy-deuant. Ie fus visitter le marquis à Lons-le-Sonnier où estoit le quartier de la Cour et luy donnay aduis de se loger autre part, en lieu où il fut couuert de ses quartiers, car la ville pouuoit estre surprise et forcée sans canon et estoit assise à une lieue de France : ie luy suaday aussi de retirer les compagnies de caualerie des sieurs de Vaudrey et de Mandre qui estoient à Chauanne et deux autres qui estoient à Courlaoux : mais il me dit que le quartier de Courlaoux se pouuoit maintenir par le chasteau qui estoit assez bon, qu'il enuoyeroit de l'infanterie à Chauanne, et quant à son quartier qu'il estoit gardé par un regiment entier d'infanterie et qu'il ne pouuoit faire daduentage sans alterer les commandemens de la Cour, ce qu'il ne desiroit aucunement puisqu'il deppendoit d'elle et sans son ayde il ne pouuoit auoir ny munitions, ny viures, ny argent pour ses trouppes. Le procureur general apres le siege de Dole où il s'estoit porté si vaillamment auoit esté enuoyé au marquis pour luy donner chaleur et le faire agissant, et estoit le directeur de cette guerre de laquelle le prince Thomas estoit autheur, et ce prince estant tout puissant auprés de l'Infant, Brun qui estoit cogneu de luy vouloit gagner son affection et se faire renommer par les armes pour se faire aymer de l'Infant, car il rouloit de grandes et hautes pensées de fortune et à mesme fin pour gagner les bonnes graces de la noblesse qui estoit au camp et de ceux dont il se vouloit ayder, promettoit toutes choses, faisant industrieusement courir des bruits à son aduantage et ayant dans le parlement nombre d'amys et affidez qui auoient ioinct leurs esperances aux siennes. Trois iours apres mon départ de Lons-le-Saunier, le quartier de Courlaoux fut attaqué de nuict et enleué et un des lieutenants fut faict prisonnier : le capitaine de l'une des compagnies s'estoit logé en asseurance dans le chasteau : un autre lieutenant combattit vaillamment et fit mourir plusieurs de l'ennemy, son capitaine se trouua absent du quartier auquel le marquis fit faire le procés et luy leua sa compagnie.

Le marquis fit plainte à la Cour de cette entreprise contre la parole donnée, à quoi Tienges et Cressia respondirent que ceux du dit quartier auoient fait plusieurs courses en France et que les interessez qui estoient personnes priuées auoient pry leur reuanche sur eux sans participation du gouuerneur ny d'aucun commandant aux places de Bresse, et cette excuse fut receue par la Cour qui (desireuse de la neutralité) croyoit facilement Cressia et aymoit mieux dissimuler l'attentat que de rompre ce qui estoit en termes. On resolut d'enuoyer deux cens hommes d'infanterie pour fortiffier le quartier de Chauanne et en furent enuoyez les ordres, mais ils furent executez lentement.

Tienges qui dez long temps auoit desseigné d'enleuer le quartier de Chauanne et auoit veu que l'entreprise sur celuy de Courlaoux auoit esté dissimulée, ne tarda pas d'executer ses desseings sur Chauanne auant que l'infanterie ordonnée y fut arriuée, ce qui luy fut facile, car les murailles du bourg estant esbreschées en plusieurs endroits et les portes simples et sans deffenses, il y alla neantmoins en personne auec grosses trouppes, petards et echelles; et la caualerie qui estoit dedans n'ayant autres armes que pistolets, apres quatre heures de resistance aux portes et aux murailles tant que leur peu de munitions dura, fit enfin composition comme elle put dans les mazures d'une tour qui luy restoit et furent pris à rançon et emmenez les officiers et quelques soldats.

2 Janv. 1637.

Cressia enuoya à la Cour les excuses de Tienges de mesme substance ou à peu prés que celles de Courlaoux, mais le marquis de Conflans estoit ià à cheual auec toutes ses trouppes (qu'il auoit ioint en un moment dez la premiere nouuelle qu'il auoit eu que Tienges attaquoit Chauanne), et apres la prise d'iceluy marcha pour l'en desloger et empescher de passer outre dans le pays qui estoit ouuert de ce costé là et estant arriué à Gigny, ses coureurs luy rapporterent que Tienges auoit quitté Chauanne et s'estoit retiré à Bourg auec ses gens. Il se contenta de faire place d'armes à Gigny en un temps d'hyuer trés-fâcheux et de disposer ses quartiers en forme de guerre et se preparer pour user de reuanche de l'affront de Chauanne sur quelques places de Bresse.

Il ne tarda gueres qu'il prit Cuzeau, ville bien fermée, qu'il fit escheller et sapper de plain iour et luy fut renduë la ville à composition par le commandant au bout de trois heures : il y mit le baron de Boutauant qui en est maire hereditaire, lequel traicta si doucement les bourgeois que ceux qui en estoient sorty le iour de la composition y retornerent incontinent.

Le comte de Bussolin, filz du marquis, surprit en mesme temps le

steau de Dortans qui est au Bugey et auec son regiment et quelque
 de caualerie, passa plus auant dans le pays ennemy, prit plusieurs
steaux et poussa vertement la caualerie du Bugey qui luy vint au
 contre proche du chasteau de Martignat qu'il attaqua et prit à la veüe
 la ditte caualerie.

e marquis après la prise de Cuzeau résolut d'attaquer Sauigny qui
 voisin et bonne place et y mena deux petites pieces de canon plustost
 r montre que pour effect qu'il en attendit, il en reüssit heureuse-
nt, car à l'abbord il tailla en pieces le secours qu'on enuoyoit dez
 hans qui estoit de quelques soldats et nombre de paysans armez, et
nt gagné la contrescarpe et douue du chasteau et fait tirer nuictam-
nt quelques coups de canon contre les cheminées (ne voulant tirer
 iour de peur que la petitesse des canons ne fut recognetie) il espou-
ta si fort la garnison que le commandant luy rendit la place le
nd iour et fut mis dedans le sieur de Rincour colonel d'infanterie 9 Févr. 1637.
 c partie de son regiment.

a noblesse de Bresse apres la prise de Martignat voyant le comte
 Bussolin et ses trouppes retirés et le chasteau n'estre encor muny,
 int promptement assieger. Dedans estoit Duprel, colonel de dragons,
 maintint vaillamment la place dans l'extréme necessité et manque-
nt de toutes choses iusques à ce que le secours luy fut arriué,
 posé de douze cens hommes de pied et huit cens cheuaux com-
 ndez par le sieur de Champagne lieutenant du marquis : le comte
 Bussolin s'y trouua en faueur de Duprel, ie m'y trouuay aussi sur
 luis que m'en donna le marquis. Il ne fut pas difficile de faire leuer
 siege, car l'ennemy estant aduerty et ayant fait recognoistre noz
 uppes leua le siege et se retira en confusion en plaine minuict.
 rtignat fut bruslé pour estre trop aduancé dans le pays ennemy et
 il ne meritoit pas les frais qu'on y mettroit pour le munitionner et
 scruer comme n'estant d'aucun emport au total de la guerre.

13. Au retour de cet exploit le sieur de Champagne assiegea le
 steau d'Arbant, voisin de noz frontieres ioignant celuy de Dortans
 il tenoit. L'ennemy le vint secourir par un grand brouillard qui le tint
 uert iusques à ce qu'il fut proche de nous, mais les chemins auoient
 si bien battus que les coureurs de l'armée ennemye auoient esté
 contrez et le bruit entendu de leur marche, si que ils nous trouuerent
 gez en bataille : le brouillard s'abattit que les trouppes estoient en
 ance iuste pour le combat, une campagne de cinq cens pas entre

deux. Les François estoient rangez en la pente d'une colline, les regimens de Robé et d'Anguien estoient emmy la colline fortiffiés de roches et buissons, et la caualerie au bas dans la plaine marchoit le petit pas à nous, et nous voyans formez sans mouuoir fit alte. On delibera si on les attaqueroit, et furent enuoyez contre eux deux esquadrons de caualerie pour veoir leur contenance bien qu'il ne fut pas à propos de les attaquer, puisque ils estoient en lieu fort et que nous ne pouuions aller à eux sans quitter l'aduantage de nostre poste et laisser loing ceux qui estoient de garde aux portes du chasteau d'Arbant qui pouuoient estre battus cependant et le chasteau auitaillé. La caualerie ennemye se retira au-dessoub de son infanterie au mouuoir de noz deux esquadrons contre laquelle nostre caualerie ne pouuant rien, furent destachées deux manches de nostre infanterie qui les attaquerent dans leurs forts et les leur firent quitter et regagner le haut de la montagne, d'où ils se retirerent en trois gros par chemins diuers pour haster leur retraicte. Ceux du chasteau auoient cependant fait sortie et auoient esté soustenus : mais ayans veu la retraicte honteuse de leur secours ils se rendirent le mesme iour à discretion : la vie fut donnée aux hommes et l'honneur conserué aux femmes et le pillage du chasteau donné aux soldats.

Le comte de Bussolin demandoit qu'on allast de ce mesme pas attaquer le chasteau de Cornod qu'il esperoit d'emporter sans canon en dessechant le fossé, car nous en estions à trois lieües, mais outre que le passage de la riuiere d'Ain pour y aller estoit difficile, l'ennemy estoit en pied qui pouuoit nous charger au passage : noz trouppes estoient aussi fort recreües et ne leur restoit que bien peu de munitions de guerre et de gueule : et ie dissuaday à mon possible cette entreprise au comte de Bussolin; puis aussi tost que les trouppes furent rentrées dans le pays ie me retirai en ma maison.

14. L'entreprise de Cornod entra dans l'esprit du comte de Bussolin qui tascha d'y praticquer quelques personnes et communiqua son desseing au procureur general que le trouua bon et s'en rendit luy-mesme solliciteur, comme d'une place qui estoit enclauée dans la Bourgougne et deuoit estre premierement occuppée si nous voulions faire progrès dans la Bresse. Il en escriuit à la Cour auec tant d'apparences de raison qu'elle y consentit et luy fit donner à Salins un quart de canon et autant de munitions de guerre qu'il demanda : mais la conduitte du canon et des munitions emporta plusieurs iours durant lesquels l'en-

treprise fut esuentée et publiée. J'estois à Salins où ie receu aduis que le baron de Tienges auoit my gens de guerre nouueaux à Cornod et esperoit en cette occasion de faire prisonnier le marquis de Conflans : de quoy ie l'aduertis aussi tost et le priay de laisser cette entreprise qui estoit esuentée et ne pouuoit mesme reüssir que par un siege, pour lequel il estoit mal fourny et la saison mal propre. Il mit l'affaire en conseil estant encor à Lons-le-Saunier, où le procureur general eut tant de persuasion, que tous ayans opiné au contraire se laisserent enfin emporter, et le marquis luy-mesme comme deppendant de la Cour lors gouuernant, ne voulant donner prise au procureur general qui facilitoit la chose par ses lettres iournalieres à la Cour. Le marquis partit de Lons-le-Saunier auec quinze cens hommes de pied et six cens cheuaux et auec le quart de canon amené de Salins. Il aduint lors que montant à cheual, au premier pas qu'il fit, son cheual s'abattit soub luy et en cette cheutte l'espée qu'il portoit au flanc fut rompue et mise en deux pièces : le marquis sans s'esmouuoir prit cette cheutte et rupture d'espée pour presage de ce que succeda et passa outre pour ne se montrer superstitieux.

La noblesse qui estoit aupres de luy prit aussi ces deux choses à mauuaise augure et le pria instamment de ne pas aller à cette entreprise qui aussi sembloit n'estre pas un poste pour un general, de quoy il les remercia.

Estans à Orgelet, le baron de Boutauant qui gouuernoit la caualerie eut quelques prises de paroles auec le comte de Bussolin sur le suiet de cette entreprise, faisant veoir assez clairement l'impossibilité d'en reüssir. A quoy le procureur general repartit, qu'il failloit donner quelque chose à la fortune qui leur estoit de tous poincts fauorable et seroit trop la desobliger comme femme de refuser ses faueurs. L'ennemy estoit aduerty d'heure à autre de la marche de noz gens par ceux qui luy correspondoient. On passa proche de Cessia et le marquis manda à Rincour, duquel les cinq compagnies d'infanterie venans des montagnes estoient assez voisines, et à Sainct-Germain ayant trois cens cheuaux en charge, pour ioindre leurs trouppes et s'aduancer à une lieüe de luy pour faciliter sa retraicte s'il estoit foible.

Cornod est assis en une vallée profonde et le chemin pour y descendre est difficile et estroit, si que le marquis voyant ce site iugea impossible de remonter le canon, bien que la place seroit prise : mais le canon estoit desia en la descente où dez le mesme soir il fut my en batterie ; les postes occuppez et les trouppes logées comme pour un siege formé. Le quartier du marquis auoit esté pry par son quartier maistre a demie lieüe sur la montagne, où il retorna coucher apres auoir disposé son petit camp, et dit au comte son filz, que sur toutes choses on deut bien faire battre les chemins de tous costez et enuoyer petites parties bien auant pour recognoistre l'ennemy. Le comte retorné au camp fit entendre cet ordre au baron de Boutauant auquel touchoit d'enuoyer parties et faire battre les chemins comme gouuernant la caualerie ; mais comme Boutauant auoit du refroidissement dez le conteste d'Orgelet et croyoit que le comte luy parloit de luy-mesme et vouloit luy monstrer sa leçon, il luy repartit assez vertement, de quoy le comte qui estoit plein de courage et fort iudicieux ne fit pas grand bruit sur le rang, mais le lendemain au point du iour il le fit appeller et se battirent à cheual, où accoururent les principaux officiers bien à propos pour separer le combat. Si les chemins furent battus ou non c'est chose non encor bien esclaircie, du moins ceux qui furent enuoyez ne firent pas grand voyage, car Tienges marchoit auec toutes les trouppes de caualerie et infanterie qui estoient en Bresse et se posta dez le matin derriere le chasteau de Vaugrigneuse qui est voisin et au-dessus de celuy de Cornod, d'où il voyoit les logemens et contenances de noz trouppes sans estre veu par elles. Celuy qui auoit le pont en garde où estoit le passage de l'ennemy l'abandonna sans rendre combat, et comme estranger a esté suspecté d'intelligence. La premiere caualerie des François qui vint à la charge fut repoussée par la nostre, iusques à ce que la nostre voyant paroistre nombre d'esquadrons et tous à grand front se retira, et se sentant inferieure à celle de l'ennemy au lieu de le sousteniret combattre de front, fit carracole et legere descharge, puis sans estre couppée ny forcée se retira tout d'un temps et abandonna l'infanterie. Quelques capitaines neantmoins entre lesquels fut le sieur de Reculot firent teste et tous deuoirs possibles auec le peu de gens qui se trouuoit auprés d'eux. Le marquis qui auoit disposé ses trouppes et alloit par tout les animant fut surpry de cette si soudaine retraicte de sa caualerie sans y pouuoir remedier, car elle auoit enfilé le chemin des montagnes. Le sieur de Champagne serient de bataille n'oublioit aucun deuoir en l'infanterie (composée la plupart de nouuelles gens) sur laquelle l'infanterie françoise estoit venüe fondre en bon ordre et l'auoit tellement surprise que les mousquetiers à grand peine auoient eu le loisir d'allumer leurs mesches. Le comte de Bussolin

13 Mars 1637.

auoit my pied à terre et combattit la pique à la main en teste de son regiment, iusques à ce que l'infanterie estant forcée et tout espoir perdu il se retira. Le marquis son pere ne desesperoit point, et allant et venant par tout vit venir à soy un esquadron ennemy lequel il creut estre sien et voulut l'encourager, iusques à ce que Flauigny son maistre d'hostel seul resté auprés de luy l'aduertit que c'estoit l'ennemy et le pria de se retirer, comme il fit, estant faicte sur luy au mesme temps une furieuse descharge de laquelle ses armes le garantirent.

Le procureur general se trouua aussi en ce combat, exhortant l'infanterie auec reproches et menaces contre les fuyards et se retira de bonne heure et bien à temps.

En ce combat moururent de nostre infanterie peu moins de six cens hommes ; le sieur de Champagne y fut fait prisonnier, et estant mescogneu fut despouillé de son buffle, et apres auoir passé par plusieurs mains fut mené à Lyon où il paya sa rançon à un serient de compagnie et s'en reuint en Bourgougne : le sieur de Vannod capitaine d'infanterie et quelques autres officiers furent tuez combattant vaillamment : le sieur de Reculot et plusieurs autres furent emmenez prisonniers.

La retraicte auant ditte de Boutauant auec sa caualerie l'eut fait soupçonner d'intelligence, n'eut esté qu'un sien frere ayant esté fait prisonnier en ce combat fut tué à sang froid au camp ennemy et Boutauant menacé de mesme traictement s'il estoit pry : mais tout ce iour et la veille il fut veu triste et hors de son procedé ordinaire, comme venant à contre cœur et auec mauuaise opinion de cette entreprise et peut estre que le duel de ce iour là luy tenant l'ame chargée luy faisoit perdre quelque chose de sa resolution ordinaire.

Sainct-Germain auec sa caualerie et les gens de Rincour empescherent l'ennemy de poursuiure ses aduantages, occuppant le poste de la montagne par lequel l'ennemy pouuoit venir dez Corned à Orgelet, où le marquis arriua bien triste et se reposa une nuict, puis dez le lendemain passa à la Cour pour iustiffier ses actions et excuser le trop de courage du procureur general, et tout d'un temps alla trouuer le prince de Lorraine à Besançon qui auoit de bonnes trouppes pour luy demander secours, lequel les luy accorda, iugeant que cette prosperité des François leur hausseroit le cœur, si elle n'estoit suiuie promptement de quelque eschec, qu'il estoit facile de leur donner auant qu'ils fussent renforcez de leurs grosses trouppes.

LIURE HUICTIÉME.

1. Suitte de Corno 1. 2. Marquis de Sainct-Martin gouuerneur. 3. Combat de Rotalier. 4. Progrès de Longueuille. 5. Marche du marquis contre luy. 6. Moirans bruslé. 7. Duc de Lorraine general. 8. Retraicte de Longueuille. 9. Mort du marquis de Varambon. 10. Entrée de Weymar, Longueuille et Gransey. 11. Argent d'Espagne arriué. 12. Prise de Lons-le-Saunier par Longueuille. 13. Marche du marquis contre Gransey. 14. Deffaicte de la caualerie de Mercy par Weymar. 15. Marche de Weymar contre Besançon.

1. Le malheur de Cornod fut au commencement de mars de l'an 1637, et bien que la perte d'hommes que nous y fismes ne fut pas grande, touteffois ce malheur a eu très-grande suitte, pour ce que iusques alors la reputation des armes de Bourgougne estoit grande et faisoit en France estat de la bonne conduitte du marquis de Conflans qu'il auoit commencé long temps y auoit, en la deffense de la citadelle de Bourg contre Henry IV, roy de France, et auoit suiuy aux guerres du duc Charles Emanuel de Sauoye, duquel il commandoit la caualerie contre le duc de Mantoüe et auoit monté sa reputation bien haut en Bourgougne apres auoir estouffé les desseings du Rheingraue en leur commencement et ceux du mareschal de la Force et cardinal la Valette, et tout fraischement conserué Dole et la Bourgougne contre l'armée royale du prince de Condé, par sa bonne conduitte et addresse militaire : et ce malheur de Cornod precedé de peu d'ordre et mauuaise intelligence des chefs en presence du marquis, le mit à mespris vers Tienges et les Bourguignons vers les François : outre que c'estoit quasi au commencement de la campagne, l'entrée de laquelle porte coup à tout le reste, pour ce que l'espoir et la crainte sont les vents qui regnent le long des campagnes, et qui commence par l'espoir a un aduantage nompareil.

Le marquis sçauant de l'office de general (qu'il auoit appry aupres de la personne du duc de Sauoye) sentit merueilleusement ce coup et en preuit la suitte, et selon les regles de sa profession trauailla sans perdre de temps à redresser les affaires publiques, courant au duc de Lorraine, qui luy accorda sa caualerie et en donna le commandement au baron de Wateuille cousin du marquis, duquel nous auons parlé cy-deuant.

Apres le secours de Dole, l'Infant auoit destiné le gouuernement de Bourgougne au marquis de Conflans qui le meritoit bien, sinon que la maison de Wateuille n'estoit pas de Bourgougne et le nom qu'il portoit de Ioux estoit de par sa mere : mais plusieurs de la noblesse de Bourgougne qui n'estoient pas satisfaicts de sa facilité enuers la Cour et de ce qu'il n'auoit pas embrassé viuement leur party, demanderent le marquis de Sainct-Martin, qui estoit capitaine des gardes de l'Infant, d'ancienne noblesse de Bourgougne, d'humeur martiale et aduste pour ne rien endurer : ie vis des lettres du marquis de Castaigneda ambassadeur vers l'empereur, qui escriuoit viuement à la Cour et au marquis, et concluoit par ces lettres au marquis : *Que le roy donneroit un gouuerneur à la Bourgougne qui parleroit hors de ses dens :* ce fut le marquis de Sainct-Martin.

L'Infant neantmoins apporta la moderation qu'il falloit à un affaire tant important, par les instructions qu'il donna au marquis de Sainct-Martin nouueau gouuerneur, communes à luy et à la Cour touchant le politique, et au regard du militaire commanda que toutes affaires se reglassent à commune participation des deux marquis de Sainct-Martin et de Conflans, l'un comme gouuerneur et l'autre comme mareschal.

Le marquis de Sainct-Martin auoit pretendu la charge de general de caualerie de l'armée de Silesie et ne l'auoit pas eu. On luy donna celle de general de l'artillerie de la mesme armée, et en la derniere diette de Ratisbonne auoit esté dy que le general de l'artillerie de cette armée là auroit commandement des trouppes imperiales qui se rencontreroient iointes sans autre plus haut commandant. Le marquis auoit encor un regiment de cuirasse fort beau qu'il auoit commandé aux batailles d'Allemagne, et à ce moyen auoit tout ensemble les gages de capitaine des gardes dont la charge luy fut continuée, ceux de general de l'artillerie et ceux de colonel de regiment, car quant au gouuernement de Bourgougne, il est plus d'authorité que de proffit.

Le marquis de Conflans estoit à Besançon demandant secours au duc de Lorraine, quand le marquis de Sainct-Martin arriua, et là les trois ensemble prirent resolution sur les affaires de guerre. Le marquis portoit lettres de creance de l'Infant pour le duc, qu'il luy expliqua : sçauoir, que le duc partout où il seroit present auroit le commandement. Et au mesme temps eurent aduis que Tienges, homme prompt et soldat, auoit donné tant de chaleur au conseil de France pour faire suiure sa victoire, que la commission en estoit donnée au duc de Longueuille, lequel marchoit desià auec armée contre Sainct-Amour premiere ville du bailliage d'Aual.

2. Le marquis et le mareschal passerent à Dole ensemble où le marquis presta serment aux mains de la Cour, le 20 de mars 1637, auec grande démonstration d'affection, et fut trés-bien accueilly d'elle et de la ville, car il estoit aussi gouuerneur de Dole; puis se separerent, le mareschal allant au bailliage d'Aual, où marcherent en mesme temps nombre de regimens de caualerie lorraine, conduits par le baron de Wateuille son cousin, et luy fut donné du parlement le conseiller fiscal Garnier, pour l'ayder aux choses de police et subsistance de l'armée, comme il est accoustumé. Le marquis retorna à Besançon pour disposer un plus grand secours de l'armée de Silesie restée en Bourgougne, et quelques regimens imperiaux.

29 Mars 1637.

Le duc de Longueuille assiegea Sainct-Amour, petite ville murée à l'antique et esbreschée en plusieurs endroits; mais le chasteau, seiour ordinaire du comte de Sainct-Amour qui lors estoit en Flandre, estoit entier. Dans la ville commandoit le second filz du sieur de Goux auec sa compagnie d'infanterie et les retrahans, qui auoient assez bien reparé les bresches de leurs murailles, et du nombre des bourgeois estoient plusieurs honnestes gens. De Goux attendit le canon, et apres bresche faicte refusa de se rendre, et se retrenchant à la bresche, comme il esle-

31 Mars 1637.

uoit ses retrenchemens fut tué d'un coup de canon. La ville composa. Le chasteau tint bon, dans lequel estoit Beauregard, viel soldat capitaine de caualerie, et donna loisir au mareschal de le secourir.

Le mareschal n'auoit plus de son infanterie rien d'entier que le regiment que Rincour auoit remy dessus par ordre du parlement, lequel il posta dans Lons-le-Saunier et Sauigny, et le tiers ou enuiron de celuy de Goux qu'il auoit posté à Sainct-Amour et lieux voisins, car le regiment de Champagne et celuy du comte de Bussolin estoient absolument ruinez. De caualerie ne restoit ensemble que ce qui estoit gouuerné par Sainct-Germain. Le mareschal trauailla à rassembler sa caualerie de laquelle estoit mort le sieur de Balay et quelques autres de condition.

3. La caualerie lorraine luy estoit arriuée et estoit logée en teste de Lons-le-Saunier et Sainct-Agnès et autres gros bourgs, couuerte de Sauigny et Cuzeau que nous tenions, et auec ces forces iointes le mareschal se disposoit à secourir le chasteau de Sainct-Amour. Le duc de

2 Avril 1637.

Longueuille le preuint et fit aduancer grosse caualerie auec embuscade d'infanterie en lieu opportun, ne doutant point que les Lorrains (auxquels la caualerie de Bourgougne n'estoit pas encor iointe) voudroient combattre, et ainsy il aduint, car aussi tost que l'auant-garde françoise parut prés de Rotalier, le baron de Wateuille fut à cheual auec ses gens et chargea les François qui ne le purent soustenir : mais à l'instant ils furent secourus par le regiment de cuirasses de la Bloquerie liegeois et plusieurs trouppes de noblesse françoise, qui renuerserent le premier esquadron lorrain sur le second. Ce desordre n'empescha pas les autres de bien combattre et ceux-cy de se rallier, si que le combat fut rude et y demeurerent morts le cheualier de Clinchant, vaillant homme, et Gomez espagnol de nation, braue soldat, colonels chacun d'un regiment. Wateuille maintint ses ordres et les François plus forts faisans mine de s'aller retirans, il se douta de l'embuscade et se retira à Sainct-Agnès, sans perte que ces deux colonels que le duc regretta bien fort.

4. Beauregard composa, et le duc de Longueuille apres auoir my garnison dans le chasteau de Sainct-Amour, assaillit celuy de l'Aubepin qu'il prit et brusla, peut-estre comme trop voisin de Sainct-Amour, pour ne se charger de tant de garde, puis marcha contre le chasteau de Cheuraux, vielle masure de l'ancienne maison de Vienne. Dedans estoit un soldat de fortune, Bourguignon nommé Simard, qui auec les retrahans en opiniastra la deffense. La basse cour fut bientost mise en pieces à coups de canon, le dongeon fit plus de peine aux François et leur fallut se seruir de mines : et en ayant faict sauter un grand pan sans pouuoir estre la bresche reparée, le commandant se maintint dans une vielle tour qui luy restoit, laquelle il fit achepter cherement, et n'en pouuant plus sauta une fenestre du costé du roc que l'ennemy ne pouuoit bloquer, et sans la trop grande hauteur qui luy fit rompre une iambe, il eut eschappé. Les François le firent mourir pour leur auoir faict achepter trop cher une masure qui n'auoit rien de considerable que son antiquité et la memoire du baron de Cheuraux renommé aux guerres de Flandre, qui gaigna autreffois la bataille de Gembloux sous le prince Dom Iean. *2 Avril 1637.*

5. Le mareschal attendit le marquis à Chastel-Chalon ; le marquis ne tarda rien, car au commencement d'auril il marcha au bailliage d'Aual auec l'armée de Silesie diminuée de plus de la moitié, mais renforcée du regiment de cuirasses du colonel Nicolas. Il arriua à Arbois à la nuict et m'ayant faict chercher à Montigny, voulut que ie l'accompagnasse pour l'instruire des choses du pays, desquelles i'auois eu la direction *3 Avril 1637.*

dez le commencement des guerres, et que ie luy seruisse de conseil. Le train de la iustice cessoit dez long temps, le parlement estoit sans chef, le peril et l'ennemy present et moy feodal de sa Maiesté, auec commandement de l'Infant de continuer mes soings et seruices, si que ie ne pouuois me monstrer lasche au commandement de mon gouuerneur, lequel donna aduis de tout au serenissime Infant. Le mareschal vint au-deuant de nous à Poligny, et fut faicte place d'armes au-dessus de Baume, où les trouppes de Bourgougne se ioignirent aux estrangeres.

Longueuille ne suiuit pas sa poincte contre Lons-le-Saunier, mais marcha contre Sainct-Claude qu'il enuoya sommer, et en mesme temps deuoit surprendre la ville d'Orgelet à laquelle Cressia donnoit aduis de s'accommoder. Le marquis y marcha et mit bonne garde à Orgelet, et de là passa à Claireuaux et fit occupper les passages de Moirans proche Sainct-Claude, que Wateuille recogneut luy-mesme et y adiousta un regiment de dragons lorrains. Le marquis encouragea la ville et ietta gens dedans pour fortiffier de Lesay qui y commandoit et garnit puissamment les aduenues, car la ville en soy n'est d'aucune deffense. Cette marche de Longueuille contre Sainct-Claude fut iugée importante, et fut despesché un gentilhomme au duc pour le prier de nous renforcer de ses trouppes, car partie de celles de la ligue catholique d'Allemagne commandées par le general de Mercy luy estoient confiées. Le duc estoit à Besançon et marqua Salins pour entreueue, où i'accompagnay seul le marquis, et le duc y vint sans autre compagnie que de Dom Gabriel de Toledo resident du roy aupres de luy. Le marquis auant que de partir aduancea proche de Moirans partie de la caualerie et infanterie en forme d'aduant-garde, et le mareschal logea à Claireuaux auec tout le surplus.

Le duc à qui le marquis dez son arriuée auoit ouuert sa creance et remy le commandement de l'armée du roy, n'auoit autre commission que verbale en la parole du marquis, et vouloit plus grande asseurance. Le marquis luy fit veoir la resolution de Ratisbonne qui luy donnoit le commandement sur les trouppes imperiales en qualité de general d'artillerie et luy dit qu'en la ditte qualité, il estoit prest de luy obeir selon qu'il en auoit l'ordre du serenissime Infant. Mais ce que le duc vouloit, estoit que la chose fut couchée par escrit, à quoy le marquis s'accorda et nous le signasmes dom Gabriel et moy comme presens.

6. Cependant Longueuille descouurit un chemin dans la montagne de Cernon tirant à Moirans, qui n'estoit pas gardé, car il estoit extraordi-

naire, et surprit par là le regiment de dragons en pleine minuict, lequel quitta son poste et fut suiuy par les François. Moirans fut emporté et bruslé, et ceux qui estoient postez de proche en proche furent poussez viuement, car les François estoient forts; et la premiere garde des dragons ayant quitté sans combattre, tous les quartiers qui se reposoient sur elle furent surpris, mais tous se retirerent sans perte au gros de l'armée, que le mareschal au premier bruit et à la veüe des villages bruslans mit promptement en bataille et la tint en cet estat iusques au iour, que les coureurs par luy enuoyez luy apportans la certitude de la retraicte de l'ennemy, il se desmarcha neantmoins (comme descouuert) deux lieües en arriere en lieu fort, proche de l'abbaye de Balerne, et en donna aduis au marquis qui estoit encor auec le duc.

On resolut de secourir pomptement les montagnes auec toutes les forces et à cet effect le duc alla querir les siennes et le marquis accourut à son armée qu'il retira encor plus arriere et campa à Champagnole, lieu fort, et commode assorty de riuiere et de bois.

Il auoit donné aux colonels d'infanterie Bourguignonne deffaits à Cornod nouueaux quartiers à Pontarlier, Poligny et Arbois pour refaire leurs regimens qu'ils auoient depuis peu amenez en place d'armes au Pont-du-Nauoy; et la caualerie bourguignonne estoit en assez bon nombre que le marquis auoit reparty par brigade.

7. Nous aduisasmes si les Bourguignons deueroient obeir au duc, car le marquis estoit capitaine general du roy en Bourgougne et n'auoit point d'ordre en la ditte qualité de se soubmettre au duc : le comte de Champlitte gouuerneur de Bourgougne en l'an 1595 que le conestable de Castille auoit esté enuoyé auec armée royale pour nous secourir, auoit tousiours commandé ses Bourguignons, et nous remarquions plusieurs choses qui nous faisoient trouuer bon de marcher le pied ancien : mais le marquis considera le duc comme prince souuerain et soy-mesme comme commandant de l'armée de Silesie et les trouppes de Bourgougne comme trop petites : les inconueniens aussi qui arriuent quand une armée ne respond pas à un seul chef : que ce seroit un mescontentement au duc et commencement de diuision et qu'il valloit mieux gaigner la bonne grace du duc par toutes sortes de dexterités (que le marquis entendoit très-bien) et se donner entrée dans son esprit par moyens doux et respects deus. De quoy le duc se donna par apres bien garde, et maniant luy-mesme l'esprit du marquis auec mesme

accortise et idée de la superiorité qu'il auoit sur luy, se procura en peu de temps commission du Roy de generalissime.

Longueuille s'arresta apres auoir bruslé Moirans et nous voyans campez à Champagnole bien loing de Lons-le-Saunier y torna sa marche. Le marquis en doute s'il attendroit le duc ou s'il marcheroit au secours resolut de s'aduancer iusques à Chastel-Chalon bon poste à deux lieues de Lons-le-Saunier. Longueuille se retira et n'entreprit pas daduantage pour ce coup. Le duc fut aussi tost à nous et toutes les trouppes estans iointes se vit une armée autant belle que dez long temps en eut esté veue. Elle estoit composée de diuerses nations, Allemans, Polonois, Irlandois, Lorrains et Bourguignons : le regiment d'infanterie polonoise estoit remarquable pour auoir combattu les Turcs en Valachie et les Suédes en Allemagne : celuy de Butler l'estoit aussi, car le regiment de Coqueron auoit esté réformé dedans : le colonel Valorsky estoit en reputation, Meers aussi (qui estoit filz naturel du fut president Richardot et le ressembloit de corps et d'esprit) et entre les Lorrains Sainct-Belmont estoit bon capitaine, le general de bataille Mercy estoit homme accomply, car outre sa valeur et science militaire, il se faisoit bien entendre dans le conseil et estoit d'humeur accorte. L'armée tenoit tout le trauers de Chastel-Chalon iusques à Toulouse et la teste estoit à Arlay.

8. Longueuille s'estoit retiré assez à la haste contre les montagnes de Mascon et auoit laissé grosse infanterie dans les bois de Louhans qui separent la Bourgougne de la Bresse et sont de difficile accés. On tint conseil si on le poursuiueroit : au conseil presidoit le duc et n'y entroit que le marquis, le mareschal, le general Mercy et dom Gabriel. Tous vouloient qu'on poursuiuit pour ietter la guerre sur la Bresse et sur le gras pays qui est sur la Saone qui n'a aucune place forte que la seule citadelle de Chalon qu'on pouuoit aisement boucler. Ie me souuenois de la faute que nous auions faicte d'abandonner Verdun et ne pas prendre Sainct-Jean de Losne et opinay sur ce auec un peu de chaleur pour esmouuoir le duc à cette entreprise : lequel disoit au contraire, qu'il n'auoit encor ny commission, ny instructions du Roy et que son équipage d'artillerie n'estoit pas dressé. Le principal estoit que nous estions sans argent, car le Roy n'en auoit pas encor enuoyé et nous subsistions par un emprunt de trente six mille francs que nous auions fait du ressort de Pontarlier, lesquels nous distribuions aux officiers maieurs et colonels de l'armée pour fournir leurs tables, et moyenant

ce toutes courses cessoient. Le pays où estoit logée l'armée estoit fort abondant principalement en vin, que les paysans sans quitter leurs maisons fournissoient liberalement à leurs hostes, si que Mercy me dit un iour, que ses soldats feroient comme le roy d'Angleterre qui voulut estre enseuely dans un tonneau de maluoisie.

 Le duc me dit sortant du conseil, que ie luy donnasse mon opinion par escrit, ce que ie fy et en fin fut resolu que nous poursuiuerions le duc de Longueuille et fut assignée place d'armes à la plaine de Bletterans et l'heure donnée au lendemain aux quatre du matin. La ioye fut grande par toute l'armée, le marquis fut en place d'armes aux trois heures et toute l'armée auant les sept. Le duc auoit fait recognoistre les passages par deux ou trois differentes trouppes qui ne s'acordoient pas en leurs rapports ; principalement au regard du pont de l'Estalay qu'aucuns rapportoient estre assez fort et autres non. Aucuns trouuoient d'autres passages assez forts, autres soustenoient que c'estoient marais et fondrieres, et sur tous ces rapports le duc qui ne vouloit pas commencer la guerre en France sans auoir tout ce qui luy estoit necessaire, despescha le colonel Nicolas auec mille cheuaux pour percer les bois et rapporter ce qu'il auroit rencontré. Il trouua les passages difficiles, et apres auoir enfoncé bien auant, dit qu'il auoit trouué puissantes gardes d'infanterie qu'il n'auoit pu forcer et ramena quelques prisonniers desquels on eut langue plus particuliere et commanda le duc que chacun retorna à son quartier.

 Le duc ne faisoit rien qu'il n'assembla premierement le conseil de guerre dans lequel il arraisonnoit merueillesement et outre les raisons qu'il proposoit, nous voyons bien qu'il en auoit d'autres secrettes et de faict il nous dit qu'il auoit peur que nous ne fussions assaillis au bailliage d'Amont et l'Infant au Luxembourg, et pour ce ne falloit pas nous escarter si fort du Bassigny chemin de Luxembourg, car nostre pays est long et dez la frontiere de Bresse iusques au Bassigny y a peu moins de trente lieües. Le marquis et le mareschal estoient de trés-bon accord ensemble dans le conseil, et le mareschal pouruoyoit trés-bien et diligemment à la distribution des ordres, s'estonnans un chacun de le veoir si ponctuel et facile à obeir apres auoir commandé de general : il parloit peu mais ses aduis estoient bons, et le marquis me dit un iour sortant du conseil, que le mareschal n'arraisonnoit pas ses aduis, mais qu'en fin apres tous arraisonnemens des autres il falloit venir à son poinct.

On tint plusieurs conseils de guerre à mesure que les aduis venoient du bailliage d'Amont. Le marquis fasché de ce qu'on ne poursuiuoit pas le duc de Longueuille dit au mareschal en ma presence, que le duc auoit ses amours à Besançon : c'estoit la princesse de Cantecroy, vefue _{Avril 1637.} dez peu de temps, laquelle depuis il espousa, anullant par aduis d'aucuns theologiens son mariage auec la fille de Lorraine, auquel il disoit n'auoir iamais consenty. La princesse de Cantecroy estoit de la maison de Cusance fille du fut baron de Bauuoix et de madame de Berg et estoit belle femme, mais l'esprit surpassoit le corps : et le duc qui auoit l'esprit vif prenoit plaisir aux pensées subtiles de cette dame et se preualoit de ses inuentions en ses affaires particuliers. En fin on resolut d'aller à Besançon et bien en prit, car le cardinal de Richelieu manifesta aussi tost ses desseings sur nous. Il apprehendoit le duc de Lorraine et voyoit une puissante armée soub ses ordres dans un pays abondant et effarouché. Il desseignoit de le rompre et se rendre maistre de la Bourgougne auant que l'équipage d'artillerie qu'il sçauoit s'appréster en Allemagne et l'argent de la caisse du Roy fussent arriuez, et d'assaillir pour ce si viuement la Bourgougne par diuers endroits qu'il fust impossible au duc et au marquis de la deffendre.

9. Le marquis auant que de partir de Frontenay où il estoit voyant que la seule place de deffense au bailliage d'Aual estoit Blleterans voisin de Lons-le-Saunier, ietta dedans le comte de Bussolin auec infanterie bourguignonne, et iugeant qu'il n'y auoit pas assez de canons y en fit conduire deux. Le marquis de Varambon mourut en ce mesme temps à Poligny de fieure pestilentielle et fut grand dommage, car il estoit trés-vaillant et d'aage meur et trés-bien intentionné. Rincour demeura dans Lons-le-Saunier et Sauigny auec tout son regiment et le duc trouua bon que le mareschal demeura au bailliage d'Aual auec la caualerie de Bourgougne pour faire teste au duc de Longueuille s'il retornoit comme il preuoyoit qu'il feroit, car il s'estoit arresté aux montagnes de Mascon où il attendoit les ordres du cardinal. Le mareschal ayant son filz à Blleterans et Rincour à Lons-le-Saunier mit bonne garnison à Sainct-Laurent, le sieur de Villeneuue à Bornay, le sieur de Champagne à Orgelet et luy se logea au Pin à une lieue de Lons-le-Saunier.

L'armée marcha le chemin de Besançon et passa le Doubs à Fraisans, qui est voisin de Dole, d'où le duc et le marquis desiroient d'auoir l'aduis du parlement sur le total des affaires.

10. La Cour enuoya à Fraisans Champuans et Brun qui s'estoient fait particuliers amis, car depuis le malheur de Cornod le pouuoir et creance de Brun estoient fort diminuez, et comme Champuans s'authorisoit dans le parlement, Brun l'auoit reioint auec industrie et Champuans se seruoit de l'esprit et promptitude de Brun. Au conseil de Fraisans le duc proposa les aduis qu'il auoit des mouuemens de France où estoit encor Weymar et luy estoit ioint du Hallier françois, qui selon la marche qu'ils prenoient en vouloient à la Bourgougne ou au Luxembourg, demandoit s'il seroit point bon d'entrer au Bassigny auec toutes les forces et se seruir de l'artillerie imperiale que Gallasse auoit laissé à Gray, pour l'attirail de laquelle le pays fourniroit ce qu'il seroit necessaire. Champuans qui auoit encor Verdun et la Saone dans l'esprit, proposoit d'attaquer Châlon ville foible, et qu'on pourroit forcer la citadelle. l'arriuay peu apres le conseil tenu à Fraisans et Mercy me dit que Champuans s'estoit fort eschauffé pour faire resoudre la marche de Chalon, mais que le bailliage d'Amont demeurant descouuert feroit le ieu de Weymar et qu'à son aduis nous serions assaillis de diuers costez, car le duc de Longueuille auoit son armée entiere et Weymar marchoit à nous et le comte de Grancey estoit arriué à Montbeliard auec trouppes de pied et de cheual.

Tost apres on eut nouuelles que Longueuille marchoit auec son armée rafraischie de gens et de munitions contre le bailliage d'Aual. Plusieurs regimens allemans et lorrains furent iettez dans Salins, auxquels commandoit le colonel Meers, où ils demeurerent iusques au 6 de iuin que les regimens de Meers et de Suisse vindrent reioindre l'armée, et fut enuoyé Sainct-Belmont à Salins. Le marquis se posta à Chay, entre Besançon et Salins, pour secourir s'il estoit assailly et auoir aduis de moment à autre de ce qu'entreprendroit Longueuille. Le duc le rappella à Besançon sur l'aduis qu'il eut que Weymar tornoit teste contre Champlitte, et que Grancey auoit occuppé le pont de Vougeaucourt sur le Doubs et le chasteau de Dampierre qui est voisin, et qu'il fortiffioit ce pont par luy occuppé pour s'asseurer le passage aux montagnes que le Doubs ferme contre Montbeliard. Mercy qui l'auoit bien preueu iugea que Weymar estoit le plus dangereux ennemy, et le duc resolut par son aduis d'aller en personne auec tout le gros de la caualerie pour luy empescher le passage de la Saone.

Le marquis prit la commission d'oster le pont de Vougeaucourt et le chasteau de Dampierre au comte de Grancey, rompre le pont et marcher tout d'un temps à Beauieu proche de la Saone, où fut marquée la place d'armes generale à laquelle le duc se trouueroit et le marquis auec toute l'infanterie. On eut nouuelles que le Roy nous auoit fait former à grands frais en Allemagne un train d'artillerie qui passeroit à Brisach, et qu'il enuoyoit à l'armée le pagador general Scorza auec six vingt mille ducatz.

Le duc enuoya deuant à la Saone le general de Meers et le marquis fit prendre à Gray deux demi canons de Gallasse chacun de vingt quatre liures, et en les attendant s'aduancea à Montmartin et posta son regiment de caualerie liegeoise en lieux fermez voisins de Montbeliard, pour occupper Grancey et luy rendre difficile l'entrée des montagnes.

11. Scorza eut peine de passer auec son argent, car il l'apportoit en espèces et estoit conuoyé du regiment de dragons de Gallasse que l'empereur nous enuoyoit, auec lesquels Scorza fut plusieurs iours errant en pays ennemy : enfin il arriua à nostre frontiere du costé de Lure où ie fus enuoyé pour le receuoir auec quarante cheuaux du baron de Scey, qui lors estoit posté au chasteau de Soye. C'estoit chose triste de veoir la desolation de toute nostre campagne, que le passage des Allemans et la peste auoit desolé. C'estoit emmy le mois de iuin, que toutes les campagnes estoient uniuersellement pleines de bled prest à moissonner, et les villages tellement vuides d'hommes, que l'herbe estoit creüe par toutes les rues. Ie pris des viures à Villersexel, où la peste estoit cruellement eschauffée, et estions si secs d'argent qu'on ne m'auoit peu donner de quoy les payer. Ie fis bonne mine neantmoins et Scorza les paya, qui arriua heureusement le lendemain matin, craignant autant son escorte que Grancey, lequel estoit aux champs pour l'attraper. Les deux regimens marcherent le droit chemin pour ioindre le marquis qui vint au-deuant, et ie menay secrettement le pagador et ses ducatz par le chemin de Besançon où ils arriuerent heureusement, apres s'estre le pagador abbouché au marquis, qui le vint rencontrer sur le chemin, et receut de sa main les lettres du Roy, qui luy donnoit la disposition des deniers de la caisse.

Le marquis iugea necessaire de venir trouuer le duc à Besançon (aussi son canon n'estoit pas encor arriué) et fit trouuer bon au duc le commandement du Roy, et resolut auec luy l'employ des six vingt mille ducatz, dont une partie fut employée au mesme instant à Besançon en achapt de munitions de guerre.

Weymar alloit lentement, car il attendoit que Longueuille eut fait progres au bailliage d'Aual, espérant que le duc et toute l'armée marcheroit contre luy, ce que ne fit pas le duc, pour ce que les places de frontieres y estoient munies et le mareschal y estoit en personne, auquel il enuoya Wateuille son cousin auec la caualerie lorraine : mais il donna ordre à Wateuille de se poster proche de Salins, et au mareschal qui estoit trop aduancé de le venir ioindre : et si l'ennemy approchoit de Salins, se contenter de paroistre et l'amuser, sans hazarder combat, comme Wateuille auoit fait à Rotalier.

12. Longueuille attaqua et prit Sauigny au commencement de iuillet, *6 Juillet 1637.* puis vint à Lons-le-Saunier où Rincour auait retranché un grand faubourg qui commandoit la ville, et estant contrainct de la quitter mit le feu dedans, afin que l'ennemy ne s'en preualut. Le grand feu du faubourg fut porté dans la ville par un vent qui s'esleua et fut la ville bruslée, qui dans cet embrasement (et desià esbreschée) composa par *25 Juin 1637.* aduis de Rincour et luy se retira dans les masures d'un viel chasteau ioint à la ville, qui ne pouuoit brusler, car il estoit descouuert et sans aucuns planchers dez bien long temps. Le marquis accourut à sa caualerie bourguignonne et lorraine pour secourir Rincour et l'eut secouru si le duc ne l'eut contremandé et protesté contre luy : car Longueuille mesprisoit les masures où estoit Rincour, et son bagage s'estoit aduancé pour marcher et toute son armée estoit pesle mesle, soldats et bagages ensemble, en totale confusion sans crainte de noz trouppes, pour ce qu'elles estoient esloignées de huict lieues.

Rincour se maintint huict iours et plus dans ses masures, entassé dans icelles auec ses gens et composa lorsque les viures et munitions de guerre leurs manquerent; et comme en sa composition qui fut tréshonorable, fut dit seulement, qu'il seroit enuoyé et remy dans les terres du roy d'Espagne, Longueuille le fit conduire auec son regiment (qui restoit à peu prés entier) partout le trauers de la France iusques en Espagne, d'où le Roy le renuoya par mer en Italie, et arriué en Italie il s'y signala et mourut combattant vaillamment à la prise de Verceil.

Longueuille ne passa pas plus auant ne voulant laisser derriere soy Bletterans et ne le voulant assaillir pour ce que le comte de Bussolin estoit dedans auec quantité de Bourguignons bien deliberez et le comte estoit plein d'honneur, vaillant à merueilles et d'esprit trés-bon. Le mareschal s'estoit contenté de mettre à Poligny le baron de Sauoyeux auec infanterie et caualerie pour faire front quelques iours, si Longueuille marchoit à luy.

<small>Pris le 21 Juin 1637.</small> Weymar voyant le progres de Longueuille attaqua Champlitte qui se deffendit et l'entretint plus qu'on ne pouuoit esperer, le chasteau estant d'assez bonne structure et les habitans merueilleusement constans.

13. Le marquis marcha auec ses trouppes contre Montbeliard; Grancey sortit et combattit à la faueur du canon de Montbeliard, mais il manequa d'estre couppé et fait prisonnier, et durant le combat le marquis auec quelque caualerie et mille hommes de pied commandez <small>Juillet 1637.</small> par Meers forcea le pont de Vougeaucourt, qui estoit fortiffié aux deux bouts d'ouurages de terre et gabionné tout du long et fourny de trois pieces de campagne et quantité de grenades : et le lendemain prit Dampierre, puis accourut à Beauieu auec peu de suitte me laissant la charge de faire suiure les regimens par son mesme chemin à Beauieu, et au baron de Scey de mettre les deux canons de Gallasse (qu'il auoit amené) dans le chasteau de Chastillon-sur-Maiche et commander à la frontiere durant son absence.

La principale infanterie de toute l'armée estoit auec nous, sçauoir le regiment de Brisgueld, celuy de Butler, celuy de Pologne, Meers et Suisse. Les dragons de Gallasse y estoient aussi et le regiment liegeois du marquis. Le matin de la prise de Vougeaucourt, le chapelain des Polonois qui estoit iésuite de leur nation nommé pere Henry, me rencontrant et me demandant où se disoit la messe, me vit le pourpoint ouuert (car il faisoit une grande chaleur) et une médaille d'or pendante paroissoit dessoub auec ces mots, NON TURBETUR COR VESTRUM NEQUE FORMIDET, que nous auions gardé dez le siege de Dole : il me demanda ce que vouloient dire ces mots et ie les luy expliquay en allant à la messe où arriuez et nous mettans à genoux tous deux auprés de l'autel i'ouuris un petit liure latin de l'imitation de Iésus que i'auois en poche et l'ouurant se rencontrerent les premiers mots, NON ERGO TURBETUR COR TUUM NEQUE FORMIDET ; ie fus supry et les monstray à ce sainct homme sans lire plus auant, lequel ie vis esmeu et les larmes aux yeux ; puis me dit tout bas que ces mots s'addressoient à moy : vous aurez bien tost (dit-il) des nouuelles faschueses et vous trouuerez en peril, on vous dit que vous ne vous troubliez point. Et fut vray, car à peine eusmesnous marché deux lieues dans le chemin tirant à Beauieu, que courriers sur courriers nous arriuerent venans du marquis qui nous aduertissoit, <small>21 Juin 1637.</small> que Weymar auoit passé la Saone, deffait et dissipé la caualerie qui en gardoit le passage et marchoit teste tornée contre nous : que pour ce nous deussions prendre le droit chemin de Besançon, marcher entre les collines et lieux forts et en bonne ordonnance pour combattre auec aduantage si nous estions assailliz.

14. Le general de bataille Mercy qui auoit esté enuoyé à la garde de la Saone auoit tiré à soy toutes les barques qui estoient aux riuages d'icelle et rompu les guays et auoit logé sa caualerie au large dans les villages estenduz le long de la riuiere, se tennant asseuré que l'ennemy ne pourroit passer et faisant prendre garde neantmoins à ses mouuemens et au cas qu'il passa auoit marqué la place d'armes au milieu de ses quartiers.

Weymar fut long temps à chercher des guays et des barques et en fin ioignit ensemble plusieurs barques de pescheurs sur lesquelles il fit passer le long d'une nuict sombre bonne partie de son armée en lieu couuert et esloigné de tous les quartiers, et se trouuant assez fort à la poincte du iour chargea le quartier le plus voisin de la place d'armes. L'allarme fut donnée et de tous les quartiers on y accouroit plus tost ou plus tard selon qu'ils estoient voisins ou esloignez. Tous venoient hors d'haleine et trouuoient l'ennemy frais et en esquadrons qui deffit les premiers, et ceux qui fuyoient rencontrans les autres, tous se desordonnoient : Mercy alloit ramassant et encourageant, et bien auant dans le iour ayant fait resserer Weymar (qui se desordonnoit aussi en poursuiuant les fuyards) fit une honneste retraicte.

Le mareschal arriua au mesme temps proche de Besançon et la caualerie lorraine et partie de celle de Bourgougne venoit apres. Il accourut aux premieres nouuelles qu'il eut de cette route, ayda à recueillir la caualerie esparse. Le nombre des morts et prisonniers fut de sept à huit cens cheuaux et fut perduë la plus part des bagages.

Nous marchasmes en ordre de guerre costoyans la riuiere du Doubs pour la commodité du lieu, campans la nuict à la forme Allemande, tousiours presfs à combattre, sans qu'aucun s'escarta ; à quoy soignoit Brisgueld plus ancien colonel, fraischement arriué et se picquoit d'honneur pour ce que le colonel Meers (qui estoit comme lieutenant du marquis) veilloit à ses actions et me falloit les tenir unis crainte de diuision ; si que ie logeois auec Brisgueld dans l'une de ses tentes, et procurois que rien ne se fit sans le conseil de Meers.

Le regiment du marquis nous faisoit aisle du costé que Weymar estoit attendu et nous conuoya iusques à trois lieües de Besançon, d'où il rebroussa à ses postes contre Grancey, et le baron de Scey ayant my les deux canons en asseurance dans Chastillon-sur-Maiche, mit bonne garnison dans Sainct-Hyppolythe et Neufchastel où commandoient les sieurs de Sainct-Mauris, et à l'Isle où estoit un viel soldat estropié (mais vaillant qui estoit au gré des bourgeois). La partie de cette petite ville, qui est vrayment Isle ceinte du Doubs, sembloit deuoir seruir de teste contre Montbeliard, mais il estoit bien tard pour y trauailler, car elle n'estoit pas fortiffiée, et nous gardions tant de places de tous costez qu'il estoit impossible de fournir par tout : outre que la ville de Clerual secondoit l'Isle et le chasteau de Belmont qui est bonne petite place commandez tous deux par le sieur de Belmont-Mouthier vaillant homme et viel soldat.

Le duc nous vint au-deuant iusques à Palante et nous dit en presence de Mercy qu'il ne luy restoit aucune force que celle que nous luy ramenions, qu'il vit rangée en quatre beaux bataillons, les dragons faisans aisle et posta toute cette gendarmerie à Palante, où elle campa iusques à ce que Weymar approcha de plus prés.

Car Weymar apres auoir passé la Saone et fait passer ses canons auec beaucoup de peine, rencontra la ville de Gy qui luy fit teste, et auant que ses canons qui suiuoient lentement fussent arriuez et peussent estre mis en batterie, la bourgeoisie de cette petite ville, commandée par le sieur de Thoraise, qui auoit sa maison en icelle, se mantint sept ou huict iours qui nous furent bien utiles : Marnay aussi arresta quelques iours Weymar, et ayant icelle composé, Weymar marcha contre Besançon auec infanterie, caualerie et canon.

15. Nostre Bourgougne dans les dix années que i'escry, s'est veüe par trois fois en extréme peril : dont la premiere fois fut à l'entrée du prince de Condé, que rien n'estant prest ny disposé à le soustenir, les esprits diuisez, les gouuerneurs blocquez ou separez du corps de la prouince, l'Infant et les armées du Roy trop esloignées et foibles, les Suisses nous ayans abandonné et le ciel estant fauorable à noz ennemys, Richelieu pensoit auoir trouué son compte et l'eut trouué, si le corps de la Bourgougne estant separé de son chef ne fût demeuré viuant, contre le train ordinaire de la nature, et le chef separé du corps n'eut continué ses fonctions et que l'un ou l'autre n'eut attendu constamment la diuersion que fit l'Infant et le secours qu'en fin l'empereur enuoya et celuy que le duc de Lorraine amena.

C'est icy le second, mais extréme peril, auquel nostre Bourgougne se rencontra : plus grand peril incomparablement que le premier, car au premier le prince de Condé prit nostre lion par la teste selon les ordres de Richelieu, sans se donner garde que Dole estoit forteresse pleine de gendarmerie et munitions : mais à cette fois Richelieu changeant de main et corrigeant sa faute assaillit le lion par les flancs, par trois diuers endroits esloignez l'un de l'autre, auxquels le duc et le marquis ne pouuoient accourir tout ensemble sans diuiser leurs forces, et apres auoir my presides dans leurs places, toutes leurs forces ensemble n'estoient pas égales à l'une des armées assaillantes de Longueuille et de Weymar, toutes deux victorieuses, qui alloient grossissans de iour à autre par la reputation de leurs conquestes que Richelieu faisoit sonner hautement.

Aussi l'Infant qui auoit donné commission à dom Antonio Sarmiento de passer en Bourgougne, suiuant les ordres receus du roy et instructions enuoyées par l'aduis du comte duc, apprenant ces nouuelles, que la Bourgougne estoit assaillie par trois endroits et que Weymar marchoit à Besançon, tint la Bourgougne pour perdue et surseut le voyage de dom Antonio, pour ne veoir moyen aucun de sousteniir trois chocs ensemble, ny conseruer la Bourgougne si Besançon, Salins et les montagnes estoient gagnez, qui estoient endroits foibles lesquels ne pouuoient attendre long temps le secours et n'y auoit aucun secours de prest pour leur enuoyer.

LIURE NEUFIESME.

1. Practique de Richelieu. 2. Conseil de guerre tenu à Besançon. 3. Deffense de Besançon contre Weymar. 4. Deffense de Frontenay et Sainct-Iulien contre Longueuille. 5. Longueuille n'ose attaquer Salins. 6. Ny Weymar Besançon. 7. Weymar prend Freiburg. 8. Grancey est battu deuant Sainct-Hyppolythe. 9. Prise de Bletterans. 10. Secours trop tard. 11. Le duc deffend de combattre. 12. Mort du marquis de Conflans.

1. C'EST donc ici le grand effort fait à la Bourgougne en l'an 1637 par les Suédes et les François ; toutes les places, villes et chasteaux au bailliage d'Aual estoient munis, à Salins estoient trois regimens lorrains outre les Bourguignons ; le comte de Bussolin estoit à Bletterans ; le baron de Sauoyeux à Poligny ; Sainct-Laurent, Bornay et les autres chasteaux plus voisins de l'ennemy auoient chacun un bon commandant. Les chaleurs du mois de iuillet embraserent de peste toutes ces places ; deux ou trois commandans en furent emportez à Sainct-Laurent et les soldats y tomboient les uns sur les autres, Villeneufue et ses soldats moururent à Bornay : Longueuille prit Sainct-Laurent et Bornay qu'il trouua comme cimetieres de pestifferez, et desesperant de pouuoir forcer Bletterans tant que le comte de Bussolin seroit dedans (bien que la peste y fut aussi) torna ses armes contre les montagnes du mesme bailliage qu'il auoit charge d'assaillir.

Grancey torna les siennes en mesme temps contre les montagnes du bailliage d'Amont et commencea à l'Isle, villette voisine de Montbeliard, brusla ce qui n'estoit pas fermé par le Doubs et ce qu'estait fermé apres s'estre vaillamment deffendu fut emporté et bruslé, car le baron de Scey n'auoit rien pour le secourir.

_{2 Juillet 1637.}

La peste estoit celle (comme i'ay dy cy-deuant) qui auoit mit l'année 1636 Dole aux abois durant et apres le siege, et tout le bailliage de Dole auoit esté destruit et embrasé par la peste et les François, si que quatre lieües la ronde autour de la ville c'estoit pays perdu sans hommes ny villages. Tout le meilleur et plus gras du bailliage d'Amont aux lieux où Gallasse auoit passé en sa retraicte estoit desert de mesme, par la moisson de cette cruelle ennemye des hommes et à ce coup la mesme peste estoit entrée dans toutes les places closes du bailliage d'Aual iusques aux portes de Salins du costé des montagnes.

La diuision s'alloit mettre parmy nous et estoit soufflée subtilement par Richelieu qui voyoit sur nostre theatre le duc de Lorraine, le marquis, la noblesse, le parlement, et les commis des trois estats et les interests de chacun d'eux estre differens : car l'interest du duc apres auoir perdu son pays estoit d'auoir un poste et s'y maintenir armé et sa noblesse auprés de soy, et Richelieu luy offroit secretement la restitution de son pays à certaines conditions qui sembloient ne pas estre desaduantageuses.

Le marquis se trouuoit sans authorité dans l'armée et dans son gouuernement; car d'un costé le duc auoit tout pouuoir et de l'autre le parlement. Le pagador Scorza estoit allé querir de l'argent et auoit laissé les mains vuides de Gailloz, son commissaire, homme de basse condition et audacieux qui estoit praticqué pour heurter insolemment le marquis : et le duc, qui se seruoit de l'esprit de la princesse de Cantecroy, faisoit parler au marquis en mesme temps du mariage de mademoiselle de Cusance sa sœur, et la princesse faisoit dire que si elle estoit duchesse de Lorraine, il seroit aduantageux au marquis d'estre beaufrère d'un grand prince : et si elle ne l'estoit pas elle se ietteroit dans une religion et donneroit ses biens à sa sœur. C'estoit pour se faire toute puissante sur l'esprit du marquis. La noblesse de Bourgougne estoit malcontente du duc, car l'argent du Roy alloit aux estrangers et rien à elle qui estoit ruinée par la desolation de ses biens, et d'ailleurs mal satisfaicte de l'humeur du marquis qu'elle auoit demandé, car il estoit aduste, et colère et s'impatientoit quand il estoit pressé. Ce fut à Salins principalement que ce mescontentement s'alluma un iour que les barons de Sceÿ et Scouyeux luy vindrent parler de quelque chose; et luy pressé et ousu ay par eux, laissa eschapper quelques paroles d'impatience au...emen...offenceantes. Ie me souuiens qu'arriuant à son logis en ce ..... temps et sçachant les personnes qui luy parloient, ie demeuray à la salle pour ne les pas troubler, et apres leur sortie, comme ie dis au marquis la cause pour laquelle ie n'estois pas entré en sa chambre, il me dit que ie luy auois fait tort, car son impatience et la presse qu'on luy faisoit l'auoient fait eschapper.

Ces mescontentemens estoient continuez sur une maxime qui souuent a eu vogue en Bourgougne, de soustenir un principal seigneur qui parle hardiment au gouuerneur et qui modere son authorité par la sienne. Ainsy faisoit la maison de Rye quand celle de Vergy tenoit le gouuernement, et en ce temps la maison de Bauffremont pouuoit donner contrepoid à celle de la Baume.

Le parlement qui auoit gouuerné auparauant auec l'archeuesque, et apres sa mort auoit gouuerné seul, se croyoit mesprisé par le marquis, car il luy communiquoit bien peu, s'impatientant de leur demander tousiours aduis. Champuans auoit creance auprés du duc et la Cour l'enuoyoit souuent à Besançon pour donner contentement au duc, et luy adioignoit le conseiller Buzon qui estoit de Besançon et puissant entre les citoyens. Il estoit difficile mais necessaire de tenir en contrepoid le gouuerneur et le parlement selon les formes anciennes, et le duc qui tenoit en main le balancier augmentoit son authorité par ce moyen et Champuans la sienne dans le parlement.

Les gens de l'estat ne vouloient pas estre negligez, car ils auoient donné de grandes aydes en l'an 1636 pour la nourriture de la gendarmerie, et cette année les ressorts d'Ornans et de Baume à l'imitation de celuy de Pontarlier auoient contribué à l'entretien des trouppes, ils soustenoient les franchises et libertés de la prouince bien que auec un peu trop de presse en une saison qu'il failloit tout mettre sans reserue pour la deffense de ses libertés contre l'ennemy françois. Leur chef estoit l'abbé des Trois Roys, homme intelligent qui s'alloit doucement insinuant dans l'esprit du marquis, luy fournissant inuentions et moyens aux occasions, et le marquis auoit desir de le tenir à soy, pour auoir les gens de l'estat unis auec luy.

Sur ce theatre, Richelieu ne pouuoit approcher le marquis, car il estoit trop roide et intelligent; il faisoit sonner aux oreilles de quelques gentilhommes, que la noblesse voyoit son malheur de n'auoir accepté les belles offres qu'on luy auoit fait l'année 1636 : que ses terres et ses maisons seroient entieres et elle en liberté et authorité si elle les eut accepté, et à present qu'elle estoit ruinée, elle alloit tomber comme conquise soub le ioux de la France : si c'estoit pas un total aueuglement de refuser l'amitié de France qu'on luy offroit, plus effectiue que sa vieille neutralité et qui n'alteroit en rien l'obeissance qu'elle doit à son Roy, et pour fin que les Bourguignons auoient tousiours soustenu qu'ils auoient le droit de regnicoles en France pour y posseder offices et bénéfices, lequel on estoit encor content de leur accorder, plus tost que de faire perir dans ses ruines et son aueuglement une nation des Gaules qui parloit mesme langue que les François et auoit esté bien plus long temps Françoise qu'Espagnole.

On voyoit le liure françois dans lequel Brun estoit compté entre les beaux esprits de ce temps, et Mairet poëte luy dedia un liure au frontispice duquel il luy reprochoit qu'il s'estoit venu cacher en un petit coing du monde, au lieu de la belle estendue de la France qui luy estoit ouuerte et luy tendoit les bras.

Mais les plus forts et puissans arguments estoient Weymar qui marchoit contre Besançon et Longueaille contre Salins par le chemin de la montagne.

2. Le duc fit entendre au conseil de guerre qu'il auoit toutes ses pensées à conseruer Besançon, comme estant une grande, belle et riche cité au cœur de la prouince, où estoit retirée la noblesse ; que c'estoit le lieu qu'il auoit choisy pour sa personne, celuy d'où pouuoient estre secourues toutes les belles villes, et si bien elle estoit cité imperiale : Ne pensez pas, disoit le duc, que sa conseruation soit moins importante à la Bourgougne que celle de Dole, car si Besançon estoit conquy, Dole seroit bouclé et le commerce et correspondance rompu entre toutes ces villes, sans laquelle correspondance elles ne peuuent subsister ny receuoir les ordres du gouuerneur et du parlement. Et quand Dole seroit pry, il le faudroit enfin rendre pour venir à une paix (car le roy de France n'a aucun droit de le retenir), mais il se maintiendroit possesseur de Besançon comme il fait de Metz, Toul et Verdun ; pour le moins gardien comme en est le Roy d'Espagne et tiendroit la Bourgougne à sa mercy quand il seroit maistre de Besançon. La force de Bourgougne consiste aux riuieres et aux montagnes : Besançon tient les riuieres du Doubs, Louhe et Oignon : de l'une il tient le passage du pont dans la cité : et les autres sont à ses flancs et il tient l'entrée des montagnes en un endroit qu'elles luy sont ouuertes de toutes parts. Ainsy quand toute la Bourgougne seroit conquise et Besançon nous resteroit, nous la recouurerions (disoit le duc), et si Besançon estoit entre les mains des François, la Bourgougne seroit irreuocablement soub leur domination : pour ce faut se résoudre, disoit-il, (estans assaillis comme nous sommes de tous costez et diminuez de gens), de nous concentrer et maintenir dans cette cité, sans diuiser noz forces pour penser deffendre d'autres villes : car Salins qui est bien ville principale et le thresor du Roy en ce pays ne peut estre deffendu qu'à la moitie de nostre armée, et diuiser l'armée c'est la perdre. Si Salins estoit ville fortiffiée on luy donneroit un bon preside comme à Dole et à Gray, mais il y faut combattre main à main et auec desaduantage, car elle est commandée en tous endroits. Cette deffense seroit plus perilleuse qu'une bataille en raze campagne où l'aduantage du lieu seroit égal : nous auons voulu partager nostre

armée pour deffendre toutes les frontieres et auons perdu au bailliage d'Aual le regiment de Rincour et auparauant deux de noz meilleurs colonels : nous auons posté sur la Saone nostre caualerie eu lieu aduantageux, et elle a esté battue et la meilleure partie occise ou prisonniere ; et à present diuiser de nouueau noz forces et auec une moitié combattre une armée royale desaduantageusement seroit, contre toute reigle de guerre et tout perdre pour vouloir tout embrasser. Salins est comme Spire, ville foible qui doit embrasser toutes sortes d'amans, de laquelle la prise est de peu de consequence au Roy, quand ceux qui sont dedans auront retiré ce qu'ils y ont de meilleur : car l'ennemy ne la peut tenir non plus que nous, ny fortiffier pour ce qu'elle est commandée de toutes parts ; et quand il l'auroit bruslée, c'est une ville qui ne peut iamais mancquer de peuple, à cause des sources qui y sont riches et necessairement qui attireront tousiours des habitans.

Le marquis auoit voulu ietter auparauant dans Salins le colonel Valorski, tenu pour l'un des plus vaillans de l'armée auec son regiment et quelques soldats Allemans, mais le magistrat et les bourgeois n'auoient voulu receuoir que des gens dont ils entendissent le langage et qui fussent sans attirail de femmes et enfans. Dedans estoient trois petits regimens Lorrains de d'Arbois, Sainct-Belmont et Poiure. Le marquis y auoit enuoyé le conseiller de Champuans qui s'entendoit bien auec les Lorrains pour pourueoir aux choses necessaires, et de plus il estoit amy de ceux qui gouuernoient les sauneries et qui à cause de ce gouuernement auoient le principal pouuoir dans la ville. Les Lorrains y auoient fait quelques petits dehors pour occupper les places trop aduantageuses à l'ennemy, comme estoit le haut de la montagne Sainct-Andrez, le chasteau de Bracon et deux eminences qui commandent la porte Basse. La bourgeoisie estoit nombreuse et bien deliberée et bonne partie auoit porté les armes en Flandre ou en Allemagne.

Le marquis pria le duc de ne pas abandonner Salins, seigneurie principale du Roy, où estoit son thresor, qui estoit habitée de gens de condition et où estoit retiré tout le bailliage d'Aual : qu'elle estoit à la verité commandée, mais nous occuppons (disoit-il) les commandemens qui se peuuent deffendre et nous donner du loisir : la force de la ville sont ses aduentues que les bourgeois cognoissent et s'en preuaudront et l'ennemy ne les cognoit pas : voz Lorrains (dit le marquis au duc) sont comme naturalisez auec les bourgeois et i'assure votre altesse, que si le duc de Longueuille engage son armée dans le fond de la vallée de

Salins, il s'y trouuera bien empesché et n'en retirera iamais son canon. Il ne peut boucler cette ville là, qu'il ne diuise son armée en cinq quartiers pour le moins et ne se pourront les quartiers secourir l'un l'autre, à cause des montagnes qui seront entre deux. Nous aurons beau Ieu pour enleuer des quartiers, et quand nous laisserons faire à monsieur de Sainct-Belmont, vous verrez que les François seront bien empeschez à former un siege : que si nous abandonnons Salins, nous desesperons le parlement et toute la Bourgougne : nous donnons le thresor du Roy à l'ennemy qui s'en preuaudra sur nous, car nous ne pouuons nous passer de sel et nous n'en pourrons auoir que de la main des François, car ils tiennent le sel marin et celuy de Lorraine et les passages de celuy de Bauiere et de Tirol. Les sauneries de Salins sont si abondantes et le sel si bon, que le cardinal de Richelieu en pourra tirer de quoy entretenir la guerre en Bourgougne distribuant le sel d'icelles en France et en Suisse.

I'aydois le marquis, car i'estois mieux informé que luy des sauneries et de l'aduantage du site de la ville. Le duc respondit que Richelieu nous reduisoit à un poinct qu'il failloit perdre l'une ou l'autre ville ou toutes les deux si nous les pensions toutes deux conseruer : *Conseruons (disoit-il) Besançon, et puis nous reprendrons Salins, il n'est question que des bastimens de la ville qui seront tantost restaurez*, et en ce conflict de responses et repliques passerent plusieurs heures iusques bien auant en la nuict : et le duc s'en vouloit aller, car c'estoit au logis du marquis ; ie le retenois auec humbles prieres, craignant que s'il se separoit la perte de Salins fut ineuitable. Le poinct estoit que le marquis trouua moyen de conseruer Salins sans affoiblir la deffense de Besançon, et le duc le pressoit sur ce poinct auec bien viues raisons, et estoit bien plus difficile au marquis d'establir les moyens de deffense, qu'au duc d'en proposer les difficultés. Enfin on en demeura en ces termes, que si sans partager l'armée ny affoiblir la deffense de Besançon on pouuoit secourir Salins, le duc en estoit content.

Le marquis eut cet affaire toute la nuict en son esprit et le matin luy et Mercy monterent à cheual pour recognoistre le lieu où se pourroit plus aduantageusement poster l'armée pour la deffense de Besançon et pour le secours de Salins et pour ne pouuoir estre forcée de combattre, car il failloit ces trois poincts necessairement, qu'estoit chose bien difficile.

3. Besançon est une cité tres-ancienne, iadis capitale des Sequanois, belle neantmoins en ses ediffices, bastie au front d'une haute mon-

tagne, occuppant le plain qui est au pied d'icelle et s'eslouant doucement iusques au sommet où est l'église cathedrale et le palais de l'archeuesque, bastis dez le commencement de la primitiue Eglise. Cæsar au premier liure de ses Commentaires descrit cette cité et dit, qu'elle est faicte en forme d'un fer de cheual, car la riuiere du Doubs qui vient coulant dez les hautes montagnes et à droit fil pour rencontrer cette cité, la vient prendre par le flanc du costé de la porte Taillée et tourne autour de l'ancienne cité iusques à la porte de Nostre-Dame, tenans les deux flancs de la montagne, et à ce moyen la cité estant aiustée à sa montagne est au surplus une peninsule, et aux deux flancs de sa montagne qui sont esgalement lauez de la riuiere, les deux portes sus dittes ont leurs rochers taillez.

C'est l'ancienne cité comme elle estoit du temps de Cæsar, mais depuis au front d'icelle a esté bastie une nouuelle ville en forme de croissant, si qu'auiourd'huy le Doubs passe par le milieu de la cité et la cité est en forme d'un grand ouale. A flanc d'icelle du costé de la porte de Nostre-Dame est une montagne qui va en poincte et est couuerte de broussailles appellée par les Romains COLLIS DIANÆ et à present Chaudeine, au dos de laquelle est un grand vallon où est le village de Velotte et la riuiere borde ce vallon par un autre demy rond et laue au bout d'iceluy de hauts rochers qui le bornent, sur lesquels sont les restes d'un ancien chasteau; et ce vallon du costé de Besançon remontant par le pied de Chaudeine aboutit à un tertre grand et spacieux qui occuppe tout le dehors de Besançon dez Chaudeine iusques à Palante, auquel tertre est assis le village de Sainct-Ferieux et se voyant quantité de vignes et vergers et quelques maisons champestres.

Le marquis posta toute l'armée au lieu de Velotte fourny d'eau et de bois, et en l'aduenüe haute qui rencontre le plain tertre sus dit fit de bons retranchemens et petits fortins pour asseurer de tous poincts cette aduenüe : en cette sorte l'armée fut asseurée de ne pouuoir estre forcée ny contraincte de combattre. Et sans donner aucune incommodité à Besançon (pas mesme à l'air ny à la veüe) elle fut postée en lieu voisin aux deux portes de Nostre-Dame et d'Arenes pour donner tous secours necessaires à la cité sans pouuoir estre couppée, car du costé de la porte de Nostre-Dame la riuiere estant entre deux, le marquis fit dresser un pont pour lequel il se seruit de la commodité d'un petite isle, et plus bas à l'endroit de Beurre dressa encor un autre pont lequel estoit regardé par le fort chasteau d'Arguel qui est basty sur la mesme montagne de Besançon, à demie lieüe prés de la cité, du costé qu'on va à Salins.

Ce pont deuoit seruir pour donner secours à la ville de Salins quand besoing seroit, car dez iceluy iusques à Salins n'y auoit guierres plus de six heures, soit que l'on prit le chemin de Quingey par la plaine, ou celuy de Montfort par la montagne : et le marquis prenoit ses mesures si Longueuille formoit un siege dans le val de Salins pour luy enleuer ses quartiers l'un apres l'autre sans deffornir la garde de Besançon. Quand le tout fut pourieté le marquis en fit rapport au duc qui se transporta luy-mesme sur la place à Velotte et loua la pensée du marquis qui fut executée incessamment et a esté la conseruation de la Bourgougne.

L'intention de tous estoit si bonne que les artiffices de Richelieu (pour ietter entre eux la diuision) n'eurent point de lieu, car le duc auoit toutes ses esperances au Roy d'Espagne si auant, que toutes les lettres qu'il receuoit de France il les luy enuoyoit toutes closes. Son confesseur en ce temps là estoit le pere Bilestin lorrain : ie fus aduerty que le duc venoit de receuoir lettres de France et l'en aduisay, il me demanda si i'aggrerois qu'il le dit au duc et qu'il me nomma : ie luy dy qu'Ouy : et le lendemain estant en la salle du duc auec force noblesse, le duc dit, Qu'on l'accusoit de receuoir lettres de France et me demanda si i'en sçauois rien. Ie luy respondy qu'Ouy : et luy soubriant et me tirant à quartier me dit : Il est vray, on m'offre la restitution de mon pays, mais si i'accepte les promesses qu'on me fait et qu'on ne me les tienne pas, ie n'auray personne pour me les garantir, ainsy ie ne puis rien traicter auec les François sans l'authorité du Roy d'Espagne qui seul a le pouuoir de faire accomplir par les François ce qu'ils me promettront.

Le marquis auoit ses interests mais estoit tout plein d'honneur et de valeur et aymoit le Roy et l'Infant son maistre d'amour passionné : le peril commun faisoit oublier à chacun son interest particulier, Parlement, Noblesse, Bourgeoisie, Gouuerneur et Cité de Besançon tous d'une volonté et à qui mieux trauailloient à la sauueté publique. Les chanoines de l'église cathedrale sont tous tirez de noblesse armée ou lettrée et sont en grand nombre. Ie prenois plaisir de les veoir tous dans les fonctions militaires en courtes robes et auec mesmes parures. Les Gouuerneurs ne perdoient aucun temps, ils auoient fait fortifier à grands frais la porte de Battand où estoit le plus grand danger et mettre en estat celle de Charmont pour y loger du canon, et leurs grandes pieces qu'ils ne pouuoient asseoir en leurs tours vuides dedans et trop estroites ils les auoient fait monter en lieu esleué proche du palais de l'archeuesque pour battre sur le tertre voisin de la cité, duquel nous auons parlé cy-deuant pour fauoriser les forts et retranchemens de nostre armée.

Weymar à son approche de Besançon fit recognoistre les lieux pour se poster, et n'ayant rencontré du costé de Battand, Charmont et Arenes nuls ruisseaux ny fontaine fut contrainct de s'arrester au delà de Palante à Chaleze et Chaleseule où nous auons dy que la riuiere du Doubs passe derriere la montagne de Palante pour venir lauer Besançon au flanc de la porte Taillée; car la principale force de Weymar estoit sa caualerie, pour abreuuer laquelle failloit une riuiere. Ses coureurs qui alloient battans les chemins ne trouuoient point nostre camp, car rien n'en paroissoit que les retranchemens et fortins sus dits peu esleuez, que les coureurs cogneurent seulement par les coups que tirerent les sentinelles. Weymar manda au duc, qu'il cherchoit son armée pour la combattre, mais qu'elle s'estoit si bien cachée qu'il ne la pouuoit trouuer. Le duc respondit, qu'il estoit luy-mesme dans Besançon pour le deffendre et que c'estoit Besançon que Weymar cherchoit et non son armée.

Weymar alla luy-mesme recognoistre tous les postes autour de Besançon et cogneut qu'il est impossible d'y former un siege regulier à cause des montagnes et replys de la riuiere et secheresse du terrain des costez d'Arenes, Charmont et Battand : il monta au haut de la montagne au front de laquelle est posé Besançon, d'où il vit à descouuert nostre camp, en toutes ses parties fortiffié par la nature et parfaictement disposé au dedans, et dez le mesme lieu considera les murailles qui ferment le Chapitre et une grande et spacieuse place qui est au-dessus, et voyant ces murailles à l'antique peu flancquées et sans fossé pensa d'assaillir Besançon de ce costé là.

On se doubta bien qu'il auroit recogneu la foiblesse de cet endroit, mais l'accés auec le canon en estoit bien difficile, et on y mit dedans et dehors de si puissantes gardes que Weymar desespera de reüssir de ce costé.

Il croyoit que dans Besançon la peur du bas peuple luy donneroit quelque ouuerture pour faire propositions selon les pensées de Richelieu, ou bien qu'il pourroit attirer nostre armée au combat ou forcer noz retranchemens que chacun matin il taschoit de faire recognoistre et à chacune fois le duc et le marquis y accouroient dez Besançon : et si Weymar y eut aduancé, ie pense que le duc eut permy quelques escarmouches à sa caualerie soustenue des forts et du canon qu'il auoit bien posté à cet effect, car une fois comme il vint monté sur un cheual de combat, le marquis me dit : (Voicy le duc qui a enuie de combattre), car pour l'ordinaire il alloit visittant ses postes sur un petit cheual et souuent sur un mulet.

4. Weymar demeura plusieurs iours en ses postes sans rien aduancer contre nous, et Longueuille cependant alloit aduanceant dans les montagnes du bailliage d'Aual, quoy que plus lentement qu'il n'auoit esperé, car apres la prise de Sainct-Laurent et chasteaux voisins, les paysans de Reuigny retirez en leur grotte l'auoient deffendue contre luy, et apres plusieurs volées de canon tirées contre l'embouchure de leur grotte auoient obligé les François de passer outre, qui ne vouloient s'amuser à si peu de chose puisque il n'y auoit dedans nuls hommes de guerre. Il trouua à Frontenay un commandant, soldat nommé le Flamand, natif de Dole, qui l'arresta plusieurs iours bien que ce fut simple maison de gentilhomme sans fossé ny rempars, mais les tours estoient bonnes et de vielle massonnerie à laquelle le canon ne faisoit rien : il faillut prendre le loisir de creuser une mine soub la tour de la porterie, qui estant faicte n'estonna pas le commandant et ayant ioué auec ruine d'une partie de la tour, le commandant retiré dans une autre continua sa deffense : enfin estant contraint de se rendre, sa vertu ne luy sauua pas la vie, mais il mourut auec la mesme constance qu'il auoit monstré à la deffense de la place, satisfaict en soy-mesme d'auoir fait ce signalé seruice qui auoit retardé le progrès de l'armée françoise.

Longueuille auoit trouué mesme resistance à Sainct-Iulien qui est petit bourg mal clos, mais dans les masures du chasteau estoient baraquez les deux Ronchaux freres, ieunes gentilshommes qui s'estoient deffendu vaillamment et arresté longuement l'armée de Longueuille, car le canon de mesme n'y faisoit rien et faillut venir aux mines. Longueuille leur fit meilleur traictement pour ce qu'ils estoient gentilshommes et cogneuz en France, et aux ieunes gens le trop de courage n'est pas vice comme il est aux vieux soldats qui doiuent sçauoir les loix de la guerre.

Orgelet fit peu de resistance, car la peste auoit deuasté totalement la ville, et les deffenses que Champagne auoit laissé aux masures du chasteau auoient esté commises à un soldat qui auoit promy de les

16 Juillet 1637.

deffendre : mais la peste l'ayant reduy à quinze ou seize personnes, il apprehenda le succes du commandant de Frontenay, de quoy le marquis fut irrité et luy fit faire son proces pour auoir rendu la place sans combattre.

5. Dez là Longueuille passa outre et se fit veoir iusques au voisinage de Salins, par le feu qu'il mit en quelques chasteaux voisins ; d'où ayant fait recognoistre la vallée et les montagnes autour et ayant sceu où estoit postée nostre armée composée de vieilles bandes et commandée par les plus vaillans hommes qu'eut la maison d'Austriche, qui pouuoit estre dans vingt-quatre heures sur ses bras, il iugea que s'il formoit siege deuant Salins il perdoit son armée.

6. Weymar s'estoit esloigné de Besançon et attendoit à Baume qu'il auoit pry à composition ce que feroit Longueuille de son costé et si l'armée qui soustenoit Besançon ne sortiroit point de son poste pour aller secourir Salins, car en ce cas il n'eut perdu aucun temps : mais il ne fut pas necessaire qu'elle bougea. Seulement le marquis alla se faire veoir à Salins de tant plus tost que le comte de Bussolin estoit mort de peste à Bletterans, à la place du quel il failloit enuoyer une personne de condition et valeur égale à la sienne. Le colonel Valorsky accompagna le marquis qui l'y vouloit enuoyer, mais il s'en excusa pour l'heure et cependant fut enuoyé son lieutenant colonel auec deux cens soldats de son regiment, car beaucoup de Bourguignons estoient morts de peste à Bletterans, mesme le frere du capitaine ordinaire de la place qui estoit de la maison de Frontenay : et bien que ce frere fut religieux, neantmoins il estoit plein de courage et le capitaine estoit languissant dans le lict d'une fieure lente.

Le mareschal estoit aussi allé à Salins sur les nouuelles de la mort de son filz et y demeura posté pour ce que Longueuille qui s'estoit retiré en arriere, tout de mesme que Weymar, menaceoit Poligny et Bletterans.

7. Weymar apres auoir sceu les intentions de Longueuille et veu que par l'addresse du duc et du marquis leurs entreprises sur Besançon et Salins tout ensemble estoient rompues et que dans toute la Bourgougne rien ne bransloit, escriuit à Richelieu qu'il n'auoit mesuy rien à faire et prit son chemin contre l'Allemagne où il repassa le Rhein et prit Freiburg en Brisgau.

8. Grancey ne s'estoit pas reposé non plus que les autres, mais il auoit eu du malheur, car il auoit assiegé la ville de Sainct-Hyppolyte

qui est assise au pied du chasteau de Chastillon-sur-Maiche qui est bonne place entre le Doubs et la Cusance.

Et dedans Sainct-Hyppolyte estoient les filz et beau-filz de Sainct-Mauris gouuerneur de la place, tous deux bons soldats auec une bonne compagnie d'infanterie, outre la bourgeoisie et les retrahans. La ville est petite et foible. Grancey l'alla assieger auec ce qu'il auoit de forces et deux petites pieces de canon, tandis que le duc et le marquis estoient bien occuppez et ne pouuoient quitter Besançon et Salins. Sainct-Mauris demanda secours aux montagnes et à Saigé qui commandoit aux montagnes du Lomont, lequel leur donna chaleur. Les assiegés se deffendirent par frequentes sorties empeschans les approches à Grancey et de mettre ses canons en batterie, et si bien firent et se maintindrent que le secours des montagnards parut proche du chasteau de Chastillon, à la veüe duquel les assiegés firent une sortie si furieuse tous ensemble qu'ils gagnerent le canon et le camp de Grancey et luy blessé en combattant vaillamment eut peine d'eschapper à la fuitte auec la perte de tout son bagage, confessant que les places foibles vaillent autant que vaillent les hommes qui sont dedans.

Le duc fut consolé de se veoir quitte de Weymar, car puisque il auoit passé le Rhein et estoit rentré en Allemagne, il sembloit qu'il eut quitté pour tousiours la Bourgougne; et voyant que dans le Bassigny et le Barrois ne restoit aucune gendarmerie trouua à propos d'y entrer auec son armée, bien que l'équipage d'artillerie que le Roy luy auoit fait dresser en Allemagne fut demeuré dans Brisach, ne nous pouuant estre amené en asseurance, pour ce que iusques alors noz ennemys auoient tenu nostre campagne, mais il se seruit des canons de l'Empereur qui estoient à Gray et fit cette entreprise pour rappeler Longueuille à la deffense du Bassigny et de la duché de Bourgougne qui le touche et le tirer à ce moyen hors du bailliage d'Aual: ou bien diuertir l'armée françoise qui attaquoit au Luxembourg, ioint qu'il desiroit de se faire veoir dans la France pour donner courage aux gens de bien et aux partisans de la maison de Lorraine. Il attaqua et prit quelques places l'une desquelles nommée Dully fit une honorable deffense et le duc usa de toute courtoisie enuers la noblesse de ce pays là, leur monstrant la mesme affection que s'ils eussent esté ses amys.

9· Longueuille prit cette occasion que le duc estoit enuiron trente lieües loing de luy et le comte de Bussolin mort à Bletterans, Frontenay gouuerneur malade et son frere mort: dedans estoit un ingenieur que le marquis y auoit my et luy fournissoit argent pour trauailler à la fortiffication de la place, qui a esté faicte autreffois par les princes de la maison de Chalon pour forteresse reguliere à la mode de leur temps. Cet ingenieur auoit fait amitie auec le sieur de la Saugeray gentilhomme Fançois prisonnier en la ditte place, et de plus estoit irrité de ce que nous n'auions pas fait l'estat de luy qu'il croyoit meriter estant homme brusque et sans iugement. La place consiste en ville et chasteau bastis dans une raze campagne commandée neantmoins du costé de France, et sa principale force consiste en ce que l'assiegeant n'y peut ouurir tranchées sans trouuer l'eau à deux pieds prés. Longueuille torna brusquement ses armes contre Bletterans et posta son canon contre la ville en un endroit que le canon qui tout estoit dans le chasteau ne le pouuoit veoir, et que la muraille n'estoit pas encor remparée de terre : et sans se seruir d'autres choses que de simples gabions fit iouer ses canons et eut tost fait bresche raisonnable aux murailles qui estoient de briques et de mediocre espesseur. Le fossé estoit un marais auec une douue au milieu, il ietta des clayes sur le marais et donna l'assaut. Le lieutenant colonel de Valorsky estoit dans la ville auec ses gens qui soustint l'assaut vaillamment et repoussa les assaillans : mais le canon des François nettoyant la bresche et ne voyant aucun moyen de la maintenir, il pensa à se retrancher derriere. Les Bourguignons soldats et bourgeois restez en petit nombre estoient dans le chasteau ; Longueuille ne donna pas loisir aux Allemans de se retrancher et emporta aisement la ville dez laquelle il battit le chasteau qui consiste en grosses et hautes tours qui ont le fossé plein d'eau viue et pour contrescarpe une grande douue reuestue de briques dedans et dehors auec quatre tours aux quatre coings. Le canon qui ne pouuoit rien contre les tours fut pointé contre les tects d'icelle et la cheutte des ruines espouuantant le bas peuple, l'ingenieur leur promit de si bien faire auec les François qu'on ne leur feroit aucun mal en leurs personnes ny en leurs biens.

Cependant le mareschal qui estoit à Salins et s'estoit aduancé à Poligny auoit aduerty le duc et le marquis par nombre de couriers sortis d'heure à autre et auoit fait entrer souplement un messager auec lettres dans le chasteau de Bletterans, que la femme du gouuerneur auoit receu. C'estoient lettres de creance et la creance estoit qu'ils seroient secouruz dans le cinquième iour. Frontenay estoit au lict fort malade dont il mourut bien tost apres. L'ingenieur apporta aux bourgeois les bonnes nouuelles que leurs personnes et leurs biens leur seroient conseruez et quantité de François vindrent auec luy au chasteau que le lieutenant colonel posté lors sur la douue ne pouuoit distinguer des Bourguignons, car ils auoient mesme habit et mesme langage et luy n'entendoit ny les uns ny les autres. Il fut mandé au chasteau dans la chambre de Frontenay malade où les François, les bourgeois et l'ingenieur plaidoient leur cause; et on parloit par signes au lieutenant colonel. Frontenay neantmoins parloit un peu alleman, mais il n'y auoit plus rien à deliberer, car les François estoient dans le chasteau et tenoient la basse cour, la femme de Frontenay estoit françoise et fut acculpée d'intelligence auec ses freres qui estoient au camp ennemy, mais elle fut absoute par le parlement.

4 Sept. 1637.

Ainsy la place fut rendue. Le marquis aux premieres nouuelles du siege auoit si fort pressé le duc de secourir Bletterans, que le duc toutes autres pensées postposées s'estoit my en chemin auec son armée et auoit laissé son bagage derriere pour venir plus habilement, si que le cinquiéme iour que le mareschal auoit promy secours aux assiegez, l'armée de secours parut en leur campagne, croyant que les choses fussent entieres, du moins que le chasteau fut encor entre noz mains, car au mesme instant il venoit d'estre rendu, mais nos coureurs approchans du chasteau furent receus à coups de canons et virent que les François estoient dedans.

1er Sept. 1637.

Longueuille fut surpry, car la pluspart de ses gens estoient allez à la picorée; il fit lascher des canons pour les aduertir et se logea derriere Bletterans en un tertre aduantageux où ses deux flancs etoient couuerts l'un de Bletterans, l'autre d'un bois, et auoit à dos les bois de Bresse pour sa retraicte et en peu de temps parut en bataille sur ce tertre auec grand front qui occuppoit tout le vuide.

Mercy marchoit d'auant-garde, le marquis conduisoit la bataille et le duc l'arriere-garde. Mercy cogneut aisement que les François se trouuoient surpris et dit au marquis (qui auoit poussé vers luy) que le ieu estoit beau. Le marquis s'aduanca et vit clairement que le fond de l'armée françoise estoit vuide et iugea qu'il falloit prendre l'occasion aux cheueux, comme estant la victoire asseurée si on chargeoit l'ennemy auant qu'il eut loisir de se rassembler et remettre de la peur que la soudaine arriuée du secours luy auoit donné, et auant que retornat à son poste dit à Mercy de commencer l'escarmouche et puis attaquer le combat si les esquadrons françois se mouuoient.

C'estoit, comme i'ay dy, une raze campagne et les François postez sur un tertre estoient veuz de loing. Le duc vit attaquer l'escarmouche et accourut au marquis luy disant en colère que Mercy n'auoit pas l'asseurance de combattre si luy ne luy auoit commandé. Le marquis respondit que c'estoit simple escarmouche ordinaire entre deux armées postées en front l'une de l'autre et qu'il ne luy auoit rien commandé. Le duc demanda aux colonels qui se rencontrerent à l'endroit où il parloit au marquis leur sentiment, si Bletterans estant perdu il failloit hazarder une bataille de gayeté de cœur. Le marquis dit, qu'une escarmouche feroit cognoistre ce que l'ennemy auroit au cœur. Le duc manda à Mercy de ne point passer plus auant et faire ferme où il estoit.

Nul esquadron se mut de l'armée françoise, ains seulement quelques parties destachées vindrent à l'escarmouche et les absens retornans peu à peu on voyoit grossir l'armée. Les deux armées demeurerent tout le iour en front l'une de l'autre ; le marquis bien fasché d'une occasion si belle eschappée dit au duc, qu'on auoit donné loisir à l'ennemy et qu'il estoit fort foible au commencement et que son altesse en eut eu bon marché ; que si Longueuille se fut retiré, Bletterans bloqué à l'instant se fut rendu, mais qu'il estoit mesuy trop tard et la perte de Bletterans qui estoit principale place de son gouuernement luy seroit reprochée, non à son altesse. Il y eut plusieurs repliques sur ce poinct si l'on auoit dehu combattre la place estant rendue et l'ennemy troublé qui pouuoit estre deffait ou poussé dans les bois.

Le duc soustint que nous eussions tout hazardé et l'ennemy rien, car il auoit l'aduantage du poste pour combattre et les bois pour se retirer, et nostre armée estoit fatiguée de ses longues traictes pour estre presentée au combat sans s'estre reposée : que Bletterans rassiegé n'eut pas esté pour se rendre en un iour, ayant le secours de France dans le bois qui pouuoit prendre ses temps et aduantages sur nostre armée. Le marquis auoit ses raisons. Brisgueld colonel alleman, pour complaire au duc, dit, que la poudre distribuée à noz soldats ne vailloit rien et il estoit vray ; enfin le duc resolut que puisque il n'y auoit rien à faire pour Bletterans, nostre armée se retireroit. On vouloit camper au val de Voiteur et fortiffier Chasteau-Chalon qui le commande ; Mercy
<small>9 Sept. 1637.</small> y fut enuoyé pour recognoistre la place, mais il trouua que la fortiffication seroit de longue haleine et l'armée en un moment mangea ce qui estoit au val de Voiteur où ia elle auoit logé un mois precedent, si que on se retira à Poligny où estoient viures et les fruicts pendans aux arbres et aux vignes, car c'estoit en septembre.

Les deux armées demeurerent long temps campées chacune en son poste sans rien entreprendre l'une sur l'autre : il faillut aduiser à ce que l'on feroit. Le marquis inconsolable de la perte de Bletterans enuoya un courier à l'Infant se condamnant soy-mesme, bien qu'il n'eut fait aucune faute, mais c'estoit pour ne pas estre condamné. Il fit prendre prisonniers la dame de Frontenay (car son mary mourut au chemin de Dole) et le lieutenant colonel de Valorsky et tenir egmine pour le chastier, pria la Cour de luy enuoyer gens de son corps pour deliberer ce qui seroit à faire. La Cour enuoya Champuans et Brun : le duc cependant estoit repassé à Besançon, on tint conseil de guerre à Poligny, où le duc escriuit son sentiment et n'y put venir.

Tous les principaux seigneurs, le marquis et Mercy s'y trouuerent, ie me souuiens que le procureur general voulut reprendre la conduitte des armes de cette année là, comme si le duc eut dehu combattre Weymar, puis venir victorieux combattre Longueuille. Le marquis luy respondit qu'il parloit bien franchement et Mercy opinant à son tour fit veoir au procureur general que la science des armes est bien esloignée du sens commun, et la guerre deffensiue de l'offensiue, et que pour tout perdre il auroit fallu suiure son aduis : car Weymar estant plus fort de caualerie la perte de la bataille contre luy estoit certaine, et quand on l'eut gagnée c'eut esté auec notable perte de gens qui eut rendu nostre armée incapable de s'opposer à Longueuille, et fut Weymar ou Longueuille victorieux, Besançon et Salins et l'armée du Roy estoient perduz. Brun s'excusa d'auoir parlé trop librement, et estans les opinions partagées fut enfin resolu que l'armée entreroit dans la Bresse voisine de Dole, costoyant la riuiere du Doubs.

Nostre armée n'eut pas plus tost pry sa marche que celle de France prit la sienne et se vint camper à Molay à trois lieues de Dole entre le Doubs et la Saone en lieux marescageux où elle ne pouuoit estre forcée. La plus grande industrie aux guerres deffensiues est de bien poster l'armée de deffense en lieu que l'assaillant ne la puisse forcer ny affamer, ny la laisser derriere soy sans se mettre au hazard d'estre affamé luy-mesme; et bien que pour assortir le poste il faille une bonne ville voisine, l'air des villes peuplées et camps voisins durant les chaleurs d'esté est tost empesté si le camp n'a son estendue suffisante, le vent, la bise et l'eau voisine qui le purifient. Par effect l'armée de France fut incontinant assaillie de maladies et s'en perdit une bonne partie pour n'auoir ny bon air, ny commodité de bois et de plus n'auoit aucune bonne ville voisine, ny villages entiers, car tout estoit bruslé et le camp françois estoit trop seré.

26 Octob. 1637. 12. Le marquis de Conflans mourut à Salins en ce mesme temps de fieure contagieuse aagé de septante ans, et finit sa vie par une belle action : car estant desià malade et ayant receu ordre du marquis son general de pouruooir aux chasteaux de Vaudrey, sur lesquels Longueuille auoit desseing et en estoit peu esloigné, il y alla en personne, disant qu'il failloit donner *exemple d'obeissance* et mourut à son retour.

LIURE DIXIÉME.

1. Le Roy fait redresser un équipage d'artillerie pour la Bourgougne. 2. Nouueaux desseings de Richelieu sur Salins. 3. De la seigneurie de Salins et Bourg-le-Comte. 4. Fortifflcations de Salins. 5. Fripponneries. 6. Venue de dom Antonio Sarmiento et dom Diego Sauedra. 7. Marche de Longueuille contre Salins 8. Le duc et le marquis marchent contre luy. 9. Battaille de Poligny. 10. Le duc se poste en teste de Salins. 11. Prise de Poligny et Grimont. 12. Prise d'Arbois et Vadans. 13. Entreprise sur Salins rompüe.

Sur la fin de l'année 1637, le duc receut d'Espagne patentes de general de l'armée du Roy et en la ditte qualité pouuoir sur les deniers de la caisse royale, de laquelle caisse les officiers se rendirent en mesme temps à Besançon. Le marquis fut celuy qui pria le Roy de donner cette authorité au duc par lettres qu'il luy en escriuit, iugeant que le seruice du Roy le requeroit ainsy, et se despouillant genereusement d'ambition et de son interest en la charge de gouuerneur et capitaine general en Bourgougne : iusques alors sa generosité auoit esté grande de defferer et obeir en tout au duc, le plus souuent contre ses pensées et inclinations guerrieres, et cette derniere action surpassa les autres.

Le Roy tost apres la leuée du siege de Dole auoit decreté d'amples recompenses à l'Archeuesque, au sieur de la Verne, au parlement et au peuple de Dole, et auoit donné la commission de les distribuer au comte du Salazar, filz de dom Louys de Velasquez lors decedé general de l'artillerie en Flandre, et ce seigneur ayant sceu le deces de l'archeuesque en aduertit le Roy, ensemble des grands deuoirs faits par les principaux seigneurs en la campagne, qui meritoient aussi recompenses et fut attendant les seconds ordres du Roy. Brun procureur general et Champuans iugerent que les recompenses espanchées à tant de gens seroient peu pour chacun et qu'il vailloit mieux demander des charges au Roy; celle de president au parlement de Dole venoit bien à Champuans et celle de conseiller au conseil priué des Pays-Bas à Brun.

Entre les conseillers qui estoient entrez au parlement peu auant le siege, plusieurs auoient bien seruy durant iceluy, particulierement le conseiller Berreur qui auoit secondé le conseiller Boyuin aux fortifications et soings de la place, lequel eut mesme pensée, et tous ensemble auec Boyuin s'unirent à demander les charges vacquantes, car Brun proposa que celle vacquante au conseil d'Espagne (que le Roy auoit voulu donner à Boyuin) estoit tousiours vacquante.

Il failloit posseder le gouuerneur et la noblesse pour paruenir aux charges, car on auoit veu en l'election du marquis de Sainct-Martin combien le Roy auoit fait d'estat du desir de sa noblesse et en celle du duc que le Roy auoit suiuy l'aduis du marquis. Le marquis auoit lors pour conseiller restraint l'abbé des Trois Roys chef des deputez de l'estat, qui auoit aussi de hautes pensées à son aduancement et cultiuoit par tous moyens l'amitié du marquis. Brun et l'abbé s'entreuirent comme ie diray cy-apres et se ioignirent de volontés. Le baron de Scey chef de la noblesse apres la mort du marquis de Varambon se tenoit uny à la Cour et en cette occasion donna à Boyuin des preuues de son amitié; ainsy les partis se ioignirent et comme ie diray cy-apres eurent leur compte.

1. Le Roy auoit un soing nompareil de sa Bourgougne, et comme il auoit sceu que l'équipage d'artillerie dressé par son ordre en Allemagne estoit demeuré à Brisach et que les beufs et cheuaux et la munition de guerre auoient esté consomez, enuoya argent pour restablir le tout, et donna commission au duc de Sauelly baron romain qui seruoit en Allemagne d'amener au duc de Lorraine son équipage d'artillerie. A quoy Sauelly fut fort prompt, et apres auoir my tout en estat vint à Besançon trouuer le duc et le marquis, pour conferer et resoudre auec eux de la voye qu'on tiendroit pour amener en Bourgougne ce beau et royal équipage.

Ce fut lors que Brun passa à Besançon à l'entrée de l'hyuer, et la caisse du Roy ne pouuant fournir que pour l'armée estrangere, n'y ayant rien pour les trouppes de Bourgougne à pied et à cheual qui n'estoient pas inscriptes sur le liure du Roy, fut resolu en une assemblée solennelle où estoit Sauelly et les deputez de l'estat, un haussement du sel iusques à douze francs par charge, et en outre que les montagnes lesquelles estoient moins endommagées contribueroient quelques sommes par mois : mais cette liberalité des suiets reüssit à peu, car les villages estans quasi uniuersellement deserts par la furie de la guerre et de la peste, ne furent leuez par eux que bien peu d'ordinaires, et les contributions des aisez estoient peu de choses : les deniers mesme de la caisse du Roy furent la pluspart arrestez en Allemagne, et toute l'armée fut repartie en quartiers d'hyuer au pied alleman aux lieux où quelque chose restoit à prendre.

L'Empereur et l'Infant nous escriuoient de faire magasins de grains, et les graines estoient resserées dans les villes et chasteaux restans qui estans la pluspart foibles la graine sembloit n'y estre reseruée que pour l'ennemy. Le marquis fit tous deuoirs pour en tirer des petits chasteaux ce qu'estoit necessaire à faire magasins de bled dans les principales villes et forteresses, mais il luy fut impossible; car ceux qui en prenoient la charge vouloient des pouuoirs trop absoluz, qui ne pouuoient leur estre accordez sans iniustice, et les peuples reclamoient et recouroient à l'aide du parlement sans lequel le marquis ne pouuoit rien entreprendre à ce regard selon ses instructions.

2. Le cardinal de Richelieu cependant despité que trois armées ensemble et toutes ses ruses et praticques n'eussent rien operé que la conqueste de Bletterans, prit de nouuelles pensées et repassa sur toutes sortes de considerations pour trouuer nouueaux moyens de conquerir la Bourgougne.

Brisach, estoit nostre porte de secours, car l'Allemagne seule nous pouuoit secourir et ne nous restoit sur le Rhein autre passage que le pont de Brisach.

D'autre part, il auoit Salins dans l'esprit et on l'asseuroit qu'auec l'abondance des sources salées qui y sont et la bonté du sel, le distribuant en France et en Suisse, il tireroit autant d'argent qu'il luy en faudroit pour continuer la guerre d'Allemagne. La conqueste de Salins luy sembloit aisée, mais on luy representoit qu'il estoit impossible de le fortiffier pour le pouuoir garder, de quoy il voulut estre esclaircy et fit moyen (nous ne sçauons pas comment) d'auoir un plan exact de la vallée et des montagnes de Salins qu'il fit estamper et en enuoya plusieurs exemplaires à diuers ingenieurs pour auoir sur ce leur aduis.

Il vouloit Salins et Besançon, car l'une de ses principales finesses estoit qu'en tous affaires, il cherchoit et establissoit les pretextes pour paroistre ne rien faire qu'auec raison et iustice, (et à ce moyen faisoit appeller son roy *Louys le iuste*) et il esperoit, venant à une paix, de pouuoir conseruer à la France Salins et Besançon quand il les auroit conquis et unis à la couronne de France. Car Besançon est ville Imperiale, moins importante à l'empire que Metz, Toul et Verdun que la France a conseruée contre l'empire : et Salins est seigneurie d'à part, desmembrée autreffois de la duché de Bourgougne par le duc Hugues, et qui luy auoit esté vendue par Iousserand le Gros, seigneur de Brancion, renommé en la guerre du roy sainct Louys et par Marguerite de Bourbon sa femme. Et desià à mesme fin pour se donner pareil pretexte quand il assiegea Dole, il auoit reueu le traicté faict autreffois entre le roy Robert de France et Otho Guillaume comte de Bourgougne, et aussi l'arrest rendu à Paris en mesme temps par lequel il disoit : Que la Chastelenie de Dole estoit demeurée au roy Robert, moyenant quoy il esperoit de conseruer Dole à la France, s'il l'eut pu conquerir. Et croyoit que les Espagnoles et Bourguignons ne sçauroient pas que par le mesme traicté la comté de Diion estoit demeurée au comte de Bourgougne, qui mesme est inhumé à Sainct-Benigne de Diion, et que le tout depuis a esté restably, sçauoir Dole à la comté et Diion à la duché sont passez cinq cens ans. Mais Richelieu croyoit que quand il auroit la main haute par tout, il donneroit la paix et ne la receuroit : et au fort, ce qui est une fois uny à la couronne de France ne s'en pouuant desunir, il esperoit que le roy d'Espagne se contenteroit de se retenir ce qui est essentiel à sa comté de Bourgougne et accepteroit volontiers la restitution d'autres places en Italie ou en Flandre en eschange de celles qui auroient esté conquises sur luy en Bourgougne.

I'eu le premier aduis du desseing de Richelieu sur Salins par un personnage religieux, qui merite que la Bourgougne à iamais luy en sache gré, qui lors estoit resident à Salins, ce qu'à l'instant ie fis sçauoir au marquis et le marquis passa à Salins pour deliberer sur cet affaire.

La difficulté estoit de preuenir le cardinal de Richelieu en la fortiffication de Salins, mais on ne trouuoit pas qu'il fut fortiffiable : et le roy Philippe II ayant employé de son viuant toutes sortes d'ingenieurs, n'auoit trouué personne qui eut rencontré le moyen de fortiffier cette ville qui est commandée de toutes parts. Enfin apres plusieurs conseils et toutes sortes d'aduis demandez aux meilleurs soldats et que le marquis en personne en la plus grande rigueur de l'hyuer eust recogneu tous les postes, fut iugé que la ville se pouuoit fortiffier occuppant les postes que l'ennemy prendroit pour former un siege deuant cette ville.

3. Le val de Salins est au fond de plusieurs hautes montagnes et grands bois. Les Romains autreffois y taillerent un chemin et appellerent la vallée Scodinga, et ceux qui entendent leurs formes iugent qu'au sommet de la montagne que nous appellons Sainct-Andrey les

masures de forteresse que nous y auons rencontré sont ouurages romains qui dez le sommet de la ditte montagne descouuroient le pays tout autour : car le mesme se voit en la haute montagne en-dessus du lac d'Antre pour la garde de la vallée ou est le pont d'Arche, et est certain que c'est un ouurage romain, car outre les pierres fondues qui s'y rencontrent, les mots MARTI et QUIRINO, grauez dans les masures, le tesmoignant. Il n'y a nulle autre memoire de cette vallée auant la descente des Bourguignons, mais apres la descente se trouue la maison de Salins long temps auant les comtes de Bourgougne : et en mesme temps les anciennes maisons de Vienne, Chalon et Mascon qui toutes à la mode des Bourguignons portoient or et gueule, et Salins et Chalon portoient quasi le mesme, Salins d'or à une bande de gueule et Chalon de gueule à une bande d'or : que la maison de Salins fut deuant les comtes de Bourgougne, il en appert, car il est constant que de Sainct Claude estoit de cette maison de Salins et qu'il viuoit auant Charlemagne qui a esté plusieurs siecles auant noz comtes : et bien que de Sainct Anathoille qui a vescu et est mort dans la vallée de Salins, nous n'ayons aucune certitude du temps, touteffois il appert par la deuxième dotation faicte auant noz premiers comtes aux chanoines de l'église de Sainct Anathoille, que ce Sainct auoit vescu long temps auant Sainct Claude, et que la ditte vallée estoit dez long temps habitée, car il est narré que la ditte église auoit autreffois esté un couuent de religieuses de Saincte Agathe en laquelle le corps du dit Sainct auoit esté inhumé et auoit auparauant esté dediée à Sainct Symphorien.

Les roys de Bourgougne auoient basty en cette vallée le chasteau de Bracon qui est en latin *Brachium Comitis* (selon l'opinion plus probable) et les comtes bastirent peu apres une ville qu'ils appellerent le bourg du Comte de Bourgougne, comme le portent les vieux titres. Les sources salées ayant inuité les uns et les autres de bastir en la ditte vallée ; sçavoir la source du costé de midy inuita les seigneurs de Salins à dresser les beaux bastimens de la grande saunerie et la source deuers bise inuita les comtes à bastir le Bourg-le-Comte : et auoit esté basty auparauant comme i'ay dy Bracon au lieu où il est pour seigneurier les deux parties de la vallée par l'aduantage de la motte sur laquelle il est posé, qui commande tout le vallon : et lors le mot de Comte s'entendoit du gouuerneur comme remarque du Chesne, du moins c'est la plus probable opinion.

Le premier qui prit le titre de comte de Bourgougne fut Otho Guillaume de la maison des princes de Lombardie et filz de Gesberg bourguignotte, et toutes les maisons sus dittes des Bourguignons, sçauoir, Vienne, Chalon et Mascon sont entrées dans celle d'Otho Guillaume par mariages de filles heritieres, dont les descendans ont pry les noms de Vienne et Chalon. La maison de Salins eut son dernier seigneur Gaucher de Salins qui estoit de la maison de Vienne et eut sa femme Margueritte fille d'Archambaud de Bourbon et laissa une fille unique mariée comme dit est à Iousserand, seigneur de Brancion, qui voulant suiure sainct Louys à la Terre saincte vendit sa seigneurie de Salins à Hugues duc de Bourgougne, et Hugues la donna en eschange contre la comté de Chalon à Iean de Chalon descendu des puisnez d'Otho Guillaume, comme estoit pareillement le dit Gaucher.

Les aisnez de la race d'Otho Guillaume n'auoient laissé long temps auparauant qu'une fille nommée Beatrix qui auoit esté mariée à Frederic II empereur, et d'Othon son filz comte de Bourgougne n'est resté qu'une fille nommée Alix mariée en la maison de Meranie et de la maison de Meranie n'est resté qu'une fille du mesme nom d'Alix.

Cette princesse heritiere de Bourgougne choisit pour mary le filz aisné de Iean de Chalon nommé Hugues, auquel le pere en faueur de ce mariage donna la seigneurie de Salins, reseruant à deux autres filz qu'il auoit les deux tiers du reuenu que luy appartenoit et partagea ses trois maisons à ses trois fils, sçauoir : son palais où estoit la source salée à Hugues son aisné, Chastel Guyon voisin de l'église de Sainct-Anathoille à un autre et Chastel Belin belle et grande forteresse au-dessus de l'hermitage du mesme Sainct-Anathoille au troisiéme : et la ditte dame Alix apporta à son mary le chasteau de Bracon et le Bourg-le-Comte et toute la comté que luy appartenoient, et ainsy fut iointe la seigneurie de Salins à la comté de Bourgougne sans perdre son nom pour autant ny meslanger les iurisdictions souueraines.

Depuis furent fermées de murailles les rues et bastimens qui deppendoient de la seigneurie soub Philippe-le-Hardy duc et comte de Bourgougne, et ce nouueau Bourg estant en competance auec le Bourg-le-Comte et distans l'un de l'autre de cent pas seulement, fut fait enfin un traicté d'union entre ces deux Bourgs et l'entre-deux qu'ils appelloient Surin (du latin *Sub urbium*) fut fermé de murailles et conuenu que cy-apres n'y auroit qu'une seule ville de Salins, comme nom plus ancien que celuy du Bourg-le-Comte, sans neantmoins meslanger les mairies ny les priuileges.

La source salée du Bourg-le-Comte estoit soub la souueraineté des comtes, mais elle appartenoit en propriété à plusieurs gentilhommes venuz probablement de Lombardie auec Otho Guillaume, car entre autres s'y rencontrent les *Asinelli* de Bologne, les *Morelli* et autres Italiens, et depuis peu seulement noz princes ont acquy la propriété d'une partie de la ditte source appellée puits à muire.

La ditte ville de Salins estant mise en un corps eut un seul maire pour la police et en sa personne furent iointes les deux mairies appellées d'Amont et d'Aual sans confusion touteffois entre elles ; le premier maire fut Pierre de Faletans.

Les armes furent commises à un seul capitaine, la iustice fut donnée au bailly d'Aual sur la ville ; Bracon et son territoire retindrent la leur egale à celle du bailly : la grande saunerie fut gouuernée par un Pardessus controlé par les capitaines residans aux chasteaux de Bracon, Belin et Guyon, et le puits à muire continua d'estre gouuerné par le conseil des rentiers, ainsy sont appellez ceux qui sont proprietaires du puits à muire.

La mesme forme du gouuernement a tousiours duré sauf que les chasteaux Bracon et Belin sont ruinez et que Guyon s'en va ruinant, qui ont chacun leur capitaine et chastelain. La charge de capitaine de la ville a esté unie à celle de maire, et la grande saunerie a esté donnée à ferme, et à ce moyen est demeuré vacquant l'office de Pardessus qui tousiours estoit conseruée à un principal seigneur et auoit sa iurisdiction sur l'enclos de la saunerie et choses en deppendantes, qui ne ressortit point à celles du maire ny du bailly, et est conseruée la ditte iustice en la personne d'un iuge qui a ses aduocats et procureurs fiscaux.

4. Plusieurs conseils de guerre furent tenuz pour aiuster la fortiffication de Salins pour laquelle il se failloit seruir de tous les chasteaux et postes deppendans et comprendre dedans tant de diuerses personnes et iurisdictions. Le maire et capitaine n'ayant point d'authorité hors des murailles preuoyoit qu'il seroit commandé par ceux qui tiendroient les dehors : la bourgeoisie craignoit que ce fussent autant de citadelles : le marquis n'en voulut pas participer la Cour, comme estant affaires de guerre et preuoyant qu'entre tant de personnes s'allumeroit procés et se perderoit la ville cependant. Sa resolution fut d'occupper les hauts des deux montagnes Sainct-Andrey et Belin qui ferment les flancs de la ville au leuant et au couchant et la motte du chasteau de Bracon qui est teste de la ville du costé de midy. Le chasteau de Poupet est du costé de

bise au sommet d'une haute montagne, mais il regarde la ville de trop loing. Il fut resolu que de ce costé là seroient occuppées deux hauteurs voisines de la ville.

Pour le gouuernement le marquis ietta l'œil sur le commandeur de Sainct-Mauris maistre de camp d'un regiment d'infanterie, enfant de Salins, duquel le pere auoit esté maire et capitaine, (car cette charge ne se donne qu'à gentilhomme de noblesse armée) et pour ce fit entendre qu'il desiroit qu'au premier iour de l'an 1638, (que le peuple esliroit son maire) il choisit le dit commandeur maistre de camp, vaillant homme et bien aymé. Mais il ne reüssit pas, ains fut créé à plus de voix Duprel capitaine de caualerie, ieune homme et soldat qui auoit faction dans la Bourgougne et estoit supporté par le baron de Scey bailly d'Aual et par le procureur general son parent qui estoit tout puissant aux sauneries et bien entendu auec les fermiers d'icelles, desquelles deppendoient plusieurs personnes, et eux se fascherent de ce que le marquis vouloit se seruir du haussement resolu sur le sel pour faire ses fortiffications.

Le marquis enuoya sa resolution au serenissime Infant auec un plan fort exact du val de Salins et la forme des forts qu'il vouloit dresser en chacun endroit : et estant rappellé par le duc qui vouloit reprendre sa pointe de l'automne precedant dans le Bassigny, donna le gouuernement du val de Salins au commandeur de Sainct-Mauris qui s'entretiendroit des gages de sa charge, laissa ordre au tresorier de Goux pour leuer les haussemens du sel et à moy de disposer les choses pour commencer les trauaux dez que l'aduen de l'Infant seroit arriué, auxquels trauaux seroit employé le capitaine Duchamp ingenieur du Roy qui auoit eu bonne part aux resolutions et feroit trauailler soub les ordres du commandeur.

5. Ces ordres fascherent plusieurs personnes principalement Duprel et le procureur general, et se fit lors une friponnerie soub le nom du parlement qui eut fait un grand trouble entre le parlement et le marquis, si tous deux ne s'y fussent sagement comportez et estouffé le mal en sa source.

L'Infant prisa bien fort la resolution du marquis et donna vingt cinq mille escus du reuenu des sauneries pour employer aux fortiffications, auxquelles, moyenant ce et le haussement du sel, fut trauaillé dez le mois de mars incessamment.

6. Dom Antonio Sarmiento espagnol, filz du fut comte de Gondomar,

et du conseil du Roy, auoit eu ordre l'esté precedant de venir dez Bruxelles en Bourgougne comme i'ay dy; mais voyant Weymar sur Besançon et Longueuille sur Salins auoit differé son voyage, si que le Roy auoit enuoyé commission à Milan à Dom Diego de Sauedra gentilhomme espagnol de passer en Bourgougne en la place de Dom Antonio. Les deux arriuerent en mesme temps auec mesme commission, qu'estoit de resseruir le Roy precisement de l'estat des affaires de Bourgougne : car le duc, le marquis, le parlement et la noblesse, (bien que tous concourussent auec mesme affection au seruice du Roy) touteffois ils monstroient les choses de diuers biais, chacun à son aduantage; car le duc pensoit au recouurement de ses estats, le marquis à la gloire des ses armes et de celles de l'Infant son maistre, le parlement au repos du pays et la noblesse à se restablir en l'ancienne authorité qu'elle auoit eu au temps de ses comtes et de ses quatre ducs et des empereurs Maximilien et Charles, princes martiaux.

10 Juin 1638.

Sauedra s'en vouloit aller puisque Sarmiento estoit venu, mais le marquis et la Cour le retindrent. Sauedra estoit homme lettré et facile qui fut bien tost porté au party de la Cour, pour entendre auec elle au repos de la prouince. Dom Antonio estoit d'esprit brillant comme son pere, et nourry de sa main à la prudence espagnole : le marquis le courtisa demesurement luy donnant mesme en public la main droite, que Sarmiento refusoit auec raison ; mais le duc les eut bien tost diuisé cognoissant l'humeur espagnole et l'esprit de dom Antonio, si que à la fin le marquis et luy furent grands ennemys.

En ce mesme temps mourut le conseiller de Champuans; et apres sa mort le procureur general se trouua à coudées franches par ses adresses (qui à proportion de la petitesse de son pays) ne cédoient que bien peu à celles du cardinal de Richelieu en France et se rendit tout puissant en Bourgougne, sur quoy le cardinal qui ne perdoit aucun temps pour reüssir de ses entreprises employa toutes inuentions pour l'acquerir à soy; dont le discours et celuy des adresses du procureur general sont pieces, non de l'histoire, mais de la science en laquelle Tacite s'est estendu, et soit de bonne foy ou autrement a porté preiudice aux siecles qui l'ont suiuy.

7. Le temps de la campagne arriué le duc de Longueuille fut aussi tost aux champs et fit rebrosser le duc de son voyage de Bassigny. Le marquis accourut au bailliage d'Aual pour presser les ouurages de Salins et faire de Poligny un dehors que put arrester Longueuille; mais

voyant que le poste n'estoit pas bon repassa vers le duc qui n'ayant que Salins à garder ny qu'une armée à soustenir ioignit aussi tost son armée et vint en personne pour la deffense de Salins, estans lors le duc et le marquis en parfaicte intelligence entre eux.

8. Longueuille ne perdit aucun temps. Le marquis proposa d'aller prendre poste en lieu fort au haut de la montagne de Poligny aduancée de quatre lieües au-deuant de Salins où les viures seroient abondans (que Arbois, Salins et Poligny fourniroient), et qu'à ce moyen les villages qui fournissent continuellement le bois aux sauneries de Salins pour la cuitte du sel ne seroient pas incommodez : le duc le trouua

17 Juin 1638. bon et se logea en bon poste au lieu de Barretaine proche du prieuré de Vaux, car il auoit à droite le chasteau de Grimont et la ville de Poligny, à gauche un grand bois; et le passage pour venir à luy estoit si estroit que l'ennemy ne le pouuoit aborder qu'escadron apres esquadron. Le seul manquement estoit d'eau, car il n'y auoit ny riuiere ny ruisseaux ains fontaine seulement, si que le duc proposa de reculer le camp et se fascha contre Mercy d'auoir choisy un si mauuais poste.

Mercy par l'aduis du marquis faisoit retrancher l'infanterie aux lieux où il rencontroit du terrain, car c'estoit pays de montagne et pressoit l'ouurage et l'ordonnance de la bataille. Le duc qui se faschoit commandoit la retraicte en arriere auant qu'on se vit couppé de Salins et engagé en lieu sec et sans eau, dans une distance de quatre lieües : car l'ennemy pouuoit assaillir Salins par le chemin d'en bas marchant par Grozon, Villette et Marnoz sans trouuer resistance : on estoit en ce conteste et prest à obeir au duc quand le marquis qui estoit accouru à la teste de l'armée receut aduis par ses coureurs que l'ennemy estoit à demie lieüe de nous, et que sa caualerie d'auant-garde marchoit grand

18 Juin 1638. train le chemin de Barretaine. Le marquis courut au duc et luy fit entendre cette nouuelle ; il n'y auoit plus rien à deliberer, car une retraicte à la veüe de l'ennemy eut esté fuitte et l'eut faillu precipiter auec confusion.

19 Juin 1638. 9. Le duc alors changea de langage et luy-mesme en teste et partout ordonna le combat. Le regiment qui gardoit le passage estoit de dragons dont la pluspart estoient allé voler les villages voisins, car ils ne croyoient pas que l'ennemy estoit si prés : la caualerie françoise trouua cette garde en mauuais estat et luy passa dessus, et comme si le camp eut esté forcé la peur saisit noz premiers esquadrons. Le duc y accourut, et Valorski (qui n'auoit perdu aucun temps et auoit retranché son infanterie) chargea à flanc la caualerie françoise à iuste distance.

Le marquis auec une cotte d'armes d'escarlatte brodée d'or amena un puissant esquadron de caualerie qui renuersa le premier esquadron françois : d'autres vindrent au secours des François et les François tenans le passage auoient grand aduantage dans le large où estoit nostre armée postée. Le combat s'eschauffa, le marquis incommodé de sa cotte d'armes en prit une plus legere pour aller plus habilement et amenant esquadron apres esquadron soustenoit le combat. Les bataillons d'infanterie françoise auanceoient et la caualerie ennemye sembloit auoir de l'aduantage sur la nostre, quand le duc qui estoit par tout accourut à l'endroit où noz gens commenceoient à ployer et eussent esté foibles si nostre infanterie qui les soustenoit n'eut esté bonne et composée de vieilles bandes. Le duc l'espée à la main fit reproches aux caualiers allemans et anima ses Lorrains : la caualerie de Bourgougne estoit en deux esquadrons tenuz en reserue et les deux premiers rangs de chacun estoient de gentilhommes, à l'un desquels commandoit le baron de Scey et à l'autre le baron de Sauoyeux.

Le marquis auec sa meilleure caualerie estrangere enfoncea l'ennemy et le pressant viuement luy fit torner le dos et repasser le poste estroit qui estoit entre les deux armées : et lors se voyant secondé mit si auant en desordre Longueuille que la frayeur entra en son camp et luy-mesme commencea de parler de retraicte.

Le marquis qui vit le trouble despescha au duc à toute course pour luy enuoyer ses Bourguignons et faire aduancer toute l'armée qui troueroit l'ennemy à dos torné.

Le duc qui cognoissoit l'ardeur du marquis craignoit une ruse de l'ennemy, et afin qu'il ne s'engagea trop auant luy manda de se retirer, puis luy commanda absolument, et desià toute l'armée françoise tornoit le dos et la frayeur estoit par tout, quand le marquis se faschant de se veoir la victoire tirée des mains, s'arresta court, puis retorna vers le duc au petit pas, et se plaignit à luy de ce qu'il n'auoit pas voulu luy enuoyer gens, luy faisant cognoistre que la victoire n'estoit plus douteuse lorsqu'il en auoit demandé; mais le duc luy repartit que l'armée qui estoit forte dans son poste ne pouuoit s'aduancer hors d'iceluy sans s'engager à l'euenement tousiours douteux des combats, durant lesquels le vent de fortune change de moment à autre, et que qui a son compte auec elle ne la doit pas importuner, car elle est prompte à se fascher : et de faict le soleil se couchoit quand le marquis auoit veu par le dos les François et les combats de nuict sont pleins de confusion ; et si le duc eut enuoyé au marquis les Bourguignons qui parloient mesme langue et portoient mesme habit que les François, le marquis se fut aisement mespry et engagé peut estre dans les François pensant rencontrer ses Bourguignons quand la nuict eut commencé de brunir.

10. Longueuille fut toute la nuict en alarme, nostre armée coucha victorieuse sur le champ de bataille auec incommodité d'eau, et dez le poinct du iour le duc la fit marcher en belle ordonnance le chemin de Salins et la posta entre la Chatelaine et Iuory à une demie lieüe de la ville en lieu aduantageux fourny d'eau et de bois, et là il la fit retrancher.

26 Juin 1638.
Longueuille bien aise de se veoir deliuré d'un si rude ennemy reprit cœur, et changeant de chemin descendit pour assieger Poligny ville foible, ceinte de grands faubourgs, les bourgeois de laquelle pour la pluspart se retirerent au chasteau. Mais une compagnie d'infanterie bourguignonne qui estoit dans la ville auec le reste des bourgeois tindrent bon. Longueuille fit iouer son canon, et la bresche estant raisonnable fut neantmoins quelques temps deffendue par Vaucherot, alphere, ieune homme natif de Dole, et en fin abandonnée et la ville

29 Juin 1638.
emportée d'assaut, qui fut mise en feu par les François sans espargner les saincts lieux ; une belle église décorée d'un college de chanoines y fut embrasée et plusieurs beaux bastimens, entre autres celuy du baron de Scey et des sieurs de Poligny et Dramelay.

Grimont (ainsy se nommoit le chasteau qui commandoit la ville) fut aussi tost inuesty. Il estoit basty sur un roc de structure ancienne mais bonne et tenu autreffois du temps de noz comtes pour une de leurs meilleures places : dedans estoit un vieillard courageux assisté du sieur du Roc soldat de Flandre, mais malcontent du marquis qui l'auoit tenu long temps prisonnier dans le mesme chasteau et estoit ce gentilhomme creature du seigneur de Cressia. Le pied du chasteau estoit de tous costez un roc taillé, Longueuille fit tirer force volées de canon contre les fenestres des tours et fut du Roc blessé d'un esclat de pierre de laquelle blessure il se fit panser sans se mesler plus auant de la place. Longueuille à son ordinaire vint aux mines et ne pouuant percer le roc qu'auec un long trauail, fit croire au bout de quelques iours que la mine estoit acheuée et preste à iouer, et fit entendre aux assiegez qu'apres auoir bruslé leur ville emportée d'assaut il luy fascheroit de les faire tous voler en l'air comme il seroit contraint s'ils l'obligeoient de faire mettre le feu à la mine. Celuy qui la vint recognoistre voyant tous les appareils exterieurs d'une mine preste à iouer vint faire son rapport. De Vers bourgeois de la ville et soldat maintint opiniastrement qu'il estoit impossible qu'une mine eut esté creusée en si peu de temps, et s'estant posé sur l'endroit où l'on disoit estre la mine, crioit aux François qu'ils deussent mettre le feu et inuitoit bourgeois et soldats à tenir ferme. La peur les gagna et l'honneste composition qu'offrirent les François, qui depuis a cousté bien cher à la Bourgougne. ^{30 Juin 1638.}

Le marquis auoit pressé bien fort le duc de secourir Poligny ou du moins Grimont et en auoit ouuert les moyens sans hazarder l'armée ny la mouuoir de son poste, mais le duc ne voulut pas. Le marquis neantmoins en fit courir le bruit et sur ce bruit fit aduancer en la montagne voisine de Grimont quelques personnes auec mesches allumées arrangées en diuerses cordes pour faire mine de plusieurs bataillons; mais Longueuille qui auoit veu les intentions du duc par sa retraicte et approche de Salins et sçeu qu'il s'estoit retranché ne se meut point, sinon qu'il fit recognoistre et vit ce que c'estoit.

12. De Poligny il vint à Arbois qui n'auoit point de chasteau et estoit ville foible. Elle attendit neantmoins le canon et composa; mais la composition n'empescha pas qu'une partie de la ville ne fut bruslée et le surplus mal traicté. Le marquis enuoya un serient auec quelques soldats dans le chasteau de Montigny pour donner moyen aux retrahans de composer, et ce serient ayant quitté le poste sans composer, le marquis le fit pendre. Un paysan ayant ouuert un coffre dans lequel estoit un habit de soldat fit mine de l'estre et composa honorablement; mais ce nonobstant le chasteau fut bruslé.

Vadans qui est un ancien chasteau des seigneurs de Salins dans lequel Gaucher fonda autreffois pour un iour les abbayes de Rozieres, Goailles et Mont Saincte-Marie appartenant auiourd'huy aux seigneurs de la maison de Poictiers, fut battu d'artillerie et apres la bresche faicte composa, mais auec pareil succés que les autres, car il fut bruslé et ne resta que ce où le feu n'auoit aucune prise, sçauoir, une haute tour en platte forme massiue et solide, et le puits taillé dans le roc iusques aux racines de la montagne sur laquelle est basty le chasteau. La chapelle ouurage du prince fut ruinée par le grand feu et la cuisine ouurage aussi du prince a esté pareillement ruinée, car les couuerts qui estoient bruslez et les voutes calcinées sont demeurez à la pluye trop long temps.

13. Apres la prise de Vadans, Longueuille se trouuant à dos de Salins fit recognoistre la porte Basse de la ditte ville qui estoit de son costé, appellée Malpertuis, et trouua qu'elle estoit negligée, car nostre armée estoit retranchée du costé de la porte Haute à une bonne demie lieue et le duc estoit logé au-dessus du faubourg qui est à mille pas de la mesme porte Haute où tous les officiers et les principaux de la ville concouroient. La ville est longue et le bas d'icelle estoit comme despeuplé et la porte le plus souuent sans garde. Longueuille pouriecta de la surprendre, et soub couleur de Vadans, posta dans les bois de Vadans et Mouchard trouppes commandées et officiers gens d'execution, sans que personne s'en apperceu ny pensa à la ditte porte, iusques à demie lieue de laquelle les trouppes commandées pouuoient venir à couuert et aborder les barrieres et la porte (qui estoit sans pont leuy) sans rencontrer corps de garde ny sentinelle : iamais ville ne fut en plus grand peril, le marquis estoit dans l'armée et le commandeur estoit auprés de luy, Duprel maire de la ville logeoit au bourg dessus et les escheuins qui auoient le soing de la porte Basse l'un estoit vieillard et l'autre malade.

Sont toutes merueilles les secours que Dieu et les saincts protecteurs de la Bourgougne luy ont donné aux occasions. Une personne estant en prieres en son oratoire peu apres la minuict, enuoya un billet au marquis par lequel il aduertissoit de l'entreprise. Le marquis accourut et allant droit à la porte Basse n'y trouua ny sentinelle ny corps de garde, tant la confiance de l'armée du duc auoit endormy le bas peuple qui estoit le soir monté en garde. Le marquis y mit gens à l'instant et alla aduertir le duc qui fut assez empesché, car il ne vouloit pas tirer son armée hors de ses retranchemens pour ne descouurir le haut de la ville qui estoit le plus foible, moins diuiser son armée, car ce qu'il eut posté à la porte Basse n'eut pu secourir son camp. Il enuoya recognoistre l'ennemy qui se trouua en son poste de Villette et les trouppes commandées estoient sans bruit dans le fond des forests sus dittes. Il fit passer Infanterie et cauallerie à Marnoz et Aiglepierre qui sont sur le chemin de Vadans à Salins, donna ordre à la cauallerie de battre les chemins la nuict suiuante, et si l'ennemy marchoit à elle se retirer le chemin de Salins et se poster au-deuant de la porte Basse entre la ville et les capucins et aduertir la ville de l'approche de l'ennemy.

Ie n'encheris rien à cet affaire qui est miraculeux, i'estois lors malade. Le marquis passant vers moy me conta les ordres qu'il auoit donné et me demanda si ie cognoissois les bois sus dits, et comme ie luy respondit que c'estoient lieux marescageux, il me dit que si Dieu vouloit ennoyer une bonne grosse pluie elle vuideroit la querelle. C'estoit en la canicule le ciel ardent et la secheresse grande, la pluie se mit sur le soir et fut si abondante toute la nuict que les trouppes qui estoient dans les bois sus dits ne peurent franchir les ruisseaux qui s'enflerent, et Longueuille aduerty des gardes posées manda à ses gens de se retirer et retorner à luy. Les secours du ciel ont esté ordinaires à la maison d'Austriche durant toutes ces guerres, si que Richelieu disoit, que ceux d'Austriche quand ils estoient pressez tiroient aussi tost des miracles de leurs poches.

Apres cette entreprise de Salins faillie, Longueuille passa outre et se retira en France par le chemin de Vaudrey sans rien entreprendre sur ces chasteaux, peut estre pour ne pas desobliger le marquis qui portoit le nom de Vaudrey ioint à celuy de la Baume; car depuis il dit à un gentilhomme qu'il tenoit prisonnier, qu'apres s'estre veu les deux armées au combat de Poligny se pouuoit faire une honorable paix, les deux roys estans armez et la fortune egale, et qu'il n'auoit accepté la charge de la guerre de Bourgougne que pour y procurer une paix glorieuse aux deux partis : disoit aussi, qu'il auoit eu de grands amys en Bourgougne durant ses difficultez auec les Bernois pour la comté de Neufchastel, desquels amys il attendoit quelque proposition; et ne luy eut pas esté bien seant de faire ouuerture de paix le premier, puisqu'il estoit conquerant. Ce fut au sieur de Croisey qu'il fit ce discours en l'an 1639, qui me le conta à son retour de prison.

Le logement de nostre armée durant plusieurs sepmaines en front de la ville de Salins conserua la ville mais perdit les foins et moissons tout autour, si que ne restant rien aux villages pour la nourriture des cheuaux qui amenoient auparauant bois aux sauneries, les charrois cesserent et le train des sauneries, et par consequent mancquerent au Roy ses reuenus et le sel au pays, que ne fut pas une petite perte et appauurissement de la prouince.

De plus Longueuille mit forte garnison au chasteau de Grimont qu'il auoit conserué en son entier et en celuy de Vadans nonobstant qu'il fut bruslé : et ces garnisons tenoient Arbois serré et couroient iusques aux portes de Salins et de Dole, car elles receuoient toutes commodités par la voye de Bletterans que Longueuille auoit conquy l'année precedente, et estoit une bonne place d'armes voisine de France pour y faire ses assemblées au cas que nous voudrions reprendre ces chasteaux, comme depuis nous tentasmes à deux fois quand nous vismes l'incommodité qu'ils nous apportoient.

Il faillut poursuiure à bon escient les fortiffications de Salins qui estoit deuenüe ville frontiere, toutes les autres places villes et chasteaux iusques à la Bresse françoise se trouuans ou bruslez ou occuppez par noz ennemys.

LIURE ONZIESME.

1. Bataille de Brisach. 2. Prise de Brisach. 3. Aduis diuers donnez au Roy pour conseruer sa Bourgougne. 4. Famine horrible en Bourgougne. 5. Bons mots de dom Antonio. 6. Entreprise sur Grimont mal secondée. 7. Forme d'aduertissemens donnez à Brun par dom Antonio. 8. Ordres enuoyés par le Roy. 9. Empeschement donné à dom Antonio de ietter du bled dans les quatre villes. 10. Weymar dans le val de Lémont. 11. Desseings du marquis de l'enleuer dans ses quartiers empeschez par le duc. 12. Weymar se prepare pour attaquer les montagnes de Bourgougne. 13. Le marquis en aduertit l'Infant.

Cependant que le duc de Longueuille faisoit ses efforts pour se rendre maistre de la ville de Salins, le duc de Weymar trauailloit à bon escient pour se faire maistre de Brisach qui estoit la porte seule et unique par laquelle l'Empereur nous pouuoit secourir, ayant desià Weymar les villes forestieres en sa main qui sont au-dessus de Brisach, et Basle à sa deuotion, et toutes les places fortes sur le Rhein au-dessoub de Brisach estant tenues par les Suédes ou les François.

1. L'équipage d'artillerie que le Roy nous auoit fait redresser estoit arriué à Brisach comme i'ay dy cy-deuant et Sauelly y estoit retorné dez Besançon, et l'Empereur pour desloger Weymar des enuirons de Brisach auoit enuoyé Iean de Wert auec bonnes trouppes de caualerie et infanterie, qui auoit à son arriuée chargé Weymar tres-vaillamment, deffaict et my en route son armée; mais comme il auoit negligé son ennemy vaincu et auoit my au large ses quartiers à la priere importune des soldats, Weymar s'estoit reuny et fortiffié du secours de Basle si soudainement qu'il auoit surpry les quartiers de Iean de Wert, et les generaux qui estoient dans Brisach y accourans, Sauelly auoit esté pry³ ᴹᵃʳˢ ¹⁶³⁸, puis s'estoit sauué et Iean de Wert auoit esté emmené prisonnier. A ce moyen la campagne estoit demeurée à Weymar et partie de l'armée de Iean de Wert auoit pry party auec luy: le surplus s'estoit ietté dans Brisach où nostre équipage d'artillerie estoit demeuré ne pouuant mesuy nous estre amené puisque l'Empereur auoit perdu la campagne et Brisach auoit esté aussi tost inuesty; Sauelly eschappa de prison et repassa en Italie.

2. Dans Brisach commandoit le baron de Reinach gouuerneur de la place qui ne pouuoit estre battue, minée ny forcée et estoit tres-bien

munie de guerre et de gueule; mais le grand nombre des gens qui estoient dedans consommant à la longue les munitions de guerre, Reinach commencea d'apprehender la famine, ce fut au temps du combat de Poligny qu'il commencea à se trouuer pressé et demandoit secours à l'Empereur et au duc de Bauiere. Weymar tenoit les deux riues du Rhein sur lequel est assis Brisach et le haut et le bas de la riuiere. Il failloit pour secourir Reinach une puissante armée pour forcer d'un costé ou d'autre les retranchemens de Weymar. Le duc de Lorraine et le general Esfeld furent destinez à ce secours, mais ils ne se pouuoient ioindre, car le Rhein estoit entre deux et ils ne tenoient aucun passage ny moyen de le trauerser. Il fut resolu qu'ils assailliroient Weymar en mesme temps chacun de son costé et marcherent à cet effect de part et d'autre le chemin de Brisach.

La personne de Weymar et le gros de son armée estoient de deça, de l'autre costé estoient bons forts et bien muniz : Weymar voyant venir le duc de Lorraine destacha sa meilleure caualerie et marcha si brusquement à luy qu'il le rencontra proche de Cernay loing de Brisach lorsqu'il l'attendoit le moins. Ce fut en raze campagne, où les premiers esquadrons de Weymar ayans chargé le duc et le duc les ayant vaillamment soustenu, ils tornerent le dos en desordre par commandement de leur chef. Le duc les fit poursuiure et ceux qui les poursuiuoient se desordonnerent aussi en la poursuitte, comme il est ordinaire : alors Weymar prit par les flancs la caualerie qui estoit en desordre, laquelle ne se put rallier, si que elle se vint ietter sur son infanterie, mais l'infanterie demeura ferme, et en cette charge fut mal traicté entre autres le regiment de cuirasses du marquis de Sainct-Martin qui estoit la principale force de l'armée du duc, et tout ce que put faire Mercy fut de maintenir en bon ordre ses bataillons. Le duc demeura ferme et luy estant rapporté qu'Esfeld de son costé estoit encor bien loing, il desespera de pouuoir seul auec ses trouppes combattre ny approcher le camp de Weymar qui estoit plus fort que luy de caualerie, et apres auoir fait ses plaintes contre Esfeld se retira en Bourgougne.

14 Octob. 1638.

Ainsy fut perdu Brisach et se trouua lors nostre Bourgougne comme une isle au milieu de ses ennemys, ne pouuant plus estre secouruë d'aucune part : aussi peu. auant le siege de Brisach un seigneur de France, qui alloit à cette entreprise et passoit par la Lorraine, dit en discourant de son voyage qu'il alloit à Brisach *Querir les clefs de Bourgougne.*

19 Déc. 1638.

3. Le duc pourtant, ny le marquis, ny le parlement, ny la noblesse ne perdirent point cœur, le duc et le marquis pensoient à restablir et fortiffier leur armée ; le parlement pensoit à restablir la neutralité par l'entremise des Suisses fondée sur l'interest qu'ils auroient si la Bourgougne estoit occuppée par les François, car elle est la barriere qui les couure contre les François, nation inquiete et redoutable à ses voisins : et le procureur general qui estant vefue auoit naguieres espousé la fille de d'Accosta surintendant des sauneries, procura qu'il fut enuoyé en Suisse pour mesnager cet affaire, car apres la ruine des villages voisins de Salins il n'y auoit plus rien à faire aux sauneries.

Aucuns de la noblesse ne croyoient pas que cette neutralité se put faire, mais peut-estre un accommodement que les François promettoient si le Roy donnoit à la noblesse de Bourgougne le mesme pouuoir qu'à celle de Lorraine de seruir tous princes et contre tous, fors contre son roy, car c'estoit ce seruice principalement que les François demandoient pour la bonne opinion qu'ils ont de la noblesse de Bourgougne ; mais les principaux d'icelle ne iugeoient pas cette nouueauté asseurée ny faisable et disoient : que le Roy auoit assez de moyens pour conseruer la Bourgougne si elle estoit bien gouuernée au-dedans ; que le parlement auoit assez d'authorité en la souueraineté de la iustice et participation du politique sans s'empresser plus auant ; que le gouuerneur ne pouuoit pas seul gouuerner les armes et l'estat, ains luy failloit dresser pour cela un conseil composé des principaux seigneurs ecclesiastiques et séculiers et gens du parlement qui seruiroient pour le tiers estat.

Le marquis à la participation du duc enuoya en Espagne le baron de l'Aubespin auec instructions particulieres pour informer le Roy de l'estat de toutes choses et sçauoir les moyens qu'il plairoit au Roy de tenir pour conseruer la Bourgougne. Le parlement escriuit d'à part et la noblesse aussi, chacun à son but et selon ses pensées. Sauedra ioignit ses aduis à ceux du parlement : Sarmiento les regardoit tous et despescha un courier au Roy, luy faisant entendre les desordres de la gendarmerie et les ruses des François, et que l'unique moyen pour conseruer la Bourgougne au Roy, estoit de la concentrer aux quatre villes de Besançon, Salins, Dole et Gray (qui composent un iuste quadrangle et ne peuuent estre couppées l'une de l'autre à cause des riuieres, bois et montagnes qui leur fournissent seur accés de l'une à l'autre), et pour le surplus failloit quitter la campagne qui estoit lors uniuersellement ruinée : et la Bourgougne estant mise en ce poinct dans la pure deffensiue, toute l'apprehension que les François et les Suisses auoient de l'armée du Roy seroit leuée, contre laquelle, tant qu'elle seroit en pied menaçant dez la Bourgougne, la Duché, la Bresse et la Champagne, il faudroit que les François eussent tousiours armées opposées : que si bien les François continuoient leurs pensées de conquestes et guerres offensiues, noz campagnes desertes seroient beaux et grands fossés pour la deffense des quatre villes, qu'estoit le plus que se pouuoit garder en un petit pays comme estoit le nostre.

Cet aduis concouroit aucunement auec celuy du parlement, car tous deux excluoient de Bourgougne l'armée estrangere de laquelle le parlement prioit le Roy de nous deliurer afin de laisser respirer les pauures suiets et poursuiure le restablissement de leur neutralité. Sarmiento vouloit qu'ils respirassent armez dans les quatre villes, car cognoissant l'esprit de Richelieu il ne pouuoit esperer aucune paix.

4. Cependant que le baron de l'Aubespin et tous les couriers enuoyez en Espagne alloient et venoient, et que le Roy mettoit en conseil les differentes pensées de ses ministres, la famine troisiéme fleau de Dieu tomboit sur la Bourgougne, car le pays estoit ruiné, sans bestail ny semées quasy en toutes ses parties, et les villages estoient abandonnez par la crainte et horreur des gens d'armes auxquels les paysans en diuers lieux auoient pensé resister et leur en auoit cousté le bruslement de leurs villages, meurtres de leurs enfans et violement de leurs femmes par les nations septentrionales et barbares, car les Lorrrains estoient plus restenuz et leur procedé plus honneste.

Les montagnes qui n'auoient eu aucune gendarmerie ennemye ny armée eurent une mortalité de bestail qui estoit leur richesse et ne se voyoit que voiries : ainsy le ciel faisoit pleuuoir par tout ses influences malignes.

Les liures sacrez racontent auec larmes les tristes afflictions du peuple Iuif : Ioseph narre la famine qui fut à Ierusalem durant son siege où les meres mangerent leurs propres enfans : le siege de Paris soub Henry IV a quelque chose d'approchant, mais (sans rien encherir) la famine de nostre Bourgougne en cette année 1638 a passé par dessus tout cela incomparablement. La posterité ne le croira pas, les riches qui possedoient force cheuances et auoient eu au commencement des espargnes, estoient espuisez, les pauures paysans estoient retirez dans les villes sans labeur ny employ, le bled rare partout se vendoit à prix desmesuré : on viuoit des herbes des iardins et de celles des champs :

les charognes des bestes mortes estoient recherchées aux voiries, mais cette table ne demeura pas long temps mise : on tenoit les portes des villes fermées pour ne se veoir accablez du nombre des gens affamez qui s'y venoient rendre, et hors des portes les chemins demie lieue loing estoient pauez de gens haues et deffaicts, la plus part estenduz de foiblesse et se mourant : dans les villes les chiens et les chats estoient morceaux delicats, puis les rats estans en regne furent de requise, i'ay veu moy-mesme des gens bien couuerts releuer par les rües des rats morts iettez par les fenestres des maisons et les cacher pour les manger.

En fin on vint à la chair humaine, premierement dans l'armée où les soldats estans occis seruoient de pasture aux autres qui couppoient les parties plus charnues des corps morts pour bouillir ou rostir, et hors du camp faisoient picorée de chair humaine pour manger : on descouurit dans les villages des meurtres d'enfans faicts par leurs meres pour se garder de mourir et des freres par leurs freres, et la face des villes estoit partout la face de la mort.

En cette occasion les plus courageux resolurent de se tirer hors du pays durant cette horrible saison et passerent en pays estranger où eux et leurs femmes gagnerent leur vie et celle de leurs enfans par le trauail de leurs bras. Les premiers passerent en Sauoye et en Suisse, autres les suiuirent et les premiers trauaillans fortement et fidellement firent planche à ceux qui les suiuirent : ce fut une sortie generale, et ne pouuant la Suisse et la Sauoye soustenir tant de gens, la plus grande partie qui cherchoit les terres de son Roy passa en Italie et s'arresta à Milan; grand nombre neantmoins passerent iusques à Rome (patrie commune de tous les chrestiens); un curé s'y trouua l'année suiuante auec cinq cens de ses paroissiens, auquel le pape donna une eglise pour leur y administrer les sacremens : on comptoit qu'ils estoient à Rome dix ou douze mille Bourguignons de tout sexe.

Aucuns alloient dehors sans sçauoir où, et estoient receus à Lyon pour seruir aux boutiques et aux maisons : leur fidelité cogneue les y faisoit admettre et aymer, et Richelieu commandant par plusieurs fois de les chasser, les bourgeois et marchans de Lyon faisoient mine d'obeir, mais ils les rappelloient et faisoient rentrer secrettement. Le trafique de Lyon auec la Bourgougne qui auoit duré dez long temps faisoit maintes cognoissances, et à Lyon et partout, les François blasmoient en leurs ames la guerre cruelle qui se faisoit au comté, duquel la France n'auoit iamais receu que du bien et qui estoit sans fondement de iustice ny cause aucune que de pure ambition d'un homme insolant à la France et à ses voisins.

5. Sarmiento en ce temps estant à Besançon en discours auec un seigneur d'église que se plaignoit de ce qu'on ne deliuroit pas la prouince de l'armée estrangere qui la ruinoit, tarda sur ce poinct à luy respondre et estant pressé luy dit ces mots : Hoc GENUS DEMONIORUM NON EIICITUR NISI IN IEIUNIO. Il arriua ainsy qu'il auoit dy, que la seule faim eut le pouuoir de nous en deliurer, mais ce ne fut pas encor si tost, car le duc auec l'argent de la caisse du Roy et le marquis auec l'authorité du gouuerneur maintindrent l'armée par toute l'année 1638.

Sarmiento faisoit son seiour plus ordinaire à Salins et auoit auprés de soy les barons de Scey et de Poictiers et le commandeur de Sainct-Mauris. Il estoit du conseil suprême des finances et argent d'Espagne et portoit instructions en chiffres sans les vouloir declarer, ny au parlement, ny au marquis, ny au duc, disant que la lettre qu'il auoit donné de l'Infant et le conseil suprême duquel il estoit en Espagne, luy deuoient donner toute creance. Le marquis qui auoit en tout cedé au duc se faschoit que ce seigneur entreprit sur les choses qui deppendoient de son gouuernement des armes. Sarmiento prit secrettement commission du duc et en cette qualité recouura au baron de Poictiers son chasteau de Vadans, à quoy il employa Duprel capitaine et maire de Salins et d'Antorpe son beau frere, qui auoit commandement de colonel.

<small>Août 1638.</small>

6. Et apres auoir repry Vadans voulut de suitte reprendre le chasteau de Grimont, de quoy d'Antorpe eut la commission auec bonne infanterie tirée de Salins. Grimont estoit bonne place bastie sur roc taillé qui ne pouuoit estre eschellée ny sappée ny battue que difficilement et la massonnerie estoit forte, mais il n'y auoit dedans que bien peu d'eau n'y moulin qu'un à bras, et d'Antorpe esperoit de l'emporter par ce deffaut. Il s'estoit logé dans les masures de la ville de Poligny dont les murailles et tours restantes luy seruoient de retranchemens contre le secours et tenoit puissans corps de garde contre le chasteau. Il eut emporté la place si la Mothe-Houdancourt (qui depuis a esté renommé en la guerre de Catalogne) n'eut esté enuoyé au secours auec grosse caualerie.

Sarmiento qui sceut sa marche enuoya secours aux assiegeans ; l'infanterie de secours prit poste au-dessus de Grimont proche de grands bois non loing du lieu où peu auparauant Longueuille auoit esté combattu, et le baron de Sauoyeux qui deuoit commander y arriua auec son regiment de caualerie. Houdancourt ne pouuoit forcer la ville dans laquelle estoit d'Antorpe et se resoluoit à la retraicte, quand on le vint aduertir que d'Antorpe se retiroit par un chemin qui tire à Arbois par le haut des vignes. Ce conseil auoit esté donné à d'Antorpe par un ieune capitaine natif de Poligny qui croyoit bien entendre le chemin, et d'Antorpe l'auoit pry pour ce que les viures luy commençoient à mancquer, il n'esperoit pas d'en pouuoir receuoir. Houdancourt estoit là à cheual et ses gens en ordre pour la retraicte, il vit cette infanterie au haut des vignes dez la prairie proche les capucins et fit promptement recognoistre par le bas des vignes s'il y auoit point quelque endroit par lequel il put assaillir ceux qui se retiroient. Rapport luy fut fait qu'à un quart de lieue estoit un endroit ouuert et commode : il assaillit par ce lieu la trouppe de d'Antorpe qui se rangea au mieux que le temps et le lieu luy peurent permettre, d'Antorpe fit front et auec luy un capitaine vieillard de septante ans nommé Villeneufue tandis que leurs gens gagnoient pays dans le chemin d'Arbois. Villeneufue fut tué combattant vaillamment et Antorpe couuert de plaies fut mené prisonnier et mourut depuis apres auoir payé une grosse rançon.

Sauoyeux arriué au haut de la montagne trouua l'infanterie de secours commandée par la Chastelaine lieutenant colonel de Sainct-Mauris qui attendoit des viures et auoit enuoyé recognoistre l'estat des assiegeans : Sauoyeux s'aduancea luy-mesme sur Poligny et n'entendant aucun bruit ny voyant aucuns soldats Bourguignons ny François demeura estonné de ce si grand changement iusques à ce que bien tard il sceut le malheur arriué et en apporta la nouuelle à Sarmiento, qui dez lors auant fut plus retenu, voyant que ses ordres pour munitions n'auoient pas esté suiuis et que de là le desordre estoit procedé.

7. Il estoit fasché contre les banquiers qui manioient l'argent du Roy pour ce qu'ils en tiroient un proffit demesuré et se fascha du trop d'authorité que prenoit Brun duquel il auoit conceu mauuaise opinion à cause des correspondances et vieilles amities qu'il auoit en France, et ne sachant qu'en croire (sur ce que d'autre part le parlement et le gouuerneur faisoient estat de luy) il praticqua enuers Brun ce que le roy Philippe II auoit coustume de praticquer en pareil cas enuers ses principaux ministres. Car il fit notte de tous les aduis qu'il auoit contre Brun, le nommant en langue espagnole du nom de PARDO et en fit un plis sur lequel il fit escrire par son secretaire ces mots, MEMOIRES TRÈS-IMPORTANS TOUCHANT LE PROCUREUR GENERAL, et sortant de Salins laissa ce plis sur la

table de son cabinet duquel il remit la clef à son hoste et le pria instamment que personne n'entra dans son cabinet; l'hoste qui ne s'estima pas compris en cette deffense ne tarda guieres à y entrer, et voyant la superscription de ce plis laissé sur la table voulut veoir le dedans et ne se put retenir qu'il n'en donna aduis au procureur general qui estoit son amy. Le procureur general ne se contenta pas de l'aduis, mais fit tant qu'il se saisit du plis duquel il fit grand bruit au parlement : Sarmiento estoit lors à Pontarlier qui reprit aigrement son hoste et demanda au parlement qu'on luy renuoya son papier, sinon que celuy qui s'en offensoit et le tiroit à soy en demeureroit conuaincu. Ce fut le commencement des inimities de Brun contre Sarmiento, et Brun eut mieux fait de proffiter de l'aduertissement sans en mot dire et aller doresnauant plus retenu et à pas plus asseurés en ses correspondances et affaires qu'il manioit.

8. L'Aubespin auoit bien et heureusement negocié en Espagne et auant son retour le Roy enuoya ses ordres, sçauoir, à Sarmiento, qu'il fit achepter les munitions necessaires pour fournir les quatre villes et luy fit tenir argent au dit effect : manda au marquis, de concentrer la Bourgougne aux dittes quatre villes, Dole, Gray, Salins et Besançon et les garder soigneusement : au parlement, qu'il deliureroit la Bourgougne de l'armée estrangere et luy permettoit de negocier auec les Suisses le restablissement de la neutralité : à Sauedra, d'aider le parlement à ce negoce, et au duc, force remercimens et loüanges de sa valeur et bonne conduitte, auec argent qu'il luy enuoya pour sa maison et despense particuliere.

En fond, le Roy iugea, qu'aprés la perte de Brisach et de l'équipage d'artillerie dressé par deux fois, estant la Bourgougne ruinée et despeuplée d'hommes et de viures, l'armée commandée par le duc n'y pouuoit plus subsister, non plus pouuoit estre la Bourgougne secourue par l'Empereur, qu'estoit le seul secours que iusques alors auoit pu luy estre donné, et pour ce ne restoit plus autre moyen de la conseruer que celuy des diuersions, pour lesquelles le Roy escriuit à l'Empereur et aux gouuerneurs de Milan et des Pays-Bas.

Chacun fut content, car chacun auoit ce qu'il desiroit, sauf le marquis qui se voyoit desarmé, mais il desiroit le repos des peuples aussi bien que le parlement : il est vray que le Roy luy manda de ne se point mesler de la neutralité ny permettre que rien se conclut en icelle sans l'en aduertir et sans son exprés commandement. C'est que le Roy (qui cognoissoit le ieu et l'esprit superbe de Richelieu) sçauoit bien qu'il ne voudroit pas sortir du ieu sur sa perte et ne consentiroit point à la neutralité desirée, mais il vouloit donner ce contentement au parlement, et aux peuples qu'ils cogneussent qu'il desiroit leur repos ; et craignant que Richelieu ne les trompa auec ses artifices ordinaires donnoit pour yeux veillans le marquis et Sarmiento chacun à part et à l'insceu l'un de l'autre.

Sauedra passa en Suisse (comme s'il se fut retiré de Bourgougne) et donna toute l'assistance qu'il put à d'Accosta pour disposer les Suisses à se rendre médiateurs du renoüment de la neutralité entre les deux Bourgougnes, le parlement et Brun en particulier n'obmettans rien pour paruenir à cette neutralité.

9. Sarmiento fit achapt en Suisse de grande quantité de bled pour munir les quatre villes, lequel il fit amener dans Pontarlier et pour euiter les grands frais du charroy iugea que les villages qui restoient entiers aux montagnes entre Pontarlier, Salins et Besançon pourroient amener le bled par couruées ou pour le moins à prix leger et demanda au parlement de luy enuoyer un commissaire de son corps pour faire le repartement des charroys. Le parlement luy enuoya le procureur general qui auec les officiers de iustice de Pontarlier tascha d'establir cette mesnagerie du charroy, mais tant de difficultés se rencontrerent que l'affaire ne se fit pas.

Sarmiento repassa à Salins et marchanda à des particuliers entrepreneurs de luy charroyer dez Pontarlier à Salins une bien grande quantité de bled pour munitionner Salins et Dole, à condition que tous les charriots qui estoient dans la ville seroient commandez en les bien payant, car les bourgeois en auoient leué grande quantité, et dez Salins le bled pouuoit estre mené à Dole en seureté entre les riuieres du Doubs et de la Louhe. Le commandement fut faict à la bourgoisie qui obeit franchement et les charriots enuoyez en grand nombre qui furent tous chargez à Pontarlier et amenez par les entrepreneurs.

Mais à une lieüe de Salins le conuoy qui les assistoit fut chargé par un gros flot de caualerie qui le dissipa et tous les charriots à l'instant ou emmenez ou desattelez et les cheuaux pris par cette caualerie qui se retira au mesme instant auec sa proye. Le bruict fut grand à Salins et la perte notable, chacun demanda le prix de ses cheuaux, et Sarmiento promit de les payer, mais il se partit incontinent, accusant le duc d'auoir fait rompre ce conuoy, dont il enuoya ses plaintes en Espagne ;

et plusieurs creurent que le duc auoit fait cette execution d'autant que par la response qu'il fit aux lettres de Sarmiento il luy manda qu'il l'auoit dehu ainsy faire pour amener à l'armée du roy le bled necessaire pour sa nourriture, que Sarmiento en diuertissoit. Les charrois à ce moyen cesserent et fut tout le negoce rompu auec grandes protestations de Sarmiento qui sur ce se retira en Suisse.

10. Weymar apres la prise de Brisach auoit cherché tous moyens de la munitionner et l'hyuer luy auoit esté utile qui empescha l'Empereur de le reassieger durant le temps qu'il estoit sans viures. Weymar prit ses quartiers d'hyuer au val de Lémont proche de noz frontieres, où Basle et les Suisses protestans luy fournissoient des viures. Le duc marcha à luy quand il luy vit torner visage contre la Bourgougne, mais quand il le vit s'arrester au val de Lémont, il s'arresta à Beaunoix terre appartenant à la princesse de Cantecroy que le duc auoit espousé secretement, sur aduis de quelques théologiens, et le marquis s'aduancea auec l'armée qu'il mit aussi en quartiers d'hyuer en la franche montagne où le pays estoit encor gras.

Le duc auoit esté incommodé d'un battement de cœur auec longueurs la plus part de l'esté, et estoit plus mal que de coustume dont il se faisoit traicter. Les montagnes couuertes de neige separoient les quartiers d'hyuer des deux armées, mais les neiges estoient beaucoup moindres qu'à l'ordinaire, de maniere que le marquis eut moyen d'enuoyer recognoistre les quartiers de Weymar, et sur le premier rapport, le colonel Meers s'exhibant pour aller veoir et veriffier ce qu'auoit esté rapporté de la mauuaise disposition des quartiers de l'ennemy, le marquis l'y enuoya et il trouua le rapport vray : car le quartier de Weymar pouuoit estre aisement surpry et n'estoit pas si fort qu'il ne peut estre enleué auant que les autres le peussent secourir, car si bien ils n'estoient pas guieres distans, touteffois il failloit faire des circuits et les chemins d'hyuer estoient difficiles ; si que Meers à son retour fit rapport au marquis qu'il se faisoit fort auec son seul regiment d'enleuer le quartier de Weymar, et si on luy donnoit des gens, qu'il les enleueroit tous d'un mesme temps.

11. Le marquis eut une ioye nompareille de se veoir entre les mains une occasion si belle non attendue, qu'un si grand capitaine qu'estoit Weymar n'eut pas bien aduisé à la disposition de ses quartiers, et il est vray qu'il les auoit mis au large (comme il dit depuis) pour la commodité des soldats et qu'il se tenoit assuré que le duc n'entreprendroit

rien sur luy, et ne permetteroit pas que le marquis entreprit, car il auoit recogneu le duc qui conseruoit soigneusement ses trouppes affoiblies par le combat de Cernay et deferoit aux aduis du duc de Bauiere son oncle, qui mesnageoit les affaires d'Allemagne auec ressors cogneuz à peu de gens, et tenoit son nepueu en bride autrement prompt à executer.

Le marquis escriuit au duc la belle occasion qui se presentoit qu'il luy figura par ses lettres et luy tracea le plan des quartiers sus dits auec les aduenues et distances. Le duc luy manda que le coup seroit très-bon estant bien executé et qu'il le deut faire executer ainsy qu'il l'auoit pourietté. Le marquis ioyeux de cette response disposa toutes choses auec Meers pour la nuict faire l'execution; mais il ne tarda guieres qu'il ne receut contre ordre, car le duc luy manda que Weymar n'estoit pas homme à faire faute sentant son ennemy près de soy et qu'il auoit ainsy disposé ses quartiers pour le tromper le cognoissant prompt à entreprendre, et que s'il venoit à perdre ses trouppes il perdroit la Bourgougne qui n'auoit autre secours prest que le peu que luy restoit de gens.

Le marquis aussi tost qu'il fit iour alla trouuer le duc à Beaunoix et mena Meers auec luy qui fit rapport au duc de ce qu'il auoit veu, auec un arraisonnement militaire qui contenta le duc, mais portant il ne changea pas d'aduis. Le marquis renuoya Meers au camp apres qu'il eut esté entendu et demeura seul aupres du duc lequel il pria très-instamment de luy dire pourquoy il ne trouuoit pas bonne cette entreprise : Meers auoit dy au duc qu'auec son seul regiment il se faisoit fort d'enleuer le quartier de Weymar et obligeoit sa vie au duc s'il n'en venoit à bout, que le hazard d'un regiment estoit peu de chose en un affaire de si grande consequence et le duc ne se descouurant point, le marquis creut que le duc ne luy vouloit pas laisser l'honneur de ce combat et luy dit qu'il demeureroit auprés de son altesse, tandis que Meers executeroit son entreprise, s'il plaisoit à son altesse d'y donner son adueu : mais portant le duc ne flaischit point tornant en ieu l'offre que luy faisoit le marquis de demeurer auprés de luy. La raison du duc à ce qu'on colligea depuis de ses discours estoit que son indisposition l'empeschant de pouuoir se trouuer au combat et sçachant que Weymar chef de guerre vaillant et rusé, si son quartier estoit assailly n'en demeureroit pas là; et cognoissant l'humeur prompt et martial du marquis preuoyoit que le marquis voudroit soustenir Meers pour le moins en sa retraicte et qu'on pourroit venir à un combat general dans les quartiers de l'un et de l'autre, et n'auoit garde de laisser iouer au marquis un si gros ieu, auquel y alloit de tout son reste sans y estre present.

Ainsy fut perdue par la maladie du duc la plus belle occasion qui se soit iamais presenté, car Weymar a souuent confessé que qui fut venu l'assaillir comme Meers pouriettoit on eut pu enleuer ses quartiers tout d'un temps; et que si le marquis eut eu authorité de le faire, il n'eut pas eu garde de tenir au large ses quartiers, comme il faisoit au dit val de Lemont.

Peu apres Weymar fit tenter un passage de noz montagnes plus bas que le lieu où estoit nostre armée, et le marquis aduerty y enuoya gens qui le maintindrent. Le duc et le marquis ensemble disputoient le desseing de Weymar, sçauoir s'il entreroit dans noz montagnes pour les conquerir, car il perdroit une bonne saison qui luy estoit necessaire pour les affaires d'Allemagne et pour peu de resistance qu'on luy fit affoibliroit son armée qui se rendroit incapable d'entreprendre en Allemagne de toute l'année : mais aussi ils consideroient que Weymar estoit à la solde de France, il auoit pry Brisach pour tenir une porte du Rhein en tous temps ouuerte pour le secours de France contre la maison d'Austriche, et que les François qui abboyoient à la conqueste ou du moins à la ruine totale de nostre Bourgougne ne vouloient pas laisser noz montagnes en leur entier.

C'etoit (en fond) que Weymar faisant les affaires de France et ceux des protestans d'Allemagne vouloit aussi faire les siens particuliers, et Richelieu qui auoit estudié l'histoire de Bourgougne et de Lorraine luy mettoit en l'esprit le royaume de Bourgougne dans le Iura, qui comprendroit l'Alsace et la Ferrette et noz montagnes et partie du canton de Basle qu'il affermiroit par l'alliance de France et de Suisse, le tenant de France en vicariat perpetuel; et apres l'auoir affermy ioindroit le royaume d'Austrasie à celuy de Bourgougne occupant à l'aide de France tout ce qui est entre la Meuse et la Moselle. Et quand en fin il faudroit venir à une paix generale il retiendroit ce bel estat par droit et raison en contre eschange de la duché de Saxe qui auoit esté à Frederic son ayeul : que rien ne s'osteroit qu'à la maison d'Austriche et aux euesques, et pour ces petits interests on ne laisseroit pas de faire une paix que l'Austriche seroit bien aise d'achepter à si bon prix : et de plus il failloit munitionner son Brisach, à quoy faire nostre Pontarlier capitale des montagnes estoit plein du bled achepté par Sarmiento et de toutes sortes de prouisions et richesses pour accommoder et fournir Brisach.

12. Pontarlier se mocquoit de la guerre s'assurant de l'amitie des Suisses ses voisins, et regorgeant de tous biens estoit dans un luxe nompareil. Le marquis, bien qu'il ne sceut pas certainement la pensée de Weymar et de Richelieu, neantmoins iugea necessaire (et le duc aussy) de garder Pontarlier et enuoya dedans Valorsky auec son regiment : mais ceux de Pontarlier ne cesserent qu'ils n'eussent fait desloger de leur ville ce regiment. Ils demanderent qu'on leur permit de traicter alliance particuliere auec les Suisses par laquelle sans plus de frais ny incommodité ils seroient conseruez en leur entier. On leur refusa pour ce que c'eut esté les destacher et desmembrer de la Bourgougne, et donner aux Bernois mesme authorité sur le ressort de Pontarlier qu'ils ont pry cydeuant sur la comté de Neufchastel, à pretexte d'un arbitrage, et qu'à moins de se cantonner et faire Suisses ou Bernois ceux de Pontarlier ne pouuoient esperer rien de plus que le reste de la Bourgougne, et que quand ils seroient cantonnez encor n'euiteroient-ils pas que Weymar ne se preualût de leur graisse, qu'estoit ce qu'ils pensoient principalement euiter.

Le marquis leur accorda qu'il tireroit de leur ville les Allemans qui y estoient et en leur place y enuoya le commandeur de Sainct-Mauris auec partie de son regiment, ce qu'il fit d'autant plus volontiers que Duprel maire de Salins et le party fort qu'il auoit dans la ville auoient esté insupportables à Sainct-Mauris en la place du quel le marquis enuoya à Salins le sieur de Grandmont baron de Melisey, soldat de l'escole de Flandre.

Le marquis iugea aussi qu'il failloit garder Morteaux, car bien que ce ne fut pas ville munie, touteffois le val estoit peuplé de trés-bons villages, et celuy qui domine aux autres qu'ils appellent la grande ville estoit plein de superbes bastimens et de grande quantité de bestail et de toutes sortes de biens. Le duc aussi de qui les trouppes subsistoient par la graisse de la franche montagne auoit besoin de descharger ce quartier trop foulé, car toutes choses commenceoient à y mancquer, et pour ce donna ordre à Clicot colonel de caualerie d'aller garder auec son regiment et autres bonnes trouppes qu'il luy adioignit le pas de Morteaux.

Ceux du val de Morteaux le sentant venir prirent les armes et occuppans leurs passages luy empescherent l'entrée de leur terre. Clicot en aduertit le duc qui pria le marquis de leur escrire, ce qu'il fit auec lettres aigres reprenant leur desobeissance ; mais ils n'y voulurent obeir remontrans au marquis qu'ils estoient deux mille hommes portans armes et estoient assez forts pour garder leurs passages contre Weymar, de quoy ils le supplioient de se reposer sur eux. Le marquis escriuit à la Cour le refus faict par ceux de Morteaux et le peu d'asseurance qu'il auoit aux paysans qui n'ont aucun commandant. La Cour receut aussi des remonstrances de ceux de Morteaux qui luy figuroient la venüe de Clicot n'estre à autre desseing que pour manger leur terre, ils supplioient qu'on eut pitié d'eux. La Cour ne trouua pas bon de se mesler de ce logement qui estoit militaire et en laissa faire au duc et au marquis. En fin Clicot persistant à loger, ceux de Morteaux l'appaiserent par argent qu'ils luy donnerent pour son quartier d'hyuer auec lequel il se retira.

Or le duc tost apres n'ayant plus moyen de faire subsister son armée pensa à la renuoyer en Allemagne. On n'a pas sceu quel ordre il receut d'Espagne sur ce suiet, mais il est certain qu'il ne retira pas l'armée sans ordre et est apparent que le Roy luy escriuit ses intentions de quicter la campagne et se contenter de la garde des quatre villes qu'il s'estoit resolu d'assister dez lors en auant par diuersions et pria le duc de continuer son affection et qu'il l'employeroit aux diuersions sus dittes. Car le duc ne se fascha point de cette retraicte, et bien qu'il rendit à l'Empereur et à la ligue catholique d'Allemagne et à chacun ce qu'estoit à luy, touteffois il est tousiours demeuré dez lors armé, tantost entre la Meuse et la Mozelle, tantost dans la Lorraine où il a repry et restably la Motte et a trauaillé heureusement aux diuersions pour la Bourgougne et encor assisté les Pays-Bas.

13. Le marquis qui se vit seul en Bourgougne et sans trouppes et Weymar auec un si beau ieu, escriuit au serenissime Infant, que les choses estoient en grand peril, car les forteresses de Dole et de Gray luy estoient inutiles contre Weymar : qu'il n'auoit ny trouppes ny argent pour secourir les montagnes qui seroient bientost assaillies : Besançon et Salins estoient foibles et de grande garde : la campagne estoit deserte et abandonnée qui ne pouuoit porter le secours qu'on luy enuoyeroit, supposé qu'on luy en enuoya : que les montagnes le seroient bien tost par l'entrée de Weymar en icelles et la porte de secours qui estoit Brisach estoit tenüe par l'ennemy : que des Suisses il ne failloit rien esperer, demandoit au moins de l'argent pour remplir son regiment de caualerie et les regimens d'infanterie bourguignonne qui luy restoient.

Le marquis cependant tint conseil auec le parlement (qui auoit toute sa pensée à la neutralité) et auec ses plus affidez capitaines et ministres du Roy : et fut conclu que Weymar ne mancqueroit pas d'entrer dans noz montagnes, attaqueroit et emporteroit Pontarlier ville foible que nous n'auions pas moyen de secourir, et se seruant de l'abondance qu'il y trouueroit grossiroit son infanterie et marcheroit contre Salins et Besançon.

Le marquis resolut si le cas arriuoit (comme il le tenoit pour certain) de se loger dans Besançon et le deffendre de tout son possible : que si Weymar tornoit contre Salins comme il estoit aussi probable il choisit le val de Nans au-dessoub de Saincte Asne, pour delà le secourir, rafraichissant de iour à autre les assiegez par chemins couuerts qu'il fit recognoistre sans bruit : et d'autant que Saincte Asne couuroit Salins et estoit le lieu de ses magasins et asseurance de sa personne au cas du siege de Salins, trouua bon que ie m'y logeasse auec le sieur d'Andelot gouuerneur de la place, sage gentilhomme et de ses amys, et me donna toutes instructions secrettes pour disposer les postes et luy correspondre à Besançon.

LIURE DOUZIÈME.

1. Entrée de Weymar dans les montagnes de Bourgougne. 2. Siege de Pontarlier. 3. Combat du marquis prés d'Usier. 4. Pontarlier rendu. 5. Ioux rendu. 6. Weymar n'ose entreprendre Salins. 7. Guebriant prend Noseroy et Chastelluilain. 8. Forteresse de Saincte Asne. 9. Sainct Claude. 10. Heretiques effrayez deuant le corps de sainct Claude. 11. Ville de Sainct Claude bruslée. 12. Miracles au corps de sainct Claude. 13. Villages embrasez aux montagnes. 14. Incendie cruelle de Pontarlier. 15. Mort de Weymar. 16. Noseroy, Chastelluilain et la Chaux recouurez. 17. Siege de Ioux par dom Antonio. 18. Rentrée du parlement en séance ordinaire. 19. Voyage du marquis en Flandre. 20. Reglemens par luy rapportez de Flandre, touchant le militaire. 21. Des vice royautés.

L'année 1639 est la plus funeste et tragique que la Bourgougne ayt eu, car elle a esté toute dans le feu, le sang et la peste, et sans secours d'aucune part. Les montagnes seules restoient entieres, le surplus du pays estoit desolé et encor la mortalité du bestail auoit affligé les montagnes, et les diuers logemens, leuées et passages les auoient affoiblies et despeuplées en plusieurs endrois. Le marquis estoit seul pour commander et quasi sans soldats ; car son regiment de caualerie estoit reduy à peu de gens, la pluspart desmontez, et son infanterie estoient trois petits regimens desquels la Verne et Sainct-Mauris commandoient les deux premiers, et le troisième estoient les recrues que le comte de Sainct Amour auoit faict en Bourgougne pour remplir le regiment de Bourguignons qu'il auoit aux pays bas. Tout ce qu'on put donner au marquis fut de l'argent pour l'entretien des trouppes réparties dans les villes, et pour munitionner les places : ce dernier à la disposition commune de luy et du parlement.

1. Le ciel qui a coustume de donner de longs hyuers à noz montagnes, et leur fournir de grands remparts de neige, retira sa main cette année, si qu'aux mois de ianuier et feurier noz montagnes furent sans neige auec un air doux et serain. Weymar se seruit de cet aduantage,

15 Janv. 1639. et sans attendre la saison du printemps ordinaire entra dans noz montagnes par l'abbaye de Montbenoist qu'il surprit, et dez icelle prit Morteaux par le flanc, tandis que pour neant ils gardoient le front de leur vallée et ne pensoient point au pas de Montbenoist d'autant qu'il estoit plus reculé.

2. Pontarlier est assis au pied d'une haute montagne arrousé de la riuiere du Doubs à deux lieües de sa source, et d'autre part est embelly d'une grande et spatieuse campagne. Les murailles y estoient sans fossez ny remparts et la pluspart sans aucuns flancs; la bourgeoisie estoit nombreuse, et à l'arriuée de Weymar la peur y chassa les paysans, et le commandeur de Sainct-Mauris y auoit partie de son regiment auec assez bonne prouision de munitions de guerre, et celles de bouche estoient en trés grande abondance.

Il fit tout ce que pouuoit un bon capitaine pour empescher à Weymar ses approches, et si Weymar fut venu du costé de la plaine, il l'eut arresté bien long temps par retranchemens et ouurages de terre, car il auoit le terrain à commandement de ce costé là; mais Weymar se seruit d'autre part des ruelles et aduantages qu'il rencontra et ne tarda pas qu'il n'eut posté son canon et fait bresche que le commandeur fit reparer; et soustint un assaut se seruant des maisons au lieu de flancs, et plus de la valeur opiniastre de ses meilleurs soldats que d'aucun aduantage que le lieu luy put fournir.

19 Janv. 1639.

3. Le marquis promit au commandeur et aux bourgeois de les secourir. Il tenoit à deux lieües de Pontarlier le chasteau d'Usier iusques au quel il tascha de s'aduancer, pour y faire filler tout ce qu'il pourroit amasser de bonne infanterie, et pour ne perdre aucun temps y accourut auec sa caualerie quasi toute composée de noblesse qui s'estoit rendue auprés de sa personne; mais Weymar qui estoit puissant en caualerie l'ayant senty mouuoir, s'estoit bien doubté de ce qu'il feroit, il auoit destaché cinq ou six cens cheuaux qui estoient embusquez proche d'Usier, et le marquis fut tombé dans l'embuscade si ses coureurs ne l'eussent descouuerte, mais quasi trop tard, car il eut à l'instant l'ennemy sur les bras s'estant aduancé auec quelque noblesse pour veoir luy-mesme les lieux qu'il auoit à passer, selon sa coustume ordinaire qui estoit de recognoistre luy-mesme aux choses importantes pour verifier les rapports de ses coureurs. Il y eut combat où Reculot de Colonne fut blessé, et le marquis fit luy-mesme la retraicte en bonne forme et sans perte.

Mais aussi tost apres Weymar occuppa le chasteau d'Usier qui n'estoit pas en estat de deffense, et auoit peu estre my en estat à peu de frais si le marquis qui l'auoit faict visitter à diuerses fois eut esté obey, et n'ayant pas reussy de son desseing il se retira au val de Vuillaffans.

Le commandeur soustint derechef un autre assaut, ou plustost estoit main à main tous les iours auec l'ennemy. Weymar ne trouuoit pas en ses Allemans le mesme courage que le commandeur trouuoit en ses Bourguignons, et comme Weymar s'estoit acquy réputation de prince doux et qui tenoit sa parole, il fit entendre aux bourgeois qu'il auoit pitié d'eux et ne les vouloit pas perdre si de bonne heure ils venoient à une honneste composition, sinon que dez le lendemain il feroit voler leur porte du costé de la campagne et ne les prendroit plus à mercy.

4. Les principaux bourgeois estoient retirez en Suisse; ceux qui restoient et toute la populace vouloient qu'on composa, et aydez du grand nombre des retrahans estoient les plus forts. Le commandeur fit appeler les plus notables, et leur dit : Qu'estant en si bon nombre et bien munitionnez ils pourroient conseruer eux et leur ville auec les armes, et que le costé que Weymar menaceoit estoit le moins dangereux si eux le vouloient croire et seconder. Mais des bourgeois non acoustumez ny sçauans des armes ne le pouuoient pas entendre, et le peuple et les retrahans s'assembloient en grand nombre, autour de la maison où estoit le commandeur, qui vouloient absolument qu'on composa; c'est ainsy que les peuples sont maniez par les vents de crainte et d'esperance, si

21 Janv. 1639. qu'enfin il faillut que le commandeur ceda. Il composa honorablement pour la sauueté de la ville et des bourgeois et retrahans, et fut promise une somme à Weymar pour le reachapt des meubles et en outre viures pour son armée dont luy furent donnez ostages, et sortirent le commandeur et ses gens auec armes et bagages, lesquels passans en ordre deuant Weymar, et les voyant Weymar en petit nombre et les murailles de la ville estre si peu de choses, il dit au commandeur qu'à un autre que luy il n'auroit pas accordé composition pour s'estre opiniastré à la deffense d'une place non tenable sans forces suffisantes; et ayant trouué la ville fournie de viures et prouisions de toutes sortes en très grande abondance, il expliqua aux bourgeois son traicté comme il luy pleut et fit conduire à Brisach le bled auparauant achepté par Sarmiento, et les vins, lards et autres munitions de gueule dont la ville regorgeoit.

5. Le chasteau de Ioux voisin de Pontarlier est une forte place assise au sommet d'un grand roc, dedans estoit un Vallon de nation, lieutenant du gouuerneur de la place, car le gouuerneur estoit incommodé de vieillesse et de maladie, le marquis enuoya un de ses capitaines pour assister

11 Févr. 1639. ce lieutenant. Weymar somma le lieutenant, lequel sans se faire presser composa et luy rendit la place au bout de quelques iours, quoy que luy remonstra son assistant, lequel le marquis peu apres mit prisonnier et luy fit faire son proces. Le Vallon s'en alla soit que la peur ou l'auarice luy eussent faict faire une si lasche action, et soit qu'il prit party ou non auec l'ennemy, on n'a iamais ouy dez lors parler de luy. Les soldats deppendoient de luy entierement et estoient plustost ouuriers faisans arquebuses que soldats, car ce Vallon n'en auoit point voulu receuoir d'autres : exemple perpetuel à la Bourgougne de ne confier aucunes places aux estrangers, car celle-cy nous a donné beaucoup de peine puis apres.

6. En ce mesme temps, Weymar receut ordre de Richelieu de marcher droit contre Salins, et s'il l'eut fait, la perte de Pontarlier et de Ioux et ce que le marquis estoit sans forces eussent estonné Grandmont qui estoit dans Salins, car les fortiffications estoient toutes commencées et rien n'estoit acheué; mais Dieu donna à Weymar une deffiance si grande de ses forces qu'il ne voulut pas entreprendre ce siege, s'excusant sur son peu d'infanterie qui estoit fort harassée et luy failloit laisser prendre haleine : aucuns croyent que les Bernois l'en diuertirent ne voulans pas que les sauneries de Salins tombassent entre les mains des François.

7. Weymar s'establit à Pontarlier et commencea à se qualiffier par ses passeports, Comte de Bourgougne, comme pour commencement de son titre et premiere marche de sa future royauté dans le Iura : auec luy estoit le comte de Guebriant et la Mothe Houdancourt et bonnes trouppes françoises qui alloient grossissans. Guebriant marcha contre Noseroy, prit la ville qui estoit foible, puis le chasteau à composition et s'establit dans la ditte place qui est l'une des principales de l'ancienne maison de Chalon où autreffois faisoient leur seiour ordinaire les princes d'Orange : elle est dans les montagnes à trois lieües de Salins. ^{4 Févr. 1639.}

Chasteluilain est à une lieüe de Noseroy, belle place tenue par ceux de Wateuille et seiour ordinaire du fut marquis de Conflans. Elle appartenoit lors à ses petits fils pupils enfans du fut comte de Bussolin, desquels la mere estoit sœur du comte de Nassau et estoit lors retirée en Suisse auec ses enfans. Le ieune comte de Nassau frere d'icelle estoit auec Weymar qui voulut entrer à Chasteluilain comme frere, mais l'entrée luy fut refusée. Guebriant y vint comme ennemy qui le battit et l'emporta à composition et mit garnison dedans. Il assiegea aussi le chasteau de la Chaux, belle place dont le fut seigneur de la Chaux de la maison de la Baume portoit le nom, et l'emporta par composition. ^{20 Avril 1639.} ^{21 Avril 1639.}

8. Salins estoit couuert contre Weymar de la forteresse de Saincte

Asne, bastie en l'extremité d'un roc de hauteur demesurée, en figure ouale de beau et grand circuit. La nature a taillé le roc de toutes parts en forme de murailles, sauf du costé qui touche une campagne voisine par un col de cinquante pas seulement de roc vif, que ceux de la maison de Chalon ont iadis fait tailler à la poincte du marteau en forme de glacis penchant des deux parts, et sur ce fossé dans lequel les ruines des remparts ne peuuent faire pied ont ietté un pont en l'air soustenu sur pilliers de pierre, et par ce pont on entre dans le chasteau par une grosse tour quarrée qui oppose sa poincte à la campagne, et aux deux flancs d'icelle sont deux autres tours basties sur les extremités du roc qui commence à prendre son rond auec deux courtines entre deux, chascune de vingt cinq pas de longueur.

Par tout aillieurs le roc est sorcilleux et neantmoins égal à la campagne pource que c'est la profondeur du vallon qui luy donne sa hauteur, dans lequel vallon est bastie d'un costé l'abbaye des dames de Migette et de l'autre est la source de la riuiere de Lison, et le village de Nans est au fond de la vallée ceint de montagnes de toutes parts, au dessus de l'une des quelles se font veoir de loing les masures du chasteau de Montmahaut qu'est en latin *mons Mathildis*, lequel est riche d'une fontaine abondante iaillissant en la sommité du roc, et sur un autre rocher plus bas sont les masures du chasteau de Montrichard, duquel la maison de Montrichard a pry son nom.

Le roc de Saincte Asne, outre quantité de citernes taillées, a un puis et une source en sa sommité et plusieurs fontaines aux pendans des rochers du bas desquels en l'extremité deuers bise sort la riuiere de Lison, et en iceux la nature a laissé une ouuerture où est bastie la porte de secours par laquelle on sort à pied et à cheual dans un grand parc qui estoit autreffois ceint de murailles aux pieds des dits rochers taillez regnant ce parc neantmoins par dessus le vallon de hauteur non guiere moindre que celle des dits rochers, et sont dez le parc diuerses yssues pour aller de tous costez.

Nous fismes le sieur Dandelot et moy reparer autant que nous pusmes les ruines de ce chasteau et fismes dresser deuant le glacis de la porte une demie lune et contrescarpe ioignante à un parapet de terre à la moderne sur les courtines et tours. Nous munismes la place et y mismes cent soldats de garnison à l'ayde des retrahans.

Weymar fit recognoistre cette place et noz ouurages iusques à deux fois par le colonel Roose, et desesperant de l'emporter de force n'oublia aucune ruse pour la surprendre. Tantost posant la nuict embuscades en lieux couuerts assez prés de la porte aux iours de brouillards, tantost courant sur le bestail à cent pas des barrieres auec peu de gens, pour faire partir la garnison et la coupper, et une fois attaquant viuement à la pointe du iour l'abbaye de Migette, dans l'espoir que nous l'irions secourir, une autre fois le village de Nans que le marquis auoit fait retrancher.

Il fit en mesme temps recognoistre Salins par le comte de Nassau et le colonel Roose auec six cens cheuaux et autant d'infanterie qui fut descouuerte dez le fort Sainct-Andrey, et fut faicte sortie sur eux.

Weymar caluiniste de religion faisoit tenir son presche à Pontarlier et sonner ses trompettes au lieu de cloches pour y appeller le peuple et ses gens, mais le peuple se monstra si constant et ennemy de l'heresie que nul n'y fut oncques veu, pas mesme y aller par curiosité.

9. La terre de Sainct Claude apres la prise du chasteau de la Chaux qui luy est voisin voulut aller au deuant du malheur. C'estoit autreffois (du temps de la premiere race des rois de France descendans de Clotilde heritiere de Bourgougne) un desert de hautes montagnes et grandes forests, peuplé d'anachoretes que saincts Romain et Lupicin et depuis sainct Ouyan y auoient amené et estoient (dit l'histoire) cinq ou six cens religieux pour l'ordinaire, lesquels cultiuoient la terre de leurs mains et à succession de temps rendirent ce desert habitable. Sainct Claude estoit comme i'ay dy cy-deuant du temps que la ditte premiere race descendue de Clotilde regnoit encor en France, et comme il vesquit nonante ans estoit encor en vie au temps de Pepin. Il estoit seigneur de marque de la maison de Salins et fut premierement archeuesque de Besançon, puis s'alla ranger simple religieux en l'abbaye qui portoit le nom de Sainct Ouyan, où à traict de temps il fut esleu abbé et y mourut en haute vieillesse. Son corps apres sa mort demeura entier et l'est encor pour le iourdhuy exposé à la veüe des pelerins et est florissant en miracles.

Les abbez ses successeurs iouissoient de leurs montagnes anciennement en toute souueraineté, dans le diocese de Lyon, et estans inquietez par les voisins, donnerent partie de leurs montagnes appellées Noirmont ou Noire Ioux, aux princes de la maison de Chalon pour estre protegez, et enfin ont remy leur souueraineté aux comtes de Bourgougne qui ont my cette terre (appellée Sainct Ouyan de Ioux) au mesme rang que leurs bailliages qui ne recognoissent en iustice autre que le Roy et son parlement de Dole.

La ville seule en ce ressort porte le nom de Sainct Claude où est cette illustre abbaye, peuplée non de si grand nombre d'anachoretes comme du passé, mais de religieux tous gentilhommes de seize lignes qui sont receus indifferamment, s'ils sont originels de France ou de Bourgougne, et est cette abbaye fort riche et renommée en France, à cause des miracles continuels qui s'y sont tousiours faits au corps de sainct Claude et de la deuotion des rois de France qui y ont fait autreffois plusieurs dons, mesme de leurs statues en argenterie.

Du viel temps, lors nommement que les Allemans descenduz des rois du Iura auoient guerre (comme i'ay dy au premier liure) auec les comtes de Bourgougne, cette abbaye de Sainct Claude auoit traicté une forme de neutralité auec ces princes allemans, moyenant une legere prestation annuelle, et en cette occasion de l'approche des trouppes de Weymar prince alleman, les religieux s'aduiserent de se seruir de ce viel tître, et apres l'auoir communiqué à quelques personnes de iustice, enuoyerent l'un de leurs religieux à Weymar pour le luy faire veoir et le requerir de les conseruer en cette neutralité : Weymar qui pretendoit se faire roy du Iura, fut bien aise de se veoir recognoistre et com-

<small>16 Avril 1639.</small> mencea à traicter en cette future qualité, et comme il tenoit ces religieux de Sainct Claude humblement supplians il leur donna telle loy qu'il luy pleut.

Le marquis l'ayant sceu fit saisir prisonnier un ieune gentilhomme qui auoit suiuy vers Weymar à Pontarlier le religieux sus dit son oncle, et le parlement fit appeller ce religieux à requeste du procureur general, si que l'abbaye (estant desaduouée par le marquis et par le parlement) se trouua en grand peril et demanda d'estre protegée. Le sieur de Lesay estoit le capitaine de cette terre où il fit leuée de soldats par ordre du marquis et luy furent enuoyés capitaines et soldats et un seigneur principal pour faire mettre la terre en estat de se deffendre. Les passages furent occuppez et quelques retranchemens furent faicts, mais Weymar qui vit ce changement y enuoia grosses trouppes qui n'attaquerent pas les retranchemens, mais faisans un circuit par la frontiere qui est de France, attaquerent les gardes par derriere qu'ils forcerent et

<small>16 Mai 1639.</small> prirent aisement et tost apres la ville de Sainct Claude et l'abbaye qu'ils trouuerent bien fournie de bled et de vin.

10. Les trouppes enuoiées estoient les Suédes et Allemans heretiques; ils entrerent dans l'église où repose le corps sainct en une somptueuse chasse d'argent, et voulans forcer le treilly de fer qui ferme le chœur où

est cette chasse, quicterent prise et s'enfuirent espouuantez. On leur demanda d'où venoit cette fuitte et pourquoi ils auoient laissé une si riche proye, ils respondirent qu'approchans ce treilly une frayeur soudaine les auoit saisy tous ensemble, si grande qu'ils n'auoient osé l'approcher, et quittans l'abbaye et la ville mirent le feu dans la ville.

11. Weymar entendant que dans l'abbaye estoient magazins de grain et vin (qu'estoient la prouision des religieux) il y enuoya la Mothe Houdancourt pour perdre et espancher le tout comme il fit, brusler et ruiner la ville et l'abbaye. Houdancourt espargna l'église et n'attoucha point au corps sainct, mais quelqu'un (apparemment caluiniste, françois ou suéde) mit secrettement dans une voute basse qui est soub le grand autel où repose le sainct corps un grand tonneau plein de poudre à canon auec une mesche terminée, pour faire voler en l'air le sainct corps et le chœur de l'église. Ie ne veux pas croire que Houdancourt le commanda ny le permy, ny que Richelieu l'eut mandé ny mesme Weymar, mais que ce furent heretiques secrettement et en cachette.

^{31 Mai 1639.}

12. Les religieux capucins de sainct François bastissoient lors un couuent en cette ville là; et de bonheur le prouincial de l'ordre nommé pere Desiré bourguignon homme de saincte vie et de grande doctrine, faisoit sa visitte de ce costé, lequel instamment apres le départ d'Houdancourt alla visiter l'église de Sainct Claude où il trouua le corps sainct en sa place, et fut inspiré de visiter cette voute basse où il trouua le tonneau de poudre et la mesche allumée dont le feu s'en alloit tout près de la poudre, tira soudainement la mesche qu'il estoignit, puis tira le tonneau, rendant grace à Dieu de ce qu'il luy auoit pleu de conseruer cette glorieuse relique du patron tutelaire de la Bourgougne.

Mais apprehendant un autre retour des heretiques il tira secrettement de l'église le sainct corps, et apres auoir bien pensé où il le pourroit cacher (estant à plus de douze lieues des bonnes villes) Dieu luy suggera de le faire murer secrettement dans les murailles qu'il commenceoit à faire pour leur église. Un masson fidel fit cet office en un petit cachot vouté duquel personne ne s'apperceut.

Et pour ne rien obmettre de ce que succeda les années suiuantes lors que ce sainct depost fut retiré de son cachot et reporté à l'église puis exposé en son lieu ordinaire, tout le peuple retorné lors à la ville y accourut et la solemnité fut grande. Une mere qui auoit une sienne fille paralitique fut des premieres qui accourut à ce sainct corps, et ayant fait baiser à sa fille les pieds de sainct Claude, remit sa fille à bas pour estre libre à baiser elle-mesme les saincts pieds. Sa fille ne fut pas sitost à bas qu'elle s'escria de douleur qu'elle sentit aux hanches, puis se leuant debout dit à sa mere qu'elle marcheroit bien; et tous les assistans qui l'auoient tousiours veüe en sa paralisie s'estonnans, elle se hazarda de marcher et s'en alla à son pied sans ayde aucune en sa maison et a tousiours continué sa santé. Ie ne compte pas pour chose miraculeuse ce qu'arriua à ce corps sainct qui ayant demeuré plusieurs années muré en lieu humide dans un cachot et muraille toute fraische, et fut à ce moyen trouué moisy quand on le desmura, ie ne compte pas (dis-ie) à nouueau miracle que quand on eut touché cette moisisseure, le corps (et principalement les pieds qui auparauant estoient noircys par le hasle et fumée des cierges en neuf cens ans) se trouuerent blancs et beaux à merueilles, car c'est tousiours le premier miracle de la conseruation de ce corps auquel l'humidité et pourriture ne peut rien.

Le marquis estoit à Besançon, et pour empescher les approches à Weymar auoit my grosse garnison à Chasteauuiel et tenoit ce qu'il auoit de reserue dans le val d'Ornans, proche duquel il auoit posté à Maillot le capitaine Beauregard qui auoit deffendu Sainct Amour, et quatre ans apres fut tué en la bataille de Rocroy combattant vaillamment, lequel correspondoit à Saincte Asne et à Chasteauuiel, et ces deux places correspondoient à Salins et à Besançon.

13. Weymar desesperant de forcer l'une ny l'autre de ces deux villes et se contentant pour l'heure d'auoir munitionné Brisach, mit en feu toutes noz montagnes dez Pontarlier iusques à Salins; on voyoit chaque iour dez Saincte Asne fumées en diuers lieux et la nuict les feux des villages bruslans donnoient lueur, et en cette sorte furent consummez plusieurs centaines de beaux et grands villages et plusieurs maisons de gens de condition qui ne nuisoient en rien à Weymar ny à la France, et paroissoit assez que c'estoit ou haine cruelle contre les catholiques bourguignons qui transportoit Weymar, ou le commandement de Richelieu qui vouloit extirper les Bourguignons; mais l'action la plus cruelle fut l'horrible incendie de la ville de Pontarlier.

14. Weymar auoit traicté auec la ville de Pontarlier à une grande somme pour le reachapt de leurs meubles et contre son traicté auoit pillé leur ville, et vouloit neantmoins estre payé de la somme à luy accordée, ce qui n'estoit ny iuste ny possible; mais on luy auoit donné ostages dez le commencement, des plus riches de Pontarlier auxquels il fit de la peine et de la peur pour faire que leurs amis retirez en Suisse trou-

uassent de l'argent, et à ce moyen extorqua la plus grande part de la rançon à luy accordée, apres quoy estant passé à Brisach il commanda aux François qui estoient restez dans Pontarlier de la brusler. Si ce fut luy ou Richelieu qui commanderent cet incendie, nous ne l'auons iamais sceu certainement, car Weymar pour couurir ses cruautés et pariures employoit des François à l'execution : il auoit employé à Sainct Claude la Mothe Houdancourt, il employa Guebriant à Pontarlier, et quoy qu'il en soit, Weymar et Richelieu et les caluinistes suédes et françois estoient esgalement ennemys de nostre Bourgougne. ^{13 Avril 1639.}

Quelques gentilhommes françois catholiques aduertirent les plus honnestes gens qui restoient à Pontarlier de se retirer, sçachans le iour qui estoit destiné pour le brusler, et le iour arriué furent fermées les portes de la ville et gardes posées pour empescher aucun de sortir : puis les boutefeux disposez embraserent la ville en tous endroits, afin que tout d'un temps l'execution se fit. Ceux de Pontarlier qui restoient pensans courir aux portes les trouuoient fermées et gardées, ils se iettoient dans les caues des maisons, mais les boutefeux qui estoient par les rues les en retiroient et les iettoient dans les feux : et quelques personnages d'honneste condition qui estoient restez malades furent rostiz et consummez dans leurs maisons; le feu parut toute la nuict tel et si grand qu'à Saincte Asne où nous estions esloignés de six lieues on voyoit aussi clair que de iour sur noz remparts. ^{6 Juillet 1639.}

La peste ne fit pas moins de mal que Weymar, tuant partout où elle rencontroit des personnes; Salins fut le plus affligé, Saincte Asne où i'estois en fut rudement atteint et y moururent de quinze cens personnes qui y estoient, peu moins de mille durant les mois de iuin et iuillet.

15. Weymar auoit laissé garnisons à Ioux, Noseroy, Chasteluillain et la Chaux, il estoit allé à Brisach pour disposer ses armes contre l'Empereur, ayant argent de France et de ses butins abondamment, et ses trouppes croissans par le bruit de ses conquestes, ses pensées n'estoient pas moins hautes contre l'empire que celles d'Alexandre auoient esté contre la Perse; les royaumes de Bourgougne et d'Austrasie estoient sa Macedoine et sa Grece. Mais Dieu qui protegeoit son Eglise et vouloit chastier la cruauté de l'embrasement de Sainct Claude et Pontarlier le frappa d'un charbon de peste en la poictrine iustement sur le cœur qui le tua au troisiéme iour. Il voulut en mourant imiter Alexandre, puisque la mort l'empeschoit de l'imiter viuant, et par son testament partagea son armée, son tresor et ses esperances entre ses capitaines. ^{8 Juillet 1639.} ^{18 Juillet 1639.}

Telle fut la fin du duc de Weymar descendu de Frederic de Saxe qui autreffois receut Luther et fomenta son heresie, et eut l'assurance de leuer les armes assisté du Lantgrave de Hesse contre l'empereur Charles V : mais estant deffaict et pry en bataille il fut deietté de son electorat et de son pays qui furent donnés à Maurice de Saxe, son parent, duquel est descendu l'electeur de Saxe presentement viuant; Weymar estoit vaillant et rusé capitaine, superbe à la mode des caluinistes, couurant sa superbe d'un exterieur doux et benin et ses violences et tromperies de pretextes à la mode de Richelieu, si artificiellement qu'à ceux qui ne l'auoient pas experimenté il estoit en réputation d'homme benin et tenant sa parole.

16. Apres sa mort, le marquis de Sainct-Martin reconquit Noseroy, où se trouua grand magasin de graine, Chasteluillain aussi fut surpry et le chasteau de la Chaux aisement forcé, mais il n'entreprit rien sur Ioux pource que la place estoit trop forte et munitionnée, et dedans estoit un commandant homme de resolution.

17. Sarmiento retorna en Bourgougne et fit cette entreprise sur Ioux assisté du baron de Scey, et permit le marquis aux trouppes de Bourgougne de s'y employer afin qu'on ne luy donna aucun tort d'auoir laissé Ioux à l'ennemy, comme l'on eut fait s'il eut refusé ses trouppes à Sarmiento que le marquis accusoit de les luy demander par artifice sur la creance qu'il ne les luy donneroit pas. Sarmiento se posta autour de Ioux pour y empescher l'entrée des viures, et auec une viue attaque emporta la basse cour; mais à l'approche du donjon il perdit pour neant beaucoup de bonnes gens. Ie cognoissois la place et luy auois mandé dez le commencement qu'elle ne se pouuoit prendre que par mine ou famine, et il m'auoit respondu qu'il n'auoit pas demandé les trouppes pour espoir d'emporter Ioux, mais pour les tenir toutes ensemble en un recoing de la prouince durant la saison des moissons, semées et vendanges. Il auoit gens en toutes les frontieres par où les François pouuoient venir à luy, et auoit my la place en tel poinct par mancquement de choses necessaires, que les protestans suisses aduertirent en France qu'il estoit temps de la secourir. Le commandant capituloit desià quand un Suisse passa entre les sentinelles et l'alla aduertir du secours qui luy venoit, iusques à l'entrée duquel Sarmiento maintint son siege et ne se retira qu'à la derniere extremité, apres les moissons, semées et vendanges faictes et sans aucune perte.

<small>19 Avril 1639.</small> 18. En ce mesme temps le parlement se plaignant qu'il estoit sans

chef, le Roy donna la charge de president au conseiller Boyuin duquel i'ay parlé souuant cy-dessus et qui estoit le plus ancien conseiller et bien méritant de la charge; remplit aussi les autres places vuides du mesme parlement, qui à ce moyen commença à rentrer en ses seances ordinaires pour vuider des proces, le lendemain du iour de sainct Martin de cette année 1639. <small>12 Nov. 1639.</small>

Sarmiento et Sauedra qui auoient chacun ses instructions séparées sembloient ne pas estre de bon accord; Sauedra estoit encor en Suisse; Sarmiento apres auoir fait auec le marquis quelques propositions au parlement pour la conseruation du pays, et estant mal content du marquis, retorna en Suisse et de là passa à Milan, où estoit gouuerneur le marquis de Leganez, desseignant Sarmiento de passer dez Milan à Venise où des long temps il estoit destiné ambassadeur extraordinaire.

Le marquis, bien qu'il fut mal content du parlement, dissimuloit neantmoins ses fascheries par l'aduis de l'abbé des Trois Rois qui auoit estably et entretenoit une intelligence entre luy, le president et le procureur general, qui sont les trois principaux ressors pour la conseruation de la prouince.

De quoy chacun parloit à sa façon et aucuns disoient que cette intelligence estoit bonne quand elle n'auoit autre but que le seruice du Roy et repos de son estat; mais si elle estoit pour l'interest particulier de chacun des trois pour se prester la main l'un l'autre, elle seroit mauuaise : et appelloient cette union LE TRIUMUIRAT.

19. Le marquis demanda à l'Infant permission de l'aller trouuer durant l'hyuer pour luy faire entendre ce qu'il ne pouuoit luy escrire et encor pour le mariage qu'il desseignoit en Flandre auec la vefue du comte d'Embden qui estoit de la maison de Ligne. S. A. le luy accorda, desireuse aussi de le veoir et conferer auec luy des moyens de nostre conseruation : elle commit durant son absence le parlement au gouuernement politique de Bourgougne, et le baron de Scey au gouuernement militaire. <small>2 Déc. 1639.</small>

On n'auoit point encor veu en Bourgougne cette distinction qui depuis a esté suiuie apres la mort du marquis de Sainct-Martin, et bien qu'elle fut differente de l'ancienne forme du gouuernement de Bourgougne en laquelle le politique et le militaire ont tousiours esté ioints en la personne du gouuerneur et participation donnée du politique au parlement et aux grandes occasions qui concernent l'estat, le tout se deuoit resoudre par prouision en la grande chambre du parlement, entre ceux de son corps, le gouuerneur compris, les bons personnages et maistres aux requestes assemblez. Touteffois le parlement ne trouua point à redire à cette nouuelle forme pour ce qu'elle luy conseruoit son authorité et venoit du Roy mesme qui s'est seruy souuent de cette distinction durant ces dernieres guerres, inusitée au temps que les principales personnes de l'estat d'Espagne estoient sçauantes au politique et au militaire tout ensemble.

La milice d'Espagne fut mise au pied qu'elle est par Ferdinand et Isabelle par l'employ de Dom Gonçales de Cordoüe dit le grand capitaine, celuy qui conquit le royaume de Naples. Le duc d'Alue apres luy la maintint, le troisiéme a esté le prince de Parme; le comte de Fuentes et le marquis Spinola l'ont aussi maintenüe, qui tous estoient hommes de conseil et de combat; mais depuis que le roy Philippe III remit le gouuernement des affaires à un confident qui fut le duc de Lerme qui estoit ignorant des armes, et apres sa mort, la ieunesse du Roy son filz l'obligea de se confier au comte Duc grand politique, mais qui n'auoit iamais veu ny siege ny bataille, ces deux qualités anciennes des grands seruiteurs des rois n'ont plus esté veües ensemble : et le marquis Spinola grand capitaine n'a iamais esté agreable au comte Duc, ny iamais luy a esté confié le politique mesme au temps que l'Infante Isabelle gouuernoit les Pays Bas, qui prisoit en son particulier le conseil de Spinola autant que ses armes, mais elle pouruoyoit au politique par les ordres que le comte Duc luy enuoyoit.

20. Le marquis de Sainct-Martin quand il fut auprés de l'Infant et luy eut rendu compte de son gouuernement et de tout ce qui s'estoit passé en iceluy, luy fit plaincte de ce que le parlement se mesloit des armes en Bourgougne.

Ne desapprouuant point qu'il donna des commis de son corps pour assister en guerre le capitaine general et pouruecoir auec luy aux viures, argent et charroys et autres choses qui sont de police aux armées ; mais que le corps du parlement se mesla de choses militaires, que sont la marche des armées, postes qu'elles prennent, combats, sieges, ruses et negociations militaires qui sont de l'office des generaux d'armées et qu'ils ne communiquent qu'à bien peu de gens : c'est de quoy il soustenoit que le parlement ne se deuoit point mesler, et ainsy fut déclaré par l'Infant suiuant les anciens reglements.

Il desiroit aussi que l'Infant luy donna le pouuoir de choisir dans le parlement ceux qui se trouuoient propres pour les conseils de guerre.

Il sembloit qu'il eut raison en cela, mais l'Infant ne voulut pas en faire declaration pour ne donner aux gouuerneurs authorité sur le parlement et ialousie entre les membres d'iceluy, se reseruant d'y pouruoir luy mesme aux occasions, si le parlement refusoit choses iustes au gouuerneur.

21. L'Infant proposa au marquis que s'il vouloit l'authorité de vice-roy en Bourgougne, le Roy la luy donneroit; qui consiste aux prouisions des offices et choses de graces. Mais il remercia l'Infant pour ce que cette grande authorité n'est iamais donnée que pour trois ans, apres lesquels suit la quatriéme année de sindicat : au lieu que le gouuernement de Bourgougne est à vie et absolu au regard des forteresses, ce que n'ont pas les vice roys. Et i'ay creu depuis (ouyant parler le marquis de cette proposition que luy auoit esté faicte) que l'Infant auoit voulu luy faire cognoistre combien le gouuernement de Bourgougne (tout surueillé qu'il est par le parlement) est plus souhaitable que les vice-royautés d'Espagne, luy donnant le choix des deux et l'en faisant iuge luy mesme en son propre faict. Car i'estois souuenant que plusieurs années auparauant, au dernier voyage que le marquis Spinola fit en Espagne, fut mys en terme de faire le gouuernement de Bourgougne triennal : et fut iugé qu'il ne se pouuoit sinon qu'il fut communiqué à toutes les nations de la monarchie afin de donner poste honorable apres les quatre ans ordinaires à ceux qui auroient esté gouuerneurs de Bourgougne, les pouruoyans d'autres gouuernemens et les appellant enfin au conseil d'estat d'Espagne, car en Bourgougne n'y a aucun poste sortable apres celuy de gouuerneur.

Le baron de Scey gouuerna prudemment les armées durant l'absence du marquis, s'accommodant à ce que le parlement détermina de la distinction du politique et du militaire, car le parlement à cet effect examina meurement ce partage, auquel tout le politique luy estoit remis, sans aucune participation au gouuerneur des armées, et les armées au baron de Scey sans luy en donner part : distinguant les choses qui sont purement politiques de celles qui sont purement militaires, et resoluant que celles qui tiennent des deux seroient traictées de commune main.

Or pour traicter de commune main on aduisa si on donneroit entrée et seance au baron en la premiere chambre du parlement. Il n'y eut point de difficulté pour l'entrée, ny pour la seance quand les cheualiers du parlement estoient absens, mais quand ils estoient presens la difficulté fut grande, car bien que le gouuerneur des armées fut en mesme authorité au militaire que le parlement au politique, et que le gouuerneur ayt seance au parlement deuant les cheualiers, touteffois il y a de la difference en ce que le gouuerneur absolu gouuerne tout ensemble le militaire et le politique (si bien il participe la Cour du politique), et de plus il est du corps du parlement et a voix deliberatiue aux choses de iustice et tient le premier rang apres le parlement en tous actes publicques de la Cour, ce que n'a pas le gouuerneur des armées : et ceux qui ne sont pas du corps du parlement de quelque condition qu'ils puissent estre ne sient iamais en iceluy auant les cheualiers.

20 Janv. 1610. On resolut donc que les choses qui se debuoient resoudre de commune main se traicteroient par commis du parlement au logis du gouuerneur des armées, et cette forme succeda heureusement et auec moins de temps et de façon entre peu de personnes qui en firent rapport en parlement, et pour tesmoigner au baron de Scey que ce qu'auoient dy les cheualiers n'estoit à autre fin que pour ne rien alterer aux choses du parlement, le baron d'Oyselay premier cheualier en iceluy fut l'un des commis qui alla trouuer le baron de Scey en son logis, où le baron de Scey non seulement luy defera, mais encor aux autres commis du parlement, pour ce qu'ils le representoient : et fut la chose mesnagée par deference reciproque, qui est la meilleure forme quand la Cour n'est pas en corps, car quand elle est en corps c'est le consistoire du Roy qui represente S. M., auquel il n'est pas loisible d'alterer aucune chose, par deference à qui que ce soit.

LIURE TREZIEME.

1. Diuersions seul remede restant pour conseruer la Bourgougne. 2. De la Suisse. 3. Bataille de Thionuille. 4. Commartin enuoyé en Suisse contre nous. 5. Villeroy enuoyé pour faire degast de noz bleds. 6. Entreprise sur Saincte Anne. 7. Autres sur Salins et fuitte de Villeroy. 8. Terreur panique des gens de Villeroy. 9. Villeroy fait degast autour de Dole. 10. Sorties de Dole. 11. Villeroy autour de Gray où estoit le marquis. 12. Courses de d'Arpans. 13. Cheretée diminue apres les degasts de Villeroy. 14. Bourguignons sont laborieux. 15. Gouuerneurs de Bourgougne comme se font obeir.

1. APRES la prise de Brisach et la retraicte des Bourguignons aux pays estrangers, estant le plat pays perdu et les montagnes aussi, et estant nostre Bourgougne concentrée aux quatre villes de Salins, Besançon, Dole et Gray, il n'auoit resté au Roy autre voye pour la conseruer que celle des diuersions, car l'enuoy de l'argent par la voye des banques qui ne luy peut estre osté (pour ce qu'il est le grand banquier en Europe duquel tous les banquiers deppendent) cette voye dis-ie demeuroit inutile, d'autant qu'apres l'escart des Bourguignons aux prouinces esloignées, il n'y auoit pas moyen de faire trouppes dans la Bourgougne, ny rappeller les hommes capables de seruir des lieux où ils estoient pour ce qu'ils auoient pry party aux armées d'Italie, d'Allemagne et de Flandre, et quand on les eut rappellé il n'y auoit pas de quoy les nourrir. Les Presides mesme qui estoient dans les quatre villes n'auoient autre moyen d'auoir du bled que par les semées que les bourgeois d'icelles faisoient soub leurs remparts à la portée du canon. On faisoit venir du bled du pays de Suisse et de Sauoye auec grand peril, car les Suédes tenans le chasteau du Ioux et les François celuy de Grimont, les chemins de Salins, Dole et Besançon, estoient couruz par eux et ne s'amenoit le bled qu'auec gros conuois et combats iournaliers : et pour auoir du bestail et autres necessités les Presides de Dole et Gray faisoient parties en France, et entre les deux frontieres se faisoit à ce suiet une petite guerre, la frontiere de France estant armée de caualerie.

Il n'auoit resté donc au Roy apres la perte de Brisach autre voye pour conseruer sa Bourgougne que celle des diuersions, et pour retirer Weymar de Bourgougne l'Empereur auoit viuement pressé les protestans d'Allemagne et obligé Weymar de laisser ses hautes pensées du royaume de Bourgougne pour entendre à leur cause commune qui s'en alloit bien foible : et les Suédes qui l'auoient entreprise le rappelloient en Allemagne : aussy faisoient les Suisses protestans pour deux raisons, l'une que la cause de religion qui se disputoit par armes en Allemagne touchoit au vif leurs peuples, et l'autre qu'ils vouloient bien nostre Bourgougne ruinée mais non pas perdue, pour ce qu'elle est leur digue contre les mouuemens de France comme i'ay dy cy-deuant.

2. Les Suisses anciennement estoient appellez Heluetiens, *les plus vaillans* (dit Cæsar) *de la Gaule*, de laquelle estoient aussi noz deuanciers Sequanois leurs proches voisins. Le pays des Heluetiens fut conquy auec les autres par les octante mille Bourguignons qui passerent le Rhein soub Athanaric leur roy en l'an de nostre Seigneur 408, et comme le royaume fut depuis desmembré en diuers temps, nostre haute Bourgougne du temps de noz premiers Comtes qui commencea enuiron l'an 1000 de nostre Seigneur, comprenoit un beau pays au-delà du Iura et des lacs de Neufchastel, Morat et Byenne.

Guillaume surnommé l'Enfant, comte de Bourgougne tant Cisiurane que Transiurane, fut occys traistreusement à Payerne par des rebelles coniurez en l'an 1127, et ne laissant aucun enfant, Renaud III son parent luy succeda; mais sur la competance que luy faisoit Conrad duc de Zeringhen soustenu par Lothaire empereur, il luy laissa ce qui estoit au-delà des dits trois lacs où sont presentement Fribourg et Berne : et Berthold filz de Conrad competant de rechef apres la mort de son pere la comté de Bourgougne à Beatrix fille unique de Renaud III, femme de l'empereur Frederic, elle luy laissa le pays de Vaux auquel sont comprises les Eueschés de Genefue, Losanne et Sion : lequel pays de Vaux fut transferé depuis par Berthold à Guy dauphin, et delà est entré en la maison de Sauoye et par elle a esté engagé aux Bernois. Ainsy Fribourg et Berne et le pays de Vaux sont anciennement de la comté de Bourgougne comme narre particulierement l'abbé Anselme en ses additions sur Sigebert et est rapporté par Vignier.

Richelieu ne pouuant induire Weymar à porter totalement ses armes contre nostre Bourgougne (lesquelles en ce cas aydées de la France ne pouuoient estre diuerties) et tost apres le voyant mort de peste comme i'ay dy, il prit d'autres nouueaux desseings pour paruenir à son but auquel luy sembla qu'il estoit bien aduancé puisque nous estions extenuez iusques au bout sans viures ny secours et ne nous restoit plus qu'un petit reliquat de la vieille amitié et voisinance de noz anciens confreres Bourguignons, Friburgeois et Bernois.

Il resolut donc de nous prendre par noz deffaillances et nous oster de tous poincts les Bernois et Friburgeois, que sont les deux poincts que Richelieu tascha d'executer le long de cette année 1640.

3. Il est vray qu'il fut troublé par une perte signalée qu'il fit proche de Thionuille, de l'armée commandée par le mareschal de Feuquieres, laquelle marchoit en bonne ordonnance pour la conqueste du Luxembourg. Le colonel Picolomini luy alla au rencontre auec les principales forces que le Roy auoit aux Pays-Bas, qu'estoient toutes vieilles bandes et celles qu'il auoit amené d'Allemagne ; Feuquieres se posta en lieu fort pour n'estre obligé de combattre que quand il luy plairoit, qu'estoit ruse de viel guerrier, bien qu'il fut conquerant et qu'en la guerre offensiue on doiue tousiours chercher l'ennemy. *7 Juin 1639.*

Il auoit au front de son armée un grand fossé qui le couuroit, le fond duquel estoit un marais profond en plusieurs endroits, qu'il estimoit inaccessible : Picolomini le fit sonder cependant que de part et d'autre le canon iottoit incessamment et que l'entredeux des armées estoit tout feu et fumée. Le baron de Soye gentilhomme de nostre Bourgougne commandoit un regiment soul Picolomini : il rencontra un endroit difficile mais non impossible à passer, et en ayant donné aduis à son general entra dedans, le franchit auec ses gens, et ayant gagné l'autre riue (car le fossé estoit fort large) attacha le combat et fut suiuy de toute l'armée.

Les François qui se fioient au fossé et n'estoient pas ordonnez en bataille furent surpris comme fut autreffois Tygrannes par Lucullus, et dans la confusion qui est ordinaire en pareil cas rendirent peu de combat : le mareschal faisant pour neant ses deuoirs et fut pris combattant et blessé et force noblesse prise et occise, auec tout le canon et le bagage.

Le comte Picolomini enuoya un courier au marquis de Sainct-Martin qui estoit quasi au mesme temps retorné des Pays-Bas, pour l'aduertir de cette victoire, qui nous estoit utile pour auoir affoibly notablement les François à l'entrée de la campagne, et luy marqua nommément le baron de Soye; *Vostre Bourguignon,* dit-il, *nous a donné la victoire, car il a recogneu le passage et passé le premier et forcé le camp ennemy.*

Le marquis enuoya la lettre au parlement pour honnorer le baron de Soye et fut loué Picolomini de ce que generensement il donnoit l'honneur de la victoire à celuy qui le meritoit et à sa nation, et ne se reseruant rien augmentoit sa gloire par l'ancienne praticque du grec Nicias qui tousiours victorieux ne s'attribuoit iamais l'honneur d'aucune bataille, ains à ses soldats ou à ses officiers, et tousiours aux Dieux.

4. Richelieu pour nous mal mettre auec les Suisses fribourgeois et bernois qui seuls nous restoient voisins, (la France tenant le surplus car elle tenoit la Sauoye et nous n'en auions aucun bled que par la voye des Suisses,) choisit Commartin, françois, homme de lettres et d'intrigues et auec instructions et argent l'enuoya ambassadeur extraordinaire aux treze cantons. Il fit ses premieres praticques aux personnes qui auoient inclination à l'Espagne, et dez long temps n'en auoient eu aucune douceur: et à ce moyen par une honnorable corruption acquit à la France quasi tout le reste des amys d'Espagne. Il fit le mesme à Berne et là rompoit aisement tout ce que Sauedra et d'Accosta auoient basty pour acquerir repos à cette prouince par l'entremise des Suisses, car il nous accusoit de la part de son roy de plusieurs choses fausses desquelles il demandoit reparation et iouoit tousiours le personnage d'acteur et de fisc pour nous rendre deffendeurs et criminels, où nostre bon droit faute d'argent d'Espagne se trouuoit souuent foible.

Ainsy autreffois les ambassadeurs des roys ennemys des Romains les accusoient aux assemblées des estats de Grece, auxquelles accusations grecques, Commartin se mouuoit contre le Roy d'Espagne et contre nous : disant, que le Roy d'Espagne en vouloit non à la France seulement mais aux Suisses protestans, et ce que les Bourguignons proposoient n'estoient qu'amusemens malitieux par intelligence auec Milan et les petits cantons catholiques : que desià les Grisons estoient gagnez par le Roy d'Espagne, et que si les protestans laissoient reprendre haleine aux Bourguignons ils les verroient bien tost aussi prests à leur mal faire qu'ils estoient auant qu'on eu fait le degast en leur pays.

D'autre part Richelieu pour affamer noz quatre villes auoit fortiffié de gens à pied et à cheual le chasteau de Grimont, qui couroient iusques aux portes de Salins et auoient mis Arbois en contribution, lequel estoit la moitié bruslé et ne pouuoit cultiuer ses vignes qu'à la mercy de Grimont. Dole et Gray tiroient du bled de France à force d'argent, car les François qui estoient espuisez par les subsides et vendoient leur bled à prix desmesuré aux Bourguignons leur en deliuroient en cachette et dez Dole alloient de nuit quantité d'hommes et de femmes auec sacs à cet effet, et basteaux sur la riuiere du Doubs qu'on amenoit chargez nonobstant les édits deffendans le commerce. Richelieu en fit de nouueaux à peine de la vie, mit des gardes par tout et noz gens qui estoient surpris s'ils estoient robustes de corps estoient enuoyez en galere; mais cela n'empeschoit pas que nous n'en tirassions, car la disette d'argent estoit aussi grande en France qu'à nous la disette de viures, et le Roy nous fournissoit de l'argent abondamment.

5. Quand la saison de marcher en campagne fut venüe, l'herbe estant aux prels pour les cheuaux, et les bleds noués, Richelieu donna commission au marquis de Villeroy et particulieres instructions pour faire degast autour des villes de Dole et Gray et par tout où ils trouueroient des bleds aux champs, et auant toute œuure luy ouurir les moyens de reüssir de deux entreprises qu'il auoit, l'une sur Saincte Asne et l'autre sur Salins.

6. A Saincte Asne y a une belle poudriere destachée des bastimens, où les gouuerneurs ont coustume de faire battre de la poudre le long de l'esté, et lors Andelot gouuerneur cherchoit un maistre poudrier. Le cheualier de Trilly qui cognoissoit nostre Bourgougne auoit soupplement addressé à Saincte Asne un maistre poudrier Alleman parlant bon françois, qui estoit trés-expert, et lorsqu'il seroit receu dans la place et logé au quartier de la poudrerie pourroit introduire Trilly auec son regiment ou trouppes commandées : Andelot estoit sur ses gardes et apres auoir veu cet Alleman ne voulut pas luy confier ses poudres.

7. L'entreprise sur Salins estoit, que la ville cherchant par tout du bled à achepter et Cressia en ayant grande quantité à vendre, Cressia en fourniroit pour charger enuiron cent cinquante chariots à chacun desquels seroit donné un charretier armé d'arquebuse et une garde auec un fusil, lesquels feroient en tout trois cens soldats. Le pretexte de ces gens armez seroit l'approche du marquis de Villeroy, mais on creut que ces trois cens soldats deuoient se faire maistres de l'une des portes de la ville et introduire en icelle Villeroy et ses gens : si Cressia en estoit consentant ou non, nous ne l'auons iamais descouuert. Que si cette entreprise ne reüssissoit pas, Villeroy deuoit forcer les masures de Bracon qui commandent la porte haute de la ville et occupper le faubourg ioignant à icelle qui estoit sans garde, et auec deux petites pieces de canon forcer la porte qui est descouuerte, si tant estoit que les eschelles, petards et grenades qui luy furent donnez ne suffisent pour occupper cette porte qui n'auoit deffense qu'à l'antique.

Richelieu donna à Villeroy sept regimens d'infanterie et six cens cheuaux auec lesquels et quantité de paysans armez de faux (pour faire mine qu'il n'auoit autre desseing que de faire degast autour des villes) il se presenta à Salins, et ne trouuant pas grandes semées à gaster fit mine de se retirer. Cependant arriuerent les cent cinquante chariots chargez de froment auec lettres de Cressia : les charretiers et gardes estoient partie françois entre lesquels estoient douze personnes que Villeroy auoit entrejetté qui sçauoient ses intentions.

Cette faueur de Cressia non accoustumée estonna le commandeur et les bourgeois, car Cressia auoit tousiours craint de faire quelque chose qui put donner ombrage aux François contre luy, et en cette occasion à la veüe des François il enuoyoit à descouuert une quantité extraordinaire de bled à Salins et la faisoit escorter contre les François et de plus l'enuoyoit sans auoir conuenu du prix ; mais apparemment il auoit eu commandement.

Les uns vouloient qu'on receu le bled et qu'on renuoya les charretiers sans leur donner entrée dans la ville, autres qu'on saisit les hommes et les cheuaux. Le commandeur leur fit faire halte et apres que les ordres furent donnez dans la ville pour receuoir le bled, et les dispositions mises pour loger les chariots et les hommes en diuers logis escartez l'un de l'autre, leur donna l'entrée dans la ville et disposa corps de garde en toutes les places et rondes par les rues qui marcheroient toute la nuict.

La porte de la ville qui correspond au fort Sainct Andrey qui porte le nom de Sainct Nicolas estoit mal gardée, car elle ne peut pas estre abordée que par petites ruelles entre les vignes et estoit souuent ouuerte de nuict pour la correspondance du fort. Les entrepreneurs se voyans en estat de ne pouuoir rien executer, enuoyerent un ieune enfant françois qui les suiuoit pour veoir cette porte et les aduenües d'icelle, estimant qu'on ne prendroit pas garde à un enfant : mais il fut pris et estant interrogé eut la premiere fois bonne bouche. La nuict passa sans bruit et au matin le commandeur fit desloger les charretiers et leurs gardes auec leurs chariots et cheuaux. Le prisonnier depuis declara le tout et fut renuoyé pour ce qu'il estoit François et enfant et auoit faict le commandement de son maistre.

Cette entreprise estant faillie, le marquis de Villeroy qui estoit à Arbois fit mine de marcher et prendre un chemin autre que celuy de Salins ; mais la nuict il rebrossa et prit le chemin de la vallée de Prestin qui estoit le droit pour les masures de Bracon. Le commandeur auoit preueu que le poste de Bracon estant mal asseuré et neantmoins commandant à la porte haute et à toute la ville, c'estoit celuy auquel Villeroy s'addresseroit et l'auoit soigneusement pourueu, ayant my dedans trois cens bons soldats auec trois capitaines pour commander subsidiairement l'un à deffaut de l'autre. Au-deuant estoit une petite tenaille d'un costé et un fortin de l'autre, qu'il auoit pareillement garny, et au surplus auoit donné ses ordres et disposé les choses en telle sorte que dans la ville et dans tous les forts, chacun des commandans sçauoit ce qu'il auoit à faire, et luy estoit en la ville dans son logis auec ses adiudans. Il auoit commy la ville aux bourgeois, mais plusieurs luy auoient demandé qu'ils eussent part à la garde des forts, ce qu'il leur auoit accordé estans praticques des armes et à luy bien cogneuz.

Quand Villeroy eut passé Prestin et approcha Bracon de mille pas, un petit corps de garde aduancé tira sur luy et aussi tost furent laschez au fort Sainct Andrey deux coups de canon pour aduertir par tout que l'ennemy approchoit. La nuict estoit fort sombre : quatre cens d'infanterie françoise tirerent contre le fortin qui estoit à droite pour l'occupper et dez là commander les deffenses de Bracon. Le corps d'infanterie tiroit à la tenaille toute voisine de Bracon, à l'approche de laquelle ceux qui estoient dedans tirerent sur eux. Les quatre cens qui alloient au fortin creurent estre une sortie de Bracon qui les venoit charger et à la lueur des mousquetades voyans leurs gens les prirent pour ennemys et firent leur descharge contre eux. Villeroy assailly par les siens creut estre l'ennemy et fit descharge pareille ; la peur fut dans les uns et dans les autres et à l'instant selon l'ordre du commandeur le feu fut mis au faubourg voisin, duquel la flamme haut esleuée descouurit Villeroy et tous ses gens, et leur donna telle frayeur à tous que Villeroy qui estoit en teste et tous tant qu'ils estoient en l'une et en l'autre bande sans rentrer en eux-mesme et croyans chacun auoir l'ennemy sur les bras se mirent en fuitte quittans partie d'eux leurs armes pour mieux fuir et regaignerent Arbois la mesme nuict.

C'estoit le 5 de iuin veille de sainct Claude que ceux de Salins disent estre né dans le chasteau de Bracon, mais il est hors de doubte qu'il est né à Salins et estoit de la maison des seigneurs de Salins qui portoient d'or à une bande de gueule. Ceux qui considerent cette terreur panique qui prit les François à l'approche de Bracon, pareille à celle qui auoit surpry les Suédes à l'approche du corps de sainct Claude en son abbaye, iugerent que les deux terreurs paniques venoient d'une mesme source. Le courage au contraire estoit tel aux soldats et bourgeois de Salins qu'on les vit manifestement attristez de n'auoir rien eu à combattre, et la ioye uniuerselle qui auoit precedé à l'approche de l'ennemy fut attribuée à sainct Claude leur prince qu'estoit present à la deffense de sa patrie.

8. Villeroy ne tarda guieres à Arbois et marchant le chemin de Vaudrey, quand il fut à Villette demie lieüe de la ville une terreur panique se mit derechef parmy ses gens comme n'estans pas encor bien retornez à eux-mesmes de la frayeur de la nuict : et est remarquable qu'au mesme temps que cette peur chassoit les François, une petite fille nourrie au couuent des Ursules de Salins qui estoit esloigné de deux lieües des François estant preste à mourir, dit aux religieuses assemblées autour de son lict, qu'elles n'eussent plus crainte des François, car elle les voyoit fuir deuant une femme blanche qui les chassoit. Villeroy passa auprès des chasteaux de Vaudrey, et au lieu de les assaillir leur demanda de ne point tirer sur luy et qu'il n'entreprendroit rien sur eux, fit neantmoins degast de leurs bleds.

<small>8 Juin 1640.</small> 9. De là marchant contre les bleds de Dole parut premierement auec ses faucheurs du costé de la porte du pont : le canon ioüa viuement sur luy, à la faueur du quel sortit caualerie et infanterie sans autre combat que quelques legeres escarmouches qui arresterent les François.

Villeroy ne trouuant son compte de ce costé alla passer plus bas la riuiere du Doubs et vint auec ses faucheurs faire la guerre aux bleds du costé de la porte d'Arans : on le receut de mesme à coups de canon et furent faictes plusieurs sorties et petites escarmouches, et corps de garde posez en lieux aduantageux. Le plus aduancé estoit dans les ruines de la maison de Sainct Ilie de la baronne de Montfort, en une vieille tour restée du feu et voutée par-dessoub, laquelle ne pouuoit estre eschellée. Le caporal qui commandoit en icelle auec quinze soldats aduertit la ville de l'approche de l'ennemy, et demanda s'il deuroit se maintenir ou se retirer. On luy manda de se maintenir, ce qu'il fit. Son action merite de tenir place dans l'histoire, car estant inuesty et sommé et viuement assailly, et enfin plusieurs tonneaux de poudre estant fourrez dans la voute sur laquelle il estoit, il ayma mieux et tous ses gens auec luy voler en l'air. Le caporal resta encor vif dans les masures les cuisses froissées, le corps et le bras gauche tout couuerts de ruines, la teste et le bras droit hors d'icelles. Un serient françois courut à luy la halebarde à la main et luy mettant la poincte dans le gousier luy voulut faire recognoistre le roy de France. Le caporal au contraire donna toutes sortes de benedictions au Roy son maistre et en le benissant finit sa vie de diuers coups qu'il receut : un ou deux soldats furent retirez encor viuans par noz gens la nuict suiuante et furent données récompenses aux vefues et enfans des decedez. Les faucheurs qui s'estoient mis en deuoir de coupper les bleds au-dessoub de Sainct Ilie en nombre de cinq à six cens, estans chargez par un autre corps de garde et une volée de canon ayant porté au milieu d'eux, s'enfuirent laissant leurs faux.

10. Villeroy derechef ne trouuant son compte passa par un grand circuit de montagnes du costé de la porte de Besançon et se posta à Breuans à mille pas de la porte. Dans les masures du chasteau estoit d'Olans adiudant de la Verne auec quelques soldats, auquel on manda de se retirer : Olans se fit large au trauers des ennemys sans perdre aucun de ses gens. La plus grande et meilleure moisson estoit de ce costé, à laquelle Villeroy voulut appliquer ses faucheurs qu'il auoit de nouueau armé de faux, mais il en fut gardé par une puissante sortie qui repoussa les faucheurs et leurs gardes iusques dedans Breuans. La nuict estoit à craindre et fut resolue par les bourgeois interessez une sortie pareille à celle qu'auoit esté faicte de iour : Du Champ, capitaine de l'artillerie, dressa quantité de fallots qui furent posez et allumez de nuict en la campagne où estoient les bleds. La Verne n'approuuant pas cette sortie de nuict la disposa neantmoins par petites esquadres qu'il fit poser en diuers endroits, afin qu'il y eut garde par tout, leur recommandant de ne point bouger de leurs postes iusques à ce qu'il les retira : et donna ordres à la cauallerie de recognoistre et aduertir de tous mouuemens de l'ennemy, la partageant en pelotons et leur assignant les lieux où ils passeroient entre les lumieres des fallots.

Le procureur general qui auoit suadé cette sortie et ià auoit esté aux autres fut en celle-cy et le baron de Poictiers et quelques ieunes conseillers que la Verne pria d'arrester à deux cens pas de la ville auec grosse compagnie et bonnes barricades pour soustenir et receuoir ceux qui seroient poussez.

Les combats de nuict sont rarement sans confusion : tout fut de confusion cette nuict tant de part que d'autre, car ceux de Dole n'obeirent pas, ains chacun alla prendre soing de son champ et en ces allées s'arquebuserent l'un l'autre et creurent auoir l'ennemy sur les bras, qui n'auoit fait autre deuoir qu'une descharge au premier corps de garde.

Lacroix, lieutenant de caualerie, qui estoit en reputation y fut percé d'une mousquetade et retorna mourir à la ville; Brun dans sa barricade croyoit que les bourgeois sortis eussent l'ennemy sur les bras en diuers endroits, demandoit du secours et qu'on sonna les cloches incessamment, ce que l'on faisoit.

Villeroy croyoit que d'Arnans (qui estoit lors la terreur des François en Bresse) auec sa caualerie fut arriué à Dole, Sorie l'un de noz capitaines de caualerie luy ayant donné cette baye bien à propos, et comme il entendit dans la ville un grand bruit, quitta Breuans et se tirant en arriere du costé de Bauerans demeura sur la deffensiue en bataille toute la nuict. Le bruit de la ville estoit une voix confuse des femmes meslée auec le son des cloches, et par toute la ville creance estoit que l'ennemy estoit dedans. Les femmes couroient aux églises, les autres criailloient par les rues, sans qu'on put sçauoir certainement d'où procedoit ce faux bruit : la peur fut en fin dans la porte mesme et dans la demie lune qui est deuant où Brun et ses consors estoient rentrez, car ceux qui estoient dehors retornans, et nostre caualerie les suiuant selon qu'il luy estoit mandé, les gens de pied creurent auoir la caualerie ennemye sur les talons. Le president Boyuin se troua dans la demie lune où il fut contrainct d'employer son esprit au lieu des massues de ses huissiers pour arrester ceux qui abandonnoient la demie lune et refuyoient dans la ville. Enfin les bleds furent conseruez, et Villeroy qui toute la nuict auoit esté en frayeur, enuoya au matin un trompette pour parler à Reculot qui commandoit nostre caualerie (ce qui luy fut refusé), mais en effect c'estoit pour descouurir si d'Arnans estoit venu et sçauoir quel auoit esté ce grand bruit nocturne, ce qu'il ne put descouurir non plus; et sa peur continuant il deslogea de Bauerans et marcha contre Gray. Le tout de part et d'autre n'ayant esté que confusion et terreurs paniques ordinaires aux combats de nuict si ceux qui y sont employez n'ont l'experience de cette sorte de combats, auxquels autreffois Antonio de Leyua dressoit ses soldats espagnols, leur faisant prendre à tous des chemises blanches sur leurs habits pour se recognoistre et estant tousiours luy-mesme present armé à blanc; et en cette sorte deffit en Italie auec peu de gens, l'armée du comte de Sainct-Paul non accoustumée aux combats de nuict et amena le comte prisonnier à Milan.

11. Le marquis estoit à Gray auec peu de gens, car il ne pouuoit deffournir Salius ny Dole et tout ce qu'il auoit pu tirer de caualerie auprés de soy ne passoit pas cent ou six vingt cheuaux. Ce qu'il fit en cette

occasion fut de mander par lettres à ceux de Diion que le procedé de Villeroy estoit indigne du nom françois et que pour empescher à l'aduenir semblables procedez il attendroit que les moissons de la duché fussent en gerbiers et lors il leur feroit si beau feu que le souuenir leur en demeureroit, et afin qu'ils cogneussent comme il estoit à son pouuoir de le faire, qu'ils deffendissent s'ils le pouuoient les villages voisins de leurs villes, et au mesme temps en fit brusler trois ou quatre à leur veüe.

Toutes les trouppes de la duché et du Bassigny estoient auec Villeroy, et Diion à ce moyen sans caualerie ny infanterie, et les bourgeois ne sachans pas le nombre de noz gens (car ils brusloient tout d'un coup en trois ou quatre endroits) n'osoient sortir de leurs barrieres et ne purent faire autre chose que d'escrire à Villeroy les embrasemens de leurs villages et luy demander du secours et enuoyer leurs plaintes à Paris et les apprehensions que leur donnoient les lettres du marquis.

12. D'Arnans estoit un gentilhomme de la maison du Saix marié en Bourgougne, qui ayant sa maison de Vire-Chastel en la frontiere de Bresse, s'estoit premierement seruy de ses voisins pour y faire des courses et dez plusieurs années le fut marquis de Conflans luy auoit donné une compagnie de caualerie pour la garde de la frontiere, et plusieurs s'estoient iettez à luy pour auoir part aux butins que faisoient ses gens, si que son nom s'estoit rendu redoutable en Bresse, et le marquis de Sainct-Martin à cette occasion luy auoit commy la deffense uniuerselle de toutes le montagnes du bailliage d'Aual et luy entretenoit infanterie et caualerie des deniers de la caisse du Roy.

Il luy manda de courir en Bresse auec la plus grosse partie qu'il pourroit, et brusler quelques bourgs ou villages considerables pour donner aux François apprehension de pis. Une trouppe de quarante bons cheuaux luy fut enuoyée de Salins et il entra en Bresse auec deux cens cheuaux et cinq cens hommes de pied bruslans sans mercy ce qu'ils rencontroient, et forcea et brusla une ville murée, auec estonnement uniuersel qui fit crier les peuples et porta les plaintes du pays à Richelieu qui vit que les faucheurs de Villeroy auoient causé ces incendies. *14 Juin 1640.*

Le parlement de Dole prit la mesme pensée que le marquis et trouua bon que sa garnison fit le mesme dans la frontiere ennemye; mais neantmoins la retira auec la mesme indulgence qu'il auoit tousiours fait, et sur ce les François voisins promirent secrettement de fournir du grain à la ville.

Villeroy estoit allé dez Dole à Pesmes et dez Pesmes aux enuirons de Gray pour y faire faucher les bleds. Le marquis qui estoit dans Gray luy fit des reproches de la commission qu'il auoit accepté et sur quelques redites luy offrit le combat que Villeroy n'eut garde d'accepter auec un si rude luicteur qu'estoit le marquis : aussi n'y auoit-il point d'apparence. Les faucheurs furent espouuantez par le canon et les frequentes sorties qui se faisoient sur eux et plus par le nom et presence du marquis qui estant une fois sorty auec toute l'infanterie de Gray et toute sa caualerie qui estoit retorné et (bien qu'il ne les fit pas aduancer) estonna touteffois si fort Villeroy qu'il se retira en arriere et ne tarda pas beaucoup aux enuirons de Gray, car il fut aussi tost rappellé par le cardinal pour secourir la duché et la Bresse.

13. La cherté estoit nompareille quand Villeroy fut entré en Bourgougne, car chacun croyant que les moissons seroient perdues resseroit son grenier et ceux qui auoient de l'argent faisoient magasins du bled de Suisse et de celuy des montagnes. Le froment se vendit à Dole neuf et dix francs la petite mesure que sont vingt francs celle de Bourgougne : et apres le depart de Villeroy le prix du bled diminua d'un tiers, pour ce que le degast fait ne se trouua pas grand, qui n'incommoda que les particuliers sur lesquels il estoit tombé, et les moissons estans voisines les marchands furent contraints de vuider leurs greniers : et apres les moissons la peur du feu et la necessité d'argent obligerent les François à donner du bled autant qu'ils purent en secret aux villes de Dole et Gray.

Ainsy passa la commission donnée à Villeroy que Richelieu se persuadoit deuoir amener nostre Bourgougne à ses pieds, car la famine est une sorte de guerre deuant laquelle les plus vaillans sont contraints de poser les armes, mais il ne prenoit pas garde que cela est bon contre les villes assiegées et bouclées dans lesquelles rien ne peut entrer : mais au regard des prouinces entieres qui ne peuuent estre bouclées cela n'a pas lieu, principalement à la nostre qui aboutit sur quantité de differentes souuerainetés, et les Suisses qui auoient promy aux François de courir et appauurir ce pays ne vouloient pas qu'il tomba aux mains des François pour les raisons que i'ay dy cy-deuant ; outre que noz hautes montagnes apres le depart de Weymar auoient esté semées en beaucoup d'endroits et autour des chasteaux qui sont en grand nombre y auoit des semées et dans iceux du bled d'espargne.

Mais le principal estoit l'argent d'Espagne qui se fournissoit abondamment et s'apportoient quadruples de pistoles qui donnoient dans la veüe à tous les voisins estonnez de veoir l'argent croistre en Bourgougne, et bien que celuy d'Espagne ne se deliura qu'aux officiers et soldats, touteffois ceux qui le touchoient l'employoient en achapt des choses qui leur estoient necessaires, et à ce moyen l'argent du Roy s'espanchoit dans la Bourgougne que la necessité esueilloit à prendre le trauail et chercher les moyens de se substanter, et par tout où le trauail et l'industrie agissent l'abondance suit.

14. Que si il y a nation au monde qui soit naturellement laborieuse et industrieuse, c'est là nostre, mais l'abondance causée par la liberté et fertilité du pays et par une longue paix auoit produit une paresse et faineantise uniuerselle, maladie mortelle des peuples, mere des vices et auant couriere de l'ire de Dieu, lequel l'a chassé auec le fouet et les horribles verges de feu et de fer, famine et peste que nous auons cy-deuant descry.

Apres lesquelles il a apparu à toutes les nations de l'Europe combien nostre nation est industrieuse et laborieuse, car noz peuples s'estans espanchez par tout ont subsisté dans les pays estrangers par leur trauail et leur esprit, et leurs ennemys propres les ont recueilly pour tirer le fruit de leur esprit et de leurs mains. Nostre ieune noblesse apres la mort et retraicte de ses suiets, et l'incendie de ses maisons a couru de tous costez aux armées du Roy en Allemagne, Italie, Flandre et Espagne, et partout ont emporté l'honneur des plus fidelles et meilleurs combattans et s'y sont esleuez et formez, non plus à la delicatesse et aux vanités des academies de Paris, mais à la vraye et solide vertu militaire, si que iamais nostre Bourgougne n'a possedé de meilleure noblesse, ny en plus grand nombre qu'elle fait presentement, tous esleuez et combattans dans les armées de leur Roy.

15. Le marquis s'estoit plaint aux Pays-Bas qu'il n'y auoit en Bourgougne nulle obeissance à ses ordres militaires et que tous les malheurs passez procedoient de ce chef, que les villes et villages ne recognoissoient personne que le parlement qui auoit authorité sur leurs biens et sur leurs vies, et les entretenoit dans leurs humeurs et inclinations pour les auoir à soy, si que les gouuerneurs en Bourgougne n'estoient que les executeurs des ordres et volontés du parlement, car leurs ordres au fort de la guerre et aux plus grands perils n'estoient point receus par les peuples si le parlement n'y donnoit son attache.

L'Infant luy dit de se faire obeir aux choses militaires lorsqu'il seroit en campagne et auroit les armes à la main. C'est une ancienne forme en nostre Bourgougne que le gouuerneur n'a point de puissance coactiue sur les suiets que par la voie de la iustice, et il est ordonné aux lieutenans des baillifs d'employer l'authorité du Roy et se seruir du fisc pour faire obeir les suiets aux ordres des gouuerneurs. Car nostre Roy ne veut regner sur nous que par la raison et la iustice; il ne nous commande pas comme maistre à ses valets ainsy que font les roys en France, ny comme les maris font à leurs femmes ainsy qu'ils font en Flandre et en Brabant, car ce pays est trop martial, fidelle, et obeissant, mais comme pere à ses enfans qui ont part aux interests de leur pere et l'ayment d'un amour masle et filial.

Mais aussi les ordres des gouuerneurs sont absoluz et sans appel et n'y a appel au parlement sinon des sentences qu'ils rendent entre parties plaidantes l'une contre l'autre et iugemens contradictoires hors desquelles iugemens leurs ordres en qualité de gouuerneurs doiuent estre executez sans repliques et les desobeissans chastiez par la iustice.

Ils portent de plus deux qualités, l'une de gouuerneur et l'autre de capitaine general, laquelle qualité de capitaine general n'est en regne s'il n'y a guerre et armée en campagne où en presides, car ce mot est relatif à une armée sans laquelle n'y peut auoir actuellement un capitaine general : auquel cas que le gouuerneur commande en guerre en qualité de capitaine general il a la main armée pour se faire obeir et ne rend compte de ses actions qu'à son souuerain en ce qui est purement militaire.

Il aduint que le marquis enuoya à la ville de Baume quelques compagnies de caualerie pour tenir le Doubs et couurir Besançon. Baume estoit ruiné dez longtemps par Weymar et taschoit à commencer de se remettre. Les bourgeois refuserent l'entrée à cette caualerie et sur une seconde iussion enuoyerent leurs plaintes au parlement au lieu d'obeir. Le marquis commanda à sa caualerie de luy amener prisonniers ceux qu'ils trouueroient du magistrat de Baume hors de la ville. Ils rencontrerent les officiers fiscaux en campagne qui venoient de commission de iustice, et ne sachans pas distinguer les magistrats populaires des officiers du Roy, les amenerent prisonniers, à Gray, où estoit le marquis, auec un peu de violence, car ils les conduisirent à pied.

La Cour aduertie du fait examina l'affaire et ne voulut pas soustenir la desobeissance de ceux de Baume, puisque c'estoit un logement militaire que le marquis auoit ordonné, car hors de là quand se font leuées de gens de guerre et se donnent quartiers pour icelles, cet affaire est meslé du politique auquel le parlement a part.

Ne voulut non plus le parlement s'offenser de ce que les officiers de iustice innocens auoient esté mal traictez, car les ressentimens qu'en eut monstré le parlement pouuoient causer une diuision : mais bien il escriuit au marquis l'excuse des bourgeois fondée sur leur ignorance et pauureté et luy representa en termes doux l'innocence des officiers prisonniers. A quoy le marquis respondit qu'il auoit esté necessaire pour le seruice du Roy que les suiets de Bourgougne cogneussent que son capitaine general en temps de guerre auoit l'authorité de se faire obeir auec les armes qu'il auoit en sa main sans mandier le bras de la iustice qui regne en temps de paix : et apres auoir usé de quelque procedure de iustice par la voye de son auditeur general, se fit premierement obeir par ceux de Baume puis renuoya les prisonniers absouls, et dez lors continua cette mesme voye coactiue pour se faire obeir quand il a la main armée.

Ainsy s'accordent les deux mains du Roy et est bien raisonnable qu'elles le fassent au corps politique comme elles font au naturel, autrement les choses n'iroient pas bien.

LIURE QUATORZIÉME.

1. Diette tenue à Ratisbonne. 2. Rebellion de la Catalogne. 3. Le duc de Lorraine affine Richelieu. 4. Bataille de Sedan. 5. Suisses contraires. 6. Ambassadeurs enuoyez en Suisse. 7. Sollicitations des principaux seigneurs par Richelieu. 8. La ville d'Aire renduë aux François, reassiegée et reprise. 9. Le marquis de Tauanes est repoussé des murailles de Gy. 10. Du Hallier fait guerre au bailliage d'Amont et prend Ionuelle. 11. Vesoul compose à une somme d'argent. 12. Le marquis de Sainct-Martin fait miné d'un grand armement pour faire retirer du Hallier. 13. Mort du serenissime Infant d'Espagne dom Ferdinand. 14. Mort du marquis de Sainct-Martin.

L'AN 1641 fut heureux à l'Empereur pour les grandes victoires qu'il obtint sur les Suédes. Il auoit desiré de reunir par voye d'accord les membres de l'Empire qui consistent aux princes Electeurs d'une part et aux Cités imperiales de l'autre, outre lesquels sont grand nombre de princes souuerains qui releuent de l'Empereur. Les princes Electeurs sembloient estre d'accord, car les ducs de Saxe et de Bauiere auoient ioint leurs armes à celles de l'Empereur, Brandebourg rendoit obeissance, les Electeurs de Cologne et Mayence estoient affectionnez et celuy de Treues estoit suspendu de son Electorat et tenu prisonnier.

1. Les villes imperiales estoient lasses de la guerre et la pluspart ruinées par les armes suédoises auxquelles elles auoient fourny argent et presté le tablier : restoient les princes caluinistes (entre lesquels le Lantgraue de Hesse, tenoit le premier rang) qui par l'esprit malin de leur religion opiniastroient la diuision et guerre ciuile en Allemagne à l'assistance des Suédes et François, et n'y ayant que ce peu de princes armez contre l'Empereur, il auoit conuoqué une diette generale de l'Empire à Ratisbonne, où il esperoit que les Electeurs assisteroient en personne, puisque luy-mesme s'y trouuoit, ce que touteffois il ne firent pas.

Le Roy d'Espagne auoit enuoyé dom Francisco de Mellos comte d'Acumar de la maison de Portugal de par sa mere, qui estoit seigneur iudicieux et accord et fauorisé du comte duc, et estoit allé auec grand train et grands tresors pour faire paroistre en cette assemblée la grandeur et liberalité de son maistre et se porter de sa part mediateur des differens des princes mescontens.

Tous les Cercles de l'Empire auoient esté conuoquez, la Bourgougne y fait un cercle, non que nostre Bourgougne ayt iamais deppendu de l'Empire, mais pour ce qu'aux pays Vallons qui portent le titre de basse Bourgougne l'Empereur pretend quelques fiefs et de plus le comte de Bourgougne est comte Palatin dez le temps de l'Empereur Frederic II, lequel titre il continua de porter. L'Empereur Charles V fit donc un cercle de ce que l'Empire pretendoit en la haute Bourgougne qu'est la nostre et aux pays Vallons, affin que ses Bourguignons eussent entrée aux diettes imperiales et part à la protection des armes de l'Empire. *13 Sept. 1640.*

Dom Francisco auoit quelques Bourguignons à son seruice quand il estoit allé à cette diette, et le Roy auoit donné en particulier à ce Seigneur le soing de nostre Bourgougne pour la faire comprendre, si faire se pouuoit, en la paix generale d'Allemagne. Brun qui auoit l'œil ouuert aux occasions s'estoit scruy des Bourguignons domestiques de dom Francisco pour trouuer entrée dans son esprit et estoit, comme i'ay dy cy-deuant, bien auant en celuy de dom Diego Sauedra qui l'auoit accompagné en cette ambassade.

Par ces moyens et des amys que Brun auoit aux Pays-Bas, il se procura commission pour passer à cette diette comme assistant du president de Luxembourg, lequel y fut enuoyé pour le cercle de Bourgougne, ce que fut utile à nostre parlement, où Brun (n'entendant pas les ressors du gouuernement d'Espagne) estoit cause des fautes qui s'y faisoient, au lieu qu'en Allemagne il nous pouuoit estre utile, et dez longtemps dom Antonio Sarmiento, qui lors estoit à Milan et le president Roose qui estoit aux Pays-Bas auprés de l'Infant, cherchoient moyen de luy donner commissions hors de ce pays.

En cette année donc, le diette sus ditte continua à Ratisbonne auec esperances et pensées diuerses, mais elle estoit troublée par Bannier general des Suédes qui auoit aduancé puissamment ses conquestes, et disposé ses postes de pas en pas si auant qu'il eut la hardiesse de se presenter en armes à la veüe de Ratisbonne, auec tel mespris de l'Empire qu'il fit lascher plusieurs volées de canon sur la cité : l'Empereur ne voulut pas que personne sortit pour le combattre et trouua meilleur de laisser croistre le mespris et fierté aueugle dans l'esprit de ce barbare, lequel n'eut autre effect de ce voyage que d'auoir encouragé les partisans secrets qu'il auoit en la diette et tost apres paya bien cherement l'affront qu'il auoit fait à l'Empire. *26 Janv. 1641.*

Nous regardions cette diette comme la principale esperance de nostre repos, et dom Francisco au commencement de l'année nous enuoya de l'argent du Roy et nous en promit quantité suffisante pour l'entretien de noz presides le surplus de l'année.

2. Les François desseignoient la conqueste de ce pays et de la comté de Flandre tout ensemble : ils auoient l'année precedente emporté la ville d'Hesdin et failly Sainct Omer, et en mesme temps la Catalogne prouince principale en Espagne s'estoit rebellé contre le Roy sans autre suiet, sinon son trop de graisse, car elle estoit riche outre mesure par la longue paix et indulgence de Philippe III, et lorsque le Roy à son aduenement en auoit pry possession, elle auoit passé aux insolences et mespris tels qu'elle auoit obligé le Roy à se partir et desarmer le port de Barcelone, puis loger gendarmerie dans leur pays, qui n'auoit seruy qu'à les effaroucher, au lieu qu'il les failloit amaigrir et leur tirer du sang de bonne heure.

<small>29 Juin 1639.</small>

Les François appellés par les Catalans se promettoient de mettre la Catalogne en prouince et la maintenir par armes, comme ayant autreffois esté tenue par Charles le Grand roy de France, Louys le Débonnaire et Charles le Chauue ses successeurs, et à cet effect y auoient enuoyé armées françoises par terre et par mer pour seconder la rebellion des peuples.

La guerre d'Italie alloit son train, de laquelle la commission estoit continuée au comte d'Harcourt de la part des François, et le prince Thomas malcontent du marquis de Leganez estoit viuement sollicité par Richelieu : mais ce prince ayant de tous temps aymé le Roy et cogneu combien peu vaillent les amities de France, ne put estre esbranlé pour ce coup. Le Roy luy donna gens et argent pour l'entretenement d'une armée dans le Piemont qui occupperoit les François et tiendroit Milan à couuert, auquel il donna pour gouuerneur le comte de Siroëla.

3. Le duc de Lorraine voyant les affaires en ce poinct et se seruant de l'esprit de la princesse de Cantecroy qu'il vouloit estre reputée sa femme legitime, comme l'ayant espousé en face de l'église, fit entendre au roy de France par la voye de du Hallier gouuerneur en Lorraine qu'il estoit las de guerre et vouloit comme ses deuanciers rester neutre cy-apres entre l'Empereur et les deux Roys ses voisins : à quoy Richelieu ouurit les oreilles croyant auoir ce prince dans sa main. Le duc conduisoit sa trame si dextrement qu'il fut à Paris trouuer le roy de France, traicta auec le cardinal de Richelieu en la mesme sorte que le cardinal traictoit auec les autres, reput cet esprit ambitieux de fumées

<small>29 Mars 1641.</small>

de louanges et humbles soubmissions, et comme s'il fut deuenu son escolier apprit de luy ce qu'il auoit sur le cœur, accepta les ordres qui luy furent donnez contre nostre Bourgougne, sans s'obliger à rien neantmoins, en quoy fut admirable son adresse : et se laissant une porte ouuerte pour sortir de ce party quand il luy plairoit, retorna sain et sauf en Lorraine, contre l'attente d'un chacun, car c'estoit chose sans exemple qu'un si rude ennemy du cardinal fut sorty en vie et en liberté d'auprés de luy.

Il descouurit donc en ce voyage l'intention du cardinal contre ce pays, car en sa presence fut donnée commission au mareschal de Chastillon pour le forcer à main armée, dans laquelle furent comptées les trouppes de Lorraine qui estoient de deux mille cinq cens cheuaux et quelque infanterie, tous logés à nostre frontiere et qui donnoient à penser au marquis de Sainct-Martin, car le duc ne s'estoit point declaré à luy, et la princesse prenoit plaisir à se faire redoubter et cognoistre qu'elle estoit necessaire à nostre repos.

4. Cependant le prince de Soissons trauailloit à Sedan auec le duc de Bouillon pour mettre le roy de France et le royaume en liberté, et le duc de Guise et autres principaux seigneurs de France se ioignoient à ce glorieux desseing, auquel le duc de Lorraine trempoit et le serenissime Infant au nom du Roy son frere s'en rendit le protecteur, en laquelle qualité il fournit argent pour mettre en pied une armée et la soudoyer : et dez que la chose parut (car le baron de Lamboy vint en place d'armes proche de Sedan auec trouppes leuées d'argent d'Espagne), le mareschal de Chastillon fut contraint de changer de main et de s'opposer à ces princes, contre lesquels il occuppa premierement les passages pour les empescher d'entrer en France, et eut assez fait s'il eut continué en ce desseing. Mais le cardinal qui auoit de hautes pensées sur la comté de Flandre luy manda de ne point perdre de temps et aller chercher ses ennemys auant que leurs forces fussent iointes, ainsy fut liurée bataille proche Sedan en laquelle l'armée de Chastillon rendit peu de combat et peu de personnes exceptées, tous y moururent ou furent fait prisonniers, Chastillon eschappa par bonheur et adresse. 6 Juillet 1641.

En ce combat fut tué le prince de Soissons par un François aposté qui alloit suiuant et remarquant ce prince armé de toutes pieces, visiere abaissée, lequel en cette forme allant de bataillon à autre pour encourager ses gens haussa sa visiere par malheur et fut au mesme instant tué d'un coup de pistolet qu'il receut du traistre qui le cheualoit.

La mort de ce prince fut honorable pour la liberté de la France, mais comme tous les yeux estoient sur luy elle fit un grand changement, car le duc de Bouillon qui estoit le principal mouuement de cette entreprise pour son iuste interest, ne se iugea pas assez puissant pour poursuiure cette entreprise et il auoit raison, si qu'estant recherché par le cardinal il se tira hors du party pour demeurer neutre dans Sedan, et le duc de Guise et Lamboy demeurez seuls allerent ioindre l'Infant pour aller secourir la ville d'Aire que les François auoient assiegé apres la mort du prince de Soissons.

Nous eusmes l'aduantage de cette guerre tres-bien et heureusement commencée mais esteinte en son commencement par cette mort funeste, de laquelle on creut que l'assassin qui estoit des gardes de la Royne de France auoit esté achepté et enuoyé par le cardinal. Le fruict que nous eusmes fut que Chastillon n'ayant plus d'armée et le duc de Lorraine demeurant maistre de ses trouppes, nous fusmes garantis des mauuais desseings du cardinal.

On parla de neutralité de laquelle les Suisses furent les entremeteurs : c'estoient quelques mois apres l'arriuée de Commartin ambassadeur de France, auquel ils accorderent grandes leuées, bien qu'ils fissent mine de les refuser, si son maistre ne retablissoit les choses en ce pays qui est leur frontiere et limite du costé de France.

5. Nous sçauions dez longtemps que comme les catholiques Suisses voisins de l'Italie sont amys et confederez au Roy, aussi sont les Suisses protestans voisins de France confederez au roy de France, Soleure catholique est le siege ordinaire de l'ambassadeur de France, et Commartin auoit praticqué à Fribourg les partisans d'Espagne, comme i'ay dy. Les Bernois bordent nostre frontiere par le pays de Vaux qui deppend d'eux en particulier et par les pays de Neufchastel et Valangin, lesquels bien qu'ils appartiennent au duc de Longueuille, touteffois ils releuent de Berne par traictés et estroites alliances.

Ce canton le plus puissant des Suisses estoit ligué dez le commencement auec la France, et par le moyen de noz guerres et desolations cessoit la commodité qu'il receuoit auparauant de nostre sel, si que dez long temps ce canton se seruoit de celuy de France et pour en estre assorty auoit traicté auec marchans de Genefue.

Cet affaire du sel n'estoit pas le moins important des nostres, car si nous eussions peu restablir la distribution de nostre sel aux cantons de Berne et Fribourg, ce commerce nous eut rallié leurs esprits, et l'argent que nous eussions tiré d'eux par le debit de cette marchandise, nous eut esté de grand secours; mais les François qui pressentoient la suitte du restablissement de nostre commerce l'empeschoient soupplement par voies douces et reparoient l'interest de la moindre bonté que les Suisses ressentoient du sel marin, par argent qu'ils espanchoient dans les dits deux cantons et par le proffit des grandes leuées qu'ils faisoient en Suisse, outre que les querelles et ialousies entre ceux qui auoient gouuerné noz saueries alloient troublant la mesnagerie d'icelles et desgoutant les Suisses d'y penser.

Les cantons alliés de la France se croyoient aussi mesprisez par nous, pour ce que le roy de France et les Venitiens leur enuoyans ambassadeurs nous entretenions chez eux d'Accosta qui s'occupoit à ses affaires et traffiques particuliers; ce que Commartin faisoit sonner et alloit desgoutant de nous la nation Suisse par artifices subtils, dont les François ont tousiours esté fertiles.

Il disoit que le comte Casate ambassadeur d'Espagne ordinaire, residant à Lucerne ville principale des cinq cantons alliez à la duché de Milan, n'estoit là que pour maintenir la ligue des dits cinq cantons auec les Milanois, semer et fomenter dissensions dans l'estat de Suisse et correspondre à la Bourgougne liguée aux dits cinq cantons : que nous estions ennemys de Berne et des autres cantons protestans à cause de leur religion contre laquelle nous estions les plus partiaux et cruels ennemys qui fussent en Europe; et que rien ne conseruoit la Suisse que le degast fait chez nous par la France pour la tuition et repos des dits cantons qui autrement auroient senty les effets d'une guerre ciuile dans leurs entrailles, assaillys d'un costé par les dits cinq petits cantons soustenus des forces de Milan et de l'autre par les Bourguignons assistez de Lorraine et des terres de la maison d'Austriche qui les auoisinent, et n'auroient pas esté les Suisses plus doucement traictés par les Bourguignons que les protestans d'Allemagne leurs freres l'auoient esté par l'Empereur : que la Bourgougne cernée de tous costez des armes de France et reduitte aux extremités qu'on la voyoit ne flaichissoit pas pour demander la paix, mais faisoit courses dans la France auec cruautés et embrasemens, qu'estoient un argument euident des esperances et traictez secrets qu'elle auoit auec les dits petits cantons ses alliez.

Les Bernois faisoient preparatifs de guerre en mesme temps, et pour fournir aux frais d'une campagne et sieges des villes auoient fait impositions extraordinaires sur leurs suiets, qui non accoustumez à semblables choses les trouuoient estranges et se mettoient en refus de payer, voire ià s'assembloient et estoient plusieurs milles hommes ensemble armez contre leurs seigneurs pour se maintenir en leurs libertés. Commartin dit, que c'estoient menées secrettes des Bourguignons qui pensoient ietter la guerre dans l'estat de Berne et se preualoir à leur tour des malheurs et despouilles des Suisses.

6. Sur cet aduis le marquis de Sainct-Martin proposa d'enuoyer des deputez en Suisse pour leuer les soubçons et mauuaises impressions que donnoit Commartin, autrement ils prendroient pied et causeroient nostre ruine totale si les Bernois venoient une fois à s'effaroucher et nous tenir pour leurs ennemys. Le parlement seconda ses pensées, et Brun qui estoit à la diette de Ratisbonne pour le cercle de Bourgougne auec le president de Luxembourg (comme i'ay dy) mandoit qu'il esperoit le restablissement de nostre neu..alité par l'entremise du seigneur dom Diego Sauedra present à Ratisbonne, qui auoit pouuoir ample et suffisant et ne refuseroit pas de passer en Suisse si le parlement l'en prioit, (ce qu'il fit volontiers) tant la pensée de paix est douce à ceux qui sont accablez des malheurs de la guerre.

L'Infant aduerty par le marquis ne trouuoit pas bonne cette ambassade, pour ce que la diette qui se deuoit lors assembler en Suisse en la ville de Baden estoit à l'instance et aux frais du roy de France qui auoit disposé les choses à loisir et espanché diuers bruits et promesses pour obtenir une leuée en Suisse qu'il estoit impossible d'empescher et difficile de retarder, manda à dom Diego que sa presence estoit necessaire à Ratisbonne et ne failloit pas qu'un ambassadeur extraordinaire d'Espagne parut en une diette s'il ne la faisoit assembler luy-mesme pour y faire propositions et despenses conformes à la grandeur du Roy, de quoy le dit dom Diego n'auoit lors ny ordre, ny moyens.

Les lettres du parlement et la presse importune du procureur general emporterent cet homme affectionné à la Bourgougne qu'on disoit luy tendre les bras, et Brun luy representoit les choses disposées et faciles en Suisse et le croyoit ainsy, non tant par les aduis que luy donnoit d'Accosta son beau pere, que par ceux de ses autres correspondans qui tousiours l'ont trompé : si qu'enfin Sauedra passa en Suisse et y fit assembler une seconde diette, et pour plus authoriser l'affaire obtint de l'Empereur une personne qui y comparut en qualité d'ambassadeur de l'Empereur.

Le marquis escriuit à l'Infant que le feu estoit allumé en Suisse et estoit absolument necessaire d'y porter de l'eau, le suppliant tréshumblement de l'auoir agreable, et qu'à cet effect il auoit ietté l'œil sur le comte de Sainct-Amour et le parlement sur le conseiller Bereur, l'un seigneur principal, l'autre des plus anciens du parlement, pour passer ensemble en Suisse auec instructions tendans principalement à leuer les impressions mauuaises données par Commartin. L'Infant y consentit auec peine et eut ce voyage l'effect que le marquis esperoit, car les Suisses se tindrent honporez, et cogneurent en noz deux deputez une entiere franchise, marques asseurées de nostre ancienne amitie, sans arriere pensée contre eux.

Les Suisses eussent desiré le restablissement de nostre neutralité, mais Commartin n'estoit pas en Suisse pour cela, et pour ne pas effaroucher les Suisses par un refus absolu ou excuse d'impuissance, feignit d'auoir tous pouuoirs de son roy et demanda à Sauedra le sien, et l'ayant veu le maintint insuffisant. Le parlement enuoya lettres signées du Roy des longtemps à luy enuoyées, qui portoient le pouuoir qu'on demandoit, et l'Infant enuoya le sien, se faisant fort du Roy son frere; mais tous ces pouuoirs n'estoient pas suffisans pour Commartin qui n'en auoit aucun ny ordre de faire aucun traicté.

L'Infant enuoyant son pouuoir escriuit au marquis qu'il sçauoit bien que cette ambassade ne reüssiroit à rien, mais qu'il enuoyoit le pouuoir demandé, à ce que les peuples de Bourgougne fussent desabuzez de l'opinion qu'ils auoient conceu que les François auoient inclination au restablissement de la neutralité de Bourgougne.

Le Recés de la diette furent lettres aux deux roys pour les inuiter au restablissement de cette neutralité, et aucuns des cantons, outre les cinq noz alliez, refuserent les leuées demandées par les François, les autres les promirent et furent tirées grosses trouppes de Suisse qui estoient bien necessaires aux François et leur furent de grands secours.

Le bruit de la neutralité accordée à la priere des Suisses fut espanché par tout, et fut cause que de deux cens mille escus accordez par le Roy pour l'entretien de noz soldats et de noz places nous ne receumes que le quart, le surplus ayant esté diuerty, que fut un grand mal, car les soldats à ce moyen estans demeurez sans solde firent toutes sortes d'excés sur les chemins, rompans par ce desordre le commerce des quatre villes, lequel manequant les choses monterent à un prix desmesuré, principalement le bled que l'on esperoit deuoir raualer notablement de prix, et il se vit apres les moissons faictes hausser iusques à huict et neuf francs la petite mesure, si que le peu d'argent receu de la caisse du Roy pour employer aux rations iournalieres des soldats se trouua bien tost consommé en achapt de bled.

Plusieurs officiers reformez passerent en Italie où furent donnez à aucuns commissions de leuer regimens pour la guerre de Piemont, lesquels vindrent sourdement à nostre frontiere et attirerent noz meilleurs soldats ennuyés de se veoir sans solde, outre que l'apprehension du chastiment des excés par eux commis les incitoit à se tirer dehors.

Les François s'apperceurent de ce desordre et du mescontentement des officiers qui restoient dans les places, et n'oublierent artiffices quelconques pour les praticquer, mais ils trouuerent par tout des esprits forts qui reietterent bien loing leurs offres.

7. Le gouuernement de Gray auoit esté donné fraischement au baron de Sauoyeux qui en tiroit bien peu d'utilité, pour ce que les gages de sa garnison se payans aux sauneries et les sauneries estans en desordre la garnison estoit mal payée : ses maisons auoient esté bruslées les années auparauant, ses biens de tout point desolez par la guerre et la peste. On employa un seigneur Sauoyard son parent, qui s'adressa à sa femme retirée en Sauoye pour luy faire sçauoir qu'on luy donneroit cent mille francs d'argent et autant de reuenu en France qu'il en auoit perdu en Bourgougne et auec mesme authorité : il reietta courageusement la proposition et en donna au mesme instant aduis au marquis.

26 Mai 1641. Le marquis luy-mesme ne fut pas hors de la portée de ces canons, car le comte de Chalanssey, françois, luy fit offrir de la part de son roy l'ordre de France et de puissans employs et traictemens : il fit responce à Chalanssey, que ce discours l'offensoit si auant que rien que la vie de Chalanssey ne pouuoit reparer l'iniure; mais Chalanssey n'eut point d'oreilles.

Il auoit pris son entrée de discours sur proposition de cessation d'armes qu'il disoit auoir charge de traicter et s'estoit addressé au comte de Salenouc, bourguignon, famillier du marquis, qui luy auoit permy de s'aboucher auec Chalanssey pour un si bon suiet : ce fut au dit comte qu'il fit l'ouuerture sus ditte, lequel n'en voulut point prendre charge, mais il ne voulut pas aussi la celer au marquis. C'estoit sur le commencement de la campagne en laquelle peu apres Chalanssey fut occis en la bataille sus ditte proche Sedan et fut vengée par sa mort l'iniure receue par le marquis.

Les suiets de Bourgougne entretenuz dez longtemps en esperance du restablissement de leur neutralité, cognoissans lors que les François n'y estoient pas portés, se trouuerent hors de leur compte et de l'espoir duquel on les auoit nourry contre la volonté du serenissime Infant qui cognoissoit le fond des intentions de France et des Suisses protestans, et ne vouloit pas amuser les peuples d'esperances vaines qui amolliroient leur courage et leur feroient tomber les armes des mains et enfin les feroient surprendre desarmez par les ennemys.

Le desespoir de neutralité abattit principalement les courages au bailliage d'Amont desnué de places fortes au delà de Gray : ce bailliage est la meilleure et plus grande partie du pays, semé de belles maisons champestres appartenans aux seigneurs et principale noblesse. Le terroir est abondant en toutes façons et entrecouppé de trois riuieres æqui distantes l'une de l'autre, la Saone, l'Oignon et le Doubs : toute cette estendue de pays n'auoit point senty les armes de France ny celles de Weymar qu'en passant ; et auant luy les entreprises du Rheingraue Otho Louys et celles du mareschal de la Force auoient esté estouffées en leurs commencemens sans auoir esté ressenties qu'en la frontiere ; et du prince de Condé et siege de Dole, le bailliage d'Amont n'auoit entendu que le nom et bruit ; mais les Imperiaux du comte Gallasse et les Lorrains auxiliaires y auoient fait degast, apres lequel les peuples auoient commencé de respirer, et comme si la riuiere de Saone eut esté une limitte asseurée entre eux et la France, s'alloient doucement entretenans auec leurs voisins en espoir de neutralité ou pour le moins de surseance d'armes.

Besançon, Dole et Salins estoient entretenuz de quelque espoir par le comte de Sainct-Amour et le conseiller Bereur retornez de Suisse, bien que le comte dit en secret à ses amys qu'il n'y auoit rien à attendre du costé de France et de Suisse. Le marquis destitué de soldats, viures et argent, se consoloit que les Suisses demeuroient noz amys et que noz peuples estoient mis hors d'erreur et principalement de ce que noz ennemys estoient occuppez loing de nous.

8. Car apres la bataille de Sedan, les François auoient marché auec leurs principales forces contre la ville d'Aire en Flandre qu'ils auoient assiegé et s'estoient retranché deuant si puissamment qu'il auoit esté impossible à l'Infant de forcer leurs retranchemens, si que par le conseil de ses principaux capitaines, il auoit mandé aux assiegez de rendre de bonne heure la ville aux François auec desseing d'occuper leurs

28 Mai 1641.

tranchées au mesme instant qu'ils les quitteroient et boucler les victorieux dans la ville qu'ils auroient conquy.

<small>26 Juill. 1641.</small> Ce qu'auoit esté fait, et à ce sage conseil estoit ioint le bonheur que les François ayans pourietté la conqueste de la comté de Flandre et choisy Aire pour leur place d'armes, ne l'auoient pas eu si tost entre les mains qu'ils auoient my dedans tous leurs appresls de canons, bombes et munitions de guerre, et l'Infant auec une valeur et promptitude nompareille, apres leur auoir presenté bataille en campagne qu'ils <small>5 Août 1641.</small> auoient refusé comme ayans leur compte par la possession de leur place d'armes, il auoit soudainement occuppé leurs tranchées à l'heure qu'ils commenceoient de les vouloir rompre et les auoit de beaucoup augmentées, faisant les fossés de quinze pieds de largeur, le parapet haut esleué et de bonne espaisseur, le bord exterieur du fossé reuestu de pallissades, et outre les redouttes de pas en pas auoit fait bastir forts royaux en bon nombre, le tout bien fourny de soldats, canons et munitions de toutes sortes.

Contre lequel camp et reuers de siege non preueu les François employoient tous les efforts que l'industrie, la honte et l'interest leur pouuoient suggerer; mais tout cela et toutes les forces de France mises <small>7 Déc. 1641.</small> ensemble ne peurent empescher que Aire ne fut reduy et rendu auec tous les canons, munitions et preparatifs qui estoient dedans.

9. Nous ne fusmes pas portant en repos bien que les forces de France fussent occuppées aux Pays-Bas, car Tauanes marquis de Mirebel, fit une entreprise sur nous d'assez grande consideration. Noz quatre villes dans lesquelles nous nous estions reduy apres auoir abandonné la campagne, sont posées en quarré en forme de losange, faisant chacune un angle et au milieu sont les villes de Marnay et Gy assises sur la riuiere d'Oignon, occuppant lesquelles, le commerce des dittes quatre villes, pour le moins de trois d'icelles, seroit rompu, et sans commerce elles ne peuuent subsister. Tauanes donc entreprit d'occupper les deux villes foibles et peu gardées, (comme estans couuertes de Dole et Gray du costé de France) et ayant pourietté et digeré son entreprise vint brus- <small>13 Août 1641.</small> quement assaillir la ville de Gy auec caualerie, infanterie et canon. Le bonheur voulut qu'une trouppe de vieux soldats faisant escorte au sel qui estoit conduy de Besançon à Gray, se rencontra à Gy qui est en my chemin, à l'heure que Tauanes attaqua la ville du costé de la montagne; et fut la deffense si genereuse et le courage des bourgeois assisté du dit conuoy si grand, qu'il suppléa aux deffaux des murailles qui

estoient sans flancs ny parapets. Le canon ne seruit de rien à Tauanes, ny tous ses efforts, lesquels cognoissans vains il s'exposoit luy-mesme comme de rage à la mousqueterie de ceux du dedans, mais il put mourir et faillut qu'il se retira honteusement.

Les Suisses faisoient mine de desirer nostre repos, et les plus sensez d'entre eux voyoient bien que le repos de leur estat estoit ioint au nostre, puisque nostre Bourgougne est un rempart qui les couure des François peuples inquiets et tousiours agissans contre leurs voisins ou dans eux-mesmes, mais les Bernois liguez auec la France estoient contraints de prendre la loy des François et tiroient à leur party les autres cantons protestans, tant comme plus puissans qu'eux, qu'à cause de leur commune religion qui est la chose qui meut plus puissamment les peuples.

Et bien que le comte de Sainct-Amour et le conseiller Bereur nous fissent assez entendre qu'il ne failloit que bien peu esperer du costé des Suisses, touteffois nostre parlement et les villes et uniuersellement le peuple et la noblesse las de leurs maux se figuroient en l'esprit ce qu'ils desiroient, de tant plus que leurs voisins François estoient dans le mesme desir, que la crainte de pareille fortune que la nostre leur produisoit, et sembloit que les deux conspirans esgalement à la paix, leurs roys ne la leur pouuoient denier.

Ainsy l'esperance et la crainte agissoient respectiuement aux deux Bourgougnes, passions qui comme deux vents impetueux agittent les esprits des peuples et les emportent facilement sans laisser place à la raison, laquelle dictoit aux hommes sensez que cette paix particuliere ne se pouuoit faire sans le consentement du roy de France qui regardoit ses interests non ceux de ses peuples, et ses interests luy dictoient de tenir nostre Bourgougne pour le moins inutile à son maistre durant les guerres presentes.

Les ministres d'Espagne tant à Milan qu'en Flandre, sur le bruit espanché d'une paix prochaine ou du moins surseance d'armes entre les deux Bourgougnes, differoient de nous enuoyer l'argent que le Roy nous auoit destiné qui estoit de deux cens mille escus en valeur de huict cens mille francs de nostre monnoye, et par effect le comte de Siroela gouuerneur de Milan employa aux affaires de son gouuernement les cent mille escus qu'il auoit touché pour nous.

Noz soldats faute de paye alloient cherchant fortune, et les leuées de Milan attiroient de iour à autre quantité d'officiers que les capitaines bourguignons seruans à Milan venoient recueillir en noz frontieres.

10. Nous auions outre noz quatre villes, la frontiere de France assez bien gardée au bailliage d'Amont : Ionuelle estoit fortiffié et dans iceluy estoit le capitaine Gaucher nepueu du fut colonel Gaucher, renommé en France pour ses courses au temps de la ligue, et en Allemagne pour ses hauts faits d'armes. Son nepueu commandant à Ionuelle auoit deux cens bons soldats et auoit herité l'esprit de son oncle pour les courses mais non sa valeur militaire. La ville de Langres et tout le Bassigny et la Lorraine iusques à Nancy et au delà estoient inquietez par ses courses, et tout le bailliage d'Amont iouissoit de quelque repos soub le couuert de cette place frontiere et reputation du commandant. Du Hallier le praticqua par le moyen d'une dame que le Gaucher esperoit d'espouser, et si il ne le gagna pas, l'endormit pour le moins et sur ce forma une entreprise sur tout le bailliage d'Amont qui se reposoit sur le Gaucher, et n'auoit rien de muny que Ionuelle, car Gray estoit trop reculé.

Du Hallier n'auoit autre gendarmerie que ses garnisons de Lorraine desquelles nous ne nous doubtions pas, et auec icelles et l'ayde que luy donnerent les interessez fit un gros assez considerable de caualerie et infanterie et marcha auec canons de batterie contre Ionuelle, luy present et le comte de Gransey commandant auec luy cette entreprise. Le Gaucher le receut gayement, et comme bresche fut faicte aux murailles de la ville il repara la bresche et soutint le premier assaut l'espée à la main au milieu de ses soldats les encourageant et combattant vaillamment.

15 Sept. 1641.

La ville ne pouuoit pas tenir, il la faillut quitter, le chasteau estoit bon et bien remparé et le donion de structure telle que ny le canon, ny les mines n'y pouuoient rien par le dehors comme l'euenement le moustra ; car apres que le Gaucher l'eut rendu à du Hallier qui le voulut desmolir, il faillut le miner par le dedans et à toute peine put estre esbresché par mine.

On ne vit iamais changement plus soudain que celuy qui parut en la personne du Gaucher, car le chasteau ne fut pas plus tost inuesty qu'il perdit courage et se trouua abbruty si auant, qu'au lieu de exhorter ses soldats comme il auoit fait deux iours auparauant, il se mit à les solliciter de remettre la place à l'ennemy et ne se pas faire battre : et ayant fait entrer à toute peine cette lasche pensée dans les esprits d'aucuns de ses soldats, il composa auec du Hallier sans aucun escrit et sortit auec ses soldats. Le marquis de Bourbonne son viel ennemy qui estoit present luy tint paroles de menaces auxquelles il respondit fiere-

16 Sept. 1641.

ment, et portant sur sa personne quelque quantité de ducats, il pria du Hallier de les luy garder. L'argent fut gardé au Gaucher, mais non la parole aux soldats, car de la ditte garnison, bonne partie fut taillée en pieces et le Gaucher fut mené prisonnier dans le chasteau de Diion, et si le rude traictement qui depuis luy a esté faict ne le iustiffioit, nous le condamnerions d'intelligence et trahison.

C'est merueille que l'effort que fait la conscience et merueilleux sont les iugemens de Dieu, car n'y ayant ny lascheté de cœur ny trahison, sa conscience le prit au colet, le desarma et mit aux mains de ses ennemys. Il estoit diffamé de voleries et mauuaises actions pour lesquelles nous le tenions en cause criminelle.

Son oncle le colonel lorsqu'il auoit esté en aage meur, s'estoit signalé en Flandre en la bataille de Fleurus et en Allemagne en la bataille de Prague et par tout auoit monstré une valeur desmesurée et une promptitude incroyable : son frere aussi le capitaine Iean, pere du commandant de Ionuelle, s'estoit signalé aux guerres de Flandre.

Le bailliage d'Amont en Bourgougne est plein de tout temps d'ancienne noblesse, leurs chasteaux sont de pas en pas sur les riuieres de Saone et Oignon, qui est cette contrée, que Cæsar dit estre la plus fertile de toutes les Gaules. Tous ces chasteaux estoient peu gardez pour ce que Ionuelle les couuroit et que les seigneurs auxquels ils appartiennent sont ruinés de biens et leurs suiets morts ou vagabonds aux pays estrangers.

La reddition non esperée de Ionuelle surprit les commandans des dits chasteaux, et il arriua de surcroist que le commandant du chasteau de Chauuirey voisin du dit Ionuelle ayant esté assailly et ayant vaillamment deffendu sa place, estant enfin contraint de la rendre fut pendu par les François, afin de donner terreur à tous les autres commandans.

Du Hallier adiousta une proposition de neutralité pour les chasteaux qui se rendroient, sçauoir, qu'ils seroient conseruez à leurs maistres à condition qu'ils ne permettroient aucune hostilité contre les François qui seroient dedans : le mot de *Neutralité* porta coup en l'esprit de plusieurs.

Plusieurs chasteaux accepterent cette neutralité. Le baron de Scey estoit à Besançon où le parlement m'auoit enuoyé à la requisition du marquis de Sainct-Martin pour le seruir de mes aduis ; sa maison de Scey fut assaillie et emportée, car elle est plus tost maison de plaisance que forteresse : et estant rendue du Hallier luy escriuit, l'inuitant d'entrer en la neutralité sus ditte. Le baron en demanda aduis au marquis et le marquis reiettant cette proposition auec paroles aigres, Non, non, dit le baron, monsieur ie ne vous demande pas si ie dois accepter la proposition qui m'est faicte, car ie la reiette bien loing, mais ie demande en quelle forme ie dois respondre à la lettre qui m'est escripte, pour euiter si faire se peut le bruslement de la maison qui seule me reste, car les François m'ont desià bruslé toutes les autres.

Le marquis luy donna aduis de faire response à du Hallier qu'il ne pouuoit rien traicter sans permission de son Roy, ny du Hallier luy asseurer la conseruation de Scey sans pouuoir du sien, auquel effect il luy demandoit temps pour respondre et luy en laissoit autant pour faire venir l'adueu du roy son maistre, luy remerciant cependant sa courtoisie. Le baron fit response en cette forme et du Hallier trouua qu'il parloit en homme de bien.

11. La ville de Vesoul estoit esloignée de la Saone, et du Hallier n'ayant autres trouppes que ses garnisons qu'il auoit tiré et fermé les portes de ses places, n'auoit garde de s'engager plus auant dans la Bourgougne, car pour laisser suffisante garde au pont de Scey afin d'asseurer sa retraicte il eut fallu diuiser son armée qui estoit fort petite : il usa donc de cette inuention, que voyant un bon religieux bourguignon qui remarquoit ses paroles pour en reseruir ceux de Vesoul, il dit en sa presence que si Vesoul l'obligeoit à l'aller trouuer, il donneroit le sac de la ville à ses soldats. Le bon religieux sans perdre temps en vint donner aduis au peuple de Vesoul qui plein d'effroy courut à du Hallier et se rachepta à gros argent, pour lequel furent donnez en ostage les principaux de la ville.

<small>30 Sept. 1644.</small>

12. Le marquis n'auoit ny gens ny argent pour s'opposer à du Hallier et les presides des places estoient mal fournis. Il tint conseil de guerre à Besançon, où fut resolu qu'on feroit venir gens de tous les lieux où restoit du peuple et qu'on en formeroit un corps, auquel on ioindroit la caualerie qui estoit en Bourgougne, la plus part desmontée.

<small>8 Octob. 1644.</small>

Le marquis au sortir du conseil me tira à part en sa chambre, où nous resolusmes de faire sonner hautement ses armes et enuoyer les officiers de iustice à tous les ressors qui se trouuoient lors à Besançon pour authoriser et presser les dittes leuées et marquer pour place d'armes la ville de Quingey assise sur la Louhe entre Besançon, Dole et Salins au milieu de plusieurs vignobles. C'estoit iustement en saison de vendange, afin que les interessez fissent bruit qui paruint aux oreilles des ennemys. La chose fut executée et les plaintes et apprehensions (principalement de Salins) furent fort grandes, proche de laquelle ville au mesme temps quelques caualiers liegeois firent du desordre qui augmenta le bruit.

Les gouuerneurs de Besançon sur l'eclat de cet armement demanderent gens pour la garde de leur ville : le marquis leur en accorda six cens et le cheualier de Cleron pour commandant. Nous allasmes à Quingey le dit cheualier et moy pour faire croistre le bruit et le bruit ne tarda pas de passer à l'armée de France où fut adiousté que nous attendions des Croates.

La nuict suiuante nostre caualerie qui ne montoit pas en tout à cent cheuaux donna alarme à l'un des quartiers de du Hallier : la peur fut si grande qu'à l'instant du Hallier qui estoit campé à Scey fit repasser canon et bagage delà la Saone et y repassa luy-mesme et peu apres renuoya son canon et ramena ses gens en leurs garnisons. Ainsy sans gens ny argent auec le seul bruit d'un armement fut aresté le progrès de du Hallier qui par ruses et craintes de ses armes faisoit venir à soy de tous costez les peuples du bailliage d'Amont, et soub le mot de *neutralité* se faisoit donner argent et estendoit la protection du roy desià bien auant.

13. En ce mesme temps le serenissime Infant d'Espagne Ferdinand estoit atteint d'une fieburc tierce, que les soings qu'il prenoit et les trauaux de guerre auoient causé. Il alla languissant dans cette fieburc et tantost se trouuoit quitte, tantost retomboit en fieburc. Les yeux de tous ses peuples estoient sur luy et prieres se faisoient partout pour sa santé : Dieu l'appella à soy au mois de nouembre 1641. On se plaignoit fort de ses medecins espagnols qui le traictoient en Flandre à l'espagnol et estoient accusez de luy auoir hasté ses iours par trop de refroidissement.

9 Nov. 1641.

Plusieurs soubçonnoient le poison et en accusoient le cardinal de Richelieu, ioignant cette mort à celle du prince de Soissons nagueres aduenüe : autres parloient entre leurs dents et disoient que dom Carlos estoit mort de mesme à Barcelone et que les Espagnols ne vouloient point de princes du sang. La douleur est feconde en soubçons, et prend les ombres pour les corps.

Le prince estoit le plus accomply de son siecle, non en qualité de prince seulement, mais en qualité d'homme, car il estoit genereux, vaillant et sage, plein de bonté et amour pour ses peuples, affable et doux, recognoissant les seruices et honorant les hommes vertueux, liberal, modeste et sobre, beau de visage et de bonne mine, deuot et humble deuant Dieu et qui luy rendoit de continuels honneurs selon la forme de ceux de sa maison.

Il auoit esté present à la bataille de Nordlingen où son courage et resolution auoient paru, et apres cette victoire auoit trauersé vaillamment auec sa caualerie les pays de ses ennemys pour se rendre au Pays-Bas, où estant assailly par les armées d'Hollande et de France iointes ensemble, il les auoit soustenu et dissipé, et si les choses eussent esté laissées à sa conduitte, il eut eu bien tost le front tout couuert de lauriers.

Les nouuelles de cette mort furent receües par tout auec regret nompareil, les ennemys mesme de ce prince le regretterent; sa mort fut telle qu'auoit esté sa vie : c'est une remarque en la maison d'Austriche que tous y meurent chrestiennement. Les morts de Charles V et Philippe II, celles de Ferdinand II, d'Albert et Isabelle et celle de Philippe III sont toutes morts de religieux resignez à Dieu, et exemples à leurs ministres combien il importe de bien viure pour bien mourir.

14. Cette nouuelle apportée au marquis de Sainct-Martin luy perçea le cœur, il se retira brusquement en sa chambre pour pouuoir ietter ses soupirs sans estre entendu : il trouua en sa chambre l'image de ce prince qui estoit l'obiect ordinaire de ses yeux, ce fut à cet escueil que son cœur se brisa : ses douleurs ne pouuoient sortir par la bouche ny par les yeux, car le yssües estoient trop petites. Seulement il repeta plusieurs fois ce mot, *Mon Maistre, ah mon Maistre, mon cher Maistre.* La marquise sa femme le pensa diuertir, mais pour neant, et comme son naturel estoit de feu, il n'y eut remede. Il le faillut laisser consommer dans le brazier d'amour qui possedoit son cœur, et celuy de colere contre la mort aueugle et deraisonnable qui luy enleuoit ce braue prince en la fleur de ses ans.

Il tarda peu qu'on vit en luy un extraordinaire changement, et apres auoit pry le lict il perdit la parole, non touteffois la cognoissance, car il entendoit ceux qui parloient et serroit la main à ses amys. On lisoit en ses yeux et en son visage la douleur qui estoit dedans : rien ne fut oublié pour le secourir, mais le cerueau qui estoit dez longtemps affoibly par l'immensité d'affaires qu'il auoit eu et des vapeurs de la bile qui causoit ses impatiences ne put resister à ce choc : il mourut d'ennuy de la mort de son maistre sur la fin de decembre de la mesme année 1641. 21 Déc. 1641.

C'estoit un guerrier fort accomply. La maison de la Baume de laquelle il estoit yssu est ancienne en Bourgougne où elle a porté deux cardinaux, trois cheualiers de l'ordre de la toison d'or et deux mareschaux gouuerneurs des armées; luy gouuerneur en chef de la prouince auoyt herité de ses deuanciers la valeur et l'amour pour ses souuerains. Il estoit le plus ieune de trois freres, l'aisné comte de Montreuel auoit espousé en France la sœur du comte de Saux, et s'y estant estably auoit esté tué d'une mousquetade au siege de Sainct Iean d'Angely; le second auoit porté le titre de marquis de Sainct-Martin et auoit espousé aux Pays-Bas la seconde fille du prince de Ligne, de laquelle (mourant ieune) il auoit laissé une seule fille mariée au comte de Ritberg de la maison d'Ostfrise, sa vefue s'estoit remariée au comte d'Embden capitaine des gardes de l'archiduc Albert et gouuerneur de Luxembourg, et estant vefue sans enfans de son second mary, sage et riche, nostre marquis auoit eu dispense du Pape pour l'espouser : mais l'impetration de la dispense ayant cousté plusieurs années, les ans utiles de cette dame pour auoir enfans s'estoient cependant escoulez.

Le desespoir d'enfans auoit affligé le marquis et l'année de sa mort estant decedé le comte de Ritberg, il auoit ietté l'œil sur le second filz du comte de Montreuel son frere aisné pour luy donner sa niepce et belle fille tout ensemble. Il me fit la premiere ouuerture de ce mariage estant à Vaudrey, me disant qu'il faisoit ce choix pour ce que le frere aisné estoit marié et engagé au seruice du roy de France, et ce second auoit son partage au comtat d'Auignon et ne tenoit de France ny charges ny pension ny employ.

Qu'il luy fascheroit trop d'auoir fait perdre à la Bourgougne la maison de la Baume, que ce nepueu estoit de bon naturel et propre à l'air de Bourgougne; et estant de retour à Gray il ouurit cette proposition à la marquise qui estoit toute d'amour pour la maison de la Baume. La comtesse trouua un peu estrange qu'estant heritiere de son pere et vefue d'un prince, on luy voulut donner un cadet peu riche pour second mary, mais sa sagesse et l'amour de sa patrie l'y firent condescendre.

Les grandes maisons de Bourgougne sont aucunes guerrieres, autres d'humeur doux et pacifique. Celle de la Baume est d'humeur guerrier, d'où vient que le pere du marquis eut peine de s'accorder auec le parlement. Son filz au commencement de son gouuernement en fut de mesme, mais à la fin ils furent trés-bien ensemble, son humeur colerique l'impatientoit aux longs discours et le faisoit rude en paroles, mais il estoit facile à pardonner et oublier les iniures, et satisfaisoit ceux qu'il auoit rudoyé.

Il auoit eu en ses ieunes ans la fortune par tout contraire; en la bataille de Nordlingen il fut couuert de plaies et rapporté au camp sur les bras de ses soldats : ce fut luy qui conduisit son prince d'Allemagne en Flandre au trauers des pays ennemys : fut fait general de l'artillerie des armées du Roy en Allemagne et en Flandre, capitaine des gardes de l'Infant son maistre : puis apres gouuerneur et capitaine general en Bourgougne, où il eut fait de grandes choses s'il eut eu le pouuoir absolu, car outre la science militaire qu'il possedoit en haut degré, il estoit de grand iugement et prompt aux executions, diligent, infatigable au trauail; mais le duc de Lorraine eut le commandement de l'armée du Roy qui la mesnagea et n'eut autre visée que de conseruer les principales villes de Bourgougne.

I'ay laissé cy-deuant Bannier et ses Suédes canonnant la ville de Ratisbonne, et la diette electorale assemblée dans icelle. La diette eut peu d'effect, sauf que dom Francisco ambassadeur d'Espagne se concilia les esprits de plusieurs Allemans. Mais l'Empereur apres auoir prudemment supporté les insolences de Bannier et veu l'aueuglement que les fumées de sa superbe auoient produit en son esprit, fit venir sourdement ses trouppes de diuerses parts, le surprit et deffit, et le poursuiuant chaudement de poste en poste ne le lascha qu'il ne l'eut veu mort enseuely dans les ruines de sa fortune.

20 Mai 1641.

Dom Francisco apres cette diette acheuée se rendit aux Pays-Bas peu auant le decés de l'Infant, et apres cette triste mort luy fut donnée par le Roy la commission du gouuernement.

LIURE QUINZIÉME.

1. Dom Francisco de Mello est commis au gouuernement des Pays-Bas et la Cour au gouuernement politique de Bourgougne, le baron de Scey au militaire. 2. Entreprise du baron de Scey sur Grimont. 3. Troubles et guerres par tout en Europe. 4. Résolution par nous prise pour empescher les nouueaux degasts pouriettez par les François. 5. Guerre d'Espagne. 6. Recouurement de plusieurs chasteaux au bailliage d'Amont. 7. Combat de Rey. 8. Le baron de Melisey deffend son chasteau contre la Susse. 9. Les seigneurs vassaux ont droit de mettre commandans en leurs places. 10. Mort du baron de Soye en la bataille de Leipsick. 11. Mort du cardinal de Richelieu.

La mort du marquis fut plainte par le parlement à madame sa vefue selon la coustume, et prit le parlement le gouuernement de Bourgougne en main, selon qu'il est aussi accoustumé attendant les ordres du Roy qui se receoiuent par les mains du lieutenant general des Pays-Bas et de Bourgougne.

Le marquis auoit eu congé peu auparauant sa mort pour faire voyage au Pays-Bas durant l'hyuer, et auoient esté commis le parlement au gouuernement politique, et le baron de Scey au militaire durant son absence, lequel cas d'absence sembloit à aucuns deuoir estre estendu au cas de mort; et que la Cour et le baron de Scey pouuoient en vertu de leurs commissions partager entre eux le gouuernement, mais l'opinion contraire fut suiuie, sçauoir, que la Cour prendroit par interim le gouuernement entier sans se seruir de la commission, pour ce que tel a esté l'usage ancien et ordinaire quand les gouuerneurs de Bourgougne decedent, duquel il ne conuenoit pas disceder, et estoient choses bien differentes, l'absence du gouuerneur pour un voyage au Pays-Bas durant un hyuer, et la vacquance de sa charge par sa mort.

On disputa aussi si le parlement se deuoit entremettre au militaire ou nommer un seigneur pour le gouuerner : il fut resolu que la Cour ne s'y entremettroit pas, tant à cause de la declaration precedente de son Altesse royale touchant le militaire, que pour donner mescontentement à la noblesse, ioint que les deux cheualiers de la Cour estoient absens.

Nous n'auions sur ce à considerer que les baron de Scey et comte de Sainct-Amour. Nous commismes le baron de Scey, pour ce qu'il estoit seul bailly en Bourgougne et estoit nommé pour le militaire par le serenissime Infant, et ià une autre fois en auoit eu la commission, outre que soub le marquis il auoit fait l'office de mareschal de camp sans accepter neantmoins le titre, mais celuy seulement de general de caualerie qu'il auoit mieux aymé.

1. Le Roy en tous ses estats où il a lieutenans generaux laisse tousiours une lettre close qui s'ouure au cas soudain du decés du lieutenant general. La lettre qui estoit au Pays-Bas fut ouuerte apres le decés de l'Infant où se trouuerent nommez plusieurs seigneurs principaux ecclesiastiques et séculiers et tost apres arriua la commission en chef à dom Francisco de Mello lors encor vice roy de Sicile, qui nous signifia *15 Janv. 1642.* sa commission et nous remit le gouuernement politique et au baron de Scey le militaire, attendant les ordres de Sa Maiesté.

Le baron de Scey aussi tost repassa à Dole pour traicter des affaires publiques en qualité de gouuerneur militaire auec le parlement, et comme les cheualiers estoient encor absens, luy fut donnée entrée en la premiere chambre et seance à leur banc, et depuis estant retorné le cheualier d'Oyselay premier cheualier, la Cour fut en peine de la preseance; car la commission militaire ne procedant que du gouuerneur general n'estoit pas office, et ne pouuoit pretendre le baron de Scey d'estre du corps du parlement comme sont les gouuerneurs, quand bien il eut eu commission du Roy, car l'authorité du parlement consiste en la iustice et au politique, auxquels le gouuerneur militaire n'a aucune part; ainsy ne pouuoit prendre la place du gouuerneur qui seule estoit vuide entre le president et les cheualiers, mais pour luy donner contentement le cheualier d'Oyselay aggrea d'aller traicter auec le baron de Scey dans son logis accompagné de trois deputez du parlement.

La premiere chose que fit le baron fut de tesmoigner une grande affection aux villes et au peuple, iugeant que le marquis auoit failly en ce poinct, et que le grand pouuoir que la Cour auoit en Bourgougne procedoit de l'affection des peuples, ioint que s'estant iusques alors porté chef de la noblesse il se feroit veoir en cette occasion égal aux uns et aux autres.

2. La Bourgougne estoit incommodée par les garnisons françoises, sçauoir, le bailliage d'Aual par celles de Bletterans et Grimont; mais principalement par celle de Grimont qui troubloit le commerce de Salins à Dole et celuy des montagnes à Salins : et le bailliage d'Amont *21 Sept. 1641.* estoit couru par les garnisons de Scey-sur-Saone, Rey et Sainct Remy que les François auoient occuppé apres la prise de Ionuelle. Le baron

iugea que Grimont estoit une espine qu'il deuoit tirer et commencer son gouuernement par cet ouurage pour le contentement de la Cour et des deux principales villes.

On l'aduertit de Salins et Arbois que Grimont estoit en disette de viures, telle que s'il n'estoit auitaillé dans quatre ou cinq iours il ne pourroit subsister, et qu'un conuoy estoit à cet effect preparé à Louhans qui commenceoit de marcher. Le baron tira des places du bailliage d'Aual ce qu'il put d'infanterie et mit ensemble la caualerie qui pouuoit faire deux cens cheuaux, et auec cette infanterie et caualerie se posta au-dessus de Grimont et fit occupper les passages de Louhans.

Le vicomte de Corual, lors gouuerneur de Grimont pour le roy de France, estoit dehors et faisoit tous denoirs pour faire marcher viures et chariots : mais estant aduerty de la venüe du baron, il vit que son conuoy estoit foible, et pria instamment le marquis de Mirebeau son parent de luy solliciter secours, et luy cependant se vint ietter nuictamment son troisiéme dans Grimont.

Le baron se retrancha dans une grange ditte Champrigny, car Grimont est assis en sorte qu'il est impossible de se retrancher proche d'iceluy estant en un pendant de rocher dans lequel ne se peuuent tirer tranchées, et sachant l'entrée de Corual manda à Dole pour auoir canons et bombes pour forcer la place : à quoy fut trauaillé promptement, mais auant que l'équipage fut prest, pour lequel il failloit nombre de cheuaux et puissante escorte, le marquis de Mirebeau eut assemblé grosse caualerie et infanterie et auec lesquels et quelques viures il vint secourir son parent. La forme fut qu'il marcha en bataille contre le baron retranché à Champrigny et cependant fit entrer quelques viures dans Grimont. Le baron à son approche mit en bataille sa caualerie en teste de ses retranchemens, et se regarderent les esquadrons sans venir à la charge, car nous estions foibles et l'ennemy n'auoit pas affaire de combat, outre qu'il voyoit nostre caualerie soustenue par son infanterie. _{3 Mars 1642.}

Apres l'auitaillement fait, Mirebeau se retira à Aumont et le baron à Arbois laissant son infanterie dans ses tranchées soub le commandement de Gouhelans, qui le lendemain se retira à Salins, sur ce que l'ennemy parut de rechef pour mettre le surplus de ses viures dans Grimont, en la mesme forme qu'il auoit fait le iour precedent. On disputa s'il l'auoit dehu faire sans ordre, car il n'auoit aucun ordre, fut de combattre ou de se retirer, mais il ne pouuoit estre secouru, et n'auoit munitions de guerre que pour un combat de deux heures, ny viures que pour un iour, et son poste n'estoit d'aucune consequence apres l'auitaillement du chasteau, et en fin ne pouuant esperer aucun ordre du baron, pour ce qu'il estoit couppé, l'ennemy estant entre deux, il fut iugé qu'il auoit fait ce que le baron luy eut commandé s'il eut peu luy faire passer ses ordres.

5. En ce temps qu'estoit le commencement de l'an 1642, toute l'Europe estoit embrasée de guerre : car en Espagne la Catalogne estoit rebellée comme i'ay dy, et la rebellion estoit soustenue par une puissante armée françoise qui auoit assiegé la ville et le chasteau de Perpignan où le roy de France estoit en personne : le Portugal estoit rebellé, et le duc de Bragance choisy roy par les Portugais estoit assisté des vaisseaux d'Hollande.

22 Avril 1642.

Les princes de Sauoye mal contens des Espagnols s'estoient reüny auec la duchesse leur belle sœur et auoient espousé le party françois. Les nepueurs du Pape fauorisoient les deputez des Portugais et Catalans qui faisoient leurs efforts à l'ayde de l'ambassadeur de France, pour faire receuoir par le Sainct Siege l'ambassade du duc de Bragance qui se disoit Iean III et celle du roy de France comme prince de Catalogne dont il auoit pry la possession : et comme le marquis de Los Velez ambassadeur d'Espagne, homme sçauant aux affaires, eut rompu leur coup, ces deputez de Catalogne, Portugal et l'ambassadeur de France l'assaillirent en ce mesme temps à force ouuerte au milieu de Rome, dans son carosse où deux cens coups d'arquebuses et pistolets furent tirez sur luy et ses cheuaux de carosse tuez, luy sauta de carosse l'espée à la main et suiuy de ses domestiques combattit sans armes à feu ce grand nombre d'ennemys, et en rendit plusieurs morts sur la place.

14 Juin 1642.

20 Août 1642.

La guerre se faisoit en Picardie par le seigneur dom Francisco comte d'Acumar qui s'estoit my tost en campagne et auoit repry à ce moyen la Bassée ; ce fut en ce mesme temps qu'il deffit le mareschal de la Guiche, lequel il attaqua dans ses propres forts et fit cette bataille memorable.

13 Mai 1642.

26 Mai 1642.

Les Suédes estoient dans l'Allemagne conduits par Torstenson nouueau general au lieu de Bannier deffait et mort, et sur le Rhein estoit Guebriant ioint au Lantgraue de Hesse soustenuz par les Hollandois voisins, auxquels s'opposoient Esfeld et Beck.

En Angleterre le parlement s'estoit esleué contre le roy qui s'estoit retiré de Londres et la royne en Hollande auec ses enfans et les Irlandois auoient pry puissamment les armes contre les Anglois.

7 Mars 1642.

Les Suisses tenoient diette entre eux à l'instance des François qui leur demandoient des gens, et Sauedra en cette conioncture vouloit renouueller ses poursuittes de neutralité, à couleur que Sa Maiesté luy auoit enuoyé les pouuoirs necessaires demandez pour pouuoir la traicter; mais l'intention contraire des François nous estant trop cogneue, nous le laissasmes faire sans vouloir nous y embarquer plus auant.

4. Le marquis de Mirebeau eut ordre de perdre noz moissons comme Villeroy auoit fait en l'an 1640, et les edits prohibitifs de tirer graines de France furent renouuellez à nostre voisinage auec aggrauation de peines, et furent obseruez plus seuerement qu'auparauant : les Suisses aussi firent deffense de tirer graines de leur pays, si que nous nous trouuions en apparence de demeurer affamez.

La Cour sur ce entendit l'aduis du mareschal de camp de la Verne et fit entrer dans la ville deux compagnies de caualerie liegeoise pour faciliter les moissons de Dole, et ayant communiqué ses pensées au baron de Scey fut aduisé que pour rompre les desseings de France, nous ne pouuions deffendre noz moissons contre le marquis de Mirebeau mieux que par l'apprehension du feu que nous porterions aux villages de noz ennemys s'ils entreprenoient un degast sur nous : et affin que l'apprehension fut réelle, nous resolusmes qu'aussitost que l'armée françoise auroit my le pied sur nous pour faire degast de noz bleds, tous les capitaines des places assises sur les frontieres de France brusleroient les villages françois à eux voisins sans exception, et ainsy nous le leur mandasmes et de tenir à cet effect toutes choses prestes pour cette execution dez l'instant qu'ils en auroient l'ordre.

5. Le mal estoit accreu en Espagne, car les menées de France et sollicitations du duc de Bragance estoient passées dans l'Andalousie pays voisin du Portugal duquel estoit gouuerneur le duc de Medina Sidonia beau frere du duc de Bragance, au mesme temps que le roy de France estoit passé au comté de Rouseillon pour le siege de Perpignan et pour prendre possession en personne du pays de Catalogne, car les Catalans ne receoiuent aucuns procureurs pour prendre possession au nom de leurs souuerains. Le Roy descouurit les menées de France et sollicitations de Portugal et pourueut à tout par iustice qu'il fit de quelques personnes et emprisonnement d'autres.

Le Roy n'estoit pas bougé de Madrid pour ce que le feu s'allumant aux deux bouts de l'Espagne, de laquelle Madrid est le centre, il sembloit ne pouuoir mieux estre qu'au milieu pour pouruoir en mesme temps esgalement par tout : mais estant le roy de France en personne de là les Pyrenées sur les frontieres de l'Aragon qui a naguieres esté aplany par Philippe II et retient encor le souuenir de ses anciennes libertés et en outre est prochain de la Nauarre de laquelle le roy de France porte le nom et possede encor quelques pieces de l'ancien royaume, le Roy s'aduancea en Aragon et se placea à Saragosse, ville capitale pleine de noblesse, apres auoir deffait en mer proche Cadix l'armée nauale des Hollandois et Portugais, et pourueu par terre à ce que les Portugais ne peussent rien entreprendre sur les pays voisins de Gallice, Castille, Andalousie et Estramadure : il laissa la Royne et le prince à Madrid et le conseil d'estat qui est un assemblage des seigneurs d'Espagne lorsqu'il sont consommez aux affaires par les grands et longs emplois qu'ils ont eu.

Perpignan estoit bouclé par les François en telle sorte qu'il estoit impossible mesûy de le secourir : le Roy touteffois y fit entrer des viures, et arma puissamment Rosas qui est sur la mer voisine de Perpignan, et furent battus les François qui tascherent de s'en saisir. L'armée nauale du Roy arriua peu apres qui combattit les vaisseaux de France dans le port mesme de Barcelone, en prit et enfoncea plusieurs, entre autres fut enfoncé le Gallion royal de Marseille qui estoit l'unique des François.

<small>Juillet 1642.</small>

C'est une instruction laissée par Philippe II aux Roys ses successeurs desquels les estats en Europe sont espars et les peuples d'iceux martiaux, de se seruir en Espagne des soldats Italiens, Bourguignons et Valons, et en Italie et Flandre, d'Espagnols : le Roy auoit donc mandé des Valons et Italiens, qui à son arriuée à Saragosse aborderent en Espagne et se rendirent auprés de sa personne pour la composition de l'armée qu'il desseignoit.

Il nous escriuit que comme noz peuples estoient espars en pays estrangers, qu'il auroit aggreable que nous fissions moyen d'en amasser un Terce et le faire passer aupres de sa personne, les archers de son corps sont Bourguignons, il destinoit ce Terce pour son regiment de garde : mais il nous fut impossible de complir à ce desir du Roy, pour ce que la leuée de ce Terce ne se pouuoit faire sans argent dont nous estions du tout espuisez et il l'eut faillu assembler et armer en Italie où nous n'auions aucun pouuoir ; et ne nous restoit seigneur quelconque dans la Bourgougne que nostre gouuerneur militaire pour commander ce Terce. Il fit passer en Italie le marquis de Meximieux son filz unique, ieune seigneur, et d'Italie en Espagne où il fut suiuy par grand nombre de Bourguignons volontaires qui estoient espars en Italie.

6. Au mois de septembre de l'an 1642 les chasteaux de Rey, Scey-sur-Saone et Sainct Remy qui estoient occuppez par les François, faisoient contribuer tout le bailliage d'Amont iusques à la riuiere du Doubs, et nonobstant les traictez faits auec la ville de Vesoul auoient taschédesurprendre les chasteaux de Frotey et Vayures qui sont aux portes de la ditte ville.

Le baron de Scey voyant que le mal iroit croissant si on n'y apportoit remede, et impatient de veoir sa maison de Scey aux mains de l'ennemy, tira ce qu'il put des garnisons et mit ensemble cinq cens hommes de pied à Besançon, alla droit à Scey-sur-Saone, où le commandant françois auoit ordre de brusler la place s'il estoit assailly ; mais le baron le preuint, car il fit inuestir la place par une partie de sa caualerie fermant les chemins au commandant.

Il soutint quelques volées de canon apres lesquelles il composa et remit la place au baron qui du mesme pas marcha contre Sainct Remy, et trouuant la meilleure part de la garnison dehors se rendit en peu d'heures maistre de la place : encor attaqua-t-il le chasteau de Pressigny à trois lieües de Scey qui incommodoit les villages assis au-delà de la Saone : la presence du duc de Lorraine qui estoit auec son armée à Neufchastel fauorisoit ses entreprises, car il auoit peu de iours auparauant fait leuer le siege que du Hallier auoit my deuant la Mothe et auoit eu de grands aduantages sur luy en sa retraicte.

13 Sept. 1642.

15 Sept. 1642.

7. Restoient les bourg et chasteau de Rey aux mains des François. Le baron y mena ses trouppes, inuestit la place et fit iouer son canon contre le donion auec un si grand aduantage qu'en cinquante volées de canon qu'il tira, la muraille s'ouurit et menacea ruine. Il fit lors sommer le sieur d'Yues viel capitaine qui y commandoit auec quatre vingt hommes. Yues respondit auec desespoir, que n'ayant plus aucuns biens en France ny moyen de subsister que celuy que le dit chasteau luy fournissoit, il estoit resolu de s'enseuelir glorieusement dans les ruines d'iceluy plustost que de traisner en misere une vieillesse honteuse.

18 Sept. 1642.

La nuict suiuante le baron eut aduis secret des habitans de Champlitte par un des leurs, que cinq cens cheuaux françois auoient couché à Fontaine Françoise à trois lieües du dit Rey. Le baron tint conseil de guerre où il fut resolu de retirer le canon et marcher deuant Rupt et Scey, et à l'aube du iour marchant le canon et les trouppes, comme les coureurs ne rapportoient rien de l'ennemy, et l'aduis de Champlitte n'estoit point confirmé, le baron fit halte, et se trouuant en lieu d'où le dit donion de Rey pouuoit estre endommagé fit encor tirer contre iceluy quelques volées de canon.

Les François de leur costé n'auoient obmy aucun deuoir pour secourir Rey et auoient ioint le regiment de Cuirasses de Stref suédois et celuy de Treilly, la compagnie de la Roche, le regiment de Tauanes et tout ce qu'ils auoient peu de cauallerie et infanterie et auoient fait neuf lieues de traicte pour secourir Rey. Tauanes marchoit auec cinq cens cheuaux et Grancey le suiuoit pesamment en carosse auec autres trois cens cheuaux et cinq cens hommes de pied.

Les coureurs du baron rencontrerent ceux de Tauanes au mesme temps que le canon du baron iouoit, et ayant fait rapport, parut d'auant garde un esquadron de caualerie où estoit la Roche et plus loing furent comptez six esquadrons de caualerie françoise : Voici l'ennemy, dit le baron à la noblesse qui estoit proche de luy, nous ne pouuons euiter le combat, ny nous conseruer qu'en combattant : et s'estant mise la no-
19 Sept. 1642. blesse ensemble iusques à soixante cheuaux, heurterent la Roche et le rompirent. Stref aussitost fut sur eux et les rencontra en quelque desordre comme il est ordinaire qu'on se desordonne en combattant ; ils soustindrent neantmoins vaillamment et le reste de la caualerie de Bourgougne en un seul esquadron les seconda. En teste de la premiere trouppe, estoit le baron en personne aduancé à dix ou douze pas d'icelle qui lascha deux coups de pistolets : en teste de la seconde estoient les sieurs de Velle et de Reculot et les officiers liegeois, mais l'ennemy estoit trop fort pour luy resister ; le baron fut blessé de deux coups de pistolets et eschappa les mains de l'ennemy à l'ayde des siens, où fut veu le capitaine Maistre tuant de sa main un caualier françois qui le poursuiuoit. Là fut tué de nostre party le sieur de Belmont Mouthier vaillant caualier et le ieune filz du baron de Melisey fut aussi tué, le sieur de Buthier et le baron de Velle, et fait prisonniers les sieurs de Mandre, de Montot, Beauieu, de Reculot et le dit baron de Melisey pere.

L'infanterie estoit commandée par le sieur de Gouhelans dans laquelle estoit la principale bourgeoisie de Gray; le canon ne pouuant estre deffendu sans perdre l'infanterie, ny l'infanterie conseruée qu'à l'ayde d'un bois voisin, Gouhelans en fit un bataillon et estant assailly fit mourir quelques caualiers ennemys, et lors ayant le doz en asseurance par le moyen du dit bois alla peu à peu se retirant au chemin de Rupt.

Grancey fut requy d'enuoyer son infanterie pour combattre la nostre, mais elle se trouua si recreüe du chemin qu'elle fut inutile aux François. Noz deux canons et le bagage ne peurent estre sauuez, mais de toutes noz trouppes ne nous manequerent que huit ou dix occis et autant de prisonniers : des François moururent d'aduantage et en iceux quelques gens de condition.

8. Peu apres cette entreprise le comte de la Susse commandant à Belfort auoit assiegé le chasteau de Melisey dans lequel estoient deux filz du baron de Grandmont seigneur du dit lieu et le sieur de Rosieres leur cousin ieune et vaillant. La Susse, outre le party de son roy, auoit haine particuliere contre l'aisné Melisey, lequel s'estant rencontré dans un conuoy de Vesoul que la Susse auoit rompu s'estoit sauué vaillamment au trauers de ses ennemys et la Susse auoit publié par escrit qu'il auoit fuy du combat et abandonné Gonsans qui y estoit mort vaillamment : sur quoy Melisey luy auoit enuoyé un desmenti et appel en duel, et la Susse ne voulant se battre corps à corps auec une ieune homme vint auec infanterie, caualerie et canons de batterie l'assieger dans sa maison.

La place n'estoit pas tenable contre le canon, mais il n'y a rien qui ne soit tenable aux hommes vaillans : bresche fut faicte aussitost et le chasteau desmantelé de plusieurs parts. Le fossé estoit assez bon que les ruines des murailles ne purent combler : la Susse donna plusieurs assaults auxquels il perdit beaucoup de gens.

Cependant Grandmont pere des assiegez obtint du baron de Scey quelques trouppes d'infanterie et caualerie auxquels il ioignit ses amys, et se trouuant soudainement aux espaules de la Susse luy fit leuer le siege bien que la Susse fut de beaucoup plus fort que luy, mais la Susse fut surpry et n'eut pas le loisir de recognoistre le secours de Grandmont.

Les garnisons de Bourgougne qui estoient à Neufchastel incommodoient Montbeliard et la terre de Basle qui proposerent une surseance d'armes : il y eut plusieurs allées et venües, et enfin elle fut resolue pour trois mois et depuis renouuellée.

Les courses ennemyes nous incommodoient bien fort, mais plus encor la licence de noz soldats qui procedoit du prix desmesuré du pain, car toute la solde au pied d'Espagne se consommoit en pain, et n'y auoit moyen de donner argent aux soldats ny à leurs officiers que bien peu.

La necessité produit des effects honteux et le desordre des guerres d'Allemagne auoit passé en exemple en Bourgougne.

Les villes concerterent ensemble les remedes qu'on pourroit apporter à ce mal intestin qui feroit perir la prouince exténuée de tous poincts, et en escriuirent amplement à dom Francisco gouuerneur general qui enuoya leurs lettres au parlement et luy en demanda aduis.

9. Il y eut difficulté en ce mesme temps sur ce que Belmont serient maieur du regiment de Gouhelans auoit esté enuoyé par le baron de Scey à Noseroy d'où il auoit tiré son maistre de camp pour l'entreprise de Scey-sur-Saone, et auoit esté my Sorio capitaine de caualerie pour commander à Neufchastel : Belmont estoit gentilhomme et viel soldat esleué dans les armes soub le viel marquis de Varambon ; son petit filz qui estoit à Bruxelles en fit plainte, pour ce que Belmont restablissoit sa terre et luy en faisoit toucher le reuenu, et soustint que les seigneurs vassaux en Bourgougne peuuent mettre en leurs places tels commandans qu'il leur plait, pouruen qu'ils soient suiets du Roy, fideles et capables de commander, et qu'estant une fois appreuuez le gouuerneur de la prouince ne les peut changer.

Dom Francisco demanda sur ce aduis au parlement qui luy enuoya un extrait des ordonnances du Roy contenant le mesme que le marquis de Varambon auoit proposé, mais il ne se trouua pas que Belmont eut esté my à Neufchastel par le seigneur du lieu ny par institution, ains commis seulement pour un temps par le fut marquis de Sainct-Martin attendant que ses patentes de serient maieur fussent arriuées.

Le parlement estoit entré dez l'an 1640 pour le iugement des procés, mais non encor en audiences publiques (auxquelles il represente la Maiesté du Roy) et sembloit que la continuation des guerres deut tenir le parlement en deuil. On delibera si ses audiences publiques seroient restablies et fut resolu qu'on les restabliroit, pour ce que dez trois ans entiers n'y ayant eu aucune armée ennemye dans la Bourgougne, ains parties seulement, courses et voleries, il ne failloit pas que pour cela le train de la iustice cessat : qu'il estoit important pour la consolation des bons suiets et terreur des meschans que le parlement se fit veoir en maiesté : que les aduocats ayant obmy leurs plaidoieries dez six ans commenceoient à en perdre le stile et les formes, et l'eloquence royne des sciences s'alloit enseuelissant dans le silence du barreau : fut donc resolu que le parlement entreroit en audience publique le lendemain de la Sainct Martin lors prochaine, où se trouua affluence de peuples, furent faictes harangues par Boynin president et Michoutey premier aduocat du Roy sur le suiet des affaires du temps.

10. En ce mesme mois furent apportées nouuelles d'Allemagne d'une grande bataille proche de Leipsick, entre l'armée imperiale commandée par l'archiduc Leopold en personne et celle de Suéde commandée par Torstenson, en laquelle estoient demeurez de part et d'autre quantité de generaux, mais le champ et le canon estoient demeurez aux Suédes, et en ce combat mourut Achilles Precipiano bourguignon baron de Soye, qui auoit seruy aux guerres d'Allemagne dez le commencement et monté de degré en degré par sa seule valeur et prudence, vertus qu'il auoit marié ensemble tant ingenieusement, que l'enuie n'auoit peu trouuer place pour le noircir : il s'estoit surtout signalé en la bataille donnée proche de Thionuille par le general Picolomini qui apres la bataille gagnée auoit escrit au marquis de Sainct-Martin que la victoire estoit dehue au baron de Soye comme i'ay dy cy-deuant : il passa à l'exces proche Wolfenbuttel et en ce combat de Leipsick où il commandoit à la maieure part de l'infanterie imperiale, il se trouua desnué de caualerie par la poltronnerie ou trahison d'aucuns que l'archiduc fit mourir puis apres. Là il mourut combattant apres auoir remy le combat au-dessus deux ou trois fois, il refusa quartier de l'ennemy qui le luy presentoit, ne pouuant iamais rencontrer un plus beau lict d'honneur que celuy là pour sortir glorieusement de ce monde.

4 Nov. 1642.

11. Au commencement de decembre de cette mesme année 1642 mourut en France Iean Armand du Plessis cardinal de Richelieu suiet principal qui a fourny matiere à cette histoire, duquel l'ambition, l'esprit et la fortune auoient esté prodigieux. Il estoit gentilhomme de naissance et ceux de sa maison auoient eu dez longtemps dans l'esprit la ruine de la maison d'Austriche, dont ils auoient composé des liures pour en enseigner les moyens à la France. Ce cardinal premierement euesque de Luçon treuua place par subtiles moyens dans la bienueillance de la royne mere du roy, qui voulut se preualoir de son esprit dans les affaires de la cour.

4 Déc. 1642.

Mais ce fut luy-mesme qui s'en preualut auprés du roy apres qu'il eut esté introduit par la royne, et comme l'esprit de ce roy martial estoit foible il luy proposa des conquestes et des empires et l'eut bien tost fait amoureux de ces belles idées.

Il prit pour compagnon de ses conseils un religieux, homme subtil nommé pere Ioseph, et eux deux aboutissans aux deux empires de couchant et louant et au pis aller à la conqueste des prouinces adiacentes à la France iusques aux anciennes limites des Gaules, la richesse de France, la noblesse et peuple nombreux estoient leurs fondemens, et la facilité qu'ils voyoient d'abattre le party des heretiques, et qu'à ce moyen la France demeureroit unie, pour auec icelle faire de hautes et grandes conquestes.

La guerre ciuile d'Allemagne et la foiblesse de la maison d'Austriche en icelle leur ouuroient les portes à l'Empire, si comme protecteurs de la liberté Germanique ils donnoient puissans secours aux protestans d'Allemagne pour destruire le party d'Austriche.

Les troubles qui estoient en la maison de l'Empereur des Turcs faisoient esperer à ces esprits vains qu'estant victorieux (comme ils se promettoient) de l'Allemagne, ils pourroient ioindre en un toutes les trouppes victorieuses et vaincües, comme fit autreffois Iulius Cæsar apres la conquestes des Gaules, et que les lys de France paroissans en Grece feroient soubleuer les peuples Grecs et qu'une bataille ou deux seroient décisiues de la guerre et donneroient l'empire d'Orient à l'empereur d'Occident, comme autreffois l'empire de Perse fut acquis à Alexandre par deux victoires.

Les astrologues fomentoient leurs esperances, car la conionction de Mars à Iupiter promettoit des renuersemens d'Empires et le signe veu dans le ciel au commencement, duquel i'ay parlé cy-deuant, sembloit appeller la France à la conqueste de l'Allemagne sur laquelle il auoit paru.

Pour y paruenir et se rendre premierement absolu dans la France, puis troubler les voisins, et ietter le feu dans les terres d'Espagne, gagner Rome et semer le desordre à Constantinople, ils dresserent leur partie et la iouerent auec tant d'industrie que la vie du cardinal de Richelieu estant escritte sera un modele parfait à la posterité pour paruenir au sommet des grandeurs par les voyes que Nicolas Machiauel secretaire iadis de Florence a esbauché dans son traicté *du Prince*, qui sont tromperies, cruautés, feinte religion, extrémes bienfaits, extrémes vengeances, subtilités et argent.

En fin le tout a abouty à rien, car la maison d'Austriche en Allemagne ayant esté assistée par le Roy d'Espagne est demeurée victorieuse et affermie : l'Italie et la Flandre ont cogneu les fourbes du cardinal et se sont puissamment gendarmées : l'Espagne et l'Angleterre esmeües n'ont donné prise aucune à la France : les troubles mis dans le sainct Siege ont esté sans effects : l'Empereur des Turcs a chassé les François de sa cour et s'est uny d'amitie par ambassades à l'Empereur de Rome : la France à consommé ses richesses, sa noblesse et son peuple : pere Ioseph et le Cardinal sont morts enseueliz dans leurs idées qui seront matieres aussi plaisantes à escrire apres leur mort, que les moyens tenuz pour y paruenir ont esté sanglans, lugubres et infames.

Le cardinal de Richelieu mourut sur la fin de cette année 1642 d'une gangrène qui luy brusla et consomma le bras droit et l'eut fait mourir bien plus tost, s'il n'eut opposé à icelle toutes les forces des medecins de France qui combattirent ce feu procedé de son naturel aduste (pour n'en pas chercher la cause dans le ciel). Ses douleurs estoient grandes et il auoit esté dez long temps reduy à tel poinct qu'on le portoit par les champs dans un lict posé sur brancards trop larges souuent pour le passer par les portes des maisons où il logeoit, et failloit abattre et ouurir les murailles des maisons pour donner passage à ce squelette bruslant : mais pour autant il ne remettoit rien de son ambition et cruauté ordinaire, et partie dans l'espoir de santé, partie dans les delices de vengeance (qui est le morceau friand des tyrans) alloit se consolant et chatouillant en ses douleurs.

Sa maladie luy ostoit le moyen de tenir en captiuité la personne de son roy comme il auoit fait iusques alors. Un ieune gentilhomme François nommé Sainct-Mars entra aux bonnes graces du roy et eut le courage d'abattre ce colosse. Le filz du president de Thou homme de vertu chrestienne heroïque seconda l'entreprise de ce ieune hercule : mais Richelieu ramassant toutes les forces de son esprit fit un dernier coup de son mestier, et auec l'authorité royale qu'il s'estoit donné qui auoit fait les parlemens muets et trembler les plus hardis de France, fit saisir et faire le procés à ces deux hommes, choisit leurs iuges et marqua aux iuges ce qu'ils iugeroient, escartant ceux qui vouloient estre libres en leurs iugemens : tous deux furent decapitez à Lyon, Richelieu present 12 Sept. 1642. qui triompha de cette victoire et furent les dernieres victimes immolées à son ambition.

Durant sa derniere maladie peu de iours auant sa mort fut iouée 15 Nov. 1642. deuant luy une comedie que l'un de ses poëtes françois auoit composé pour le flatter qui estoit titulée *le triomphe de l'Europe* : la mort le tenoit par le bras et le temps qui luy restoit pour repasser par-dessus ses actions criminelles deuant Dieu et les hommes fut employé à luy en destourner la veüe et luy faire acheuer sa vie en se flattant soy-mesme comme il auoit tousiours fait.

Son testament fut au proffit de sa niepce de Combalet, à enrichir laquelle aboutirent tous les trauaux de ce grand homme d'estat : Vanité des hommes (comme remarque Salomon) qui ne sçait en fin où aboutir, ny à qui laisser ses biens.

Sa mort fut une ioye nompareille à toute la France, mais elle craignit encor son ombre tant que le roy Louys XIII vesquit, apres la mort duquel (qui ne tarda guierre) elle s'espanoüit.

LIURE SEZIÉME.

1. Forme du conseil d'Espagne. 2. Façon de traicter du Comte-Duc auec le Roy. 3. Causes de la retraicte du Comte-Duc. 4. Retraicte du Comte-Duc. 5. Harangue du Roy en son conseil d'Estat apres la retraicte du Comte-Duc. 6. Nouueaux desseings du prince de Condé sur la Comté de Bourgougne. 7. Diuersions par dom Francisco. 8. Bataille de Rocroy. 9. Dom Francisco rassemble son desbry à Mons en Hainaut. 10. Mort de Louys trezième roy de France. 11. Siege et prise de Thionuille par les François. 12. Desmolition de Grimont. 13. Deffaicte des François à Roteuille.

L'ANNÉE 1643 est la derniere de cette histoire en laquelle le comte Duc mourut de mort de fortune en Espagne comme le cardinal de Richelieu estoit mort de mort naturelle en France, Louys XIII mourut aussi : le theatre de l'Europe fut changé, ne restant plus entre France et Espagne qu'à chercher les moyens de faire la paix, car la conqueste de Hesdin, Arras et Bapaume en Flandre et de Perpignan en Espagne estoient les empeschemens de la paix, pource que elle ne pouuoit estre faicte sans la restitution de ces places (les lois de la monarchie d'Espagne y repugnans), ny ces places estre rendues durant la minorité du ieune roy de France et regence de la royne sa mere, apres auoir cousté tant d'argent et de sang.

Le theatre fut changé en Europe, car l'Empire pour lequel auoit esté combattu par le passé n'auoit plus de competiteurs, et au lieu de l'Empire, l'heritiere de Suède et le royaume estoient regardez, et pour ce beau prix d'honneur commenceoient à venir diuers champions sur les rangs : les Barberini d'autre part, nepueux du Pape en Italie vouloient fournir matiere à l'histoire : et les princes de Sauoye alloient restablissans leur estat : le parlement d'Angleterre alloit pourictant une republique et ionction aux peuples d'Hollande que le prince d'Orange contrarioit : le roy de Dannemarck sollicitoit une paix generale et pour y paruenir les deputez des princes chrestiens s'assembloient à Munster ville d'Allemagne.

I'ay donc cette année à escrire la mort de la fortune du comte Duc, et comme le Roy prit les armes et l'estat en main, comment mourut en France Louys XIII et comme peu auant sa mort le prince de Condé successeur des pensées de Richelieu pourietta un effort sur ce pays et comme fut destorné cet effort.

Nous briserons en cet endroit pource que le nouueau ieu qui se prepare est piece de longue haleine qui ne nous regarde en Bourgougne que de biais, en tant que l'Allemagne se trouue libre et que la France apprehende ses armes et le passage en France que nous luy pouuons donner, car la France semble estre sur la deffensiue et occuppée de tous costez à conseruer ses conquestes.

1. Il estoit temps que le Roy d'Espagne prit les resnes de son estat en main et se fit veoir dans son conseil et dans ses armées : il est besoin de dire ici un mot de la forme du conseil d'Espagne afin qu'on entende en quoy consistoit la puissance du comte Duc.

Noz Roys ont dans leur palais royal leurs conseils de Castille, Aragon, Italie, Flandre et des Indes occidentales, car leur conseil des Indes orientales est à Lisbonne, dont i'ay veu le president à Madrid, seigneur de haute naissance, Portugais plein d'affection enuers le Roy mais non enuers les Castillans.

En ces conseils se traictoient les affaires de chacun de ces estats, Castille comprenant tous les royaumes qui en deppendent : l'Aragon semblablement les siens : l'Italie comprenant Milan et Naples, Sicile, Sardeigne et Corsique : et Flandre comprenant la Bourgougne.

Par-dessus est le conseil d'Estat de la monarchie de laquelle les estats sus dits sont les membres et la monarchie est l'assemblage de tous et le poinct auquel tous affaires concourent.

A ce conseil sont appellez les seigneurs qui ont esté employez aux hautes commissions d'ambassadeurs, vice roys, generaux d'armées, et de mon temps y estoit le marquis de Laguna, dom Edouard de Bragance, dom Gaspard de Gusman comte d'Oliuarez, le marquis de Montes Claros naguieres vice roy des Indes, dom Pedro de Toledo et le marquis d'Inoiosa de la maison de Mendoça qui tous deux auoient esté gouuerneurs de Milan, les cardinaux Borgia et Sapata, dom Augustin Mexia et dom Fernando Giron, tous deux vieillards de plus d'octante ans, le duc d'Albuquerque, dom Diego Mexia marquis de Leganez et le comte de Godomar pere de dom Antonio Sarmiento duquel nous auons parlé cy-deuant.

Le Roy Philippe III auoit establi un conseil de conscience, mais depuis fut trouué meilleur que le confeseur du Roy fut present au conseil d'estat, et lors estoit un bon religieux cordelier.

Une piece de ce conseil mais destachée estoit le conseil des finances, et lors l'argent courant par les veines de la monarchie passoit par trois compagnies de banquiers, portugais, geneuois et les Fuggers d'Allemagne.

Les choses qui regardoient le corps de la monarchie se traictoient au conseil d'icelle et les resolutions estoient portées par escrit au Roy qui chacun iour sur le vespre les voyoit en conseil restraint auquel il appelloit ceux qui luy plaisoient et renuoyoit au conseil sa volonté aussi par escrit auec telle moderation, que s'il n'appreuuoit pas le sentiment du conseil (s'il auoit esté unanime) il enuoyoit ses raisons par escrit tousiours en peu de mots, afin que non le Roy mais la raison regnat; c'estoit ainsy que parloit le Roy Philippe II.

2. Les Roys en leur conseil restraint ne comptent pas les voix mais les pesent, et des raisons qui se disent forment leur iugement, qu'est le poinct auquel consiste leur souueraineté. Le Roy regnant fut laissé ieune par Philippe III son pere, le conseil luy donna trois gouuerneurs, dom Balthazar de Zuniga grand personnage, le duc de Monteleon et le comte d'Oliuarez : les deux premiers moururent bientost et le comte d'Oliuarez demeura seul qui pour manier doucement l'esprit du Roy prompt et agissant luy complaisoit aux choses qui estoient simplement d'homme, pour auoir plus de creance en celles qui estoient de Roy, et estoit fort ponctuel à enseigner au Roy la science royale de sa monarchie comprinse aux instructions du Roy Philippe II, et les vertus royales du mesme Roy qu'il luy proposoit pour modele en toutes occurrences.

Ainsy le comte d'Oliuarez estoit present et directeur du Roy en tous conseils restraints et a continué en cette sorte dez la mort de Philippe III iusques à cette année 1644.

Le Roy aux vingt années dernieres qu'Oliuarez n'estoit plus son directeur le tenoit pour son confident, et le comte d'Oliuarez adioignoit à la confiance dom Diego Mexia son nepueu, seigneur accord et agreable au Roy.

Le conseil supréme se faschoit de veoir si long temps un pouuoir si grand aux mains d'un seul homme, la Royne habile princesse et cherie des Espagnols estoit offensée contre luy dez le temps qu'il complaisoit par trop au Roy son mary, et failloit que le comte Duc fut grand personnage pour se maintenir si long temps qu'il a fait, ayant affaire à un Roy prompt et magnanime, et le conseil et la Royne contraires.

Tout ce qu'a esté fait par le Roy en cette grande coniuration de la pluspart de l'Europe contre la maison d'Austriche a esté du conseil du comte Duc, en la sorte que ie diray cy-apres, sans que le conseil ny la Royne en ayent eu que bien peu de part.

Les grands d'Espagne et les princes du sang royal ne sont pas bien d'accord, car les grands se disent issus du sang des roys d'Espagne auxquels l'Austriche a succedé et qu'il n'y peut auoir hors de la personne du Roy aucun qui les deuance (le prince filz du Roy et les princes dom Carlos et dom Ferdinand ses freres exceptez), et que l'Empereur et ceux d'Austriche en Allemagne sont moins considerables, pource que les premiers ne sont pas du sang d'Espagne et ces derniers sont descenduz de filles.

Le comte Duc espagnol et grand d'Espagne tenoit ouuertement le party des grands et a eu à ce moyen les princes ennemys.

3. La vieillesse use le corps, et l'esprit qui ne peut agir que par les organes du corps se trouue foible quand le corps est usé.

Or quand dans les grands affaires se voyent de grands esbranlemens et l'estat en decadance, les ennemys de ceux qui gouuernent ont leur ieu ouuert pour les abattre.

Ainsy en est-il arriué au comte Duc. Le Roy tenoit le prince dom Carlos aupres de soy comme son espée (disoit-il) à son costé, attendant qu'il eut un filz en aage pour succeder, et ce prince mourant soudainement à Barcelone, les ennemys du comte l'acculperent d'auoir cooperé à sa mort, à cause du traictement que luy auoient fait les medecins contraire à sa maladie.

Le Roy aimoit d'amour tendre le prince dom Ferdinand, et apres que ce ieune prince eut gagné la memorable bataille de Nordlingen en Allemagne, le Roy luy escriuit qu'apres cette victoire il voudroit (s'il se pouuoit) auoir changé sa fortune auec la sienne et le fit son lieutenant general aux Pays-Bas, où il fut tenu comme en tutelle par les ordres du comte Duc, et disoient apres sa mort les ennemys du comte Duc qu'on l'auoit aydé à mourir aussi bien que dom Carlos son frere.

Le prince Thomas de Sauoye auoit eu du Roy toutes preuues d'estroicte amitie, mais estant aux Pays-Bas pour seconder le prince dom Ferdinand il fut trauersé en toutes façons et en Italie tout de mesme quand il y fut retorné, tousiours par les ordres du comte Duc.

Et en fin la duchesse de Mantoue sœur de ce prince ayant esté donnée au Portugal pour vice royne, disoit auoir aduerty le comte Duc des commencemens et progrés du duc de Bragance pour paruenir à la royauté sans qu'il en eut aduerty le Roy ny apporté remede au mal.

Le Roy entendoit tout cecy, mais rien ne le put esmouuoir pour desauthoriser le comte Duc que la plainte de la duchesse de Mantoüe, car ce fut apres la perte du royaume de Portugal que cette duchesse en personne veriffia au Roy les aduis qu'elle auoit donné et le maintint en presence du comte Duc, soustenüe de la Royne aussi presente qui anima ses plaintes, et aduint au mesme temps la perte de Perpignan que fut une honte et eschec à l'Espagne que le conseil ne put supporter, et porta hautement ses plaintes aux oreilles du Roy. <small>7 Sept. 1642.</small>

4. Le comte Duc auoit dez long temps auparauant preparé sa maison de retraicte, et s'il eut pry son temps lorsque le Roy fut en aage de bien regner, il eut fait en se retirant une action haute et heroïque, mais la puissance et la familiarité des Roys sont qualités charmantes desquelles nulle force d'esprit humain peut desprendre les hommes, et plus les racines se font profondes, plus fermement y est retenu l'arbre.

Le comte Duc pria le Roy de luy permettre de se retirer des affaires et accusa son indisposition : le Roy luy accorda, et par une grandeur d'esprit nompareille declara par escrit addressé au conseil, Qu'il auoit à regret accordé au comte Duc la priere qu'il luy auoit fait de se retirer des affaires, et qu'il n'auoit iugé aucun, que le Roy mesme, séant en son conseil capable du maniment d'iceluy, qu'il seroit doresnauant en iceluy, et commandoit à son conseil deux choses, l'une de l'aduertir sans crainte des fautes qu'ils luy verroient faire à peine d'encourir son indignation, et l'autre de tenir le secret mieux qu'il n'auoit esté tenu du passé; insinuant par ce dernier poinct la cause pour laquelle il n'auoit pas traicté iusques alors les grands affaires en plein conseil.

Adioustoit une parole digne d'un grand Roy : Qu'il ne vouloit point (à la perte mesme de ses couronnes) faire iamais chose aucune en laquelle Dieu fut offensé.

Ainsy le comte Duc se tira de la Cour : le marquis de Leganez son nepueu retorné du gouuernement de Milan (qui estoit lors en son année de sindicat) fut viuement assailly par les ennemys de son oncle, car il fut comme luy deschiré par les uns et mesprisé par les autres : mais le mespris fut le couuert soub lequel l'oncle se mit en seureté n'ayant aucuns enfans. <small>17 Janv. 1643.</small>

5. Le Roy prit le gouuernement en main et entrant en son conseil parut ce qu'on ne croyoit pas, car escartant (d'une maiesté royale)

toutes flatteries et ne voulant se seruir ny de tromperies ny de cruautés il fit entendre en son conseil les moyens qu'il vouloit tenir contre les efforts de ses ennemys ; et pour les luy faire comprendre expliqua comment toutes choses auoient esté conduittes iusques alors par les conseils du comte Duc son confident, et comme ses conseils auoient esté pleins de prudence, chose qui fut trés agréable à entendre de la bouche du Roy, prince trés éloquent. Car plusieurs estoient souuenans qu'au commencement des guerres d'Allemagne, du temps du Roy Philippe III, on ne trouuoit pas bon que le Roy se mesla des affaires de l'Empire pource que ce seroit appauurir l'Espagne et enrichir l'Allemagne qui seule estoit redoutable à l'Espagne quand ses parties seroient bien reunies, pource qu'elle est assise au milieu des terres du Roy en Europe : mais la crainte que l'Empire tomba aux mains des heretiques fit resoudre le Roy à la secourir ; et ce que il tarda de porter la main contre l'electeur Palatin du Rhein (qui fit le premier mouuement en Boheme) fut afin que l'enuie qui regardoit la maison d'Austriche d'un œil ialoux se torna contre ce nouueau conquerant. Et il en succeda bien, car l'electeur de Saxe et le duc de Bauiere et tous les catholiques prirent les armes pour la cause commune. Le Roy les fit ayder dez les Pays-Bas à menües trouppes, afin qu'on ne donna point d'ombrage aux Allemans, comme on eut fait, si on y eut enuoyé de puissantes armées, et executant le ban de l'Empire contre le Palatin, on le desarma par la conqueste de son pays duquel l'Empire disposa.

Ces premiers mouuemens abattuz on vit lever les roys du Nord, qui sont ceux que l'Empire auoit à craindre, et entrer en Allemagne auec effroyables armées, à couleur de protection de la liberté germanique et religion des protestans d'Allemagne : et pour rompre ce coup de bonne heure, on affermit, premierement la Pologne à l'Espagne non sans grandes difficultés à cause de l'heresie qui y auoit son party aussi bien qu'ailleurs et à cause encor des praticques que s'y faisoient par les ennemys de l'Empereur.

Les Dannois furent les premiers qui assaillirent l'Empire, le Roy n'auoit point rompu auec eux, afin de ne pas perdre les moyens d'alentir leur armée par voyes d'accommodement comme mediateur : et auoit arresté bien tost leur armée en Allemagne, puis fait amitie auec eux par toutes sortes de bons moyens, quoy faisant il auoit non seulement osté cet ennemy à l'Empire, mais encor auoit osté cet amy aux

Hollandois rebelles, sans l'ayde duquel il ne peuuent que difficilement subsister.

Le Roy auoit aussi arresté l'Anglois de mesme par bons moyens et s'estoit seruy de ses vaisseaux; et à present que ses peuples sont esleuez contre luy, fait (par tierce main) cognoistre à la France qu'elle est interessée en la querelle du roy d'Angleterre, pource que si les peuples y secouoient le ioug de la royauté, ils se metteroient en republique et heurteroient la France comme la plus voisine, et releueroient le party des heretiques de France, comme ils ont pensé faire sont peu d'années.

Les Suédes (qui ont esté les plus rudes ennemys) ont esté vaillamment soustenuz apres la mort de leur roy et n'ont plus rien pretendu à l'Empire, mais bien à l'argent de France et à estendre leurs conquestes dans l'Allemagne, et à present le ieu qui se ioüe par eux est qu'ils pensent marier l'heritiere de Suéde à l'électeur de Brandebourg heretique, afin qu'il y ayt en Allemagne un electeur heretique assez puissant pour tenir l'Empire à l'exclusion des catholiques.

C'est le poinct qui a resté au temps de la retraicte du comte Duc et dont le reméde est d'interesser en cet affaire le roy de Pologne auquel le royaume de Suéde appartient legitimement, et de luy adioindre le Danois sur lequel les Suédes usurpent une notable estendue de pays : quant aux François on auoit bien veu dez le commencement, (quand Richelieu mauuais conseil de leur roy mit hors de France la royne sa mere et le duc d'Orleans) qu'ils se mesleroient bien auant de la guerre contre l'Empire, et qu'estant un pays bien peuplé et martial reposé dez longtemps et assis au milieu des estats d'Espagne, ils ne faudroient pas de trouuer pretextes pour l'assaillir. Mais on ne creut pas pour autant que pour tenir en repos les estats d'Espagne, on deut porter les premiers la guerre dans la France, comme plusieurs mal informez croyent qu'on deuoit faire, ny mesme apres qu'ils eurent declaré la guerre et assailly les estats de Flandre, Italie et Bourgougne, car c'eut esté trop entreprendre de choses, (la guerre d'Allemagne estant en sa plus grande ardeur), de commencer la guerre en France.

Le moyen de contenir la France est par elle-mesme la laissant agir dedans ou dehors : dedans, c'est le meilleur, et ainsy l'a contenüe le roy Philippe II, mais c'est quand il se peut et qu'on n'y met rien que quelques legeres assistances : dehors, c'est bien un mal quand c'est contre les estats d'Austriche qu'elle agist; mais en ce faisant les François vuident leurs coffres et portent leur argent hors de France qui n'y rentre iamais : au lieu que si le Roy d'Espagne faisoit guerre chez eux auec armées reglées, comme sont les Espagnols, son argent ne sortiroit point hors de France, (si bien il passeroit par diuerses mains) et s'y porteroit sans retour : ioint que dans cette emotion generale de l'Europe (que l'on pretexte de ce qu'on dit que le Roy aspire à la monarchie d'icelle), s'il fut entré conquerant en France, il eut augmenté le soubçon, car il est vray que s'il auoit la France tout ses pays d'Europe seroient ioints, et pour empescher ses entreprises tous les roys et republiques de l'Europe et principalement ceux du nord (auprés desquels il a trauaillé si soigneusement) se fussent uniz contre luy, l'Allemagne mesme eut esté de la partie, car elle le redoubte bien plus qu'elle ne fait la France.

Le Roy a donc soustenu les François en Italie, en Flandre et en Bourgougne et les à vu s'espuiser d'hommes et d'argent sans qu'ils ayent aduancé leurs conquestes plus outre que dans ses frontieres : pas mesme n'ont-ils pu conquerir en Bourgougne aucune ville ny place de consequence, bien qu'ils la tiennent dez beaucoup d'années bouclée de toutes parts.

Le Roy auoit donné tel ordre aux prouinces assaillies, que pas une n'a perdu courage, moins a pensé à se rebeller contre luy dez que les François y ont porté leurs armes, et au contraire ont accreu d'affection pour le Roy et de haine contre les François.

Les princes de Sauoye se sont despité contre le comte Duc et reconcilié auec leur belle sœur, mais en somme ils ont asseuré l'estat de Sauoye contre la France par le mariage de l'un d'eux auec la fille successeresse legitime si son frere fut mort et n'ont rien fait de plus.

Le Roy n'a fait autre chose pour conseruer Milan que de loger ses armées sur le Piedmont pour l'oster aux François, et le prince Thomas a consommé le temps et les armées de France dans le mesme Piedmont, où (sans disputer qui a tort luy où le comte Duc) c'est assez que faisant les affaires de son nepueu et guerroyant le Roy, il a fait les affaires d'Espagne sans y penser.

Personne ne s'est esmu contre le Roy en tous ses estats que dans la seule Espagne : deux prouinces qu'on a tenues trop libres et qu'on a permy de se trop enrichir se sont reuoltées, mais en ce poinct le Roy auoit suiuy les instructions laissées par le Roy Philippe II, et Dieu assistera à les recouurer puisque il n'y a fait aucune faute ny contre luy ny contre la iustice.

C'est Dieu qui gouuerne la monarchie d'Espagne et qui paruient à son but par des moyens qui souuent semblent estre contraires : l'Aragon s'esmut contre le Roy Philippe II et sans cette esmotion le Roy ne l'eut pas applany : si les Maures n'eussent entrepry contre le Roy son filz il n'en eut pas deliuré l'Espagne, et peut estre que Dieu à permy la rebellion de la Catalogne et Portugal pour les applanir et unir de forts liens aux autres peuples d'Espagne.

La monarchie d'Espagne fut formée de la main de Dieu par l'entrée des maisons d'Austriche et de Bourgougne, Castille, Aragon et Portugal, et s'est estendue par conquestes chrestiennes iusques au leuant et au couchant : ce qui est à faire à present est d'affermir et lier les membres de ce grand corps.

Qui auroit creu que la Hollande entreprenant sur le Bresil se seroit appauurie et rendue impuissante, elle est maintenant desemparée des assistances d'Angleterre, de France et d'Allemagne, que sçauons-nous si Dieu la veut point rendre à l'Espagne.

Si le Roy n'a pas pry cy-deuant les armes en personne pour retrouuer la Catalogne tant que le prince son filz a esté en bas aage, il s'est fait homme depuis et les trauaux et perils de la guerre ne priueront mesuy la monarchie de Roy, puisque il y en a un à substituer.

Et quant au Portugal, on le tient assiegé par terre et par mer, et la flotte du Roy que est à Cadix est une citadelle sur Lisbonne.

On vit avec ioye uniuerselle cette premiere entrée du Roy en son conseil d'estat apres la retraicte du comte Duc, selon que depuis nous ont rapporté ceux qui en ont ouy parler, et nous cognoissons les droites intentions du Roy, tant par son manifeste, que nous eusmes aussi tost en main, que par la suitte des affaires que nous auons veu.

La retraicte du comte Duc fut emmy l'année 1642 quelques mois auant la mort du cardinal de Richelieu de laquelle nous auons parlé en son lieu et sommes à present en l'année 1643 en laquelle nous mettons en teste la mort ciuile de la fortune du comte Duc, parce que si bien sa retraicte fut plusieurs mois auparauant, touteffois il estoit doubteux si son absence porteroit point tel preiudice aux affaires desquels il estoit imbu qu'il le faudroit rappeller, mais le Roy se trouuant informé de tout, ce fut une ioye publique de tous les ordres de veoir qu'il estoit sçauant, et auec la science de regner possedoit les vertus royales de clemence et de force à un degré eminent.

6. Nous ne fusmes pas quittes d'ennemys par la mort du cardinal de

Richelieu comme nous auions esperé, car ses desseings sur nostre Bourgougne estoient restez dans l'esprit du prince de Condé et de la Meilleraye, et le deshonneur qu'ils auoient ▭u d'auoir esté contrains de leuer honteusement le siege qu'ils auoient opiniastré deuant Dole estoit taches qu'ils desiroient de lauer.

Le roy de France alloit mourant et le bransle donné aux affaires par le cardinal de Richelieu duroit encor, dans lequel le prince de Condé se trouuoit le premier prince (car le duc d'Orleans estoit esloigné de la Cour) et auec ce le prince auoit amassé beaucoup d'argent et estoit gouuerneur de la duché de Bourgougne.

Nous estions en mauuais estat pour nous deffendre, car noz officiers et soldats estoient dehors espars par tout aux armées de sa maiesté, et ne nous restoient que peu de gens dans noz presides et encor moins d'argent que de soldats, car en Espagne il estoit rare, et celuy qu'on nous enuoyoit estoit espuisé en achapt de bled pour les rations de noz soldats des presides : noz sauneries estoient sans reuenu à cause de la desolation des villages autour de Salins et des courses continuelles de la garnison françoise qui estoit à Grimont et de la suédoise qui estoit à Ioux.

Le prince de Condé et la Meilleraye faisoient secrettement leurs appresLs contre Dole et Gray, mais nous auions les yeux ouuerts, et la Meilleraye n'auoit pas esté si secret qu'il ne se fut descouuert à un de ses amys qui n'auoit pas esté plus secret que luy; nous vismes une armée se preparer et munitions se marchander non loing de nous, de quoy nous donnasmes aduis à dom Francisco gouuerneur des Pays-Bas.

Le conseiller Bercur auoit esté appellé sur la fin de l'an 1642 au conseil priué des Pays-Bas, nous luy escriuismes en chiffre noz nécessités pour les faire entendre à dom Francisco et le presser de nous secourir par puissantes diuersions : dom Francisco nous aymoit tendrement et aussi tost s'y disposa. Nous vismes ioindre l'armée de France et marcher contre nous, dom Francisco la vit aussi, et à l'instant se mit aux champs pour la faire rebrousser, ce qu'elle fit.

17 Mai 1643. 7. Dom Francisco assaillit la ville de Rocroy qui est une entrée de France et l'eut emporté si elle n'eut esté promptement secourüe. Le duc d'Enguien ieune prince filz du prince de Condé commandoit l'armée qui estoit preparée contre nous et marcha au secours et se presenta à la veüe de dom Francisco. Le mareschal de camp qui gouuernoit l'armée de dom Francisco estoit le comte de Fontaine, vieillard consommé dans les guerres de Flandre soub le marquis Spinola qui ne conseilloit pas de combattre : on attendoit de renfort le general Beck grand capitaine qui auoit eu le principal honneur de la deffaicte du mareschal de la Guiche : on disputa si on l'attendroit.

Dom Francisco laissa gens suffisans pour tenir la ville bouclée, car cette parade de l'ennemy estoit pour l'amuser, et cependant ietter des gens dedans. Dom Francisco auoit un corps d'armée d'infanterie espagnole et bourguignonne qui estoit inuincible et une grosse caualerie, mais la pluspart nouuelle et commandée par le duc d'Albuquerque ieune seigneur sans experience ny creance vers les soldats : le comte de Fontaine rangea l'armée en bataille en un grand front pour donner à penser aux François en un temps que le roy estoit aux abois, et que donner bataille à un ennemy plus fort qu'eux dans la France mesme, seroit iouer le royaume sur mauuaise chance.

8. On ne pouuoit se veoir de si prés sans venir à quelque escarmouche, et le duc d'Enguien aymant mieux dans ses premieres armes faillir en combattant qu'en reculant, se trouua engagé dans le combat et fut du premier coup son infanterie et caualerie mise en route auec grande perte, et si nostre caualerie eut suiuy la poincte des premiers esquadrons, l'armée françoise eut esté de tous poincts deffaicte. ^{19 Mai 1643.}

Gassion en l'armée françoise prit garde que noz premiers esquadrons n'estoient pas suiuis et auec les siens de reserue chargea les nostres qui auoient combattu; nostre caualerie au lieu de les secourir torna le dos et à ce moyen l'infanterie mesme demeura desnüée, dom Francisco present ne put faire torner visage aux fuyards, la caualerie bourguignonne et vallonne qui auoient eu la poincte et estoient viuement chargées, furent celles encor qui conseruerent la personne du general, soub lequel son cheual fut tué. Grandmont baron de Chauuirey qui commandoit la caualerie bourguignonne y fut fort blessé, d'Annoires bourguignon tué, Beauregard duquel nous auons parlé cy-deuant y fut aussi tué et grand nombre d'autres bourguignons. Villeneufue cheualier de Malte s'y signala entre les nostres, le president Roose s'y vit prisonnier et eschappa auec dexterité, et dans un si extrême malheur nous ne perdismes de commandans que le comte de Fontaine qui ne voulut ny fuire ny prendre quartier, mais s'enseuelir glorieusement dans le sang et la poudre du combat.

Nostre infanterie desnüée demeura ferme, toute la caualerie françoise (aprés auoir poursuiuy la nostre) se ietta sur l'infanterie espagnole et bourguignonne, noz Bourguignons voisins d'un grand bois s'en aduantagerent : les Espagnols soustindrent de pied ferme en campagne rase toute la caualerie françoise et en fin toute l'armée, qui ayma mieux les quitter pour la paye d'un mois que de les amener au desespoir, admirant leur extréme vertu et se souuenant de la mort de Gaston de Foix en la retraicte de Rauenne.

9. Beck marchoit cependant à grands pas auec quatre mille hommes et arriua instamment apres la bataille, qui faisant front ramassa de toutes parts les desbris de nostre armée et asseura la retraicte de dom Francisco qui ne perdant point cœur dans cet inesperé malheur assigna place d'armes à Mons en Hainaut.

Noz soldats escartez s'y rendirent et Beck y arriua auec une iuste armée et en fin se trouua qu'en ce triste combat nous auions moins perdu que les François, sauf le champ de bataille et le bagage que fut une notable perte. Ce combat sauua nostre Bourgogne, car l'armée de France estoit lors trop esloignée de nous, et trouua Thionuille auprés d'elle, auquel elle s'attacha. Nous remerciasmes à dom Francisco sa prodigue affection enuers nous et luy dismes que s'il auoit perdu un champ de bataille il auoit gaigné au Roy sa Bourgougne ; et luy, pour fait voire au Roy le motif qu'il auoit eu de combattre, luy enuoya nostre lettre.

10. Le roy de France Louys XIII mourut le 16 de may de la ditte année 1643, deux ou trois iours auant le combat de Rocroy, à mesme iour qu'estoit mort le Roy Henry IV son pere. Il s'estoit trouué libre et hors d'esclauage apres la mort du cardinal de Richelieu, mais la contention d'esprit continuelle qui auoit desseiché et bruslé Richelieu, auoit aussi ruiné la santé du roy Louys XIII, auquel dez long temps à ce moyen les facultés vitales deffailloient. Ce roy mourut chrestiennement dans les humbles soubmissions à Dieu et non dans le sang et la flatterie comme Richelieu.

La royne dez la mort du cardinal auoit esté chérie par les roy, lequel mourant la fit regente de France durant la minorité de son filz aisné qui luy succeda : il voulut aussi auoir ses princes auprés de soy et laissa le duc d'Orleans capitaine general, et le prince de Condé chef du conseil de son filz durant sa minorité.

La royne regente apres la mort du roy mena son filz en parlement et le mit en possession de la couronne de France sans aucun trouble et sans rien alterer ny rien faire que par conseil auquel selon le commandement du roy deffunt le cardinal Mazarin eut entrée et authorité.

Le parlement fit entendre à la royne les iustes plaintes de toute la France du gouuernement passé du cardinal de Richelieu et luy dit entre autres mots que soub sa regence la parole estoit rendue à la iustice à laquelle soub la domination du cardinal de Richelieu la bouche auoit esté fermée.

La memoire du cardinal demeura infame, l'église où estoit son corps se trouuant chacun iour pleine de pasquins et mocqueries, si que il faillut la fermer et transporter ses cendres en la bastille : la Combalet son heritiere fut l'opprobre des peuples et luy fut osté le palais de son oncle qui portoit en titre PALAIS CARDINAL, lequel titre fut rayé et au lieu d'iceluy fut escry PALAIS ROYAL; elle se plaignit à la royne des persecutions qui luy estoient faictes, la royne luy presenta son exemple à imiter, puisque à sa veüe elle auoit supporté patiemment les persecutions de Richelieu son oncle, elle qui estoit royne de France et Infante d'Espagne.

Les clairuoyans parmy nous virent aussi tost les effects de la regence de la royne, car les deputez des Suisses luy ayant representé de la part des treze cantons, que leurs interests estoient ioints aux nostres, elle fit resoudre au conseil que rien ne seroit entrepry sur ce pays pour le conquerir, selon qu'il auoit esté promy aux Suisses dez le commencement, mais seulement pour s'asseurer qu'il ne put donner assistance aux armes de l'Empereur ny du Roy d'Espagne contre la France, et que si les Suisses s'en vouloient porter cautions on establiroit la neutralité des deux Bourgougnes pour 29 ans.

Les Suisses estoient contens de prester cette caution, mais ils demandoient la ville de Gray de gaige, qui est assise sur la Saone et est la clef de France de ce costé, car dez Gray iusques à Paris il n'y a ny forteresses, ny montagnes, ny riuieres, ny bois ; auec promesses qu'ils faisoient qu'au cas nous donnerions passage contre la France, ils liureroient Gray aux François, et le passage n'estoit pas à nostre disposition, car nous n'auions pas la force de l'empescher.

11. Le duc d'Enguien victorieux à Rocroy poursuiuit sa victoire et assiegea Thionuille, ville de guerre qui couure les pays de Luxembourg et de Treues, et fut l'attaque si furieuse qu'apres une deffense courageuse et opiniastrée, la ville fut rendue à composition, sans pouuoir estre secourue à cause de la circonuallation faicte par les François qui qui ne pouuoit estre forcée : mais cette ville cousta à la France plus

6 Août 1643.

cher qu'elle ne vailloit, car le duc d'Enguien qui ià auoit perdu en la bataille de Rocroy quantité de noblesse en perdit beaucoup plus aux assauts qu'il donna à Thionuille, et le pis fut qu'il y perdit quantité de seigneurs qui restoient uniques de leurs maisons, lesquelles furent esteintes par leur mort : pertes irreparables à la France.

Le pays dez là iusques à Treues estoit ouuert au duc d'Enguien ; la Verne qui auoit deffendu Dole contre le prince de Condé se trouuoit gouuerneur de Treues, ville ancienne et foible : mais le duc de Lorraine qui estoit logé auec ses trouppes entre la Meuse et la Mozelle luy enuoya infanterie auec laquelle il se retrancha au-deuant de la ville et arresta à ce moyen les conquestes du duc d'Enguien.

12. En Bourgougne les villes de Salins et Arbois tourmentoient la garnison du chasteau de Grimont à laquelle commandoit le vicomte de Cornal, et d'autant que le roy de France ne tiroit aucun aduantage de ce chasteau conquy, son conseil resolut de le faire desmolir. Le prince de Condé eut charge de procurer cette desmolition, à laquelle il commit Croison homme accort qui tenant secrette la resolution du conseil se fit entremetteur et tira de nous vingt mille escus pour desmolir Grimont : la desmolition fut faicte sans retardement, nous nous doubtames assez de ce qu'en estoit, mais le retardement que le prince eut apporté eut fait preiudice de plus de vingt mille escus; car c'estoit au temps que les administrateurs des sauneries de Salins faisoient leurs prouisions de bois pour la cuitte de sel et fournirent une partie de l'argent : ioint que moyenant ce fut conclutte une surceance d'armes pour plusieurs mois et fut renouuellée iusqu'aux mois d'auril de l'an 1644 qui nous fut bien utile pour noz vendanges et semées tant d'automne que de printemps et bien utile aussi à la duché de Bourgougne, Bresse et Bassigny.

13. Au mesme temps que le duc d'Enguien faisoit la guerre entre la Meuse et la Mozelle, le comte Guebriant françois la faisoit sur le Rhein estant ioint aux Weymariens, et renforcé de grosses trouppes que Rantzau auoit amené il surprit sur le lac de Constance la ville d'Uberlingen dans laquelle il mit gouuerneur le vicomte de Cornal, et faisant progrés assiegea Rotheweil que le duc de Bauiere voulut secourir ; mais l'ennemy estant fort et luy n'ayant que ses trouppes et celles du duc de Lorraine il faillut attendre l'armée Imperiale conduitte pas Esfeld; cependant Rotheweil se perdit, au siege de laquelle Guebriant eut un bras emporté, dont il mourut.

Rantzau prit sa place et s'estant my au large et assigné iour pour une monstre generale, se trouua un matin à l'aube du iour le duc de Lorraine sur les bras auec les armées Imperiales et Bauaroises. Le duc de Lorraine y estoit en personne, Iean de Wert en l'auant garde, Mercy en la bataille, Esfeld en l'arriere garde. Les François furent surpris tous ensemble chacun en son quartier et tous furent occis ou prisonniers, sauf les colonels Roose et Tubatel qui se sauuerent de bonne heure auec la caualerie Weymarienne. Ce fut le 23 de nouembre 1643, quatre mille François moururent sur la place et autant furent faits prisonniers, entre lesquels fut Rantzau, le canon et le bagage furent gagnez et quarante mille pistoles furent trouuées en espéce pour la paye des soldats.

FIN.

TABLE.

INTRODUCTION. *Pag.* v

LIURE PREMIER.

1. Des anciens Sequanois. 3
2. Des anciens Bourguignons. 5
3. Des Comtes de Bourgougne. 8
4. De l'Estat de la Franche-Comté. 11
5. Du Roy Philippe II. 14
6. De la source des guerres icy descriptes. 15
7. Du cardinal de Richelieu en France et du comte Duc en Espagne. 18

LIURE DEUXIÉME.
(DE 1631 A 1633.)

1. Venue du duc d'Orleans en Bourgougne. 23
2. Seiour de ses trouppes aux frontieres. 25
3. Des logemens d'icelles. 26
4. Que les Bourguignons sont armez en tous temps. ibid.
5. Approches du roy de France en armes. 27
6. Conqueste d'Alsace par le Rheingraue Otho-Louys. 28
7. Appresls en Bourgougne contre luy. 29
8. Desseings du Rheingraue rompus. 31
9. Siege de Lure. 33
10. Suitte du dit siege. 36
11. Leuées de trouppes en Bourgougne par le comte d'Arberg. 41

LIURE TROISIÉME.
(DE 1633-1634-1635.)

1. Passage empesché par les François aux recrües de Bourgougne, allant en Flandre. 45
2. Praticques de Richelieu en Bourgougne. 47
3. Le duc de Lorraine trompé à Charmes. 49
4. Ionction des trouppes de Bourgougne au duc de Feria. 51
5. Combat de Cernay. *Pag.* 54
6. Baron de Montioye sommé. 56
7. Passage du prince Thomas. 57
8. Decés de madame Isabelle, Infante d'Espagne. 58
9. Leuées du comte de la Tour. 59
10. Passage des princes de Lorraine en Italie. 60
11. Passage en Flandre de dom Ferdinand, Infant d'Espagne. ib.
12. Le mareschal de la Force en Bourgougne. 61
13. Ses desseings rompus. 63
14. Desseings sur Gray. 69
15. Mort du ieune comte de Champlitte. 70

LIURE QUATRIÉME.
(DE 1635 ET 1636.)

1. Praticques de Richelieu. 72
2. Préparatifs des gouuerneurs. 73
3. Mort des vieux Seigneurs auant les guerres. 74
4. Appresls contre la Bourgougne. 79
5. De Gasté desbauché. 80
6. Marquis de Varambon et de Scey principaux Seigneurs. 83
7. Ordres donnez et appresls pour la deffense de la Bourgougne. 84
8. Dole sommé par le prince de Condé. 87
9. Description de la ville de Dole. ib.
10. Proposition d'accord. 90
11. Dole inuesty et sorties sur les François. 91

LIURE CINQUIÉME.
(1636.)

1. Conseils de guerre du marquis de Conflans à Chenecey. 93
2. Son entrée à Besançon. 95
3. Place d'armes à Ornans. 96

4. Conseil de guerre tenu à Ornans, *Pag.* 97
5. Batteries dressées contre les trois portes de Dole. *ib.*
6. Esperance de prompt secours donné aux assiegez. 98
7. Messagers des assiegez vont et viennent. 99
8. Bombes et batteries à ruine. 100
9. Prompt armement en Bourgogne. 101
10. Secours promy par le roy d'Hongrie. 102
11. Caualerie françoise aux portes de Besançon et Salins. 103
12. Montfort assailly. 104
13. Quingey bruslé. *ib.*
14. Prise de Baumont et Rigny par les Bourguignons. 105
15. Conseil de guerre tenu à Cessey. 107

LIURE SIXIÉME.

(1636.)

1. Sortie des bourgeois de Dole. 110
2. Conseruation miraculeuse des églises. 112
3. Circonualation de Dole. 113
4. Attaques de la tenaille d'Arans. *ib.*
5. Mines. 114
6. Froideur des cantons suisses. 115
7. Allemans refusent d'obeir au marquis. 116
8. Arriuée de Fortkatz et Mercy. *ib.*
9. Secours retardé. 118
10. Entreprise du marquis rompüe. 120
11. Moyens employez pour secourir Dole. 121
12. Batteries contre la tenaille d'Arans. 122
13. Gallerie des François. 123
14. Fourneaux et mines. *ib.*
15. Tempeste. *ib.*
16. Fortkatz assailly. 124
17. Diuersions en Picardie. 125
18. Secours arriué. *ib.*
19. Conseil de guerre. 126
20. Fourneaux iouent. 128
21. Retraicte des François. 129

LIURE SEPTIÉME.

(1636 ET 1637.)

1. Mort de l'Archeuesque. 132
2. Mescontentement contre le marquis. 133

3. Trouppes de Bourgogne dissipées. 134
4. Gallasso en Bourgougne. 138
5. Mort de l'Empereur. 139
6. Commission du Gouuernement à la Cour et celle des armes au marquis. 141
7. Instructions au marquis pour faire la guerre en Bresse. *ib.*
8. Conferences auec Gallasso. 143
9. Le marquis réunit ses troupnes. 144
10. Entrée de Gallasso en France. 146
11. Retraicte de Gallasso. 149
12. Marche du marquis contre la Bresse. 152
13. Combat d'Arbant. 155
14. Combat de Cornod. 156

LIURE HUICTIÉME.

(1637.)

1. Suitte de Cornod. 160
2. Marquis de Sainct-Martin gouuerneur. 162
3. Combat de Rotalier. *ib.*
4. Progrès de Longueuille. 163
5. Marche du marquis contre luy. *ib.*
6. Moirans bruslé. 164
7. Duc de Lorraine general. 165
8. Retraicte de Longueuille. 166
9. Mort du marquis de Varambon. 168
10. Entrée de Weymar, Longueuille et Gransey. 169
11. Argent d'Espagne arriué. 170
12. Prise de Lons-le-Saunier par Longueuille. 171
13. Marche du marquis contre Gransey. 172
14. Deffaicte de la caualerie de Mercy par Weymar. 173
15. Marche de Weymar contre Besançon. 174

LIURE NEUFIESME.

(1637.)

1. Praticque de Richelieu. 176
2. Conseil de guerre tenu à Besançon. 179
3. Deffense de Besançon contre Weymar. 181
4. Deffense de Frontenay et Sainct-Iulien contre Longueuille. 185
5. Longueuille n'ose attaquer Salins. 186
6. Ny Weymar Besançon. *ib.*

7. Weymar prend Freiburg. *Pag.* 186
8. Grancey est battu deuant Sainct-Hyppolythe. *ib.*
9. Prise de Bletterans. 187
10. Secours trop tard. 189
11. Le duc deffend de combattre. *ib.*
12. Mort du marquis de Conflans. 192

LIURE DIXIÈME.

(1638.)

1. Le Roy fait redresser un équipage d'artillerie pour la Bourgogne. 194
2. Nouueaux desseings de Richelieu sur Salins. 195
3. De la seigneurie de Salins et Bourg-le-Comte. 196
4. Fortifications de Salins. 199
5. Fripponneries. 200
6. Venue de dom Antonio Sarmiento et dom Diego Sauedra. *ib.*
7. Marche de Longueuille contre Salins. 201
8. Le duc et le marquis marchent contre luy. 202
9. Bataille de Poligny. *ib.*
10. Le duc se poste en teste de Salins. 204
11. Prise de Poligny et Grimont. *ib.*
12. Prise d'Arbois et Vadans. *ib.*
13. Entreprise sur Salins rompüe. 206

LIURE ONZIESME.

(1638.)

1. Bataille de Brisach. 209
2. Prise de Brisach. *ib.*
3. Aduis diuers donnez au Roy pour conseruer sa Bourgogne. 211
4. Famine horrible en Bourgogne. 212
5. Bons mots de dom Antonio. 214
6. Entreprise sur Grimont mal secondée. *ib.*
7. Forme d'aduertissemens donnez à Brun par dom Antonio. 215
8. Ordres enuoyez par le Roy. 216
9. Empeschement donné à dom Antonio de ietter du bled dans les quatre villes. 217
10. Weymar dans le val de Lémont. 218
11. Desseings du marquis de l'enleuer dans ses quartiers empeschez par le duc. *Pag.* 218
12. Weymar se prépare pour attaquer les montagnes de Bourgogne. 221
13. Le marquis en aduertit l'Infant. 222

LIURE DOUZIÈME.

(1639.)

1. Entrée de Weymar dans les montagnes de Bourgogne. 224
2. Siege de Pontarlier. 225
3. Combat du marquis prés d'Usier. *ib.*
4. Pontarlier rendu. 226
5. Ioux rendu. *ib.*
6. Weymar n'ose entreprendre Salins. 227
7. Guebriant prend Noseroy et Chasteluilain. *ib.*
8. Forteresse de Saincte Asne. *ib.*
9. Sainct Claude. 229
10. Hérétiques effrayez deuant le corps de sainct Claude. 230
11. Ville de Sainct Claude bruslée. 231
12. Miracles au corps de sainct Claude. *ib.*
13. Villages embrasez aux montagnes. 232
14. Incendie cruelle de Pontarlier. *ib.*
15. Mort de Weymar. 233
16. Noseroy, Chasteluilain et la Chaux recouurez. 234
17. Siege de Ioux par dom Antonio. *ib.*
18. Rentrée du parlement en seance ordinaire. *ib.*
19. Voyage du marquis en Flandre. 235
20. Reglemens par luy rapportez de Flandre, touchant le militaire. 236
21. Des vice royautés. 237

LIURE TREZIÉME.

(1640.)

1. Diuersions seul remede restant pour conseruer la Bourgogne. 239
2. De la Suisse. 240
3. Bataille de Thionuille. 241
4. Commartin enuoyé en Suisse contre nous. 242
5. Villeroy enuoyé pour faire degast de noz bleds. 243
6. Entreprise sur Saincte Asne. *ib.*

20

— 306 —

7. Autres sur Salins et fuitte de Villeroy. Pag. 245
8. Terreur panique des gens de Villeroy. 246
9. Villeroy fait degast autour de Dole. ib.
10. Sorties de Dole. 247
11. Villeroy autour de Gray où estoit le marquis. 248
12. Courses de d'Arnans. 249
13. Cherelée diminue apres les degasts de Villeroy. 250
14. Bourguignons sont laborieux. 251
15. Gouuerneurs de Bourgougne comme se font obeir. ib.

LIURE QUATORZIÉME.
(1641.)

1. Diette tenue à Ratisbonne. 254
2. Rebellion de la Catalogne. 256
3. Le duc de Lorraine affine Richelieu. ib.
4. Bataille de Sedan. 257
5. Suisses contraires. 258
6. Ambassadeurs enuoyez en Suisse. 260
7. Sollicitations des principaux seigneurs par Richelieu. 262
8. La ville d'Aire rendue aux François, reassiegée et reprise. 263
9. Le marquis de Tauanes est repoussé des murailles de Gy. 264
10. Du Hallier fait guerre au bailliage d'Amont et prend Ionuelle. 266
11. Vesoul compose à une somme d'argent. 268
12. Le marquis de Sainct-Martin fait mine d'un grand armement pour faire retirer du Hallier. ib.
13. Mort du serenissime Infant d'Espagne dom Ferdinand. 269
14. Mort du marquis de Sainct-Martin. 270

LIURE QUINZIÉME.
(1642.)

1. Dom Francisco de Melio est commis au gouuernement des Pays-Bas et la Cour au gouuernement politique de Bourgougne, le baron de Scey au militaire. Pag. 274
2. Entreprise du baron de Scey sur Grimont. ib.
3. Troubles et guerres par tout en Europe. 276
4. Résolution par nous prise pour empescher les nouueaux degasts pouriettez par les François. 277
5. Guerre d'Espagne. ib.
6. Recouurement de plusieurs chasteaux au bailliage d'Amont. 279
7. Combat de Roy. ib.
8. Le baron de Melisey deffond son chasteau contre la Susse. 281
9. Les seigneurs vassaux ont droit de mettre commandans en leurs places. 282
10. Mort du baron de Soye en la bataille de Leipsick. 283
11. Mort du cardinal de Richelieu. ib.

LIURE SEZIÉME.
(1643.)

1. Forme du conseil d'Espagne. 288
2. Façon de traicter du Comte-Duc auec le Roy. 289
3. Causes de la retraicte du Comte-Duc. 290
4. Retraicte du Comte-Duc. 291
5. Harangue du Roy en son conseil d'Estat apres la retraicte du Comte-Duc. ib.
6. Nouueaux desseings du prince de Condé sur la Comté de Bourgougne. 295
7. Diuersions par dom Francisco. 296
8. Bataille de Rocroy. 297
9. Dom Francisco rassemble son desbry à Mons en Hainaut. 298
10. Mort de Louys treziéme roy de France. ib.
11. Siege et prise de Thionuille par les François. 299
12. Desmolition de Grimont. 300
13. Deffaicte des François à Roteuille. ib.

ERRATA.

Page 3, ligne 25, Et pour, *lire* 4. Et pour.
— 5, — 25, le prince, *lire* Le Prince.
— 6, — 17, desserent, *lire* dresserent.
— 7, — 37, geule, *lire* gueule.
— 9, — 44, Flandres, *lire* Flandre.
— 18, — 20, Valstein, *lire* Wallenstein.
— 18, — 26, Arman, *lire* Armand.
— 18, — 26, Duplessis, *lire* du Plessis.
— 19, — 31, Oliuarés, *lire* Oliuarez.
— 26, — 3, Laurent, *lire* Laurens.
— 37, — 1, Recoloigne, *lire* Recologne.
— 39, — 6, Wuateuille, *lire* Wateuille.
— 45, — 24, de la force, *lire* de la Force.
— 52, — 24, Iauain, *lire* Ianain.
— 53, — 26, Fridland, *lire* Friedland.
— 56, — 20, mesure, *lire* mesme.
— 64, — 3, du Doubs, *lire* de Doux.
— 67, — 33, Galas, *lire* Gallasse.
— 72, — 38, bien seance, *lire* bienseance.
— 74, — 8, Thianges, *lire* Tienges.
— 75, *après la ligne* 34, *ajouter* : Le comte de Sainct-Amour et le baron du Perez son frere estoient ieunes seigneurs dans les armées de Flandre.
— 76, — 1, Cantecroix, *lire* Cantecroy.
— 76, — 20, Poictiers, *lire* de Poictiers.
— 80, — 33, Milleraye, *lire* Meilleraye.
— 81, — 12, Villeneuue, *lire* Villeneufue.
— 94, — 55, pourroit, *lire* pouuoit.
— 95, — 11, Poitiers, *lire* Poictiers.
— 139, — 34, 29 décembre 1039, *lire* 29 décembre 1636.
— 140, — 8, clairs voyans, *lire* clairesvoyans.
— 156, — 2, Anguien, *lire* Enguien.
— 189, — 12, Ainsy, *lire* 10. Ainsy.
— 190, — 11, Nul esquadron, *lire* 11. Nul esquadron.
— 190, — 26, rassiegé, *lire* reassiegé.
— 192, — 2, seré, *lire* serré.
— 197, — 14, que de sainct, *lire* que sainct.
— 201, — 4, Sauedra, *lire* Saauedra.
— 204, — 25, Grimont, *lire* 11. Grimont.
— 211, — 11, eu, *lire* en.

www.ingramcontent.com/pod-product-compliance
Lightning Source LLC
Chambersburg PA
CBHW060408170426
43199CB00013B/2050